[2022년 최신판]

집행관 & 국가 상대로한 손해배상 사례

편저 : 안재후

법률정보센터

목 차

제1장 집행관 및 국가배상청구 개관

제1절 한 장으로 본 집행관 및 국가배상청구 일반 ·············· 1

제2절 집행관 및 국가배상청구 기본 구조 ························ 2

1. 관할 ··· 2

2. 당사자 ··· 3

3. 송달 ··· 4
   가. 국가를 당사자로 하는 사건의 송달 예규 ······················· 4
   나. 수송달자가 법원의 경우 소관청 아래와 같이 기재 ······· 5

4. 국가의 인지대, 송달료, 수수료 납부의무 ······················ 6
   가. 국가를 당사자로 하는 소송 인지 면제 ··························· 6
      (1) 국가가 당사자인 경우의 인지 납부 여부 ·················· 6
   나. 인지 계산 ·· 7
      (1) 불산입의 원칙 ·· 7

5. 손해배상 사건 흐름 ··· 8

제3절 국가 및 집행관 배상청구권의 성립요건 사실

Ⅰ. 국가 및 집행관 배상청구권의 성립요건 사실 개관 ·················· 9

Ⅱ. 공무원의 직무상 의무 위반과 국가배상의 관계 ···················· 10

1. 공무원의 의미 ··· 10

2. 직무를 집행함에 당하여 한 행위로서 ·· 10

3. 법령에 위반한 행위일 것 ··· 11

4. 고의 또는 과실에 대하여 ··· 12
　가. 고의(故意)와 과실(過失) ·· 12
　나. 과실의 의미 ··· 12
　다. 과실 여부의 판단 기준 ··· 12

| 사례 1 | 집행과정에 관한 집행관의 책임 ·· 14

　라. 공무원의 중과실 기준 ··· 14
　　(1) 개념 ··· 14
　　(2) 국가배상법상 구상권의 행사란 ··· 15
　　(3) 구상범위 ··· 17
　　(4) 판례에서 담당공무원의 업무과실에 의한 국가배상책임을
　　　 인정하거나 담당공무원에 대한 구상권을 인정한 사례 ············· 17

| 사례 2 | 현황조사에서 집행관 과실 ··· 17

[판례 1] 손해배상(기) ··· 18

5. 손해발생에 대하여 ··· 23
　가. 손해가 발생하였는지 여부의 판단 기준 ··· 23
　나. 관련 소송에 사용된 비용의 경우 ··· 23

다. 위자료 청구의 경우 ·· 24
　　라. 손해발생에 대한 일반론 ·· 26

6. 피고의 행위와 원고의 손해 사이의 인과관계가 있을 것 ························· 27
　사례 1　공유자 통지 ·· 28

제4절　기타 요건

1. 제소기간 ·· 29
　가. 국가배상청구권의 소멸시효 기간 ··· 29
　나. 기산점의 판단 기준 ·· 29
　다. 시효소멸 항변이 권리남용이라는 원고의 재항변에 대한 방어방법 ····· 30

2. 청구금액(손해액) ·· 31
　가. 손해배상 청구 기산점 ··· 31
　나. 수개의 손해배상채권을 가지고 있는 채권자가 그 중 일부만을
　　　청구하는 경우 ·· 31
　　(1) 사실관계 ·· 31
　　(2) 판단 ·· 32

제5절　청구취지, 청구원인

Ⅰ. 청구취지 ·· 33

1. 청구취지 ·· 33
2. 청구취지 보정 문구 ··· 33

Ⅱ. 청구원인 ·· 34

제6절 증명책임

1. 원고의 입증을 인정한 사례 ·· 35
   | 사례 1 | 집행법원의 과실로 채권가압류결정정본이 제3채무자에게
              송달되지 아니한 경우 ··· 35
   | 사례 2 | 채무자들 소유의 다른 재산에 대한 강제집행은 사실상
              불가능하므로 손해의 현실적 발생 인정 ································· 36

2. 원고의 입증 부정한 사례 ·· 36
   | 사례 1 | 가압류결정이 적법하게 송달되지 않음으로써 원고가 추심 ········ 36

제7절 답변서에서 자주 나타나는 실수 사례

Ⅰ. 3자가 개입되어 공동불법행위가 성립 함에도 3자
   과실 주장 ·· 37

1. 제3자가 개입되어 공동불법행위가 성립함에도 그 제3자의 과실을
   참작하여야 한다고 주장하는 경우 ··· 37

제8절 증거절차 진행에 있어 주의사항

Ⅰ. 증거절차 진행에 있어 주의사항 ·· 37

제9절 주장 가능한 항변 등

Ⅰ. 변제 등 항변 ··· 38

1. 손해배상청구 범위의 축소 ·· 38

2. 공동불법행위의 경우 ·· 38

Ⅱ. 시효소멸 항변 ·· 38

1. 국가배상청구권의 소멸시효 기간 ·· 38
   (1) 기산점의 판단 기준 ·· 39
   (2) 시효소멸 항변이 권리남용이라는 원고의 재항변에 대한 방어방법 ······ 40

Ⅲ. 손익상계 항변 ·· 41

Ⅳ. 과실상계 주장 ·· 41

1. 과실상계의 의미 및 요건 ·· 41

2. 공동불법행위의 경우 ·· 42

Ⅴ. 책임제한 주장 ·· 43

제10절 청구원인에 대한 방어방법

Ⅰ. 과실로 인정된 사례 ·· 44

1. 집행과정에 관한 집행관의 책임 ·· 44
   가. 집행과정에 관한 집행관의 책임 ·· 44

2. 과실에 대하여 ·· 45
   가. 집행법원의 심리 원칙에 비추어 과실이 제한될 수 있는지 여부 ······ 45
   나. 경매목적물의 소유권에 대한 조사 ·· 46
   다. 경매개시결정 ·· 47

목 차

라. 경매개시결정의 송달 ··· 47
마. 경매절차의 취소 ··· 48
바. 배당요구종기의 고지 ·· 49

| 사례 1 | 공시송달로 진행하여 이해관계인에게 송달을
잘못 처리한 사례 ··· 49

| 사례 2 | 매각기일을 이해관계인에게 통지 하지 아니한 채
진행하여 낙찰허가 결정이 취소된 사례 ································ 50

| 사례 3 | 입찰물건명세서를 작성하면서 최선순위근저당설정일자를
잘못기재하여 매수인이 대항력 있는 임차인 ······················· 52

| 사례 4 | 등기관이 근저당권설정자를 근저당권자로 착오등재한 경우 ········ 53

| 사례 5 | 공탁관이 공탁금 출급인가 함에 있어 확정판결이 필요한데
가집행선고부 승소의 판결을 첨부하였음에도 공탁금의
출급인가한 사례 ··· 54

| 사례 6 | 공탁관은 압류가 경합되면 집행법원에 사유신고해야
되는데 이를 누락하여 손해가 발생한 사례 ···························· 54

| 사례 7 | 형사 및 민사판결문을 통해 채무자 명의의 소유권이전등기가
원인무효였던 사실이 있었음에도 경매절차를 취소하거나
매각을 불허하지 아니한 사법보좌관의 과실을 인정한 사례 ········ 55

| 사례 8 | 집합건물법 제20조 제2항에서 정한 분리처분금지에
반하여 경매 절차가 무효임에도 경매를 진행하여 손해 ············· 57

| 사례 9 | 최고가매수신고인 결정 전까지 대리권을 증명하는 서류를
제출하지 아니하였음에도 사법보좌관 과실로 최고가
매수인을 잘못 결정한 사례 ··· 58

| 사례 10 | 소유권이전등기말소청구의 소를 수리한 후 예고등기를
촉탁을 하지 아니한 탓으로 손해를 입게되자 국가배상을
청구한 사건 ·· 58

| 사례 11 | 사무관 기피신청 사건 접수되었으나 회피하여 사건처리
지연시킴으로 손해를 보았다고 국가배상 청구한 사건 ·············· 60

| 사례 12 | 부여함에 있어 집행문부여에 필요한 요건이 흠결
되었음에도 이를 간과했다면 과실 ·· 61

| 사례 13 | 집행문부여 ··· 62

| 사례 14 | 강제집행의 개시와 송달 ·· 62

| 사례 15 | 집행의 방법과 과실 ··· 64

| 사례 16 | 집행관 인도 집행 과실 ·· 65

| 사례 17 | 채무자·집행 목적물의 조사 ··· 66

| 사례 18 | 집행조서의 작성 ·· 68

| 사례 19 | 집행관의 송달사무 처리 방법 ·· 68

| 사례 20 | 강제집행의 목적물이 아닌 동산의 처리 ··································· 69

| 사례 21 | 압류 및 추심명령 ·· 70

| 사례 22 | 기타 집행관 업무 관련 재판례 ·· 70

| 사례 23 | 집행법원은 신청서의 기재 및 첨부서류에
의하여 탄원서나 진정서도 심사 ··· 71

| 사례 24 | 송달 관련 과실 사례 ··· 72

| 사례 예시 1 | 송달지연 ··· 72

| 사례 예시 2 | 부산 금곡동으로 송달해야 할 것을 인천
금곡동으로 송달 ··· 72

| 사례 예시 3 | 국가에대한 송달은 검찰청의장에게 해야 되는데
법무부 장관에게 송달 ··· 72

| 사례 예시 4 | 채권가압류결정 정본을 제3채무자에게 송달 ···················· 73

| 사례 예시 5 | 송달이 지연되는 사이에 가등기에기한 본등기
마쳐져 등기신청 ··· 73

| 사례 예시 6 | 원고가 피고의 주소를 허위로 기재한 후 그 주소지에서
원고가 피고의 동거인(배우자)로서 소송서류를 수령 ········· 73
| 사례 예시 7 | 원고가 피고 종중 대표자의 주소를 자신의 주소지로
기재하였고, 우편집배원이 종중 대표자가 아닌
원고에게 송달 ··· 74

Ⅱ. 과실이 부정된 사례 ··· 75

| 사례 1 | 집행법원이 3채무자에대한 송달을 실시하였으나
수취인불명으로 반송되었는데 주소보정 등의 조치 ············ 75
| 사례 2 | 경매 절차 중에는 과실로 인정되는 판결과 부정하는 판결 ········· 76

Ⅲ. 중과실로 인정된 사례 ··· 77

1. 판례를 통해 본 중과실 개념 ··· 77

2. 중과실이 인정된 사례 ·· 77

| 사례 1 | 법원 실무관이 송달 업무를 지연 처리함으로 인해 원고에게
손해를 입힌 것은 중대한 과실에 해당된다고 한 사례 ············ 77
| 사례 2 | 한정승인, 신용보증기금, 도급, 실화로 인한 불법행위 ············ 78

Ⅳ. 구상금 ··· 80

| 사례 1 | 구상금 인정 사례 : 국가가 지급한 배상금 37,642,900원의
의 약 20%에 해당하는 7,500,000원의 구상책임 ················· 80

Ⅴ. 인과관계에 대하여 ·· 81

1. 인과관계가 부정된 재판례 ··· 81

| 사례 1 | 부동산 인도집행상 과실이 있었으나 채무자에게 충분한
                시간이 있었던 경우 ··· 82
| 사례 2 | 권리신고를 하지 않은 임차인은 이해관계인이 아니고,
                집행관이 현황조사 과정에서 직무상 과실 ······························ 83
| 사례 3 | 경매목적물 매각대금 차액 상당액 ·· 83

2. 인과관계가 인정된 재판례 ··· 84
| 사례 1 | 잘못된 집행문 부여에 의해 원인무효인 소유권이전
                등기가 경료된 경우 ·· 84

Ⅵ. 손해 발생에 대하여 ·· 85

1. 무효인 가압류와 손해 발생의 증명책임 ··· 85

2. 채권자의 손해액 ·· 86

3. 가압류할 채권이 존재하지 않았던 경우 ··· 87

4. 집행법원의 형식심리 원칙은 필요에 따라 실체적 판단사항까지
   판단해야 하는 것으로 볼 여지가 상당 ·· 88

5.. 집행관이 판결문상 집행대상에 포함되어 있지 않은 부분까지 인도집행 ········ 88

Ⅶ. 위자료 청구의 경우 ·· 88

Ⅷ. 재판작용에 대한 국가배상책임의 성부 ································ 90

1. 위법성 한정론 ·· 90

2. 적용 범위 및 요건 ·· 91
    Ⅸ. 사법보좌관의 경우 ·· 92
    Ⅹ. 관련 소송에 사용된 비용의 경우 ··· 93
❖ 분야별 국가소송 사건현황 ·· 93

제2장 집행관을 상대방으로 하는 손해배상소송사례

제1절 집행관의 유체동산 집행 관련 손해배상 사례

| 사례 1 | 유체동산집행에 관한 집행기관인 집행관의 주의의무 ············· 94
    Ⅰ 판결요지 ·· 94
    Ⅱ 사안의 개요 ·· 96
    Ⅲ 해설 ·· 97
    Ⅳ 집행관의 고의 과실 유무 ·· 104
    Ⅴ 이의신청의 취하 ·· 109
    Ⅵ 집행관의 집행해제권한에 관한 법리오해에 관하여 ···················· 111
    Ⅶ 정원수에 대한 압류거절의 정당성 ·· 113
    Ⅷ 경매기일의 연기에 관하여 ·· 115
    Ⅸ 이 판결의 의의 ·· 119

| 사례 2 | 압류,가압류 물건에 대해 인도 집행을 실시할 때 해당물건이
           누구의 점유하에 있는지 불분명하거나 소유권의 다툼
           있는 등 특별한 사정이 있는 경우 ······································· 120

| 사례 3 | 집행관이 골동품 강제집행 중 물품파손한 경우,
           국가 배상 책임 ·· 121

[판례] 손해배상(기) ·· 121
| 사례 4 | 우리 집에 왜 왔니 엉뚱한 집 강제집행한 집행관 ················ 127
| 사례 5 | 유체동산 집행 관련 집행관의 주의의무 ······························ 128
| 사례 6 | 집행관이 압류한 물건에 대한 감정은 고도의 전문적인 지식 ···· 129
| 사례 7 | 집행관이 유체동산 집행을 3자의 거주지에서 집행 ············· 129

제2절 조경수 조경석 집행에 대한 손해배상 사례

| 사례 1 | 경매 앞둔 조경수에 압류 스프레이 국가 배상 책임 ·················· 129
　　　　　[소장서식 1] 경매 앞둔 조경수에 압류 스프레이
　　　　　　　　　　국가 배상 책임 사건 1심 판결문 요지 ············· 130

　　　　　[소장서식 2] 경매 앞둔 조경수에 압류 스프레이
　　　　　　　　　　국가 배상 책임 사건 2심 판결문 요지 ············· 135

| 사례 2 | 수목이 경매대상인 경우 법적 문제 ·· 147
| 사례 3 | 집행관이 조경석을 집행할 때 전문가를 대동했다면 주의 의무 ···· 149
| 사례 4 | 지상권이 설정된 토지에 토지 소유자와 사용대차 계약을
　　　　　체결한 후 수목을 식재 한 후 수목을 임으로 매각한 사건 ········ 149
| 사례 5 | 토지인도를 명한 대상토지 위에 식재되어 있는
　　　　　피고소유의 수목에 대하여 수거를 명하는 내용 ······················ 153
| 사례 6 | 집행관이 수목을 수거하는 집행을 함에 있어서 중장비로
　　　　　수목뿌리채 뽑아 한쪽에 쌓아놓은 방법으로 집행 ···················· 155

제3절 집행관 인도 집행 관련 손해배상 사례

| 사례 1 | 조립식 주방과 창고로인해 목적건물 중 일부에
　　　　　대한 인도집행을 불능 처리한 사례 ······································· 156

| 사례 2 | 집행관 인도 집행시 집행권원 송달 ·················· 161
| 사례 3 | 집행관이 인도집행시 신분증을 제시 안 한 경우 ·············· 161
| 사례 4 | 대법 가는 '궁중족발 사건'… '불법 강제집행' 기준 ············ 161
| 사례 5 | 궁중족발 강제집행 과정에서 발생한 상해에
         대한 국가배상 판결 ································ 164
| 사례 6 | 궁중족발 사장, 국가로 부터 배상 ················· 166
         [사례 6-1 판결문] 궁중족발 사장, 국가로 부터 배상
                         1심 판결문 요지 ················ 167
         [사례 6-2 판결문] 궁중족발 사장, 국가로 부터 배상
                         2심 판결문 요지 ················ 171
| 사례 7 | '궁중족발' 강제집행 절차 어긴 집행관…法 "과태료 처분 정당" ····· 177
| 사례 8 | 집행관이 법원의 허가 없이 공휴일 집행을 실시했고, 채무자
         간판에 붉은색 페인트로 '공가'라고 표시해 명예를 훼손 ········· 179
| 사례 9 | 집행관 집행이 위법인지 판단 기준 ·························· 180
| 사례 10 | 집행관 집행시 주의의무 판단 기준 ························ 180
| 사례 11 | 집행관이 기계기구 집행하면서 일부 누락 한 경우 ············ 180
| 사례 12 | 집행관이 채무자 소유 유체동산 보관을
          채권자에게 맡긴 경우 ································ 181
| 사례 13 | 집행관이 놀이시설 집행할 때 주의의무 ···················· 181
| 사례 14 | 집행관은 집행을 위해 장소 수색, 강제개문 등
          필요한 조치를 취할 권한 ····························· 181
| 사례 15 | 집행관이 1개 건물 일부 인도 집행시 유의사항 ··············· 182
| 사례 16 | 집행관이 판결문에 지번이 명시되지 않은
          건물에 대한 강제집행 ································ 182
| 사례 17 | 집행관이 건설기계 인도 집행시 차대번호 확인해서 집행 ······· 182

| 사례 18 | 건물명도집행을 실시함에 있어 집행권원을
늦게 제시 한 경우 ··· 183

| 사례 19 | 집행관의 통로 개설의무 ··· 183

| 사례 20 | 명도집행에서 채무자의 승계인이 점유를 승계하여 점유하는
경우 사전에 고지하지 않했다고 국가배상을 인정한 사례 ······· 183

| 사례 21 | 강제집행 현장 유명무실한 경찰 원조 조항 실질화 필요 ········ 185

| 사례 22 | 부동산 명도집행 현장 출동 경찰 불법동원 철거용역
폭력 방임은 인권침해 ··· 187

| 사례 23 | 법원은 왜 향린교회 강제집행 ······································· 189

| 사례 24 | 자력구제에 해당하는지 여부 ·· 191

| 사례 25 | 집행관이 미등기건물에 대한 철거 시 철거대상
미등기건물이 채무자에게 속하는지를 판단 ······················ 192

제4절 집행관 현황조사 관련 손해배상 사례

| 사례 1 | 집행관이 토지 위치나 현황을 제대로 살피지 않은 채
현황조사보고를 하였을 경우 ·· 194

| 사례 2 | 집행관이 현황조사를 함에 있어 방법이나
탐문 등은 자유 재량 ·· 194

| 사례 3 | 집행관이 현황조사를 함에 있어 공동주택 외벽까지 조사 ········ 195

| 사례 4 | 집행관이 현황조사를 함에 있어 임대차관계 확인 ··············· 195

[판례] 손해배상(기) ··· 196

| 사례 5 | 집행관이 주민등록 등재자 조사할 때 주의의무 ··················· 198

| 사례 7 | 집행법원으로부터 잘못된 정보를 제공받은 매수인의 손해 ······· 199

| 사례 8 | 전입신고된 세대주 주민등록과 부동산의 현황상 표시가
달라 '임대차관계조사서' 기재에 임차인이 누락 ··············· 199

14 목 차

[판례 1] 선순위 임차인의 주민등록에 대한 기재가 누락된 집행관의 임대차
조사보고서 및 입찰물건명세서의 하자는 낙찰불허가 사유 ·············· 202
[판례 2] 집행관이 임대차관계의 현황을 조사함에 있어 주민등록상
단독 세대주인 임차인 누락 ··· 202
[판례 3] 건축중인 주택을 임차하여 주민등록을 마친 임차인의 주민등록
상의 주소 기재가 당시의 주택 현황과 일치하였으나 그 후 사정
변경으로 등기부상 주택의 표시가 달라진 경우 ····························· 204

제5절 물건명세서 부실 기재 관련 손해배상 사례

| **사례 1** | 물건명세서 부실 기재로 매수인이 손해를 봤다면
국가는 손해배상 ··· 205
| **사례 2** | 매각대상 부동산의 현황이나 관리관계를 정확히 파악하는
것이 곤란한 경우 ·· 206
| **사례 3** | 경매 담당자는 부동산에대해 권리분석해서
물건명세서에 기재 ·· 206
| **사례 4** | 물건명세서에 대한 경매담당자의 직무상 의무 위반 여부는
권리관계 자료와 다르게 작성한 경우 ································ 206
| **사례 5** | 물건명세서 작성행위는 매수인은 부동산의 현황과
권리관계를 자신의 책임하에 조사하고 분석해서 입찰 ·············· 207
| **사례 6** | 매각에서 제외되는 목적물에 대해 물건명세서 표시 사례 ········· 207
| **사례 7** | 물건명세서 비고란에 매각에서 제외되는 물건 기재는
누락한 경우 ··· 208
| **사례 8** | 물건명서세에 최선순위 가처분등기 기재 오류 ······················ 208
| **사례 9** | 권리신고서와 계약서에 기재된 확정일자가 다른 경우
물건명서세에 기재 요령 ·· 208
| **사례 10** | 현황조사명령을 받은 집행관은 임차인에게 권리신고를
안내할 의무 ·· 209

| 사례 11 | 현황조사명령을 받은 집행관이 부동산의 현황을
잘못 보고한 경우 ··· 209
| 사례 12 | 경매절차에서 관리관계를 정확히 파악하는 것이
곤란한 경우 ··· 209
| 사례 13 | 물건명세서 작성행위는 매수인은 현황과 권리간계를
자기 책임하에 파악 ·· 210
| 사례 14 | 물건명세서 과실 판단 기준 ·· 210
| 사례 15 | 경매 대상 목적물에서 제외된 건물을 매각물건명세서에
포함한 잘못 기재 ·· 211
| 사례 16 | 물건명세서의 비고란에 제시외 건물을 매각대상에서
제외한다는 취지를 미기재 ·· 211
| 사례 17 | 최선순위 가처분등기 물건명세서 기재 ··························· 211
| 사례 18 | 배당요구 신청서와 임대차 계약서에 기재된 확정일자 ············ 212
| 사례 19 | 매각물건명세서 실제와 다를때 낙찰자 손해 배상 ················· 212
| 사례 20 | 매각물건명세서, 실제와 다를때 낙찰자 손해 배상 ················ 213

제6절 송달사무 관련 손해배상

| 사례 1 | 집행관이 송달사무를 처리함에 있어 수송달자 신분확인 ············ 215
| 사례 2 | 송달 지연과 손해 ·· 215
| 사례 3 | 경매개시결정의 송달 ·· 216
| 사례 4 | 매각기일통지를 제대로 하지 않아 매수인이 손해를
입었다면 국가 배상 ·· 216
| 사례 5 | 근저당권자에 대한 송달 ·· 217
| 사례 6 | 매각기일 통지는 집행기록에 표시된 이해관계인의
주소에 등기우편으로 발송송달 ·· 217

| 사례 7 | 경매절차 하자(착오 송달)로 손해 국가가 배상 ················· 217

제7절　강제집행의 목적물이 아닌 동산의 처리

| 사례 1 | 건물명도 집행시 채권자가 집행관으로부터 목적외 동산을
위탁받아 보관하던 중 그 목적외 동산이 멸실된 경우 ········ 219
| 사례 2 | 집행관은 집행대상 이외의 동산을 집행채무자에게 인도 ········ 220
| 사례 3 | 집행대상 이외의 동산을 채무자가 정당한
이유 없이 수령 거부 ·································· 221
| 사례 4 | 집행대상 이외의 동산에 대한 집행관 주의의무 ················ 221

제8절　집행의 보조자가 손해를 가한 경우

| 사례 1 | 집행의 보조자가 손해를 가한 경우에도 집행관의
과실로 보아 국가배상청구 ································ 222

제9절　채무자·집행 목적물의 조사 (제3자 재산에 압류)

| 사례 1 | 집행관이 제3자의 재산을 압류한 경우 채권자의 손해배상 ········ 222
| 사례 2 | 집행관이 채무자 아닌 제3자의 재산을 압류하였다고
하더라도 집행관의 고의·과실 ·························· 224
| 사례 3 | 집행관이 채무자의 거주지라고 판단하여 집행을 하였으나
실제로는 거주지가 아니었던 사안 ·························· 224
| 사례 4 | 매각부동산이 채무자의 소유인지 여부는 등기사항증명서 ········ 225
| 사례 5 | 매각 대상 부동산이 채무자 소유인지 여부는 외관을
갖추었는지 여부 ·································· 225
| 사례 6 | 임야대장과 등기부 기재 내용이 다른 경우 ···················· 226

| 사례 7 | 집행관이 3자 재산을 압류한 경우 ·· 226

제10절 집행관의 집행조서의 작성

| 사례 1 | 집행관이 작성한 집행조서에 오류가 있는 경우
            국가배상청구 ·· 227
| 사례 2 | 집행관이 작성한 집행조서에 불참한자가
            참여한 것으로 기재 ··· 227

제11절 최저매각가격 결정과 관련된 과실판단 기준

| 사례 1 | 최저매각가격 결정과 관련된 과실판단 기준 ···························· 228
| 사례 2 | 토지지분에 대한 경매가 취하되었음에도 그러한
            토지가격을 포함한 감정평가액 ·· 228

제12절 감정 과실 관련

| 사례 1 | 감정평가사가 건물의 실제 위치 및 건물내역을 제대로
            파악하지 못하였다는 점만으로 과실 ···································· 229

제13절 매각허가결정 관련 국가배상

| 사례 1 | 사법보좌관의 업무도 재판작용에 속하므로, 위법 또는
            부당한 목적을 가지고 매각허가결정을하는 특별한 사정이
            없는 한 국가 배상 ·· 229
| 사례 2 | 민사판결문을 통해 채무자 명의의 소유권이전등기가
            원인무효였던 사실이 명백히 드러났음에도 경매를 취소 ·········· 230
| 사례 3 | 인감증명을 미첨한 최고가 매수인에게 매각허가결정을
            했다 하더라도 불법행위 ·· 230

| 사례 4 | 무잉여를 간과했다고 하더라도 불법행위 ·· 231
| 사례 5 | 독립된 건물을 종물로 잘못 판단하여 경매물건에
         포함시킨 잘못이 있다 하더라도 손해배상 ································ 231
| 사례 6 | 경매 담당 공무원의 과실로 매각불허가 결정이
         있었다고 하더라도 불법행위 ··· 231

제14절 경매 물건에 대한 하자

| 사례 1 | 등기 면적보다 작은 부동산 경매받아도 곧바로
         국가배상 청구 ·· 232

제15절 회생 파산이 집행관 업무에 미치는 영향

| 사례 1 | 법을 모르는 집행관 – 강제집행의 정지를 명하는 문서를
         제출하지 않는 한 중지할 수 없다고 하면서 집행거부 ············· 234
| 사례 2 | 개인 파산의 경우 면책신청이 있고, 면책 재판이
         확정 될 때까지 집행은 중지 ·· 235
| 사례 3 | 파산면책 확정이후 압류해제 방법 ··· 236
| 사례 4 | 파산신청 이후 강제집행이 이뤄진다면 ····································· 236

제16절 유체동산 경매 기일 연기 관련

| 사례 1 | 유체동산 경매기일을 정하는 것은 집행관의 재량이라고
         하더라도 경매기일은 함부로 이를 변경 또는 연기 ···················· 238

제17절 유체동산의 집행에 있어서 압류금지물을 압류한 경우 집행관이 임의로 압류를 해제할 수 있는지 여부

| 사례 1 | 공장저당의 목적인 동산은 공장저당법에 의하여 유체동산집행의 대상이 되지 아니하는 압류금지물을 압류한 경우 ··· 240

제18절 기 타

| 사례 1 | 경매절차를 지연시키려고 일부러 소송을 제기한 채무자에게 손해배상 ··· 241
| 사례 2 | 집행관의 직무상의 불법행위와 국가의 손해배상 ······················· 242
| 사례 3 | 국가상대 소송 급증, 정책·행정 '품질 저하' 탓 ····························· 243
| 사례 4 | 집행관이 해초류를 특정하기 위해 냉동창고 밖으로 반출 ·········· 244
| 사례 5 | 집행관이 의류 집행시 의류 종류별로 표본 상자를 개봉하여 수량을 확인 ··· 245
| 사례 6 | 유체동산 집행으로인한 경매매득금을 공탁한 경우 채무자 공탁금을 수령 ··· 245
| 사례 7 | 수용절차 확정은 집행개시 장애사유 ··· 246

제3장 유형별 소장, 답변서, 준비서면 기재례

제1절 집행관 상대로 한 소장, 답변서, 준비서면 기재례

Ⅰ. 집행관이 조경석 인도 집행함에 있어 과실로 원고에게 손해를 가하였다는 내용의 소장과 답변서 ······ 247

1. 원고가 제출한 손해배상 소장 ······ 247
   가. 청구취지 ······ 247
   나. 청구원인 ······ 247

2. 피고가 제출한 답변서 ······ 249
   가. 청구원인에 대한 답변 ······ 249

Ⅱ. 원고는 최고가매수인인데 집행관 현황조사서에 대항력 있는 임차인이 없는 것으로 보고되어 이를 믿고 입찰하여 낙찰받았으나, 임차인이 있는 것으로 확인되어 입찰을 포기했고 이로 인하여 입찰보증금 상당의 손해 ······ 251

1. 원고가 제출한 소장 ······ 251
   가. 청구취지 ······ 251
   나. 청구원인 ······ 251

2. 피고가 제출한 답변서 ······ 255
   가. 청구원인에 대한 답변 ······ 255

(1) 원고 주장의 요지 ·· 255
　　(2) 원고 주장의 부당성 ·· 257

제2절　경매 사건 관련 소장, 준비서면 기재례

Ⅰ. 답변서 및 준비서면의 작성·제출 ·· 259

1. 의의 ·· 259
　가. 답변서 ·· 259
　나. 준비서면 ·· 259

2. 제출방법 ·· 260

3. 제출효과 ·· 260

4. 내용 ·· 261
　가. 기재사항 ·· 261
　나. 부인과 항변 ·· 261
　　(1) 부인 ·· 261
　　(2) 항변 ·· 261
　다. 사실상의 주장과 법률상의 주장 ·· 262

Ⅱ. 소장, 답변서, 준비서면 기재례 ·· 263

1. 경매 사건이 진행중에 채무자가 집행정지결정정본을 집행법원에 제출했는데 경매사건을 정지하지 않고 진행한 것에 대한 손해배상(위자료) 청구 사건 ·· 263
　가. 손해배상(위자료) 항소이유서 ·· 263
　　(1) 머리말 ·· 263
　　(2) 사안의 개요 ·· 263

  (3) 원심 판결의 요지 ·· 264
  (4) 위자료 산정에 관한 판례의 태도 ······························ 265
  (5) 이 사건의 경우 ··· 265
  (6) 결어 ··· 269

2. 경매가 취하되면 사법보좌관은 경매개시등기 말소를 촉탁하야야
 하는데 집행비용 미납을 이유로 말소 촉탁 하지 않아 손해를
 보았다는 소송 ··· 270
 가. 피고의 손해배상(경매) 준비서면 ··································· 270
  (1) 원고 주장의 요지 ·· 270
  (2) 담당 공무원의 과실 여부 ····································· 271
  (3) 손해 발생 여부 및 인과관계 존부 ························ 273
  (4) 결어 ··· 274

3. 원고가 강제경매를 신청하였는데 사법보좌관이 경매개시등기
 촉탁을 누락하여 손해를 보았다는 소송 ····························· 274
 가. 피고의 손해배상(경매) 답변서 ······································ 274
  (1) 청구취지에 대한 답변 ·· 274
  (2) 청구원인에 대한 답변 ·· 275

4. 의사진술을 명하는 동시이행 집행권원은 의사표시를 하는 것이
 반대급부와 상환에 걸려있는 때에는, 반대급부의 이행 또는 그
 이행을 제공하고 재판장 명령에 의한 집행문을 받아 이전등기를
 해야 되는데 이러한 요건을 갖추지 않았는데도 집행문이 잘못
 발급되어 이전등기가 이루어져 손해를 입었다는 소송 ············ 279
 가. 피고가 제출한 손해배상(집행문) 상고이유서 ··················· 279
  (1) 머리말 ·· 279
  (2) 사안의 개요 ··· 279
  (3) 제1심 및 원심판결의 요지 ··································· 280

목 차 23

    (4) 상고이유 1점 (손해 발생 여부의 법리오해) ·················· 280
    (5) 상고이유 2점 (불법행위 증명책임의 법리오해 또는 심리미진) ········· 284

5. **법원에서 법인에 대한 송달을 잘못하여 손해를 입었다는 소송** ·········· 286
  가. 피고가 제출한 항소심 손해배상(집행) 준비서면 ················ 286
    (1) 사실관계가 증명되었는지 여부 ························· 286
    (2) 과실 인정 여부 ··································· 287
    (3) 손해 발생 및 인과관계 여부 ·························· 289
    (4) 결어 ·· 290

6. **원고는 경매에 참여한 매수인인데 경매절차가 착오감정을 한 감정결과에 의한 경매절차였고 그로 인하여 원고가 청구취지와 같은 손해를 입었다고 주장** ·· 291
  가. 소장 ·· 291
    (1) 청구취지 ··· 291
    (2) 청구원인 ··· 291
  나. 답변서 ·· 294
    (1) 청구원인에 대한 답변 ······························· 294

7. **원고는 집행력 있는 집행권원의 정본을 가진 채권자인데 경매 배당절차에서 배당이 되자, 채무자가 원고의 배당액에 대해 이의를제기함. 이런 경우 채무자는 1주인안에 청구이의소와 강지집행정지 결정을 경매계에 제출해야 되는데, 이 서류들을 제출하지 않았고 대신 배당이의소를 제기함. 따라서 배당이의는 취하간주되어 효력을 상실하였으므로 원고는 배당금 교부 청구 신청을 했으나 담당공무원이 배당이의소가 제기 되었다는 이유로 배당금 교부를 거부함.** ·· 296
  가. 소장 ·· 296
    (1) 청구취지 ··· 296
    (2) 청구원인 ··· 296

나. 답변서 ··· 298
    (1) 청구원인에 대한 답변 ··· 298

8. 원고가 집행법원 담당공무원이 추가배당을 실시하지 아니하여 추가로
배당받지 못한 부분에 관하여 손해를 보았다고 소를 제기함 ············ 300
   가. 원고가 제출한 소장 ··· 300
      (1) 청구취지 ··· 300
      (2) 청구원인 ··· 300
   나. 피고가 제출한 답변서 ·· 303
      (1) 청구원인에 대한 답변 ··· 303

9. 집행관이 경매목적 부동산 등기부상 소재지가 175-22 외 2필지로
표기되어 주민등록을 전입할 때 대부분 175-22를 대표필지로 하여
전입신고하고 있으며 집행관도 이와 같이 보아 175-22번지 내 전입자
없음을 확인하고 현황조사 보고를 하였으나 대항력있는 임차인있는
것으로 밝혀져 매수인이 입찰보증금 상당의 손해를 본 사례 ············ 305
   가. 손해배상(경매) 원고 소장 ·· 305
      (1) 청구취지 ··· 305
      (2) 청구원인 ··· 305
   나. 피고 준비서면 ·· 309
      (1) 준비서면 ··· 309
      (2) 청구원인에 대한 답변 ··· 309

제4장 소송서류 작성 모범양식

1. 답변서 ·· 314
2. 준비서면 ·· 316
3. 항소장 ·· 318
4. 상고장 ·· 320
5. 상고이유서 ·· 322
6. 상고이유에 대한 답변서 ·· 324
7. 을호증 제출 및 목록 ·· 325
8. 서증인부서 ·· 326
9. 증인 반대신문사항 ·· 327
10. 변론기일 연기신청 ·· 328
11. 변론기일 변경신청 ·· 329
12. 변론재개신청 ·· 330
13. 소송비용액확정결정신청 ·· 331
14. 소송진행상황보고서 ·· 333
    가. 소송 접수 및 판결선고 등 보고 ································ 333
    나. 변론 진행상황 보고 ·· 334
15. 소 취하 부동의서 ·· 335
16. 상소제기(포기) 의견서 ·· 336
17. 상소제기(포기) 요약서 ·· 337

제5장 집행관은 공무원인가

제1절 집행관 법적 지위

1. 의의 ··· 338
    가. 집행관의 법적지위 ··· 338
    나. 집행관이 적용받는 규정 및 의무 ··· 338
    다. 집행관의 직무상 불법행위 성립 여부 ·· 339
    라. 집행관은 실질적 의미에 있어서의 국가공무원 ·································· 339

2. 집행관의 임명과 감독 및 집행관사무소의 설치 ······································· 340
    가. 집행관 임명 ··· 340
    나. 집행관사무소의 설치 ·· 340
    다. 감독 ·· 340
        (1) 집행관은 소속 지방법원장에 의하여 사법행정상의 감독 ············ 340
        (2) 집행관이 형사사건으로 공소가 제기되면 지방법원장이
            정직을 명령 ·· 341
        (3) 집행관 또는 그 친족은 그 집행관 또는 다른 집행관이
            경매하는 물건이나 매각하는 물건을 매수 ·································· 341

3. 근무 ··· 342

4. 수입 ··· 342

5. 출장소의 설치와 집행관 직무의 대행 ··· 343
    가. 지방법원의 지원 소재지에 집행관이 없는 경우 ······························· 343
    나. 집행관의 직무를 대행하는 법원서기관 등의 지위 ··························· 343

다. 법원서기관 등이 집행관의 직무를 대행하는 경우에
　　　　있어 수수료 등 ··· 344
　　라. 집행관수수료규칙 제25조의 예납 없이 직무를 집행하는 경우 ········ 344

6. 집행관의 제척 ·· 344
　　가. 제척사유 ··· 344
　　나. 제척사유가 있는 집행관이 한 압류나 그 밖의 집행행위의 효과 ···· 345
　　다. 집행관의 기피·회피 ·· 345

7. 집행관에 대한 수수료 및 비용 ·· 346
　　가. 일반내용 ··· 346
　　나. 법정의 제반비용 지급과 직무집행 일당 및 여비 ······························ 346
　　　　(1) 관련규정 ·· 346
　　　　(2) 여비 지급 기준 ·· 347
　　다. 집행비용 등의 예납 ·· 347
　　　　(1) 관련규정 및 그 취지 ·· 347
　　　　(2) 예납금액의 범위 ·· 347
　　　　(3) 집행관이 사무를 개시한 후 예납금이 부족한 경우 ·············· 348
　　　　(4) 집행비용 집행관이 계산한 경우 불복 ·································· 348

8. 집행관의 관할 ·· 349
　　가. 토지관할 - 임명받은 지방법원 본원 또는 지원 관할구역 ············· 349
　　나. 집행에 관한 직무관할 ·· 349
　　　　(1) 직무관할 ·· 350
　　다. 법령에 의한 사무 ·· 352
　　라. 법원의 재판으로 집행관이 처리하게 하는 사무 ·························· 352
　　마. 집행관 업무 처리 흐름 ·· 354
　　바. 특칙 : 관할구역 밖에서의 압류 ·· 355

9. 집행관 부동산 업무 ·· 357
　가. 집행관 부동산업무 ·· 357
　　　(1) 부동산현황조사 ·· 357
　　　(2) 부동산매각/입찰의 실시 ·· 357
　　　(3) 부동산 인도 ··· 357
　　　(4) 부동산 강제관리에 있어서 관리인의 부동산점유시의 참여 ········ 359
　　　(5) 선박 또는 항공기에 대한 강제집행에 있어서 선박국적증서
　　　　　 또는 항공기 등록증명서 등의 수취 또는 인도집행 ················· 359
　　　(6) 자동차 또는 건설기계에 대한 강제매각신청 전의 자동차
　　　　　 또는 건설기계 인도명령집행 ··· 359
　나. 집행관에 대한 미등기 조사명령 ·· 359

10. 집행관 유체동산 집행 ·· 364
　가. 집행관 유체동산에 대한 강제집행 ·· 364
　　　(1) 유체동산에 대한 강제집행 ·· 364
　나. 채권 및 그 밖의 재산권에 대한 강제집행 ·· 366
　　　(1) 채권압류에 있어서 채권증서의 취득 ·· 366
　　　(2) 유체동산의 청구권에 대한 집행에 있어서 목적물의
　　　　　 수령 및 환가 ··· 366
　　　(3) 지시증권상의 채권의 압류에 있어서 증권의 점유 ·················· 367
　　　(4) 기타의 재산권에 대한 집행에 있어서 그 재산권의
　　　　　 매각 등의 방법에 의한 환가 ··· 367
　　　(5) 동산인도청구의 집행 ··· 367
　다. 보존처분집행 ··· 367
　　　(1) 가압류집행 ··· 367
　　　(2) 가처분집행 ··· 368
　　　(3) 부동산 매각개시결정 후의 보전처분집행 ································· 368

11. 집행관 기타 업무 ·· 368
　가. 송달 ·· 368

        (1) 서류의 송달 ·· 368
        (2) 집행권원인 공정증서정본 등의 송달 ··· 369
    나. 거절증서 작성, 열람 및 등·초본 발급 ·· 369
        (1) 어음 및 수표의 거절증서 작성 ·· 369
        (2) 집행기록등의 열람과 등·초본의 발급 ··· 369
    다. 회생 파산 ··· 369
        (1) 파산법에 의한 직무 ·· 369
        (2) 회사정리법에 의한 직무 ·· 370

12. 집행실시에 관한 일반적 절차 ··· 370
    가. 집행위임 ··· 370
        (1) 의의 ·· 370
        (2) 위임자의 능력 ·· 371
        (3) 집행위임의 방식 ··· 372
        (4) 집행위임의 거절·해지 ··· 372
        (5) 집행위임의 효과 ··· 373
    나. 비용예납 ··· 374
    다. 직무의 집행 ·· 374
    라. 집행실시에 대한 불복신청 ··· 375

13. 집행관의 선관주의의무 ··· 375

14. 집행관의 주의의무와 통지의무 ·· 376

15. 채권자의 손해배상책임 ··· 376

16. 집행관 직무집행과 국가배상 ·· 377
    가. 보존처분을 게을리한 경우 ··· 377

나. 집행관은 그 직무를 집행함에 있어 고의 또는 과실로
  위법하게 채권자, 채무자 기타 제 3자에게 손해 ·················· 377

17. 집행관의 작위실시와 채무자의 거부행위에 대한 배제조치 ············ 379

제2절 집행관 권한

Ⅰ. 집행관 권한을 증명하는 서면 ·· 380

Ⅱ. 채무자 및 제 3자에 대한 관계 (3자가 점유하고있는
  물건에 압류) ······················· 380

Ⅲ. 집행관의 강제력 사용권 ·· 381

제3절 집행관에 대한 원조 요구

1. 집행관 이외의 자로서 집행법원의 명령에 의하여 강제집행에 관한
  직무를 행하는 사람으로 집행관에게 원조 요청 ························· 383
  가. 근거 조문 ·· 383

2. 감정인, 보관인, 관리인 등이 집행관에게 원조 요청 ·················· 383
  ❖ 집행관(옛 집달관)은 누구 ·· 385

제4절 집행관 기타 사례

| 사례 1 | 집행관, 자주 고소 당하지만 90% 넘게 '면죄부 ················ 385

제6장 국가소송수행요령

1. 국가소송의 의의와 소송 지휘체계 ·· 387
   가. 국가소송의 의의 ··· 387
   나. 국가소송의 절차 ··· 387
   다. 소송 지휘체계 ··· 387
   라. 소송행위의 승인권자 ··· 388
   마. 소송수행자의 지정 및 변경 ·· 389
      (1) 소송수행자의 의의 ·· 389
      (2) 소송수행자의 지정 ·· 389
      (3) 소송수행자의 변경 ·· 390
      (4) 소송지휘 검찰청과의 연락 ·· 390

2. 소(訴) 제기 및 보전처분 ·· 391
   가. 소 제기 ··· 391
      (1) 소 제기 지휘요청 ·· 391
      (2) 소제기 지휘 ·· 391
      (3) 소장 등 제출 ·· 391
      (4) 관할 검찰청 및 법원 ·· 391
   나. 보전처분 ··· 392
      (1) 가압류·가처분 ·· 392
      (2) 보전처분 절차 ·· 392
   다. 반소 ··· 393
   라. 지급명령 신청 ··· 393

3. 응소 ·· 393
   가. 응소 지휘 ··· 393
   나. 답변서 작성 제출 ··· 394

다. 최초 변론기일 출석 ··· 394

4. 소송참가 및 소송 고지 ·· 394
  가. 독립당사자 참가 ··· 394
  나. 보조참가 ··· 395
  다. 소송 고지 ··· 395

5. 변론기일출석 및 변론 ·· 396
  가. 변론 요령 ··· 396
  나. 쌍불 취하 ··· 396

6. 주장 및 입증 ··· 397
  가. 주장책임 및 입증책임 ·· 397
  나. 주장 및 답변 ··· 397
    (1) 주장 ·· 397
    (2) 주장에 대한 답변 ·· 397
    (3) 항변 ·· 397
  다. 증거의 신청 ··· 398
    (1) 의의 ·· 398
    (2) 서증 ·· 398
    (3) 증인신문 ·· 402
    (4) 감정 ·· 404
    (5) 검증 ·· 405
    (6) 당사자 신문 ·· 405

7. 답변서 및 준비서면의 작성·제출 ··· 405
  가. 의의 ·· 405
    (1) 답변서 ·· 405
    (2) 준비서면 ·· 406
  나. 제출방법 ··· 406

다. 제출효과 ·· 406
　　　라. 기재사항 ·· 407
　　　　(1) 실질적 기재사항 ·· 407
　　　　(2) 형식적 기재사항 ·· 408
　　　　(3) 부인과 항변 ·· 408
　　　　(4) 사실상의 주장과 법률상의 주장 ·· 409
　　　마. 서증 및 참고자료 등의 첨부 ··· 410

8. 소송진행상황보고서 작성 ··· 410
　　　가. 개설 ·· 410
　　　나. 작성방법 ·· 410
　　　다. 유의사항 ·· 410

9. 소송의 종료 및 관련 조치사항 ·· 411
　　　가. 의의 ·· 411
　　　나. 판결선고 ·· 411
　　　　(1) 소송진행상황보고 ·· 411
　　　　(2) 국가승소의 경우 ·· 411
　　　　(3) 국가패소의 경우 ·· 412
　　　다. 소 취하 ·· 413
　　　　(1) 의의 ·· 413
　　　　(2) 국가 원고 사건의 경우 ··· 413
　　　　(3) 국가피고 사건의 경우 ··· 413
　　　　(4) 부동의 사유 ·· 414
　　　라. 소송상 화해, 조정 ·· 414
　　　　(1) 소송상 화해 ··· 414
　　　　(2) 조정 ·· 415
　　　마. 청구의 포기·인락 ·· 415

10. 불변(법정)기간 ··· 416
- ❖ 기간 계산방법 ··· 417

11. 상소심 소송수행 ·· 418
- 가. 항소심 ··· 418
  - (1) 항소 제기 ··· 418
  - (2) 항소심 수행방법 ··· 418
- 나. 상고심 ··· 418
  - (1) 상고 제기 ··· 418
  - (2) 수행방법 ·· 418

12. 사건 확정시 조치사항 ··· 419
- 가. 의의 ·· 419
- 나. 채무명의를 이첩받은 경우 조치사항 ································· 419
- 다. 소송비용회수와 관련된 조치사항 ······································ 420
- 라. 구상권 행사와 관련된 조치사항 ······································· 420

13. 재심 ·· 421

14. 법정예절 및 기타 주의사항 ··· 421

제7장 법원행정처 소송수행보고

1. 소송수행보고의 시기 ··· 423
- 가. 국가소송 ·· 423
- 나. 행정소송 ·· 423
- 다. 첨부서류 ·· 424

2. 보고방법 ·· 424

제8장 법정에서 재판 진행 절차

1. 법정의 구조 ·· 425
2. 사건의 호명 ·· 425
3. 소장 및 답변서의 진술 ·· 426
4. 상대방의 준비서면 진술 ·· 426
5. 증거의 제출과 '서증 인부' ·· 426
6. 재판장 및 상대방의 석명 요구 및 입증 촉구 ··························· 427
7. 다음 변론기일 ·· 428
8. 준비절차기일 ·· 428
9. 검찰청에의 보고 ·· 429

10. 변론기일에서 재판 절차 ··· 429
    가. 제1회 변론기일 이외의 변론기일 및 변론의 종결 ············ 429
        (1) 제1회 변론기일 이외의 변론기일 ································ 429
        (2) 준비서면 ··· 430
        (3) 주장 및 입증책임 ··· 431
        (4) 증인의 신청 및 신문 ··· 431
        (5) 사실조회의 신청 ··· 435
        (6) 검증·감정의 신청 ··· 437
        (7) 문서등본 송부촉탁, 문서제출명령 ······························ 439
        (8) 그 외의 증거 조사방법 ··· 440
        (9) 변론의 종결 ··· 440
        (10) 검찰청에의 보고 ··· 441

11. 소송의 종료 ··· 441
　가. 소의 취하 ··· 441
　나. 판결 ··· 442
　　(1) 「각하(却下)」판결 ··· 442
　　(2) 「기각(棄却)」판결 ··· 442
　　(3) 「인용(認容)」판결 ··· 442
　　(4) 기속력 ··· 443
　다. 판결 선고 후 조치 ·· 443
　　(1) 재판결과 보고 ·· 443
　　(2) 행정청 승소시 ·· 443
　　(3) 행정청 패소시 ·· 444
　　(4) 항소심에서의 절차 ··· 444
　　(5) 상고심에서의 절차 ··· 445

12. 답변서 및 준비서면 기재요령 ··· 445
　가. 실질적 기재사항 ··· 445
　나. 형식적 기재사항 ··· 446
　다. 서증 및 참고자료 등의 첨부 ··· 446

13. 서증의 제출 및 인부 ·· 447
　가. 서증의 개념 ··· 447
　나. 제출방법과 시기 ··· 447
　다. 번호 부여 ··· 448
　라. 서증 인부 ··· 449
　　(1) 의의와 방식 ··· 449
　　(2) 인부의 내용 ··· 449
　　(3) 인부서의 제출 ·· 450

14. 집행정지 사건의 수행 ·· 450

15. 법원행정처 소송수행보고 ·· 452
    가. 소송수행보고의 시기 ·· 452
        (1) 국가소송 ·· 452
        (2) 행정소송 ·· 452
        (3) 첨부서류 ·· 453

16. 보고방법 ·· 453

제9장 재판 관련 국가소송

제1절 재판 관련 국가배상청구

| 사례 1 | 위법성이 인정되지 않은 사례 ······································· 454

1. 인지 관련 청구 ·· 457
    가. 기본 구조 ·· 457
        (1) 인지과오납금 반환청구 ·· 457
        (2) 법원사무관등의 처분에 대한 이의 ·· 457
    나. 본안전 항변 ·· 458
    다. 청구원인에 대한 방어방법 ·· 458
        (1) 인지 과오납청구의 경우 ·· 458
        (2) 인지환급청구의 경우 ·· 460

2. 집행관의 강제집행 과정에서 부당한 강제집행 ································ 462
    가. 집행관의 부당한 강제집행으로 고가의 가구 등이 손실
        입었다는 주장 ·· 462

나. 부동산 인도집행이 파산 면책에 위배되는 집행이라고 주장 ············ 462
다. 집행관이 현황조사를 부실하게 하여 보고함으로 손해 ······················ 462

| 사례 1 | 법원직원이 집행취소신청 없는데 채권가압류취소
판결정본 송달 ·· 463

제1장 집행관 및 국가배상청구 개관

제1절 한 장으로 본 집행관 및 국가배상청구 일반

사건부호	가단	인지	소가에 따라	송달료	청구인수 × 8회분	사물관할	단독	

토지관할	국가를 대표하는 관청 또는 대법원이 있는 곳
당사자	집행관, 국가
요건사실	①공무원이, ②직무를 집행함에 당하여 한 행위로서, ③법령에 위반한 행위일 것, ④ 고의·과실로 인한 행위, ⑤타인에게 손해를 가하였을 것,1) ⑥ 피고의 행위와 원고의 손해 사이의 인과관계가 있을 것
제소기간	국가배상청구권은 공무원이 불법행위가 있은 날로부터 5년을 경과하거나 피해자나 그 법정대리인이 그 손해 및 가해자를 안 날로부터 3년간 이를 행사하지 아니한 때에 시효로 인하여 소멸
입증 책임	불법행위의 피해자인 원고가 위 요건사실을 증명해야
송달	피고가 국가인 경우 소송수행자 또는 소송대리인이 있는 경우에는 그 소송수행자 또는 소송대리인에게 송달하고, 그러한 사람이 없는 경우 수소법원에 대응하는 검찰청의 장에게 송달
손해액	손해배상청구는 불법행위시를 기준으로 청구하고, 불법행위일부터 지연손해를 청구
청구취지 :	피고는 원고에게 ○○○,○○○원 및 이에 대한 20○○. ○○. ○○.부터 이 사건 소장 부본 송달일까지는 연 5%의, 그 다음날부터 다 갚는 날까지는 연 20%의 각 비율에 의한 금원을 지급하라.
청구원인 (요건사실)	공무원이 직무 집행 중 가해행위를 한 사실 + 공무원에게 고의 또는 과실이 있었던 사실 + 원고에게 손해가 발생한 사실 + 손해와 고의·과실 사이에 인과관계가 있는 사실

---

1) 정하중, 행정법총론, 법문사(2004), 503 ; 홍정선, "행정법특강", 박영사(2006) 450이하 ; 이병철, "행정법강의", 유스티니아누스(2006), 650이하

2 집행관 & 국가 상대로 한 손해배상 사례

제2절 집행관 및 국가배상청구 기본 구조

1. 관할

| 국가에 대한 소 | 국가를 대표하는 관청 또는 대법원이 있는 곳[2] | 민소법 제6조 |

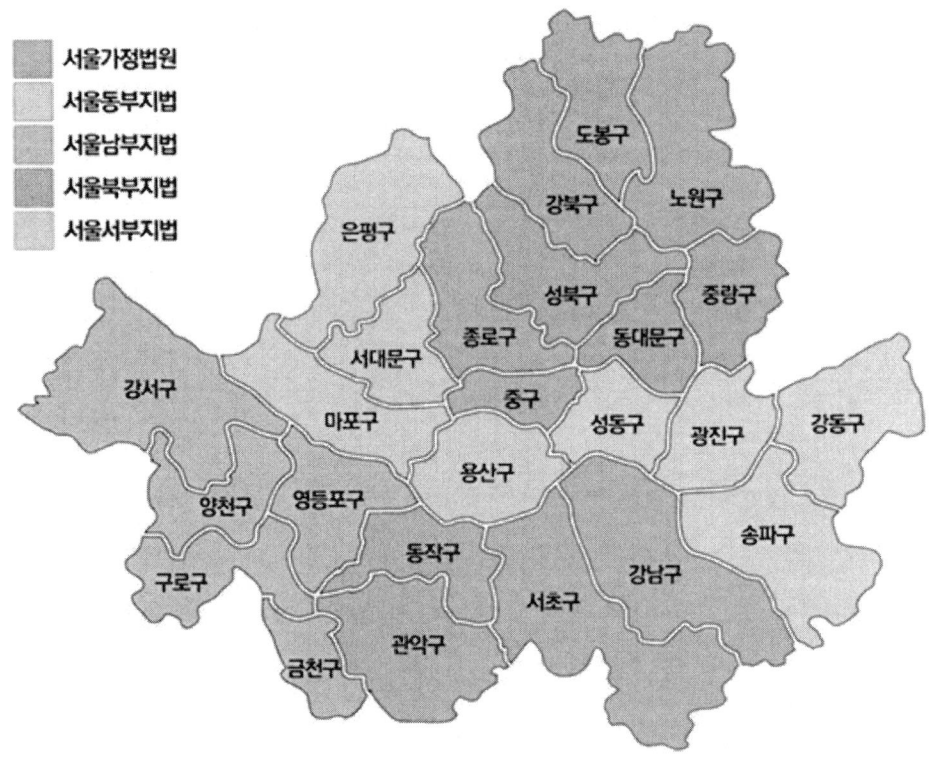

---

2) 법률상 국가를 대표하는 관청은 법무부장관이므로 법무부장관의 소재지인 과천을 관할하는 수원지방법원에 국가의 보통재판적이 있고, 대법원 소재지를 관할하는 서울중앙지방법원에도 국가의 보통재판적이 있으므로 위 두 법원에 국가에 대한 소 제기 가능

2. 당사자

피고를 국가로 하는 경우	당사자가 법인, 국가, 지방자치단체 또는 민사소송법 52조의 법인이 아닌 사단이나 재단인 경우에는 그 대표자나 관리인을 기재
피고를 집행관으로 하는 경우	원고는 피고를 국가로 하거나 집행관으로 가능 고의 중과실에는 집행관도 책임이 있으므로 당사자 적격이 있음. 다만 경과실의 경우에는 집행관은 책임이 없으므로 당사자 적격이 없음.(이상신 소장) 당사자 적격-피고를 국가[3] 등으로 지정할 경우의 처리 예시 대리인 등의 자격증명 서면- 국가의 소송수행자 : 소송수행지정서

① 피고가 국가인 경우 기재례

```
대한민국
주소는 서울 고등검찰청 주소를 기재
법률상 대표자 법무부장관 ○○○(소관청 : 정보통신부 우정사업본부)
소송수행자 홍길동
* 송달장소는 당사자의 신청이 있더라도 기재하지 아니함
```

- 송달장소는 법률로 정해진 것이므로 신청인의 권한이 아닐 것임
- 소관이 복수인 경우도 있음

---

[3] 국가, 지방자치단체의 경우 개각 또는 인사발령으로 인하여 변론종결 당시까지 사이에 대표자가 바뀐 경우에 그 바뀐 사실이 공지이거나 법원에 현저한 때에는 새로운 대표자의 성명이 기록에 현출되지 아니하였더라도 바뀐 대표자의 성명을 기재하여야 함

4   집행관 & 국가 상대로 한 손해배상 사례

3. 송달

가. 국가를 당사자로 하는 사건의 송달 예규 (국가를 당사자로 하는 소송에 관한 법률 제9조, 재일 2003-9)

◆ 관련예규

> [국가를 당사자로 하는 소송에 관한 법률]
> **제9조 (송달의 대상)** ① 국가소송에서 국가에 대한 송달은 수소법원(수소법원)에 대응하는 검찰청(수소법원이 지방법원 지원인 경우에는 지방검찰청을 말한다)의 장에게 한다. 다만, <u>고등검찰청 소재지의 지방법원(산하 지방법원 지원을 포함한다)에 소가 제기된 경우에는 그 고등검찰청의 장에게 송달한다.</u>
> ② 소송수행자 또는 소송대리인이 있는 경우에는 제1항에도 불구하고 소송수행자 또는 소송대리인에게 송달한다.
>
> [재일 2003-9]
> 국가를 당사자로 하는 소송에 관한 법률 제 9 조를 준용하여 서울·대전·대구·부산·광주지방법원과 그 지원의 경우에는 해당 고등검찰청의 장에게, 그 외의 경우에는 해당 지방검찰청의 장에게 송달하여야 한다.[4]
> 서울중앙지방법원에 접수된 국가를 당사자로 하는 소송은 그 소송수행자 또는 소송대리인 없는 경우 서울고등검찰청의 장에게 송달하고 있습니다.
>
> [국가를 당사자로 하는 소송에 관한 법률]
> **제9조 (국가에 대한 송달시 유의사항)** <u>국가에 대한 송달에 있어 국가의 소송수행자 또는 소송대리인이 있는지 여부를 반드시 확인하여 소송수행자 또는 소송대리인이 있는 경우에는 그 소송수행자 또는 소송대리인에게 송달하고, 그러한 사람이 없는 경우에는 국가의 대표자라 해서 법무부장관에게 송달하여서는 아니 되며, 수소법원에 대응하는 검찰청의</u>

---
[4] 대법원 재판예규 제 730호(재민 81-15).

장(지방법원 지원의 경우에는 지방검찰청, 고등검찰청 소재지의 지방법원에 소가 제기된 경우에는 그 소재지 고등검찰청)의 장에게 송달하여야 한다(국가를 당사자로 하는 소송에 관한 법률 제9조 참조).

나. 수송달자가 법원의 경우 소관청 아래와 같이 기재

- 법원의 경우 소관청 아래와 같이 기재
* ○○지방법원장 (×)
* ○○지방법원 세입세출외현금출납공무원 (○) : 보관금(경매)의 경우
* ○○지방법원 공탁관 (○) : 공탁금의 경우

6 집행관 & 국가 상대로 한 손해배상 사례

4. 국가의 인지대, 송달료, 수수료 납부의무

가. 국가를 당사자로 하는 소송 인지 면제

(1) 국가가 당사자인 경우의 인지 납부 여부

- 국가를 당사자로 하는 소송 및 행정소송절차에서 국가는 민사소송 등 인지법에서 규정한 인지를 첨부하지 않음(인지첨부법 2조)

- 국가가 당사자가 아닌 제3자로서 소송행위를 할 경우 또는 당사자 일방을 위하여 [46] 보조참가하고 있는 소송은 인지 첨부 및 공탁 제공에 관한 특례법 2조에서 말하는 국가를 당사자로 하는 소송이 아니므로 보조참가인의 자격으로 제1심판결에 불복하여 항소를 제기함에 있어서는 민사소송 등 인지법 소정의 인지를 첨부하여야 함(대법원 1969. 10. 18.자 69마683 결정, 대법원 2008. 7. 11.자 2008마600 결정)

- 국가가 당사자라도 송달료나 검증·감정료 등의 소송비용은 이를 예외로 하는 특별법 규정이 없기 때문에 당연히 납부하여야 함

국가를 당사자로 하는 소송 및 행정소송절차에서 국가는 민사소송 등 인지법에서 규정한 인지를 첨부하지 않는다(인지첨부 및 공탁제공에 관한 특례법 제2조). 따라서, 당사자인 국가가 열람·등사신청 수수료나 판결정본 재교부 신청 등 기타 소송 진행상 인지를 첨부해야 할 경우에는 인지를 첨부하지 않아도 된다.
국가가 당사자 일방을 위하여 보조참가하고 있는 소송은 인지첨부 및 공탁제공에 관한 특례법 2조에서 말하는 국가를 당사자로 하는 소송이 아니므로 국가가 보조참가인의 자격으로 제1심 판결에 불복하여 항소를 제기함에 있어서는 민사소송 등 인지법 소정의 인지를 붙여야 한다(대법원 2008. 7. 11.자 2008마600 결정). 즉, 국가가 당사자 아닌 보조참가인이나

제3자로서 위와 같은 소송행위를 할 경우에는 인지를 첨부하여야 한다.5) 한편, 국가가 당사자이더라도 송달료나 검증·감정료 등의 소송비용은 이를 예외로 하는 특별법 규정이 없기 때문에 당연히 납부하여야 하고 이를 면제하지 않는다.

나. 인지 계산

  (1) 불산입의 원칙

  부대청구/수단청구 : 과실/손해배상/위약금/비용의 청구가 소송의 부대목적이 되는 때 또는 1개의 청구가 다른 청구의 수단에 지나지 않을 때에는 그 값은 소가에 산입하지 아니함(민소 27조 2항, 규칙 21조 본문). 따라서 과실 등의 청구가 주된 청구로부터 분리·독립하여 이루어진 경우에는 불산입원칙이 적용되지 않음
  과실 : 천연과실(과수의 열매, 가축이 출산한 새끼), 법정과실(차임, 지료, 이자), 사용이익(건물 또는 토지를 사용하여 얻은 이익)도 과실에 준한다. (대판 95다44290)
  손해배상 : 약정/법정 지연손해금(주된 청구의 이행지체), 불법행위에 기한 손해배상(불법점유로 물건인도시까지 차임 상당의 손해배상/부당이득금)
손해배상과 명예회복청구의 병합하는 경우 : 합산법칙 적용

---

5) 국가를 당사자로 하는 소송 및 행정소송절차에서 국가는 민사소송등인지법에서 규정한 인지를 첨부하지 아니한다(인지첨부및공탁제공에관한특례법 2조). 그러나 국가가 당사자 일방을 위하여 보조참가하고 있는 소송은 인지첨부및공탁제공에관한특례법 2조에서 말하는 국가를 당사자로 하는 소송이 아니므로 국가가 보조참가인의 자격으로 제1심 판결에 불복하여 항소를 제기함에 있어서는 민사소송등인지법 소정의 인지를 붙여야 한다(대법원 1969.10.18. 자 69마683 결정). (출처 : 민사소송 I; 법원실무제요 법원행정처 법원행정처)

8 집행관 & 국가 상대로 한 손해배상 사례

5. 손해배상 사건 흐름

```
┌─────────────────────────────────────────────┐
│  ○ 소장 제출                                │
└─────────────────────────────────────────────┘
                    ↓
┌─────────────────────────────────────────────┐
│  ○ 답변서 제출                              │
└─────────────────────────────────────────────┘
                    ↓
┌─────────────────────────────────────────────┐
│  ○ 문서송부촉탁신청, 사실조회 등6)          │
└─────────────────────────────────────────────┘
                    ↓
┌─────────────────────────────────────────────┐
│  ○ 청구취지변경신청서 제출                  │
└─────────────────────────────────────────────┘
                    ↓
┌─────────────────────────────────────────────┐
│  ○ 피고 준비서면 제출                       │
└─────────────────────────────────────────────┘
                    ↓
┌─────────────────────────────────────────────┐
│  ○ 변론기일                                 │
│  - 각 항목 내역이 구체화되었다면 → 화해권고결정 │
│  - 미비한 부분이 있다면 → 기일 속행         │
└─────────────────────────────────────────────┘
                    ↓
┌─────────────────────────────────────────────┐
│  ○ 화해권고결정에 이의가 있을 경우          │
│    - 특별히 다투는 부분에 대한 재심리(신체재감정, 사실조회 등, 해당 항목에 변동이 있을 경우 재차 화해권고결정을 하는 재판부도 있음) │
│    - 더 심리할 것이 없을 경우 변론종결, 판결선고 │
└─────────────────────────────────────────────┘
```

---

6) 이러한 기간 동안 감정결과와 관계없는 손해배상책임의 발생 부분이나 일실수입의 기초사실인 소득, 가동기간 등에 관한 심리가 충분히 진행될 수 있음에도 당사자들은 신체감정결과가 도착하여서야 비로소 청구변경 등 본격적인 공방이 가능하다는 내심의 의사 때문인지 별 다른 소송활동을 하지 않는 경우가 많다. 예컨대, 세금신고를 제대로 하지 아니한 자영업자의 경우, 감정결과 신체장해율(≒노동능력상실률)이 높게 나오면 복잡한 입증을 하느니 보통인부의 도시일용노임으로 청구하지만, 신체장해율이 낮게 나오면 부랴부랴 방대한 장부 등을 제출하면서 무신고소득을 인정해 달라고 주장하는 경우가 많다. 결국 이는 위에서 언급한 바와 같이 당사자의 주 관심사는 액수일 뿐이기 때문에 나타나는 현상이다.

제3절 국가 및 집행관 배상청구권의 성립요건 사실

I. 국가 및 집행관 배상청구권의 성립요건 사실 개관

요건 사실	헌법 제29조를 구체화한 국가배상법 제2조의[7] 국가배상책임의 요건은 통상 다음과 같이 분설되고 있다. ① 공무원이, ② 직무를 집행함에 당하여 한 행위로서, ③ 법령에 위반한 행위일 것, ④ 고의·과실로 인한 행위, ⑤ 타인에게 손해를 가하였을 것,[8] ⑥ 피고의 행위와 원고의 손해 사이의 인과관계가 있을 것.

● 주의사항
① 공동불법행위자들 상호 간의 관계는 부진정연대채무이므로 각자로 표시
② 손해배상청구는 불법행위시를 기준으로 하고, 지연손해금은 불법행위 당일부터 기산한다.
③ 판례에 의한 손해 삼분설에 따라 적극적 손해(치료비, 장례비 등), 소극적 손해(일실수익), 정신적 손해(위자료)로 나누어 청구한다.

---

7) 제2조 (배상책임)
　① 국가 또는 지방자치단체는 공무원이 그 직무를 집행함에 당하여 故意 또는 過失로 法令에 違反하여 타인에게 손해를 가하거나, 자동차손해배상보장법의 규정에 의하여 손해배상의 책임이 있는 때에는 이 법에 의하여 그 손해를 배상하여야 한다. 다만, 군인·군무원·경찰공무원 또는 향토예비군대원이 전투·훈련·기타 직무집행과 관련하거나 국방 또는 치안유지의 목적상 사용하는 시설 및 자동차·함선·항공기·기타 운반기구안에서 전사·순직 또는 공상을 입은 경우에 본인 또는 그 유족이 다른 법령의 규정에 의하여 재해보상금·유족년금·상이년금등의 보상을 지급받을 수 있을 때에는 이 法 및 민법의 규정에 의한 손해배상을 청구할 수 없다.<개정 1981.12.17>
　② 제1항 본문의 경우에 公務員이 故意 또는 중대한 過失이 있는 때에는 국가 또는 지방자치단체는 그 공무원에게 求償할 수 있다.
8) 정하중, 행정법총론, 법문사(2004), 503 ; 홍정선, "행정법특강", 박영사(2006) 450이하 ; 이병철, "행정법강의", 유스티니아누스(2006), 650이하

Ⅱ. 공무원의 직무상 의무 위반과 국가배상의 관계

1. 공무원의 의미

가. 국가배상법 제2조 소정의 '공무원 또는 공무를 위탁받은 사인'이라 함은 신분상의 공무원에 국한하지 않고, 일시적 또는 한정적 위탁을 포함하여 널리 공무를 위탁받아 실질적으로 공무에 종사하고 있는 일체의 자를 가리킨다. 또한 국가배상책임은 그 공무원의 임용·감독에 과실이 있는지 여부를 묻지 않는다.9)

나. 집행관은 독립한 기관으로서 각각 맡은 직무를 스스로 독립하여 집행하며, 상사의 지휘를 받지 아니하고 자기의 판단으로 필요한 조사를 하고 의사결정을 하여 권한을 행사한다. 따라서 집행관이 소속 지방법원장으로부터 행정상의 지휘감독을 받는다 해서 직무집행의 독립성이 저해되는 것은 아니다.

집행관은 실질적 의미에 있어서의 국가공무원이다.10) 다만, 집행관은 국가로부터 봉급을 받지 아니하고 처리한 사무에 관하여 일정액의 수수료를 받는다(법원조직법55 조 4항, 집행관법 19조).

2. 직무를 집행함에 당하여 한 행위로서

가. 국가배상법 제2조 제1항은 국가배상책임의 요건으로서 공무원이 직무를 집행함에 당하여 '법령에 위반하여' 타인에게 손해를 가할 것을 규정하고 있는바, 여기서 '법령위반'이라 함은 엄격한 의미의 법령위반뿐만 아니라 인권존중, 권력남용금지, 신의성실, 사회질서 등의 위반도 포함하여 객관적으로 정당하지 아니함을 의미하나, 공무원이 직

---

9) 대법원 98다39060
10) 대판 1966. 7. 26. 66다854(집14-2, 민223). 따라서 집행관에 대하여는 국가공무원법 64조 의 영리업무 및 겸직 금지에 관한 규정이 적용된다(1995. 12. 8. 대법원 행정예규 제 270호).

무를 집행함에 있어서 법령이나 행정지침 등에 의하여 부과된 직무상 의무를 위반하였다고 하여 바로 국가배상책임의 근거가 되는 위법행위라고 할 수는 없다.11)

나. 따라서 공무원이 직무를 수행함에 있어 그 근거되는 법령의 규정에 의하여 구체적으로 공무원에게 부과된 의무 가운데 국민의 이익과는 관계없이 순전히 행정기관 내부의 질서를 유지하기 위한 것이거나 또는 그 직무상 의무가 국민의 이익을 위한 것이라도 개개의 국민을 염두에 둔 것이 아니라 오로지 공공 일반의 전체적인 이익을 조장하기 위한 경우에 불과할 때에는 공무원이 그 직무상의 의무에 위반하여 국민에게 손해를 가하였다고 하더라도 이에 관하여 그 공무원이 소속된 국가나 지방자치단체의 손해배상책임이 인정되지 않는다. 즉, 그 직무상 의무의 내용이 전적으로 또는 부수적으로라도 사회구성원 개인의 안전과 이익을 보호하기 위하여 설정된 것이어야만 국가가 배상책임을 진다.12)

3. 법령에 위반한 행위일 것

국가배상법 제2조 제1항은 국가배상책임의 요건으로서 공무원이 직무를 집행함에 당하여 '법령에 위반하여' 타인에게 손해를 가할 것을 규정하고 있는바, 여기서 '법령위반'이라 함은 엄격한 의미의 법령위반뿐만 아니라 인권존중, 권력남용금지, 신의성실, 사회질서 등의 위반도 포함하여 객관적으로 정당하지 아니함을 의미하나, 공무원이 직무를 집행함에 있어서 법령이나 행정지침 등에 의하여 부과된 직무상 의무를 위반하였다고 하여 바로 국가배상책임의 근거가 되는 위법행위라고 할 수는 없다.13)

---

11) 손지열, 「공무원의 직무상 의무위반과 국가배상책임」, 민사재판의 제문제, 1994, 473면.
12) 대법원 91다43466
13) 손지열, 「공무원의 직무상 의무위반과 국가배상책임」, 민사재판의 제문제, 1994, 473면.

4. 고의 또는 과실에 대하여

가. 고의(故意)와 과실(過失)

고의(故意)라고 함은 당해 직무집행행위의 위법함을 알고 있는 경우를 의미하고, 중과실(重過失)이라 함은 통상요구되는 주의의무를 현저하게 태만하여 당해 직무집행행위의 위법성을 알지 못하는 경우를 의미한다. 그러나 당해 위법행위가 경과실인지 여부는 주의의무 해태의 정도차이에 지나지 않는데 실무상 양자의 구별은 매우 어려운 것이 사실이다. 과실을 부주의 정도의 경중에 따라 구별한 기준으로 경과실은 다소간에 주의를 결한 경우이고, 중과실은 현저하게 주의를 결한 경우를 말한다.

나. 과실의 의미

국가배상법상 과실은 당해 직무를 담당하는 평균적 공무원이 통상 갖추어야 할 주의의무를 해태하고, 객관적 기준에서 역시 정당성을 상실한 경우를 의미한다. 따라서 어떠한 공무원의 처분이 사후적으로 부적절하였음이 밝혀졌다고 하더라도 당연히 공무원의 고의 또는 과실로 인한 것으로서 불법행위를 구성한다고 단정할 수는 없는 것이고, 담당 공무원이 일반 공무원을 표준으로 객관적 주의의무를 결하여 그 처분이 객관적 정당성을 상실하였다고 인정될 정도에 이르렀을 것이 요구된다.[14]

다. 과실 여부의 판단 기준

1) 공무원의 법령 해석·적용상 잘못은 원칙적으로 과실이 인정된다. 대법원의 판단으로 관계 법령의 해석이 확립되고 이어 상급 행정기관 내지 유관 행정부서로부터 시달된 업무지침이나 업무연락 등을 통하여

---

14) 대법원 87다카1164, 대법원 2009다30946, 대법원 99다70600

이를 충분히 인식할 수 있게 된 상태에서, 확립된 법령의 해석에 어긋나는 견해를 고집하여 계속하여 위법한 행정처분을 하거나 이에 준하는 행위로 평가될 수 있는 불이익을 처분상대방에게 주게 된다면, 이는 그 공무원의 고의 또는 과실로 인한 것이 되어 그 손해를 배상할 책임이 있기 때문이다.[15]

2) 법령에 대한 해석이 그 문언 자체만으로는 명백하지 아니하여 여러 견해가 있을 수 있는데다가 이에 대한 선례나 학설, 판례 등도 귀일된 바 없어 의의가 없을 수 없는 경우는 예외가 인정된다. 관계 공무원이 그 나름대로 신중을 다하여 합리적인 근거를 찾아 그 중 어느 한 견해를 따라 내린 해석이 후에 대법원이 내린 입장과 같지 않아 결과적으로 잘못된 해석에 돌아가고, 이에 따른 처리가 역시 결과적으로 위법하게 되어 그 법령의 부당집행이라는 결과를 가져오게 되었다고 하더라도 그와 같은 처리방법 이상의 것을 성실한 평균적 공무원에게 기대하기는 어려운 일이어서, 이러한 경우까지 공무원의 과실을 인정할 수는 없다.[16]

3) 법령의 문구를 그대로 따른 경우에는 특별한 사정이 없는 한 과실이 인정되지 않는다. 시행령이 추후 위법한 것으로 밝혀진 경우에도 법률전문가가 아닌 공무원에게 그 시행령의 유효 여부를 사법적으로 심사하여 그 적용을 거부할 것을 기대하기는 매우 어려우므로 위법하다고 볼 수 없다. 따라서 담당 공무원의 과실을 부정하기 위해 각종 예규, 실무례 등에 비추어 손해의 발생이 불가항력이었음을 주장할 필요가 있다.[17]

---

15) 대법원 2005다31828
16) 대법원 2009다97925, 대법원 2000다20731, 대법원 96다53413
17) 대법원 96다53413

사례 1 집행과정에 관한 집행관의 책임

○ 집행관이 그 직무를 수행함에 있어 주의의무를 위배함으로써 손해를 가한 경우 국가는 그 피해자에게 국가배상법상 손해배상의무가 있다. 집행관은 집행에 관한 법률전문가로서 집행의 근거로 삼는 법령에 대한 관계 법규나 필요한 지식을 충분히 갖출 것이 요구되므로 집행관으로서 당연히 알아야 할 관계 법규를 알지 못하고 필요한 지식을 갖추지 못하거나 조사를 게을리하여 법규의 해석을 그르치는 등으로 인하여 타인에게 손해를 가하였다면 불법행위가 성립한다.[18]

라. 공무원의 중과실 기준

(1) 개념

중과실(重過失)이라 함은 통상요구되는 주의의무를 현저하게 태만하여 당해 직무집행행위의 위법성을 알지 못하는 경우를 의미한다. 그러나 당해 위법행위가 경과실인지 여부는 주의의무 해태의 정도차이에 지나지 않는데 실무상 양자의 구별은 매우 어려운 것이 사실이다. 과실을 부주의 정도의 경중에 따라 구별한 기준으로 경과실은 다소간에 주의를 결한 경우이고, 중과실은 현저하게 주의를 결한 경우를 말한다.[19][20]

---

[18] 대법원 2001다52773
[19] 공무원의 중과실이라 함은 공무원에게 통상 요구되는 정도의 상당한 주의를 하지 않더라도 약간의 주의를 한다면 손쉽게 위법·유해한 결과를 예견할 수 있는 경우임에도 만연히 이를 간과함과 같은 거의 고의에 가까운 현저한 주의를 결여한 상태를 의미한다(대법원 1996. 8. 23. 선고 96다19833 판결, 대법원 2003. 12. 26. 선고 2003다13307 판결).
[20] * 민사실무상 중과실은 고의에 준하여 처리하는 경우가 많으나, 중과실에 의한 불법행위의 경우, 상계가 제한되지 않는다.☞민법 제496조가 고의의 불법행위로 인한 손해배상채권에 대한 상계를 금지하는 입법취지는 고의의 불법행위에 인한 손해배상채권에 대하여 상계를 허용한다면 고의로 불법행위를 한 자가 상계권행사로 현실적으로 손해배상을 지급할 필요가 없게 됨으로써 보복적 불법행위를 유발하게 될 우려가 있고, 고의의 불법행위로 인한 피해자가 가해자

(2) 국가배상법상 구상권의 행사란

국가 또는 지방자치단체가 공무원의 위법한 직무집행행위 또는 공공영조물의 설치나 관리의 하자 등으로 인해 손해배상책임을 부담한 경우에 고의(故意) 또는 중과실(重過失)이 있는 당해 공무원 개인에게 구상(求償)하는 경우를 의미한다.(국가배상법 제2조, 제5조, 제6조).[21] 고의, 중과실

의 상계권행사로 인하여 현실의 변제를 받을 수 없는 결과가 됨은 사회적 정의 관념에 맞지 아니하므로 고의에 의한 불법행위의 발생을 방지함과 아울러 고의의 불법행위로 인한 피해자에게 현실의 변제를 받게 하려는 데 있는바, 이 같은 입법취지나 적용결과에 비추어 볼 때 고의의 불법행위에 인한 손해배상채권에 대한 상계금지를 중과실의 불법행위에 인한 손해배상채권에까지 유추 또는 확장 적용하여야 할 필요성이 있다고 할 수 없다(대법원 1994.8.12. 선고 93다52808 판결).

21) 제2조 (배상책임)
① 국가 또는 지방자치단체는 공무원이 그 직무를 집행함에 당하여 故意 또는 過失로 法令에 違反하여 타인에게 손해를 가하거나, 자동차손해배상보장법의 규정에 의하여 손해배상의 책임이 있는 때에는 이 법에 의하여 그 손해를 배상하여야 한다. 다만, 군인·군무원·경찰공무원 또는 향토예비군대원이 전투·훈련·기타 직무집행과 관련하거나 국방 또는 치안유지의 목적상 사용하는 시설 및 자동차·함선·항공기·기타 운반기구안에서 전사·순직 또는 공상을 입은 경우에 본인 또는 그 유족이 다른 법령의 규정에 의하여 재해보상금·유족년금·상이년금등의 보상을 지급받을 수 있을 때에는 이 法 및 민법의 규정에 의한 손해배상을 청구할 수 없다.<개정 1981.12.17>
② 제1항 본문의 경우에 公務員이 故意 또는 중대한 過失이 있는 때에는 국가 또는 지방자치단체는 그 공무원에게 求償할 수 있다.
제5조 (공공시설등의 하자로 인한 책임)
① 도로·하천 기타 공공의 영조물의 설치 또는 관리에 하자가 있기 때문에 타인에게 손해를 발생하게 하였을 때에는 국가 또는 지방자치단체는 그 손해를 배상하여야 한다. 이 경우에는 제2조제1항 단서, 제3조 및 제3조의2의 규정을 준용한다.<개정 1980.1.4>
② 제1항의 경우에 손해의 원인에 대하여 책임을 질 자가 따로 있을 때에는 국가 또는 지방자치단체는 그 者에 대하여 求償할 수 있다.<개정 1980.1.4>
제6조 (비용부담자등의 책임)
① 제2조·제3조 및 제5조의 규정에 의하여 국가 또는 지방자치단체가 손해를 배상할 책임이 있는 경우에 공무원의 선임·감독 또는 영조물의 설치·관리를 맡은 자와 공무원의 봉급·급여 기타의 비용 또는 영조물의 설치·관리의 비용을 부담하는 자가 동일하지 아니한 경우에는 그 비용을 부담하는 자도 손해를 배상하여야 한다.<개정 1980.1.4>

있는 공무원에 대한 구상권은 공무원 개인 행위에 대하여 국가가 대위책임을 지는 것이 논리적으로 당연하다고 보지만 경과실(輕過失) 있는 공무원에 대한 구상권은 공무원이 기관으로서 행한 행위를 국가가 자기책임 지는 것이므로 당연히 공무원 개인에게 행사할 수 없다고 파악한다.22)

---

② 제1항의 경우에 손해를 배상한 자는 내부관계에서 그 손해를 배상할 책임이 있는 자에게 구상할 수 있다.<개정 1980.1.4>

22) 대법원 1996. 2. 15. 선고 95다38677 전원합의체 판결 【손해배상(자)】 [공1996.3.15.(6),771]
　　[1] 국가배상법 제2조 제1항 본문 및 제2항의 입법 취지
　　　　[다수의견] 국가배상법 제2조 제1항 본문 및 제2항의 입법 취지는 공무원의 직무상 위법행위로 타인에게 손해를 끼친 경우에는 변제자력이 충분한 국가 등에게 선임감독상 과실 여부에 불구하고 손해배상책임을 부담시켜 국민의 재산권을 보장하되, 공무원이 직무를 수행함에 있어 **경과실**로 타인에게 손해를 입힌 경우에는 그 직무수행상 통상 예기할 수 있는 흠이 있는 것에 불과하므로, 이러한 공무원의 행위는 여전히 국가 등의 기관의 행위로 보아 그로 인하여 발생한 손해에 대한 배상책임도 전적으로 국가 등에만 귀속시키고 공무원 개인에게는 그로 인한 책임을 부담시키지 아니하여 공무원의 공무집행의 안정성을 확보하고, 반면에 공무원의 위법행위가 **고의·중과실**에 기한 경우에는 비록 그 행위가 그의 직무와 관련된 것이라고 하더라도 그와 같은 행위는 그 본질에 있어서 기관행위로서의 품격을 상실하여 국가 등에게 그 책임을 귀속시킬 수 없으므로 공무원 개인에게 불법행위로 인한 손해배상책임을 부담시키되, 다만 이러한 경우에도 그 행위의 외관을 객관적으로 관찰하여 공무원의 직무집행으로 보여질 때에는 피해자인 국민을 두텁게 보호하기 위하여 국가 등이 공무원 개인과 중첩적으로 배상책임을 부담하되 국가 등이 배상책임을 지는 경우에는 공무원 개인에게 **구상**할 수 있도록 함으로써 궁극적으로 그 책임이 공무원 개인에게 귀속되도록 하려는 것이라고 봄이 합당하다.
　　[2] 공무원이 직무수행 중 불법행위로 타인에게 손해를 입힌 경우, 공무원 개인의 손해배상책임 유무(=제한적 긍정설)
　　　　[다수의견] 공무원이 직무수행 중 불법행위로 타인에게 손해를 입힌 경우에 국가 등이 국가배상책임을 부담하는 외에 공무원 개인도 고의 또는 중과실이 있는 경우에는 불법행위로 인한 손해배상책임을 진다고 할 것이지만, 공무원에게 경과실뿐인 경우에는 공무원 개인은 손해배상책임을 부담하지 아니한다고 해석하는 것이 헌법 제29조 제1항 본문과 단서 및 국가배상법 제2조의 입법취지에 조화되는 올바른 해석이다.
　　[3] 경과실에 의한 공무원의 직무상 위법행위에 대하여 공무원 개인의 손해배상책임을 인정하지 않는 것이 헌법 제23조에 위배되는지 여부
　　　　[다수의견] 공무원의 직무상 위법행위가 경과실에 의한 경우에는 국가배상

(3) 구상범위

국가가 배상책임을 부담한 경우 원칙적으로 당해 공무원에게 배상금액 전액을 구상해야 할 것이다. 그러나 한편으로 경과실과 중과실의 차이가 주의의무 해태의 정도 차이에 지나지 않다는 점 등을 고려하면 <u>당해 공무원의 직무내용, 당해 불법행위의 상황, 손해발생에 대한 공무원의 기여정도, 당해 공무원의 평소 근무태도, 불법행위의 예방이나 손실분산에 관한 국가 등의 배려 정도 등 제반사정을 참작하여</u> 손해의 공평한 분배라는 견지에서 신의칙상 상당하다고 인정되는 한도 내에서만 구상하는 것이 타당하다.[대법원 1991.5.10.선고 91다6764 판결]

이와 관련하여 대법원은 당해 공무원은 장기간 직업군인으로 충실히 복무하여 국가에게 커다란 기여를 하였음을 전제로 하여 이익과 손해의 형평부담의 원칙이나 신의성실 원칙상 손해의 전부를 당해 공무원에게 책임지우는 것은 부당하다며 구상금 청구가 전부 부인되거나 대폭 감액되어야 한다는 항변을 배척하고 있으나(대판 1991.9.10. 91다20302) 이는 구상금이 항상 배상금액 전액이어야 한다는 취지가 아님은 물론이다.

(4) 판례에서 담당공무원의 업무과실에 의한 국가배상책임을 인정하거나 담당공무원에 대한 구상권을 인정한 사례

사례 2 현황조사에서 집행관 과실

현황조사를 함에 있어 집행관에게 비록 정확하고 충실한 현황조사를 하

<u>책임만 인정하고 공무원 개인의 손해배상책임을 인정하지 아니하는 것이</u> 피해자인 국민의 입장에서 보면 헌법 제23조가 보장하고 있는 재산권에 대한 제한이 될 것이지만, 이는 <u>공무수행의 안정성이란 공공의 이익을 위한 것이라는</u> 점과 공무원 개인책임이 인정되지 아니하더라도 충분한 자력이 있는 국가에 의한 배상책임이 인정되고 국가배상책임의 인정 요건도 민법상 사용자책임에 비하여 완화하고 있는 점 등에 비추어 볼 때, 헌법 제37조 제2항이 허용하는 기본권 제한 범위에 속하는 것이라고 할 것이다.

지 못한 직무상의 과실이 있다 하더라도, 그것이 집행관이 현황조사를 함에 있어 기울여야 할 통상의 주의의무를 현저하게 결여한 중대한 과실에 해당한다고 보기는 어렵다.

[판례 1] 손해배상(기) (대법원 2003. 2. 11. 선고 2002다65929 판결)

【판시사항】

[1] 국가배상법상 국가의 공무원에 대한 구상권 발생요건으로서의 '중과실'의 의미

[2] 부동산 경매에서 집행관이 임대차관계의 현황을 조사함에 있어 주민등록상 단독 세대주인 임차인이 그 가족과 함께 거주하고 있음에도 가족의 주민등록 관계를 조사하지 아니한 것이 국가배상법 제2조 제2항 소정의 '중과실'에 해당하지 않는다고 한 사례

【판결요지】

[1] 국가배상법 제2조 제2항에 의하면, 공무원의 직무상의 위법행위로 인하여 국가 또는 지방자치단체의 손해배상책임이 인정된 경우 그 위법행위가 고의 또는 중대한 과실에 기한 경우에는 국가 또는 지방자치단체는 당해 공무원에 대하여 구상할 수 있다 할 것이나, 이 경우 공무원의 중과실이라 함은 공무원에게 통상 요구되는 정도의 상당한 주의를 하지 않더라도 약간의 주의를 한다면 손쉽게 위법, 유해한 결과를 예견할 수 있는 경우임에도 만연히 이를 간과함과 같은 거의 고의에 가까운 현저한 주의를 결여한 상태를 의미한다.

[2] 집행관으로 하여금 임대차관계의 확인을 위하여 경매목적물 소재지에 주민등록 전입신고된 세대주 전원에 대하여 주민등록 등·초본을 발급받도록 하고 임차인 본인 및 그 가족들의 전·출입 상황을 현황조사보고서에 기재하도록 한 송무예규가 제정되어 시행된 것은 현황조사 이후로서 그 전에는 위와 같은 현황조사 방법과 정도에 관한 구체적인 기준이 마련되어 있지 않았던 점, 세대주가 가족들과 함께 거주하는 경우에도 사정상 다른 가족들은 주민등록을 달리하는 사례가 적지 아

니하며, 한 가족이 같은 주소지에 전입신고를 하면서 세대를 합가하지 아니하고 별도의 세대로 주민등록을 하는 경우는 이례에 속하는 것으로 보이는 점 등의 사정에 공무원의 공무집행의 안정성을 확보하기 위해 고의·중과실의 경우에만 공무원 개인이 책임을 지도록 한 국가배상법의 취지와 중과실에 관한 법리를 종합하여 보면, 현황조사를 함에 있어 집행관에게 비록 정확하고 충실한 현황조사를 하지 못한 직무상의 과실이 있다 하더라도, 그것이 집행관이 현황조사를 함에 있어 기울여야 할 통상의 주의의무를 현저하게 결여한 중대한 과실에 해당한다고 보기는 어렵다고 한 사례.

【참조조문】

[1]국가배상법 제2조 제2항/ [2]국가배상법 제2조 제2항,구 민사소송법(2002. 1. 26. 법률 제6626호로 전문 개정되기 전의 것) 제603조의2 제1항(현행 민사집행법 제85조) ,구 민사소송규칙(2002. 6. 28. 대법원규칙 제1761호로 전문 개정되기 전의 것) 제148조의2(현행 민사집행규칙 제46조)

【참조판례】

[1]대법원 1990. 2. 27. 선고 89다카16178 판결(공1990, 762),대법원 1995. 10. 13. 선고 94다36506 판결(공1995하, 3759),대법원 1996. 2. 15. 선고 95다38677 전원합의체 판결(공1996상, 771),대법원 1996. 8. 23. 선고 96다19833 판결(공1996하, 2853)

【전   문】

【원고,피상고인】 대한민국
【피고,상고인】 000 (소송대리인 법무법인 태평양 담당변호사 00 외 1인)
【원심판결】
서울고법 2002. 10. 25. 선고 2002나8300 판결

【주   문】

원심판결을 파기하고, 사건을 서울고등법원에 환송한다.

20   집행관 & 국가 상대로 한 손해배상 사례

【이 유】

1. 원심판결 이유에 의하면, 원심은 주택임대차의 대항력은 임차인의 배우자의 주민등록 전입신고만으로도 생긴다는 법리는 대법원의 확립된 판례이므로 법률전문가인 집행관은 임대차관계의 현황을 조사할 때에 임차인이 주민등록상 단독세대주이면서 그 가족과 함께 거주하고 있다면 그 가족의 주민등록관계까지도 조사할 의무가 있다 할 것인바, 피고가 경매법원의 명령에 따라 경매목적물인 이 사건 부동산에 대한 임대차관계를 조사하면서, 임차인 김인태가 그 가족과 함께 거주하는데 임차인이 1997. 2. 18. 단독세대주로 주민등록되어 있고, 임대차기간의 개시일자가 1996. 8. 21.이며 임대차계약서의 확정일자가 1996. 8. 22.이어서 모두 임차인의 단독주민등록 전입일 1997. 2. 18.보다 앞서는 사실을 확인하고도, 1996. 8. 22. 전입신고가 이루어진 다른 가족의 주민등록상황을 조사하지 아니한 채, 임차인 김인태의 단독세대 주민등록 전입일만 보고하고 그 주민등록등본만 첨부하면서 동사무소의 주민등록상황을 조사한 것처럼 보고한 것은 중대한 과실이라고 할 것이고, 경매법원의 현황조사명령에 임차인의 가족의 주민등록관계도 조사하라는 내용이 없었다거나 임차인의 가족의 주민등록관계도 조사하라는 내용의 송무예규가 1997. 10. 29.에 비로소 제정되었다고 하더라도 달리 볼 것이 아니라고 판단하였다.

2. 그러나 이 사건 현황조사에 있어서 피고에게 중대한 과실이 있다고 한 원심의 판단은 다음과 같은 점에서 수긍하기 어렵다.
국가배상법 제2조 제2항에 의하면, 공무원의 직무상의 위법행위로 인하여 국가 또는 지방자치단체의 손해배상책임이 인정된 경우 그 위법행위가 고의 또는 중대한 과실에 기한 경우에는 국가 또는 지방자치단체는 당해 공무원에 대하여 구상할 수 있다 할 것이나, 이 경우 공무원의 중과실이라 함은 공무원에게 통상 요구되는 정도의 상당한 주의를 하지 않더라도 약간의 주의를 한다면 손쉽게 위법, 유해한 결과를 예견할 수 있는 경우임에도 만연히 이를 간과함과 같은 거의 고의에 가까운 현저한 주의를 결여한 상태를 의미한다 할 것이다(대법원 1996. 8. 23. 선고 96다19833 판결참조).

그런데 구 민사소송법 제603조의2 제1항은 "법원은 경매개시결정을 한 후 지체 없이 집행관에게 부동산의 현상, 점유관계, 차임 또는 보증금의 수액 기타 현황에 관하여 조사할 것을 명하여야 한다."고 규정하고 있고, 구 민사소송규칙 제148조의2는 집행관이 구 민사소송법 제603조의2의 규정에 의하여 부동산의 현황을 조사한 때에는 사건의 표시, 부동산의 표시, 조사의 일시, 장소 및 방법, 법 제603조의2 제1항에 규정된 사항 및 기타 법원이 명한 사항 등에 대하여 조사한 내용을 기재한 현황조사보고서를 소정의 기일까지 집행법원에 제출하도록 규정하고 있고, 원심이 제1심판결을 인용하여 적법하게 확정한 사실에 의하면, 구 민사소송법 제603조의2 제1항은 집행관이 현황조사시 조사할 사항에 대하여 너무 개괄적으로 규정하고 있기 때문에 이를 명확하게 하는 취지에서 경매실무에서는 현황조사사항을 부동산의 현상 및 점유관계, 임대차관계, 기타 현황 등 크게 셋으로 나누고, 그 중 임대차관계에 관한 사항으로서, 1) 임차목적물, 2) 임차인, 3) 임차 내용(보증금, 전세금, 임대차기간 등), 4) 주민등록 전입 여부 및 그 일자, 5) 일자 확정 여부 및 그 일자를 예시한 양식[재판사무에 관한 문서의 양식에 관한 예규(송일 92-6)에 의한 것임.]에 의하여 현황조사명령을 하였으며, 피고가 이 사건 현황조사를 할 당시 경매법원으로부터 받은 현황조사명령 역시 위와 같은 양식에 의한 것인 사실, 그 후 대법원에서는 1997. 10. 29. 매수희망자에게 보다 정확하고 충실한 내용의 경매, 입찰정보를 제공할 수 있도록 "부동산 경매·입찰절차에서 현황조사시 유의사항"이라는 제목의 송무예규(송민 97-8)를 제정하여 집행관의 현황조사 및 현황조사보고서 작성에 있어 구체적인 업무처리 방법을 제시하였는데, 이에 의하면, 목적물이 주택인 경우 집행관은 임대차관계의 확인을 위하여 경매목적물 소재지에 주민등록 전입신고 된 세대주 전원에 대한 주민등록 등·초본을 발급받아야 하고, 임차인이 여러 명 있는 경우에는 각 임차인의 해당 임차 부분과 거주 인원수, 임차인 본인 및 그 가족들의 전·출입 상황을 현황조사보고서에 기재하도록 되어 있고, 위 송무예규의 제정 이후부터는 경매실무에서도 위 예규의 취지가 반영된 문서 양식에 의하여 현황조사명령을 발하고 있는 사실을 알 수 있는바, 그렇다면 집행관으로 하여금 임대차관계의 확인을 위하여 경매목적물 소재지에 주민등록 전입신고된 세대주 전원에 대하여 주민등록 등·초본을 발급받도록 하고 임차인 본인 및 그 가족들의 전·출입 상황을 현황조사보고서에 기재하도록 한 송무예규가 제정되어 시행된 것은 이 사건 현황조사 이후인 1997. 10. 29.로서 그 전에는 위와 같은 현황조사의 방법과 정도에 관한 구체적인 기준이 마련되어 있지 않았던 점, 세대주가 가족들과 함께 거주하는 경우에도 사정상 다른 가족들은 주민등록을 달리하는 사례가 적지 아니하며, 이 사건의 경우와 같이 한 가족이 같은 주소지에 전입신고를 하면서 세대를 합가하지 아니하고 별도의 세대로 주민등록을 하는 경우는 이례에 속하는 것으로 보이는 점 등 위에서 본 사정에 공무원의 공무집행의 안정성을 확보하기 위해 고의·중과실의 경우에만 공무원 개인이 책임을 지도록 한 국가배상법의 취지와 중과실에 관한 앞서 본 법리를 종합하여 보면, 이 사건 현황조사를 함에 있어 피고에게 비록 정확하고 충실한 현황조사를 하지 못한 직무상의 과실이 있다 하더라도, 그것이 집행관이 현황조사를 함에 있어 기울여야 할 통상의 주의의무를 현저하게 결여한 중대한 과실에 해당한다고 보기는 어렵다 할 것이다.

그럼에도 불구하고, 원심이 피고에게 중과실이 있다고 하여 원고의 청구를 일부 인용한 것은 국가배상법상 국가의 공무원에 대한 구상권 발생요건으로서의 중과실에 관한 법리를 오해하여 판결 결과에 영향을 미친 위법을 저지른 경우에 해당한다 할 것이므로, 이 점을 지적하는 상고이유의 주장은 이유 있다.

3. 그러므로 원심판결을 파기하고, 사건을 다시 심리·판단하게 하기 위하여 원심법원에 환송하기로 하여 관여 법관의 일치된 의견으로 주문과 같이 판결한다.

대법관　　송진훈(재판장)　　변재승　　윤재식(주심)　　이규홍

5. 손해발생에 대하여

가. 손해가 발생하였는지 여부의 판단 기준

불법행위로 인한 손해배상청구권은 손해가 현실적으로 발생한 때에 성립하고, 손해의 현실화를 인정하려면 위법한 가해행위로 인하여 발생한 재산상 불이익, 즉 그 위법행위가 없었더라면 존재하였을 재산상태와 그 위법행위가 가해진 현재의 재산상태에 차이가 있어야 한다.23)

손해가 발생하였는지 여부는 사회통념에 비추어 객관적이고 합리적으로 판단하여야 하는 것이며, 그러한 손해가 현실적으로 발생하였다는 점에 대하여는 손해의 배상을 구하는 자가 이를 증명하여야 하는 것이다. 불법행위를 이유로 배상하여야 할 손해는 현실로 입은 확실한 손해에 한하는 것이기 때문에, 불법행위 등으로 인하여 피해자가 제3자에 대하여 어떤 채무를 부담하게 된 경우 상대방에게 그 채무액과 동일한 배상을 구하기 위하여는, 그 채무의 부담이 현실적·확정적이어서 실제로 변제하여야 할 성질의 것임을 요한다.24)

다만, 순수한 반사적 이익의 침해만으로는 손해가 발생하였다고 볼 수 없다. 즉, 원고가 공무원의 불법행위로 인해 어떠한 이익을 얻을 수 있었음에도 이를 상실하였다고 주장하는 경우, 그러한 기대이익이 제반사정으로 인해 누릴 수 있었던 사실상의 이익에 불과하다면 이는 법률상으로 보호받을 수 없다.25)

나. 관련 소송에 사용된 비용의 경우

소송을 제기할 것인지 여부는 당사자의 선택에 따른 것이므로, 소송비용을 지출하였다 하더라도 전액이 곧바로 상당인과관계가 있는 손해에

---

23) 대법원 2009다68408
24) 대법원 2000다53038, 대법원 92다29948
25) 대법원 97다14453

해당한다고 볼 수는 없고 상당한 범위 내에서의 액수만을 상당인과관계가 있는 손해로 보아야 할 것인바, 그 지출 경위와 지급내역, 소송물의 가액, 소송의 성격과 난이도 등 구체적 사정을 고려하여야 할 것이다.

외국에서 소송을 제기하고 그와 관련하여 변호사비용을 지출한 사안[26]
특히 당사자가 변호사 비용을 청구하는 경우가 있는데, 판례는 변호사 강제주의를 채택하지 않고 있는 우리나라 법제 하에서는 불법행위로 인한 피해 회복을 위해 제기한 소송 등에 있어 소요된 변호사비용은 특별한 사정이 없는 한 불법행위 자체와 상당인과관계를 인정할 수 없다는 것을 원칙으로 하고 있다.[27]

임의경매사건에서 경매법원의 배당에 잘못이 있었다고 하더라도 배당이의소송에서 지출하게 된 변호사비용 사이에 상당인과관계를 인정하기 어렵다고 본 사례[28]

경매절차상 공무원의 과실로 관련 소송에서 패소함으로써 소유권을 잃은 사안으로 매수인이 지출한 경매 및 소유권 이전 등기 관련 비용과 재산세와 건강보험료에 관하여는 국가의 손해배상책임을 인정하되, 원고와 나머지 합유자 간의 소유권이전등기 말소소송과 관련된 소송비용과 정신적 고통에 대한 손해배상책임은 부정한 사례[29]

소유권이전등기 비용에 필요한 법무사 대리에 사용된 비용은 손해로 인정하였으나 관련 소송에 소요된 변호사 비용 등은 손해를 부정한 사례[30]

다. 위자료 청구의 경우

일반적으로 타인의 불법행위 등에 의하여 재산권이 침해된 경우에는

---

26) 대법원 2010다81315
27) 대법원 2010다15363, 15370 대법원 96다27889
28) 대구지방법원 의성지원 2009가소1791
29) 서울중앙지방법원 2010가합18800
30) 서울고등법원 2005나23300

그 재산적 손해의 배상에 의하여 정신적 고통도 회복된다고 보아야 할 것이므로 재산적 손해의 배상에 의하여 회복할 수 없는 정신적 손해가 발생하였다면, 이는 특별한 사정으로 인한 손해로서 가해자가 그러한 사정을 알았거나 알 수 있었을 경우에 한하여 그 손해에 대한 위자료를 청구할 수 있다.[31]

이와 관련하여 재산상 손해가 발생하였음에도 위자료를 인정하지 않은 재판례를 살펴보면 다음과 같다.
- 막대한 시설비를 투자하여 양식음식점 시설을 갖추고 영업을 하여 왔으나, 임대인의 잘못으로 인하여 누수로 인하여 상당한 부분의 식당시설이 훼손되고 정화조 탱크가 파손되는 등 건물에 하자가 있어 영업을 계속하지 못하게 된 사안에서 특별한 사정을 인정하지 않은 사례[32]
- 영업비밀을 침해하여 제품을 생산한 후 자신의 상품으로 이를 판매한 사안에서 상대방이 영업매출액 감소로 인하여 입은 정신적 고통에 대하여도 위자할 의무가 있다고 판단한 원심을 파기한 사례[33]
- 선박충돌 사고로 생활기반이 되는 어선이 완전파손됨으로 인하여, 상당한 기간 동안 생업에 종사하지 못하였으며 대체선박을 구입하여 다시 생업에 종사한지 얼마 되지 않아 사망한 사안에서 역시 위자료 발생을 인정하지 않은 사례[34]

국가배상청구에 있어서도 마찬가지 법리가 적용된다. 만약 재판부가 국가에 대해 특별히 엄격한 기준을 제시한다면, 국민의 권익을 보호해야 하는 국가기관으로서 그 책무를 다하지 못한 것은 사실이지만, 그렇다고 하여 피고에게 원고가 입은 손해를 초과하는 금원을 배상하도록 하는 것은

---

31) 대법원 2001다82507
32) 대법원 93다59779
33) 대법원 96다31574
34) 대법원 2001다82507

손해배상책임의 근본 원리에 부합하지 않는다는 점을 적극적으로 주장할 필요가 있다.
- 등기관의 과실에 대하여 위자료 청구를 인정하지 않은 사례[35]

라. 손해발생에 대한 일반론

▶ 손해에는 재산적 손해(물적 손해와 인적 손해)와 정신적 손해(자유 또는 명예의 훼손과 정신적 고통)가 모두 포함됨
  * 생명침해로 인한 정신적 손해배상(위자료)에 관하여 민법 제752조 소정의 직계 존·비속과 배우자는 그 정신적 고통을 입었다고 법률상 간주됨
▶ 판례에 의한 손해삼분설에 따라 ㉠ 적극적 손해(치료비, 장례비 등) ㉡ 소극적 손해(일실수익), ㉢ 정신적 손해(위자료)로 나누어 청구하는지 검토
▶ 손해 중 통상손해가 아닌 특별사정으로 인한 손해는 피고가 이를 알았거나 알 수 있었다는 점을 원고가 주장·입증 요함. 채무불이행으로 인한 손해배상청구와 달리 불법행위로 인한 손해배상청구에서는 귀책사유(고의·과실)에 대한 입증책임이 원고에게 있음
  * 특별손해의 예로서는 시가의 앙등, 목적물의 용도변경, 전매이익의 상실 등
  * 불법행위로 인하여 영업용 물건이 전부 파손된 경우에 있어서 이를 대체할 다른 물건을 마련하기 위하여 필요한 합리적인 기간 동안 그 물건을 이용하여 영업을 하지 못함으로 인하여 발생한 영업손실 상당의 휴업손해는 그에 대한 증명이 가능한 한 통상의 손해라는 판례(대법원 2004. 3. 18. 선고 2001다82507 전원합의체 판결)

불법행위에 기한 손해배상청구소송에서 손해발생사실이 인정되는 경우

---
[35] 의정부지방법원 고양지원 2009가합2736

에 손해액에 대한 증명이 없는 때 그 증명을 촉구(대법원 1997. 12. 26. 선고 97다42892 판결), 경우에 따라서는 직권으로라도 손해액을 심리, 판단하여야 한다.36)

○ 집행관이 판결문상 집행대상에 포함되어 있지 않은 부분까지 인도집행하였다 하더라도, 실질적으로 점유권이 침해되었다고 볼 수 없는 사정이 있다면 손해배상청구를 할 수 없다는 사례37)

○ 지급명령을 집행권원으로 추가하지 않았을 경우에도 기존의 집행권원에 의하여 집행절차가 진행되었을 것이고 각 채권자들에게 모두 배당되었을 것이기 때문에 원고의 손해를 인정할 수 없다는 사례38)

6. 피고의 행위와 원고의 손해 사이의 인과관계가 있을 것

가. 공무원이 법령에서 부과된 직무상 의무를 위반한 것을 계기로 제3자가 손해를 입은 경우에 제3자에게 손해배상청구권이 발생하기 위하여는 공무원의 직무상 의무 위반행위와 제3자의 손해 사이에 상당인과관계가 있지 아니하면 아니되는 것이고, 상당인과관계의 유무를 판단함에 있어서는 일반적인 결과발생의 개연성은 물론 직무상 의무를 부과한 법령 기타 행동규범의 목적이나 가해행위의 태양 및 피해의 정도 등 구체적인 사정을 종합적으로 고려하여야 한다.39)

나. 따라서 과실이 인정될 것으로 보이는 사건의 경우에도 원고가 주장하는 손해가 공무원 과실과 무관하다고 보인다면 인과관계의 성부를 검토할 필요가 있다. 인과관계의 단절을 인정받기 위해서는 법규의 목

---

36) 대법원 1987. 12. 22. 선고 85다카2453 판결
37) 서울고등법원 2006나47266
38) 광주고등법원 2013나569
39) 대법원 2000다34891, 대법원 97다36613, 대법원 98다2631, 대법원 98다29797

적 등에 비추어 원고의 손해에 보호가치를 인정할 수 없다는 사정 또는 적법행위에 의했더라도 피해자에게 동일한 손해가 발생할 것이었다는 사정을 구체적으로 다투어야 한다.
- 임의경매사건에서 경매법원의 배당에 잘못이 있었다고 하더라도 배당이의소송에서 지출하게 된 변호사비용 사이에 상당인과관계를 인정하기 어렵다고 본 사례[40]
- 경매절차상 공무원의 과실로 관련 소송에서 패소함으로써 소유권을 잃은 사안으로 매수인이 지출한 경매 및 소유권 이전 등기 관련 비용과 재산세와 건강보험료에 관하여는 국가의 손해배상책임을 인정하되, 원고와 나머지 합유자 간의 소유권이전등기 말소소송과 관련된 소송비용과 정신적 고통에 대한 손해배상책임은 부정한 사례[41]
- 소유권이전등기 비용에 필요한 법무사 대리에 사용된 비용은 손해로 인정하였으나 관련 소송에 소요된 변호사 비용 등은 손해를 부정한 사례[42]

사례 1   공유자 통지

경매법원 공무원이 공유자통지를 적법하게 행하지 않아 매각허가결정이 취소된 경우 그 절차상의 과오는 국가배상법상 과실에 해당하며 매수인의 손해 발생과 사이에 상당인과관계가 있다. 경매법원의 적법한 절차진행을 신뢰하고 경매에 참여하여 목적물을 매수하고 법원의 지시에 따라 대금 납부 및 소유권이전등기까지 마친 매수인으로서는 불측의 손해를 입을 수밖에 없어 위와 같은 통지 기타 적법절차의 준수 여부는 매수인의 이익과도 밀접한 관계가 있고, 위와 같은 일련의 과정에서 경매법원 스스로 그 하자를 시정하는 조치를 취하지 않는 이상 특별히 매수인이 불복절차 등을 통하여 이를 시정하거나 위 결과 발생을 막을 것을 기대할 수도 없으며, 매수인의 손해에 대하여 국가배상 이외의 방법으로 구제받을 방법이 있는 것도 아니기 때문이다.[43]

---

40) 대구지방법원 의성지원 2009가소1791
41) 서울중앙지방법원 2010가합18800
42) 서울고등법원 2005나23300
43) 대법원 2005다62747

제4절 기타 요건

1. 제소기간

가. 국가배상청구권의 소멸시효 기간

(1). 국가배상청구권은 공무원이 불법행위가 있은 날로부터 5년을 경과하거나(국가재정법 제96조 제2항, 제1항), 피해자나 그 법정대리인이 그 손해 및 가해자를 안 날로부터 3년간 이를 행사하지 아니한 때(민법 제766조 제1항)에 시효로 인하여 소멸한다.[44]

(2). 여러 종류의 시효기간이 존재하는 경우 그 중 하나만 도과되어도 소멸시효는 완성된다. 예컨대, 5년의 소멸시효 기간은 3년의 단기소멸시효 기간과 달리 불법행위일로부터 바로 진행하므로, 일단 5년의 소멸시효의 완성이 인정되는 이상 3년의 소멸시효가 완성되었다는 주장에 관하여는 별도로 판단할 필요가 없는 것이다.[45]

나. 기산점의 판단 기준

(1) 소멸시효는 객관적으로 권리가 발생하여 그 권리를 행사할 수 있는 때부터 진행한다(민법 제166조 제1항). 권리를 행사할 수 있는 때란 권리를 행사함에 법률상의 장애사유가 없어진 때를 말하는 것이며, 사실상 그 권리의 존재나 권리행사 가능성을 알지 못하거나 알지 못함에 있어서 과실이 없다는 등의 사정은 시효진행에 영향을 미치지 아니한다. 법률상의 장애라고 하여도 권리자의 의사에 의하여 제거될 수 있는 경우에는 여기에 해당하지 아니한다.[46]

---

44) 서울중앙지방법원 2004나19042
45) 서울고등법원 2014나2001100, 서울중앙지방법원 2010나44490
46) 대법원 93다3622

(2) 국가재정법 제96조 제2항, 제1항 소정 5년의 진행은 피해자가 손해의 결과발생을 알았거나 예상할 수 있는가 여부에 관계없이 가해행위로 인한 손해가 현실적인 것으로 되었다고 볼 수 있는 때로부터 진행한다. 다만, 가해행위와 이로 인한 현실적인 손해의 발생 사이에 시간적 간격이 있는 불법행위에 기한 손해배상채권의 경우 소멸시효의 기산점이 되는 '불법행위를 한 날'이란 단지 관념적이고 부동적인 상태에서 잠재적으로만 존재하고 있는 손해가 그 후 현실화되었다고 볼 수 있는 때, 즉 손해의 결과발생이 현실적으로 되었다고 할 수 있을 때라 할 것이다.47)

다. 시효소멸 항변이 권리남용이라는 원고의 재항변에 대한 방어방법

(1) 소멸시효 주장이 신의칙에 반하는 특별한 사정이 있는 경우에는 권리남용으로 허용될 수 없다. 국가배상청구의 특성상 원고가 이러한 사정을 주장하며 재항변을 할 가능성이 있다. 하지만 국가에게 국민을 보호할 의무가 있다는 사유만으로 국가가 소멸시효의 완성을 주장하는 것 자체가 신의성실의 원칙에 반하여 권리남용에 해당한다고 할 수는 없다는 것이 판례의 태도이다. 즉, 국가의 소멸시효 완성 주장이 신의칙에 반하고 권리남용에 해당한다고 하려면 특별한 사정이 인정되어야 할 것이고, 또한 그와 같은 일반적 원칙을 적용하여 법이 두고 있는 구체적인 제도의 운용을 배제하는 것은 법해석에 있어 또 하나의 대원칙인 법적 안정성을 해할 위험이 있으므로 그 적용에는 신중을 기하여야 한다는 것이다.48)

(2) 채무자가 소멸시효 완성을 주장하는 것은 신의성실 원칙에 반하는 권리남용으로 허용될 수 없으려면, 채무자가 소멸시효 완성 후 시효를 원용하지 아니할 것 같은 태도를 보여 권리자로 하여금 이를 신뢰하게 하였고, 채무자가 그로부터 권리행사를 기대할 수 있는 상당한 기

---

47) 대법원 88다카25168
48) 대법원 2011다95847, 대법원 2004다71881

간 내에 자신의 권리를 행사하는 등의 사정이 요구된다. 따라서 피고로서는 국가가 불법행위를 저지른 이후 현재까지 사건을 은폐하거나 적극적으로 조작한 사정이 없었고, 불법행위 발생 이후 피해자들이 자신에게 권리가 존재한다는 사실 및 불법행위의 주체를 명백히 인식할 수 있었던 경우에 해당한다는 점을 적극적으로 주장할 필요가 있다.49)

2. 청구금액(손해액)

가. 손해배상 청구 기산점

▶ 손해배상청구는 불법행위시를 기준으로 청구하고, 불법행위일부터 지연손해를 청구
▶ 불법행위로 인한 손해배상은 일시금 배상이 원칙이지만, 정기금배상이 가능한 경우가 있다(민법 제751조 제2항).
▶ 집행절차에서 첨부인지대, 서기료, 등본수수료, 매각수수료, 감정평가수수료, 현황조사 수수료 등 집행비용은 강제경매 대상 부동산의 시가에서 공제되어야 하는 것으로 손해의 범위에 포함될 수 없다는 사례50)

나. 수개의 손해배상채권을 가지고 있는 채권자가 그 중 일부만을 청구하는 경우, 손해배상채권별로 청구금액을 특정해야 하는지 여부(적극)51)

(1) 사실관계

원고가 피고의 이사로서의 법령위반행위로 인해 3회에 걸쳐 손해를 입

---

49) 대법원 2012다202819
50) 서울고등법원 2008나11056
51) 2007다25865 판결

었다고 주장하면서 피고를 상대로 그로 인한 총 손해 중 명시적 일부청구로서 10억 원의 배상을 청구했다. 원심은 각 채권별로 전체 손해액을 특정한 다음, 원고가 일부청구로서 구하는 10억원의 손해배상금액에 대해 각 손해배상채권에 따른 개별적인 인용금액을 구분하지 아니한 채 피고에 대해 포괄적으로 10억원의 손해배상금액을 인정했다.

(2) 판 단

원고가 구하는 10억원의 손해배상채권이 어느 채권에 대한 청구인지 불분명하여 그 청구가 특정됐다고 볼 수 없는바, 그렇다면 원심으로서는 석명권을 적절히 행사해서 소송상의 청구를 명확히 특정한 다음, 나아가 원고 주장의 당부를 심리·판단했어야 할 것이다. 그럼에도 불구하고, 원심은 석명권을 행사하지 아니한 채 각 손해배상채권에 따른 개별적인 인용금액을 구분하지 않고 피고에 대해 포괄적으로 10억 원의 손해배상금액을 인정했으니, 석명권 불행사, 심리미진의 위법이 있다고 하지 않을 수 없고, 이러한 위법 역시 판결에 영향을 미쳤음이 분명하다. 원심판결을 파기환송하기로 한다.

다. 분 석
채권자가 동일한 채무자에 대해 수개의 손해배상채권을 가지고 있다고 하더라도 그 손해배상채권들이 발생시기와 발생원인 등을 달리하는 별개의 채권인 이상, 이는 별개의 소송물에 해당하고, 그 손해배상채권들은 각각 소멸시효의 기산일이나 채무자가 주장할 수 있는 항변들이 다를 수도 있으므로, 이를 소로써 구하는 채권자로서는 손해배상채권별로 청구금액을 특정해야 하며, 법원도 이에 따라 손해배상채권별로 인용금액을 특정해야 하고, 이러한 법리는 채권자가 수개의 손해배상채권들 중 일부만을 청구하고 있는 경우에도 마찬가지라는 점을 밝힌 판결이다.

제5절　청구취지, 청구원인

I. 청구취지

1. 청구취지

　피고는 원고에게 ○○○,○○○원 및 이에 대한 20○○. ○○. ○○.부터 이 사건 소장 부본 송달일까지는 연 5%의, 그 다음날부터 다 갚는 날까지는 연 20%의 각 비율에 의한 금원을 지급하라.

2. 청구취지 보정 문구

　원고가 청구한 손해배상액의 산출근거를 밝히고 관련 증거자료를 제출하며, 손해배상채무의 지연손해금 기산일을 분명하게 하여 청구취지 및 청구원인을 재정리하시기 바랍니다.

- 청구취지 제2항에서 구하는 금액이 손해배상을 청구하는 취지라면 이를 적극적 손해, 소극적 손해, 위자료 등 손해 내역을 상세하게 산정하여 청구원인을 보정하시기 바랍니다.

- 청구취지에 공동불법행위자들인 피고들의 상호관계(예: 공동하여)를 분명하게 하고, 원고가 구하는 손해배상액의 산출근거를 밝히며, 관련 증거자료도 함께 제출하시기 바랍니다.

- 지연손해금의 기산일은 불법행위일 당일이므로 청구취지 제1항을 재검토하여 주시기 바랍니다.

- 청구취지에 피고인 공동불법행위자들 상호간의 관계 표시가 누락되었으므로 보완하여 주시기 바랍니다.

- 청구취지 기재 80,971,600원이 철강제품의 시가를 산출하여 물품대금 상당의 금원을 구하는 것인지, 물품대금과 손해배상금을 합산하여 구하는 것인지 불분명하므로 이에 대하여 밝혀 주시고, 만약 물품대금을 구하는 것이라면 단가를 산정하여 그 산출내역을 제출하여 주시기 바랍니다.

- 청구취지 중 철거를 구하는 토지 부분과 금원 청구에 대한 기산일을 각 특정하여 청구취지를 정정하고, 청구취지 제2항에서 구하는 금액이 임료 상당액을 구하는 것인지 혹은 손해배상액을 구하는 것인지 청구원인을 보완하기 바랍니다.

Ⅱ. 청구원인

청구원인(요건사실) : 공무원이 직무 집행 중 가해행위를 한 사실 + 공무원에게 고의 또는 과실이 있었던 사실 + 원고에게 손해가 발생한 사실 + 손해와 고의·과실 사이에 인과관계가 있는 사실

제6절　증명책임

증명책임 : 국가배상책임의 발생에 대한 증명책임은 원고인 상대방에게 있다. 즉, 불법행위의 피해자인 원고가 위 요건사실을 증명해야 하며, 이러한 요건들이 모두 인정되어야 국가에게 손해배상청구를 할 수 있다. 피고인 국가로서는 위 요소 중 어떤 것에 중점을 두어 방어할지 염두에 두고 소송을 수행하는 것이 효율적이다.

1. 원고의 입증을 인정한 사례

> **사례 1** 집행법원의 과실로 채권가압류결정정본이 제3채무자에게 송달되지 아니한 경우, 가압류의 효력이 생기지 아니한 집행채권액 상당의 손해가 가압류채권자에게 현실적으로 발생하였다고 할 수 있는지 여부(한정 소극) 및 그 손해 발생에 대한 입증책임의 소재(=가압류채권자)

불법행위로 인한 손해배상청구권은 현실적으로 손해가 발생한 때에 성립하는 것이고, 현실적으로 손해가 발생하였는지 여부는 사회통념에 비추어 객관적이고 합리적으로 판단하여야 하는 것이므로, 집행법원의 과실로 채권가압류 결정정본이 제3채무자에게 송달되지 아니하여 가압류의 효력이 생기지 아니하였다고 하더라도, <u>집행법원의 위와 같은 잘못으로 말미암아 채무자에 대한 채권추심이 곤란해졌다는 등의 특별한 사정이 없는 한</u> 가압류채권자로서는 채권가압류 결정정본이 제3채무자에게 송달되지 아니하였다는 사유만으로는 가압류의 효력이 생기지 아니한 채권액 상당의 손해가 현실적으로 발생하였다고 할 수 없고, 그러한 손해가 현실적으로 발생하였다는 점에 대하여는 피해자인 <u>가압류채권자가 이를 증명하여야 한다.</u> 52)

| 사례 2 | 채무자들 소유의 다른 재산에 대한 강제집행은 사실상 불가능하므로 손해의 현실적 발생 인정 |

채무자들에 대한 신용정보조사에 의하여 나타난 승용차, 임야를 제외하고는 그 밖의 부동산, 승용차는 확인되지 아니하였으며, 해당 재산에도 선순위로 배당받을 채권자들이 있어 채무자들 소유의 다른 재산에 대한 강제집행은 사실상 불가능하므로 손해의 현실적 발생 인정

2. 원고의 입증 부정한 사례

| 사례 1 | 가압류결정이 적법하게 송달되지 않음으로써 원고가 추심할 수 있었던 얼마의 금액 상당을 현실로 손해를 입었는지를 입증 해야 |

가압류결정 상의 채무자에게 강제집행이 가능한 별도의 재산이 존재하지 아니하는지, 별도의 재산이 있다면 원고의 이 사건 가압류결정의 피보전 채권에 미치지 못하는지, 이 사건 가압류결정이 적법하게 송달되지 않음으로써 원고가 추심할 수 있었던 얼마의 금액 상당을 현실로 손해를 입었는지를 입증이 부족하고, 오히려 채무자가 소외 갑 외 3명을 상대로 양수금 소송을 제기하여 채무자에게 갑외 3명은 연대하여 혹은 각자 6억원 및 이에 대한 지연손해금을 지급하라는 판결을 받은 사실이 인정됨을 이유로 원고의 손해발생 부정

---

52) 대법원 2003. 4. 8. 선고 2000다53038 판결

제7절　답변서에서 자주 나타나는 실수 사례

I. 3자가 개입되어 공동불법행위가 성립 함에도 3자 과실 주장

1. 제3자가 개입되어 공동불법행위가 성립함에도 그 제3자의 과실을 참작하여야 한다고 주장하는 경우

이는 피고와 제3자 사이의 구상관계 문제일 뿐 원고의 청구를 저지하는 사유가 될 수 없다.

제8절　증거절차 진행에 있어 주의사항

I. 증거절차 진행에 있어 주의사항

기일 전 증거조사를 하지 않는 재판부이거나, 기일 전 증거조사가 적당하지 아니하다는 등의 특별한 사정(주로 청구권 존재 자체가 의심되는 경우일 것임)이 없는 한 손해배상사건에서의 증거조사는 기일 전에 이루어지는 것이 보통임. 일반 사건과 같이 제1회 변론기일 출석통지서를 기다리고 있다가는 사건 진행이 늦어질 수 있음.

제9절　주장 가능한 항변 등

I. 변제 등 항변

1. 손해배상청구 범위의 축소

원고가 손해의 일부를 전보받으면 그 한도에서 손해가 감축되어 손해배상청구의 범위가 축소되거나 소멸한다. 예컨대, 어떤 법률행위가 소급적으로 무효로 된 경우에 그 법률행위가 동시에 불법행위를 구성하는 때에는 부당이득반환청구권과 불법행위로 인한 손해배상청구권은 경합하여 병존하는 것이어서 채권자는 어느 것이라도 선택하여 행사할 수 있지만, 중첩적으로는 행사할 수 없다.[53]

2. 공동불법행위의 경우

공동불법행위의 경우 공동불법행위자 등이 부진정연대채무자로서 각자 피해의 손해 전부를 배상할 의무를 부담하지만, 부진정연대채무자 중 1인에 대하여 채권의 만족을 가져오는 변제 및 이와 동일시되는 대물변제, 공탁, 상계 내지 상계계약에는 절대적 효력이 인정되므로, 다른 채무자는 위 사유들을 채무 소멸의 유효한 항변으로 주장할 수 있다.[54]

II. 시효소멸 항변

1. 국가배상청구권의 소멸시효 기간

---

53) 대법원 92다56087
54) 대법원 2008다97218

국가배상청구권은 공무원이 불법행위가 있은 날로부터 5년을 경과하거나(국가재정법 제96조 제2항, 제1항), 피해자나 그 법정대리인이 그 손해 및 가해자를 안 날로부터 3년간 이를 행사하지 아니한 때(민법 제766조 제1항)에 시효로 인하여 소멸한다.[55]

여러 종류의 시효기간이 존재하는 경우 그 중 하나만 도과되어도 소멸시효는 완성된다. 예컨대, 5년의 소멸시효 기간은 3년의 단기소멸시효 기간과 달리 불법행위일로부터 바로 진행하므로, 일단 5년의 소멸시효의 완성이 인정되는 이상 3년의 소멸시효가 완성되었다는 주장에 관하여는 별도로 판단할 필요가 없는 것이다.[56]

(1) 기산점의 판단 기준

소멸시효는 객관적으로 권리가 발생하여 그 권리를 행사할 수 있는 때부터 진행한다(민법 제166조 제1항). 권리를 행사할 수 있는 때란 권리를 행사함에 법률상의 장애사유가 없어진 때를 말하는 것이며, 사실상 그 권리의 존재나 권리행사 가능성을 알지 못하거나 알지 못함에 있어서 과실이 없다는 등의 사정은 시효진행에 영향을 미치지 아니한다. 법률상의 장애라고 하여도 권리자의 의사에 의하여 제거될 수 있는 경우에는 여기에 해당하지 아니한다.[57]

국가재정법 제96조 제2항, 제1항 소정 5년의 진행은 피해자가 손해의 결과발생을 알았거나 예상할 수 있는가 여부에 관계없이 가해행위로 인한 손해가 현실적인 것으로 되었다고 볼 수 있는 때로부터 진행한다. 다만, 가해행위와 이로 인한 현실적인 손해의 발생 사이에 시간적 간격이 있는 불법행위에 기한 손해배상채권의 경우 소멸시효의 기산점이 되는

---

55) 서울중앙지방법원 2004나19042
56) 서울고등법원 2014나2001100, 서울중앙지방법원 2010나44490
57) 대법원 93다3622

'불법행위를 한 날'이란 단지 관념적이고 부동적인 상태에서 잠재적으로만 존재하고 있는 손해가 그 후 현실화되었다고 볼 수 있는 때, 즉 손해의 결과발생이 현실적으로 되었다고 할 수 있을 때라 할 것이다.[58]

(2) 시효소멸 항변이 권리남용이라는 원고의 재항변에 대한 방어방법

소멸시효 주장이 신의칙에 반하는 특별한 사정이 있는 경우에는 권리남용으로 허용될 수 없다. 국가배상청구의 특성상 원고가 이러한 사정을 주장하며 재항변을 할 가능성이 있다. 하지만 국가에게 국민을 보호할 의무가 있다는 사유만으로 국가가 소멸시효의 완성을 주장하는 것 자체가 신의성실의 원칙에 반하여 권리남용에 해당한다고 할 수는 없다는 것이 판례의 태도이다. 즉, 국가의 소멸시효 완성 주장이 신의칙에 반하고 권리남용에 해당한다고 하려면 특별한 사정이 인정되어야 할 것이고, 또한 그와 같은 일반적 원칙을 적용하여 법이 두고 있는 구체적인 제도의 운용을 배제하는 것은 법해석에 있어 또 하나의 대원칙인 법적 안정성을 해할 위험이 있으므로 그 적용에는 신중을 기하여야 한다는 것이다.[59]

채무자가 소멸시효 완성을 주장하는 것은 신의성실 원칙에 반하는 권리남용으로 허용될 수 없으려면, 채무자가 소멸시효 완성 후 시효를 원용하지 아니할 것 같은 태도를 보여 권리자로 하여금 이를 신뢰하게 하였고, 채무자가 그로부터 권리행사를 [71] 기대할 수 있는 상당한 기간 내에 자신의 권리를 행사하는 등의 사정이 요구된다. 따라서 피고로서는 국가가 불법행위를 저지른 이후 현재까지 사건을 은폐하거나 적극적으로 조작한 사정이 없었고, 불법행위 발생 이후 피해자들이 자신에게 권리가 존재한다는 사실 및 불법행위의 주체를 명백히 인식할 수 있었던 경우에 해당한다는 점을 적극적으로 주장할 필요가 있다.[60]

---

58) 대법원 88다카25168
59) 대법원 2011다95847, 대법원 2004다71881
60) 대법원 2012다202819

Ⅲ. 손익상계 항변

손익상계란 불법행위로 손해를 입은 자가 동일한 원인에 의하여 어떤 이익을 얻은 경우, 공평 기타 일정한 기준에 기하여 그 이익을 손해로부터 공제하여 그 잔액을 배상할 손해액으로 하는 것으로서 손해배상액을 산정하는 작업을 의미한다. 불법행위로 인한 손해배상액의 산정에 있어 손익공제가 허용되기 위해서는 손해배상책임의 원인인 불법행위로 인하여 피해자가 새로운 이득을 얻었고, 그 이득과 불법행위 사이에 상당인과관계가 있어야 한다.[61]

예컨대, 가해자의 가해행위의 결과로 채권자의 이익이 실현되는 경우, 피해자나 제3자의 행위가 개입되지 않은 상태에서 피해자에게 이익이 실현된 경우, 채무불이행으로 인하여 채권자의 비용이 절약된 경우 등은 손익상계의 대상에 해당할 것이나, 채무불이행과 무관한 이익 또는 별개의 계약 등에 얻은 이익은 공제의 대상이 되지 않는다.

Ⅳ. 과실상계 주장

1. 과실상계의 의미 및 요건

불법행위에 있어서 과실상계는 공평 내지 신의칙의 견지에서 손해배상액을 정함에 있어 피해자의 과실을 참작하는 것으로서, 그 적용에 있어서는 가해자와 피해자의 과실의 정도, 위법행위의 발생 및 손해의 확대에 관하여 어느 정도의 원인이 되어 있는가 등의 제반 사정을 고려하여 배상액의 범위를 정한다. 불법행위에 있어서의 가해자의 과실이 의무위반의 강력한 과실임에 반하여 과실상계에 있어서 과실이란 사회통념상, 신의성실의 원칙상, 공동생활상 요구되는 약한 부주의까지를 가리킨다.[62]

---

61) 대법원 2002다33502

과실상계를 인정하기 위해서는 피해자의 과책이 손해의 발생 또는 확대에 공동으로 기여하였어야 한다. 나아가 판례는 신의칙 또는 손해부담의 공평이라는 손해배상제도의 이념에 비추어 볼 때 불법행위의 피해자에게는 그로 인한 손해의 확대를 방지하거나 감경하기 위하여 노력하여야 할 일반적인 의무가 있다는 사정을 전제로, 피해자가 합리적인 이유없이 손해경감조치의무를 이행하지 않을 경우에는 법원이 그 손해배상액을 정함에 있어 민법 제763조, 제396조를 유추적용하여 그 손해확대에 기여한 피해자의 의무불이행의 점을 참작할 수 있다고 한다.63)

2. 공동불법행위의 경우

공동불법행위의 경우 법원이 피해자의 과실을 들어 과실상계를 함에 있어서는 피해자의 공동불법행위자 각인에 대한 과실비율이 서로 다르더라도 피해자의 과실을 공동불법행위자 각인에 대한 과실로 개별적으로 평가할 것이 아니고 그들 전원에 대한 과실로 전체적으로 평가하여야 할 것이며, 가해자의 1인이 다른 가해자에 비하여 불법행위에 가공한 정도가 경미하다고 하더라도 피해자에 대한 관계에서 그 가해자의 책임 범위를 위와 같이 정하여진 손해배상액의 일부로 제한하여 인정할 수는 없다.64)

피해자의 부주의를 이용하여 고의로 불법행위를 저지른 자가 바로 그 피해자의 부주의를 이유로 자신의 책임을 감하여 달라고 주장하는 것은 허용될 수 없는 것이 원칙이다. 하지만 피해자의 부주의를 이용하여 고의로 불법행위를 저지른 자가 바로 그 피해자의 부주의를 이유로 자신의 책임을 감하여 달라고 주장하는 것이 허용되지 아니하는 것은, 그와 같은 고의적 불법행위가 영득행위에 해당하는 경우 과실상계와 같은 책임의 제한을 인정하게 되면 가해자로 하여금 불법행위로 인한 이익을 최종적으로 보유하게 하여 공평의 이념이나 신의칙에 반하는 결과를 가져오기

---

62) 대법원 2001다58269
63) 대법원 2003다22912
64) 대법원 98다20059, 대법원 99다34055

때문이므로, 고의에 의한 불법행위의 경우에도 위와 같은 결과가 초래되지 않는 경우에는 과실상계나 공평의 원칙에 기한 책임의 제한은 얼마든지 가능하다.65)

또한 불법행위자 중의 일부가 고의로 불법행위를 저질렀다고 하여 그러한 사유가 없는 다른 불법행위자까지도 과실상계의 주장을 할 수 없는 것은 아니다. 위와 같은 한계는 과실상계의 주장을 허용하는 것이 신의칙에 반하는 경우에만 예외적으로 인정되어야 하는 것이고, 공동불법행위자 중에 고의로 불법행위를 행한 자가 있는 경우에 피해자에게 과실에 없는 것으로 보아야 한다거나 모든 불법행위자가 과실상계의 주장을 할 수 없게 되는 것은 아니기 때문이다.66)

참고로 피해자가 공동불법행위자들을 모두 피고로 삼아 한꺼번에 손해배상청구의 소를 제기한 경우와 달리 공동불법행위자별로 별개의 소를 제기하여 소송을 진행하는 경우에는 과실상계비율과 손해액도 서로 달리 인정될 수 있다.67)

V. 책임제한 주장

공무원이 법령에 위반한 행위를 하거나 그 임무를 해태함으로써 국가배상책임이 성립하는 경우에 그 손해배상의 범위를 정함에 있어서는, 손해 발생 및 확대에 관여된 객관적인 사정이나 그 정도 등 제반 사정을 참작하여 손해분담의 공평이라는 손해배상제도의 이념에 비추어 그 손해배상액을 제한할 수 있다.68)

특히, 책임제한사유는 단지 손해의 발생 및 확대에 직접적으로 관련 있는 사정만을 대상으로 하는 것이 아니고 당시 담당 업무의 내용과 성격,

---

65) 대법원 2006다16758,16765
66) 대법원 95다30352, 대법원 2005다32999, 대법원 2006다78336
67) 대법원 2000다60227
68) 대법원 2007다37721, 서울고등법원 2013나2004980

평소 담당 공무원이 성실하게 직무를 수행하였는지 여부, 과실에 이르게 된 경위, 당시의 업무 관행, 손해 발생 및 확대에 관여된 객관적인 사정이나 그 정도 등을 종합적으로 고려하여 판단하므로 공평의 이념에 기초하여 폭넓게 인정될 수 있다.

제10절 청구원인에 대한 방어방법

I. 과실로 인정된 사례

1. 집행과정에 관한 집행관의 책임

가. 집행과정에 관한 집행관의 책임

집행관이 그 직무를 수행함에 있어 주의의무를 위배함으로써 손해를 가한 경우 국가는 그 피해자에게 국가배상법상 손해배상의무가 있다. 집행관은 집행에 관한 법률전문가로서 집행의 근거로 삼는 법령에 대한 관계 법규나 필요한 지식을 충분히 갖출 것이 요구되므로 집행관으로서 당연히 알아야 할 관계 법규를 알지 못하고 필요한 지식을 갖추지 못하거나 조사를 게을리하여 법규의 해석을 그르치는 등으로 인하여 타인에게 손해를 가하였다면 불법행위가 성립한다.[69]

집행의 보조자가 손해를 가한 경우에도 집행관의 과실로 보아 국가배상청구가 인정된다.

- 집행관이 대동한 측량회사 직원이 철거선을 잘못 표시하는 바람에 원고의 건물 중 일부가 초과로 철거되었다면, 국가가 원고에게 그 원상회복비용을 배상하여야 한다고 본 사례[70]

---

69) 대법원 2001다52773

2. 과실에 대하여

가. 집행법원의 심리 원칙에 비추어 과실이 제한될 수 있는지 여부

집행법원은 신청서의 기재 및 첨부서류에 의하여 형식적 심사를 한다. 즉, 경매절차의 효율적인 진행을 위하여 경매담당 공무원은 집행권원의 합법성이나 정당성을 심사할 수 없고 제3채무자의 권리관계 또한 그 심리가 제한적이며 형식적인 심사에 그치게 된다.

하지만 필요에 따라 제출된 모든 서류를 토대로 비록 그것이 법정의 서류가 아닌 탄원서나 진정서라 하더라도 거기에 나타난 모든 자료를 참고로 하여 판단하여야 하는 경우가 있다. 예컨대, 민사집행법 제96조의 경매취소사유는 권리의 이전이 불가능하게 하는 사정의 발생원인이 무엇인가는 묻지 않고, 소유자가 고의로 부동산을 멸실시켰더라도 절차를 취소하여야 하며, 집행법원이 그 사정을 알게 된 경위는 묻지 않기 때문에 집행법원이 어떤 경위에 의하든 스스로 알게 된 때에도 경매절차를 취소하여야 하는 것으로 해석된다. 이와 같이 당사자의 신청이 없을 경우에도 직권으로 경매취소결정 및 매각불허가결정을 하도록 규정한 취지는, 경매목적물이 물리적으로 멸실되는 경우뿐만 아니라 채무자가 경매목적물의 소유권을 상실하는 경우와 같이 권리를 이전할 수 없는 법률적 장애사유가 발생하여 경매절차가 무효로 될 수 있는 사태가 발생하였을 때, 매수인이 경락대금을 완납하고도 경매목적물의 소유권을 취득하지 못하여 예측하지 못한 손해를 입는 것을 방지하고자 함에 있다고 봄이 상당하다.[71]

- 집행법원에 제출된 형사 및 민사판결문을 통해 채무자 명의의 소유권이전등기가 원인무효였던 사실이 명백히 드러나 있었음에도 경매절차를 취소하거나 매각을 불허하지 아니한 사법보좌관의 과실을 인정한 사례[72]

---

70) 인천지방법원 2011가단51983
71) 한국사법행정학회, 주석 민사집행법 III, 2007, 396면
72) 인천지방법원 2008가합9989

결국 집행법원의 형식심리 원칙은 등기관에게 요구되는 제한적인 것과는 달리, 제출된 일반적인 첨부서면 뿐만 아니라 기록상 일체의 서류를 꼼꼼히 뒤져 일정범위까지는 실체적 판단사항까지 판단해야 하는 것으로 볼 여지가 상당하다. 따라서 집행법원의 심리 원칙을 일반적인 방어방법으로 주장하는 것에는 신중할 필요가 있다.

나. 경매목적물의 소유권에 대한 조사

매각부동산은 채무자의 소유이어야 한다. 채무자의 소유인지 여부는 등기기록에 채무자의 소유로 등기된 부동산에 관하여는 등기사항증명서(민사집행법 제81조 제1항 제1호), 등기기록에 채무자의 소유로 등기되지 아니한 부동산에 관하여는 즉시 채무자의 명의로 등기할 수 있음을 증명할 서류(민사집행법 제81조 제1항 제2호)에 의하여 증명되어야 하고, 이러한 서류가 제출되지 아니하면 신청을 각하하여야 한다.[73]

공부상 기재가 명확하지 않아 채무자와 동명이인 등 소유의 부동산이 매각되는 경우가 있다. 이때에는 그 외관상 기재를 바탕으로 채무자의 책임재산에 속한다고 볼 일응의 외관을 갖추었는지 여부에 따라 집행기관의 과실 여부를 판단해야 한다. 예컨대, 임야대장에 실제 소유자가 아닌 채무자의 주민등록번호가 기재되어 있어 채권자가 경매를 진행한 경우, 경매절차는 그 개시 당시부터 채무자 소유가 아닌 타인 소유의 부동산을 대상으로 한 것이어서 무효라고 할 것이지만 집행기관이 대장의 기재를 신뢰한 것에 과실이 있다고 보기는 어렵다.

- 임야대장에 채무자의 주민등록번호가 기재되어 있었다면, 등기부에 기재된 주소가 채무자의 주민등록상 주소와 일치하지 않았더라도 이를 신뢰한 데에 과실이 없다는 사례[74]

---

73) 법원행정처, 법원실무제요 민사집행 II, 2014, 41면
74) 서울고등법원 2008나119073

다. 경매개시결정

경매의 신청이 있으면 집행법원은 신청서의 기재 및 첨부서류에 의하여 집행의 요건 등에 관한 형식적 심사를 한다. 경매개시결정을 할 것인지 여부에 대해서는 위법성한정론이 적용되므로 법관 또는 사법보좌관이 그 권한의 취지에 명백히 어긋나게 개시결정을 했다고 인정하기 부족하다는 주장을 할 수 있다.[75]

라. 경매개시결정의 송달

부동산의 압류는 채무자에게 경매개시결정이 송달된 때 또는 경매개시결정등기가 된 때에 그 효력이 생기므로, 경매법원은 직권으로 그 결정정본을 채무자에게 송달하여야 한다(민사집행법 제83조 제4항). 경매개시결정은 매각절차진행의 유효요건이어서 그 고지 없이는 유효하게 매각절차를 속행할 수 없는데, 이러한 송달에 하자가 있음이 간과되었다가 경매절차 진행 후 뒤늦게 밝혀진 경우 매수인은 소유권을 취득할 수 없으므로 국가배상책임이 문제된다.

특히, 송달 과정에서 경매신청인이 채무자 등의 주소를 허위로 기재하여 다른 사람에게 송달되도록 하는 경우가 발생할 수 있는데, 송달받을 사람 측에서 임의로 협력하지 않는다면 우편집배원으로서는 신원확인을 위하여 수령인에게 주민등록증 등의 제시를 요구하여 신분을 확인할 권한은 없다는 점, 경매개시결정정본 송달통지서에 하자가 없었다면 경매법원이 송달이 적법하다고 판단하여 경매절차를 진행한 것에 어떠한 과실이 있다고 보기 어렵다는 점 등을 주장하여 이를 방어할 수 있다.[76]

---

75) 서울고등법원 2014나2027812
76) 서울중앙지방법원 2007가합34345

마. 경매절차의 취소

민사집행법 제50조가 규정하고 있는 집행취소는 강제집행의 신속성과 명확성에 바탕을 둔 것으로서 당해 집행법원에 대하여 집행취소의 해당 여부에 관한 실체적 판단을 요구하는 것이 아니고 단지 집행취소를 위하여 제출된 서류의 취지와 실시한 강제집행의 내용이 일치하는지에 관한 형식적 판단을 통한 직권발동을 촉구하는 것에 불과하다. 따라서 집행법원이 양자 사이의 실체적 일치 여부에 대하여 판단하지 않은 채, 형식적 불일치가 있음을 이유로 집행취소절차를 취하지 않았다 하더라도 위법한 것은 아니고, 이러한 경우 당해 이해관계인은 집행에 관한 이의신청이나 경매개시결정에 대한 이의신청을 통해 집행법원에 실체적 일치 여부에 관한 판단을 구하여야 하는 것이다.

- 경매개시결정의 내용과 청구이의 확정판결의 내용 사이에 그 대상 금액상 서로 차이가 있는 경우, 집행법원의 담당 법관이 양자 사이의 실체적 일치 여부에 대하여 판단하지 않은 채 형식적 불일치가 있음을 이유로 집행취소절차를 취하지 않은 것이 위법하지 않다는 사례[77]

법관 또는 사법보좌관이 경매절차의 취소 여부를 결정함에도 위법성 한정론이 적용될 여지가 있다.

- 민사집행법 제181조 소정의 경매취소절차에도 위법성 한정론이 적용될 가능성은 있으나, 즉시항고를 통하여 그 시정을 구할 수 없었던 부득이한 특별한 사정이 있었던 경우에 해당하여 국가배상책임을 인정한 사례[78]

---

[77] 수원지방법원 2007가단36434
[78] 대구고등법원 2013나20619

바. 배당요구종기의 고지

경매법원은 민사집행법 제84조 제2항에 의해 배당요구의 종기가 정하여진 때에 최우선순위의 전세권자 및 경매법원에 알려진 우선변제청구권이 있는 채권자에게 경매개시결정을 한 취지 및 배당요구의 종기를 고지하여야 한다. 이러한 고지는 기록에 표시된 주소에 등기우편으로 발송하는 방법으로 하는 것으로 족하다(재민 2004-3). 민사집행법의 취지와 경매절차의 획일성, 신속성 및 안정성을 감안한 것이다.

- 경매법원이 배당요구 종기에 대해 등기우편에 의한 발송송달을 하였으나 송달이 되지 않은 경우 교부송달 또는 야간송달 등을 하여야 할 의무는 없다는 사례

서울중앙지방법원 2005가합58316

사례 1 | 경매 계장 과실-경매 계장이 판사의 공시송달명령이 없었는데도 있는 것으로 오인하고 매각기일 통지 등을 공시송달로 진행하여 이해관계인에게 송달을 잘못 처리한 사례

대법원 1989.3.14. 선고 87다카3072 판결 【구상금】
임의경매절차에서 담당법관이 이해관계인에게 대한 공시송달명령을 한바 없는데도 담당공무원이 공시송달방법으로 경매기일통지를 하였음이 밝혀져서 이를 이유로 경락허가결정이 취소 확정되어 경락인의 경락에 의한 소유권취득의 효과가 상실되었다면 국가는 이로 인한 경락인의 손해를 배상할 책임이 있다[.대법원 1982. 6. 22. 선고 80다2801] 라고 하였고, 국가는 이 소송에서 패소한 후 경매담당공무원을 상대로 구상금을 구하는 소를 제기하자 이를 인용한 사례임

☞ i) 위 사례는 경매담당공무원에게 고의에 의한 책임은 아니더라도 적어도 중과실에 의한 책임을 묻고자 내용이 내포된 판례로 보여진다.

사례 2 │ 경매 계장 과실- 매각기일을 이해관계인에게 통지 하지 아니한 채 진행하여 낙찰허가 결정이 취소된 사례

대법원 2002. 12. 24. 선고 2001마1047 전원합의체 결정 【낙찰불허가 결정】 79)

: 경매법원이 경매기일 및 낙찰기일을 통지하지 아니하여 이해관계인(근저당권자)이 경락허가결정에 대한 항고기간을 준수하지 못한 결과, 경락대금 완납후(심지어 배당절차까지 종료됨) 경락허가결정에 대한 이해관계인의 추완항고 신청이 받아들여져 원 낙찰허가결정이 취소되어진 사례임.

☞ ⅰ) 위 사건에 경우에 문제시된 경매절차상 이해관계인은 근저당권자 80)이나, 공유지분권 매각에 있어 다른 공유자들 81)에 대한 통지가 누락되어도 추완항고가 가능하게 되므로 개시결정 당시 이해관계인표에 누락되지 않도록 철저한 점검이 필요함.

---

79) 종전의 경락대금이 납부되고 배당절차까지 종료되어 경매가 완결된 이상 그 후에는 추완신청에 의하여 경락허가결정을 취소할 수 없다는 취지의 대법원 1969. 10. 27.자 69마922결정을 변경한 판례임, 이 판례의 등장으로 경매 실무현장에서는 실로 긴장감이 돌지 않을 수 없었다. 매각기일통지의 누락이나 잘못된 통지로 인하여 완전할 줄로만 알았던 매각허가결정이 취소되어지고 그에 터잡은 소유권이 무효화된다면 전매수인은 국가나 담당공무원을 상대로 하여 손해배상을 청구하고, 국가는 구상권을 행사하게 된다는 것은 불을 보듯 뻔한 기정 사실이 아닐 수 없다.

* 위 판례에 의하면 추완항고로 말미암아 원 낙찰허가결정이 취소되어진 결과, 낙찰에 의한 소유권이전등기가 말소됨으로써 전 낙찰인으로부터 적어도 낙찰대금과 이에대한 소정의 손해이자, 이전등기에 필요한 비용(등록세, 취득세, 채권, 기타 부대비용) 등 손해배상을 청구당할 수도 있다. 그러나 이점은 배당 이전까지의 문제이지만 배당 이후에 이러한 사실이 발생한다면 사안은 보다 복잡해 질 것이다.

80) 본 판례의 원심사건은 수원지방법원 98타경110104 부동산임의경매 사건으로서 개시결정후 근저당권자에게 등기부상 주소지로 최고서를 발송 → 이에대한 송달불능통지서가 반송 접수(불능사유: 아파트 동. 호수 기재누락으로 인한 **주소불명**) → 이에대한 아무런 조치없이 매각기일을 지정 → 위 근저당권자에게 불능된 주소지로 매각 및 매가결정통지서를 발송처리 → 낙찰허가결정 → 부적법송달(입찰기일 및 낙찰기일을 통지받지 못함)을 적시, 절차상의 권리를 침해당한

손해를 받았다고 하여 낙찰허가결정에 대한 이의신청 → 이의신청 기각결정 → 근저당권자 즉시항고 ⇒ [대금지급(경락허가결정이 확정된 것으로 알고) → 소유권이전등기촉탁 → 배당종결처리] ⇒ 원심결정취소하고 낙찰불허가결정(수원지방법원 2000라1338) → 매수인 및 신청채권자 각 재항고 → 각 재항고기각결정(전원합의체 결정) → 원심사건 종국결과 삭제하고 처음부터 다시 진행

☞ i) 이러한 일련의 과정속에서 일선실무자들이 눈여겨볼 사안이 있다. 채무자나 소유자가 아닌 이해관계인들(근저당권자, 공유자 등)의 등기부상 주소지로 최고서, 공유자통지를 하여 송달불능되었을 때 무조건 발송(또는 직권공시)으로 송달처리를 하여야 할 것인지, 아니면 신청채권자로 하여금 송달가능한 주소를 보정토록 하여 재송달하여야 할 것인지 문제시된다. 이는 채무자에 대한 개시결정의 송달과는 성질을 달리하는 것이므로 설령 이 통지가 없었다고 하더라도 경매개시결정의 효력에는 영향이 없으므로 불능인 채로 그대로 놔두어도 아무런 상관이 없다고 한다.**(대결 1998. 3. 4. 97마962 참조)**[집행실무제요 Ⅱ권 125쪽] 그러나 일선실무에서는 최고서 등이 송달불능되었을 때 다시 발송송달을 하여 처리해주고 있다.

ii) 강제집행실무제요 Ⅱ권 205쪽에는, 「근저당권자와 같이 등기부에 기입된 부동산의 권리자가 등기부상 주소변경 등기를 게을리하여 <u>종전의 등기부상 주소</u>에 등기우편으로 송달된 매각기일 통지를 받지 못하였다 하더라도 그 발송시에 송달의 효력이 발생하고, 등기부에 부동산의 권리자가 사망하여 이해관계인의 지위를 승계한 상속인들이 등기부상 상속등기를 게을리하여 매각기일 통지가 이미 <u>사망한 등기부상 권리자의 주소</u>에 등기우편으로 송달된 경우도 마찬가지다.**(대결 1995. 9. 6. 96마372)**」라고 기술되어 있다. 위 실무제요 및 판례에 의하면 주소불명인 등기부상 주소지에 발송송달하더라도 적법한 송달로 인정받는다.

iii) 그런데 위 합의체 결정에서 문제된 사안은 집행실무자들이 신건 접수가 있을 때나 개시결정이후 배당요구가 있을 시 이해관계인들의 등기부상 주소를 입력할 때 아파트나 집합건물의 동.호수를 빠뜨리거나 기타 정확히 옮겨 적지 않아서 발생한 것으로 보인다.. 다시말하면 이와같이 오입력된 등기부상 주소지로 발송송달을 하였더라도 기일통지를 누락한 것으로 보고 있는 것이다. 그러나 현재 신강제집행시스템에 있어서는 부동산등기부의 전산 고유번호를 입력하면 모든 이해관계인들에 관한 인적자료가 일자일획 그대로 전송되어져 오는 것으로 예정되어있긴 하여 그렇게 문제되지는 않으리라고 보지만, 그래도 반드시 기록에 첨부된 등기부등본을 다시 한번 확인, 대조해 볼 필요가 있다. 특히 아파트 등 집합건물의 경우에 부동산표시에 관한 기재사항이 너무 많아서인지 몰라도 그 표시의 일부(대지권에 관한 표시의 이하 기재사항 전부)가 누락된 채 전송되어 오는 경우를 보아 왔기 때문이다.(이로 인해 대지권이 엄연히 있음에도 대지권표시가 누락된 상태로 매각을 진행할 뻔한 사례가 있었음. 나중에 확인해 보니 첨부된 등기부등본에는 대지권에 관한 표시가 전부 되어 있었음.) 하지만 전국법원의 전산화완료가 선언되었지만 아직

사례 3	경매 계장 과실 - 경매 계장이 입찰물건명세서를 작성하면서 최선순위근저당설정일자를 잘못기재하여 매수인이 대항력있는 임차인이 없는 것으로 알고 입찰하여 손해를 봄으로 국가 배상 청구한 사건.

대법원 1998. 11. 13. 선고 98다31837 【국가배상】

경매목적의 건물에 대항력 있는 임차인이 있음에도 담당계장이 입찰물건명세서를 작성하면서 건물의 최선순위근저당권설정일자를 소급 기재하고 경락인의 문의에 대하여도 잘못 답변하여 경락인이 대항력 있는 임차인이 없는 것으로 믿고 경락을 받았다가 임차인에게 패소하여 임차보증금을 지급하게 되자 국가배상을 구하였다.

원심은 경매담당 공무원이 입찰물건명세서를 작성·비치함에 있어 입찰물건명세서에 이 사건 대지와 건물에 대한 각 최선순위근저당권설정일자를 구분하여 정확히 기재하지 아니하고 이 사건 대지의 최선순위근저당권설정일자만 기재한 직무상 과실(職務上 過失)과 위 경매와 관련한 원고(낙찰인)의 문의에 대하여 ㅇㅇㅇ이 이 사건 건물의 낙찰인에 대하여 대항력

  도 일부 등기전산화가 완료되지 않아 매각물건 입력시 종전처럼 수작업을 해야만 하는 사건들이 종종 있으므로 주의를 요한다.
 iv) 이상에서 살펴본 바와 같이 <u>채무자(소유자) 이외의 이해관계인들에 대한 등기부상 주소로 송달한 결과가 **주소불명(또는 수취인불명)**일 경우에 위 대법원판례(96마372)를 따를 것인지, 아니면 신청채권자로 하여금 근저당권자의 송달가능한(정확한) 주소를 보정토록 명해야 하는지, 그리고 이를 보정하지 아니하면 전체 매각사건을 취소할 수 있는지의 문제가 남는데, 결론적으로 위 96마372결정에 따른 실무례에 따라 주소보정을 명할 필요도 없고 더욱이 취소의 문제도 남지 않는다고 본다. 따라서 송달결과가 설사 주소불명으로 판명되어도 그 등기부상 기재된 주소로만 발송하면 일단 적법한 송달이 된다. (이때 근저당권 설정 당시 등기부에 정확한 주소를 기재치 아니한 결과, 위 합의체 결정과 같은 심각한 사례가 발생할 경우, 당시 **등기관의 업무과실**에 의한 책임소재는 별론으로 함.)</u>
81) 공유자에 대한 통지(집행법 제140조, 제268조)는 채무자에 대한 개시결정의 송달과는 성질을 달리하는 것이므로 이 통지가 없었다고 하더라도 경매개시결정의 효력에는 영향이 없다. 그러나 공유자에게 매각기일과 매각결정기일을 통지하여야 하고, 이를 하지 않았을 경우 매각허가결정에 대한 항고 사유가 된다.(대결 1998. 3. 4. 97마962 참조)[집행실무제요 II권 125쪽]

있는 임차인임에도 불구하고 이 사건 대지와 건물에 관하여 대항력 있는 임차인이 없다고 <u>잘못 답변한 직무상의 과실</u>로 인하여 원고가 이 사건 대지 및 건물에 관하여 낙찰인이 승계할 임대차가 없다고 잘못 생각하고 이 사건 대지 및 건물을 낙찰받음으로써 OOO의 임차보증금을 원고가 책임지게 되는 손해를 입었다고 판단하여 원고의 피고(국가)에 대한 국가배상청구의 일부를 인용하였고, 대법원은 원심의 판단이 정당하다는 이유로 피고의 상고를 기각하였다.

☞ i)토지에 대하여 1순위 저당권이 설정되고, 그 후 임차인이 대항력을 갖춘 다음 건물에 1순위 저당권이 설정된 경우 건물의 매수인에게 대항할 수 있는 지 여부는 건물만을 기준으로 하므로, 이 경우의 임차인은 건물의 매수인에게 대항할 수 있다. 따라서 최선순위 저당권 설정일자를 기재할 때 건물과 토지의 일자가 다를 때에는 모두 기재하고, 매각부동산이 여러 개의 경우에 설정일자가 다르면 모두 기재한다. [실무제요 집행 제2권 164쪽]

| 사례 4 | 등기관 과실 - 등기관이 등기부에 근저당권설정등기를 등재함에 있어 신청서 내용을 자세히 살피지 아니하고 근저당권설정자를 근저당권자로 착오등재한 경우 |

대법원 1991.5.10. 선고 91다6764 【구상금】
일반적으로 사용되고 있던 근저당권설정등기신청서의 양식과 다르게 근저당권자의 성명과 주소를 먼저 기재하고 그 아래 근저당권설정자의 성명과 주소를 기재하여 근저당권설정등기신청서를 법원에 제출하자, 등기공무원이 신청에 따라 등기부에 근저당권설정등기를 등재함에 있어 신청서 내용을 자세히 살피지 아니하고 근저당권설정자를 근저당권자로 착오등재한 경우, 등기공무원으로서 주의의무를 현저히 결여한 중과실에 해당된다고 본 사례.

사례 5
공탁관 과실 - 공탁관이 공탁금 출급인가 함에 있어 확정판결이 필요한데 가집행선고부 승소의 판결을 첨부하였음에도 공탁금의 출급인가한 사례

대법원 1968.7.23. 선고 68다1139 【구상금】
공탁자가 甲, 乙 중 누가 진정한 채권자인지를 확인할 수 있는 확정판결의 교부를 하는 자를 공탁금의 출납청구권자로 한다는 취지의 반대급부의 조건을 붙여 공탁을 하였음에도 공탁공무원이 본조, 공탁사무처리규칙 제30조 등의 규정에 위배하여 위와 같은 확정판결에 해당되지 않는 가집행선고부 甲 승소의 판결을 첨부하였음에 불과한 甲에 대하여 공탁금의 출급인가를 하였다면 그에게 직무수행상의 중과실이 있다단 사례로서, 『원래 공탁공무원은 그 가집행선고부 판결이 위 공탁의 반대급부로 되어있는 확정판결에 해당하는 여부만 판결하면 족하였을 것이고 위 판결의 내용을 심사할 권리나 의무는 당초부터 없었던 것이며 일방 위 판결이 확정판결에 해당하는 것인가의 여부는 공탁사무에 종사하는 법원직원으로서는 누구나 용이하게 판별할 수 있는 사항이었다고 할 것이니만큼 이를 그르쳤음은 공탁법이나 공탁사무처리규칙상의 공탁공무원의 주의의무를 심히 해태하였으므로 인한 중대한 과실이었다고 않을 수 없는 바이다.』라고 판시

사례 6
공탁관 과실 - 공탁관은 압류가 경합되면 집행법원에 사유신고해야 되는데 이를 누락하여 손해가 발생한 사례

대법원 2002. 8. 27. 선고 2001다73107 판결 【손해배상(기)】 [82]
원고는 A의 압류·추심명령과 원고의 압류·추심명령이 경합되어 있었으므로, 피고(국가) 소속의 공탁공무원으로서는 공탁사무처리규칙과 대법원예규에 따라, 공탁을 유지하면서 집행법원에 사유신고를 하여야 할 직무상 의무가 있었음에도 불구하고, 이러한 직무의무에 위반하여 A에 대한 공탁금의 출급을 인가함으로써 원고는 공탁이 유지되었더라면 집행법원으로부터 배당받을 수 있었던 돈을 배당받지 못하는 손해를 입었다고 주장하면서, 피고에 대하여 그 손해의 배상을 청구하자 이를 인용한 사례 .

사례 7	사법보좌관 과실 - 집행법원에 제출된 형사 및 민사판결문을 통해 채무자 명의의 소유권이전등기가 원인무효였던 사실이 명백히 드러나 있었음에도 경매절차를 취소하거나 매각을 불허하지 아니한 사법보좌관의 과실을 인정한 사례

■ 과실에 대하여

가. 집행법원의 심리 원칙에 비추어 과실이 제한될 수 있는지 여부

---

82) 【판결요지】
　[1] 공탁사무처리규칙 제52조 제1항은 "공탁금의 출급·회수청구권에 대한 압류 등의 경합 등으로 사유신고를 할 사정이 발생한 때에는 공탁공무원은 지체 없이 사유신고서 2통을 작성하여 그 1통을 관할 집행법원에 송부하고 다른 1통은 당해 공탁기록에 합철한다."고 규정하고 있는바, 이 규정은 공탁공무원이 사유신고를 할 경우의 세부절차만을 정한 규정이 아니라 공탁금의 출급·회수청구권에 대한 압류 등의 경합 등의 사정이 있는 경우 공탁공무원으로서는 반드시 집행법원에 그 사유를 신고하여야 한다는 **직무상의 의무**를 정한 규정이라고 할 것이다.
　[2] 대법원예규 송민 84-6 '가압류해방공탁금의 회수청구권에 대한 압류명령이 있는 경우의 사유신고시기 등'(1984. 5. 23. 송무심의 제35호)은 "가압류해방금의 공탁금회수청구권에 관하여 압류명령이 송달된 때에는 공탁공무원은 지체 없이 집행법원에 그 사유를 신고하여야 한다."라고 규정하고 있는바, 이 예규는 대법원이 공탁제도의 취지에 비추어 공탁사무처리규칙 제52조 제1항과 구 민사소송법(2002. 1. 26. 법률 제6626호로 전문 개정되기 전의 것) 제581조의 해석에 관한 견해를 밝힘으로써 그 해석을 둘러싸고 야기될 수 있는 실무상의 혼란을 제거하기 위한 것이므로 위 예규가 위와 같은 해석을 분명히 한 이상 공탁사무처리규칙 제52조 제1항 또는 구 민사소송법(2002. 1. 26. 법률 제6626호로 전문 개정되기 전의 것) 제581조의 해석을 둘러싸고 다른 해석이 가능하다는 사정을 들어 위 예규와 달리 공탁사무를 처리한 데에 공탁공무원에게 과실이 없었다고 할 수 없다.
　[3] 해방공탁금의 회수청구권에 대한 압류·추심명령이 경합한 경우, 공탁공무원은 공탁을 유지한 채 집행법원에 사유신고를 한 후 집행법원의 배당절차에 따라 공탁금을 각 채권자들에게 분할지급하거나, 사유신고를 하지 아니한 채 공탁금 출급을 신청한 압류·추심 채권자 1인에게 공탁금을 지급할 수 있으므로, 공탁공무원이 집행법원에 그 사유를 신고하지 아니 하고 채권자 중 1인으로서 공탁금출급청구를 한 채권자에게 공탁금 전액을 지급한 것이 적법한 사무처리였다고 판단한 원심판결에는 공탁공무원의 사무처리에 관한 법리를 오해한 위법이 있다고 한 사례.

집행법원은 신청서의 기재 및 첨부서류에 의하여 형식적 심사를 한다. 즉, 경매절차의 효율적인 진행을 위하여 경매담당 공무원은 집행권원의 합법성이나 정당성을 심사할 수 없고 제3채무자의 권리관계 또한 그 심리가 제한적이며 형식적인 심사에 그치게 된다.

하지만 필요에 따라 제출된 모든 서류를 토대로 비록 그것이 법정의 서류가 아닌 탄원서나 진정서라 하더라도 거기에 나타난 모든 자료를 참고로 하여 판단하여야 하는 경우가 있다. 예컨대, 민사집행법 제96조의 경매취소사유는 권리의 이전이 불가능하게 하는 사정의 발생원인이 무엇인가를 묻지 않고, 소유자가 고의로 부동산을 멸실시켰더라도 절차를 취소하여야 하며, 집행법원이 그 사정을 알게 된 경위는 묻지 않기 때문에 집행법원이 어떤 경위에 의하든 스스로 알게 된 때에도 경매절차를 취소하여야 하는 것으로 해석된다. 이와 같이 당사자의 신청이 없을 경우에도 직권으로 경매취소결정 및 매각불허가결정을 하도록 규정한 취지는, 경매목적물이 물리적으로 멸실되는 경우뿐만 아니라 채무자가 경매목적물의 소유권을 상실하는 경우와 같이 권리를 이전할 수 없는 법률적 장애사유가 발생하여 경매절차가 무효로 될 수 있는 사태가 발생하였을 때, 매수인이 경락대금을 완납하고도 경매목적물의 소유권을 취득하지 못하여 예측하지 못한 손해를 입는 것을 방지하고자 함에 있다고 봄이 상당하다.[83]

- 집행법원에 제출된 형사 및 민사판결문을 통해 채무자 명의의 소유권이전등기가 원인무효였던 사실이 명백히 드러나 있었음에도 경매절차를 취소하거나 매각을 불허하지 아니한 사법보좌관의 과실을 인정한 사례[84]

결국 집행법원의 형식심리 원칙은 등기관에게 요구되는 제한적인 것과는 달리, 제출된 일반적인 첨부서면 뿐만 아니라 기록상 일체의 서류를 꼼꼼히 뒤져 일정범위까지는 실체적 판단사항까지 판단해야 하는 것으로 볼 여지가 상당하다. 따라서 집행법원의 심리 원칙을 일반적인 방어방법으로 주장하는 것에는 신중할 필요가 있다.[85]

---

83) 한국사법행정학회, 주석 민사집행법 III, 2007, 396면
84) 인천지방법원 2008가합9989
85) 경매목적물의 소유권에 대한 조사

| 사례 8 | 집합건물법 제20조 제2항에서 정한 분리처분금지에 반하여 경매 절차가 무효임에도 경매를 진행하여 손해를 입었다는 주장 |

● 사건개요 : 원고는 00시 00동 소재 부동산 중 피고 전OO의 159.9/875 지분을 경락(OO지법 2010타경2635)받아 소유권이전등기를 하였음. 이후 이 사건 부동산의 소유권이전등기는 집합건물법 제20조 제2항에서 정한 분리처분금지에 반하는 무효의 등기라는 이유로 경매절차가 무효화 됨. 이에 원고는 경매절차가 무효가 될 수 있는 사정이 나타나 있는데도, 이를 간과한 채 경매개시결정을 유지하거나 낙찰허가를 한데 대하여 담당 사법보좌관과 담당공무원에게 과실이 있다고 주장하며 소유권이전등기비용 및 지료소송과정에서 취득세, 등기비용 및 소송비용 등의 손해가 발생하였다고 주장하며 이 사건 손해배상을 청구함.

▶ 1심 판결 : 경매담당 공무원이 집행관 작성의 부동산현황조사서 및 감정인인 작성의 감정평가서를 좀 더 세밀히 조사·검토하여 매각물건명세서를 작성하여야 함에도 불구하고, 매각물건명세서에 이 사건 지

- 매각부동산은 채무자의 소유이어야 한다. 채무자의 소유인지 여부는 등기기록에 채무자의 소유로 등기된 부동산에 관하여는 등기사항증명서(민사집행법 제81조 제1항 제1호), 등기기록에 채무자의 소유로 등기되지 아니한 부동산에 관하여는 즉시 채무자의 명의로 등기할 수 있음을 증명할 서류(민사집행법 제81조 제1항 제2호)에 의하여 증명되어야 하고, 이러한 서류가 제출되지 아니하면 신청을 각하하여야 한다.주92)
법원행정처, 법원실무제요 민사집행 II, 2014, 41면
- 공부상 기재가 명확하지 않아 채무자와 동명이인 등 소유의 부동산이 매각되는 경우가 있다. 이때에는 그 외관상 기재를 바탕으로 채무자의 책임재산에 속한다고 볼 일응의 외관을 갖추었는지 여부에 따라 집행기관의 과실 여부를 판단해야 한다. 예컨대, 임야대장에 실제 소유자가 아닌 채무자의 주민등록번호가 기재되어 있어 채권자가 경매를 진행한 경우, 경매절차는 그 개시 당시부터 채무자 소유가 아닌 타인 소유의 부동산을 대상으로 한 것이어서 무효라고 할 것이지만 집행기관이 대장의 기재를 신뢰한 것에 과실이 있다고 보기는 어렵다.
- 임야대장에 채무자의 주민등록번호가 기재되어 있었다면, 등기부에 기재된 주소가 채무자의 주민등록상 주소와 일치하지 않았더라도 이를 신뢰한 데에 과실이 없다는 사례 (서울고등법원 2008나119073)

분이 집합건물의 대지로서 경매절차가 무효가 될 수도 있다는 취지를 기재하지 않은 과실이 있다고 보아 7,707,795원을 인용. 사법보좌관의 과실은 묻지 않고 담당 공무원의 과실은 인정함.

| 사례 9 | 최고가매수신고인 결정 전까지 대리권을 증명하는 서류를 제출하지 아니하였음에도 사법보좌관 과실로 최고가매수인을 잘못 결정한 사례 |

● 甲은 부동산 강제경매 사건에서 최고가매수신고인으로 매각허가결정을 받을 권한이 있었는데, 피고 乙이 최고가매수신고인 결정 전까지 대리권을 증명하는 서류를 제출하지 아니하였음에도 사법보좌관의 과실로 위 乙을 최고가매수신고인으로 보고 매각허가결정을 하였는데 위 결정을 취소하기까지 발생한 변호사비용, 소유권이전등기가 지체됨으로써 발생한 임대료 수익 등의 손해를 입었다고 주장하는 경우

| 사례 10 | 참여관 과실 - 법원 재판 참여관이 소유권이전등기말소청구의 소를 수리한 후 예고등기를 촉탁을 하지 아니한 탓으로 선의의 제3자가 등기명의인으로부터 권리를 취득할 수 있다고 믿고 그 부동산에 관한 거래(경락을 받음)를 하였다가 권리를 취득할 수 없게 되어 손해를 입게되자 국가배상을 청구한 사건 |

대법원 1998. 9. 22. 선고 98다2631 판결 【손해배상(기)】 [86]
소유권이전등기말소청구의 소를 수리한 법원의 담당공무원이 예고등기의 촉탁을 하지 아니한 탓으로 선의의 제3자가 등기명의인으로부터 권리를 취득할 수 있다고 믿고 그 부동산에 관한 거래(경락을 받음)를 하였다가

---

[86] 이에 대하여 광주지방법원 선재성 부장판사님의 2001. 4. 24. 발표된 「법관의

권리를 취득할 수 없게 되어 손해를 입게되자 국가배상을 청구한 사안 : 「당해 제소 내용상 관련 학설이나 판례가 전무하거나, 서로 엇갈리기 때문에 예고등기촉탁이 필요한 사안인지에 대하여 부정적인 판단을 한 것에 과실이 있다고 볼 수 없는 경우, 혹은 예고등기가 되어 있었다 하더라도 제3자가 마찬가지의 거래행위를 하였을 것이라고 볼 수 있는 경우 등 특별한 사정이 없는 한, 등기원인의 무효 또는 취소로 인한 등기의 말소 또는 회복의 소가 제기되었음에도 불구하고 담당 공무원이 예고등기의 촉탁을 하지 아니한 탓으로 제3자가 등기명의인으로부터 권리를 취득할 수 있다고 믿고 그 부동산에 관한 거래를 하였다가 그 소송의 결과에 따라 불측의 손해를 입게 되었다면 이는 담당 공무원이 그 직무를 집행함에 당하여 과실로 법령에 위반하여 타인에게 손해를 가한 때에 해당하여 국가는 국가배상법 제2조 제1항에 따라 손해배상책임을 진다.」라고 판시하여 손해배상을 인정한 다음, 「불법행위로 인한 재산상 손해는 위법한 가해행위로 인하여 발생한 재산상 불이익, 즉 그 위법행위가 없었더라면 존재하였을 재산 상태와 그 위법행위가 가해진 현재의 재산 상태의 차이를 말하는 것이므로, 무효인 소유권이전등기를 유효한 등기로 믿고 그 경매절차에서 이를 경락받았다면 그를 위하여 출연한 금액 즉 <u>경락대금과 그 이후 소유권이전등기를 하는 데 들어간 등록세와 등기비용</u> [87)]은 소유권이전등기말소등기청구의 소가 제기되었음에도 수소법원이 예고등기의 촉탁을 하지 아니한 불법행위와 상당인과관계 있는 손해로 볼 수 있다.」고 하여 손해배상의 범위를 정하였다.

재판에 대한 국가배상책임과 경매절차(2001. 4. 24. 2000다16114 판결)」의 대법원 판례평석 중에서 "예고등기는 민사재판에 부수하여 수소법원이 행하여야 할 처분이지만 그 재판직무의 집행과는 직접적인 관련이 없는 별도의 처분으로서 재판과 불가분의 관계에 있다고 할 수도 없고, 따라서 예고등기에 관한 사무는 법관의 사법행정상 직무(민사행정)에 관한 것이며 이를 본래 의미의 재판작용으로 볼 수는 없다 할 것이다."라고 기술하고 있다. 결국 책임은 담당공무원으로 귀착 되어질 개연성이 있는바, 이후 국가가 담당공무원의 중과실 책임을 물어 구상권을 행사하였는지 여부는 확인할 수는 없었다.

87) 경매사건 관련 손해배상의 범위를 구체적으로 명시한 사례로 앞서 기술한 경매업무 사례의 대법원 전원합의체 결정(2001마1047)과 관련하여 주목할 만한 하다.

사례 11

사무관 과실 - 사무관 기피신청 사건 접수되었으나 회피하여 사건처리 지연시킴으로 손해를 보았다고 국가배상 청구한 사건

서울중앙 2007. 7. 19. 선고 2005가단186368(피고 대한민국 1백만원 배상)

법원사무관에 대한 기피신청에 대한 재판은, 소송절차 중 신속을 요하는 사항에 관한 재판인 점에 비추어 특별한 사정이 없는 한 신청한 때로부터 상당한 기간 내에 결정을 하여야 할 것이고, 그렇지 않다 하더라도, 기피신청을 받은 법원사무관이 회피를 하였을 뿐만 아니라, 문제된 사건의 종국판결이 선고되었으므로, 회피를 한 이후 또는 종국판결이 선고된 이후에는 원고의 기피신청을 유지할 이익 내지 목적이 없다는 이유로 기피신청을 각하(대법원 1993. 9. 27.

자 93마1184 결정)하는 결정을 하여 원고에게 고지하여 줌으로써 원고로 하여금 위 기피신청으로 인한 법률관계를 확정시켜줄 필요가 있음에도, 기피신청일로부터 5년이 지난 시점까지 그에 대한 결정을 하지 아니하였으면서도, 재판사무시스템상으로 종국처리하여 마치 결정이 있었던 것처럼 보이도록 하여 원고로 하여금 결정에 대한 불복 여부에 대하여 혼란을 초래하게 하였고, 위 사건 기록의 경우 아직 보존연한이 남아 있음에도 그 보존연한이 경과하기 이전에 기록을 분실하여 원고로 하여금 관련된 소송에서 자료를 제출할 수 없도록 하였으므로, 기록 보관 담당 법원공무원의 위와 같은 행위로 인하여 원고의 재판을 받을 권리 또는 재판기록열람복사청구권이 침해되었다 할 것이고, 피고 대한민국은 이로 인한 원고의 손해를 배상할 책임이 있다. 이 점에 관한 원고의 주장은 이유 있다.

헌법 제29조 제1항 본문과 단서 및 국가배상법 제2조를 그 입법취지에 조화되도록 해석하면 공무원이 직무 수행중 불법행위로 타인에게 손해를 입힌 경우에 국가나 지방자치단체가 국가배상책임을 부담하는 외에 공무원 개인도 고의 또는 중과실이 있는 경우에는 불법행위로 인한 손해배상책임을 지지만, 공무원에게 경과실이 있을 뿐인 경우에는 공무원 개인은 불법행위로 인한 손해배상책임을 부담하지 아니하고(대법원 1996. 2. 15. 선고 95다38677 전원합의체 판결 등 참조), 여기서 공무원의 중과실이라 함은 공무원에게 통상 요구되는 정도의 상당한 주의를 하지 않더라도 약간의 주의를 한다면 손쉽게 위법·유해한 결과를 예견할 수 있는 경우임에도 만연히 이를 간과함과 같은 거의 고의에 가까운 현저한 주의를 결여한 상태를 의미한다(대법원 1996. 8. 23. 선고 96다19833 판결, 대법원 2003. 12. 26. 선고 2003다13307 판결).

한편, 공무원이 고의 또는 과실로 그에게 부과된 직무상 의무를 위반하였을 경우라고 하더라도 국가는 그러한 직무상의 의무 위반과 피해자가 입은 손해 사이에 상당인과관계가 인정되는 범위 내에서만 배상책임을 지는 것이고, 이 경우 상당인과관계가 인정되기 위하여는 공무원에게 부과된 직무상 의무의 내용이 단순히 공공 일반의 이익을 위한 것이거나 행정기관 내부의 질서를 규율하기 위한 것이 아니고 전적으로 또는 부수적으로 사회구성원 개인의 안전과 이익을 보호하기 위하여 설정된 것이어야 한다(대법원 2010. 9. 9. 선고 2008다77795 판결 참조)

사례 12	사무관 과실 - 법원사무관등이 공증기관으로서 집행문을 부여함에 있어 집행문부여에 필요한 요건이 흠결되었음에도 이를 간과했다면 과실이 인정됨.

매매대금지급과 동시에 소유권이전등기를 경료하는 반대급부 이행의 조건이 붙은 강제조정결정이 확정되었는데, 이에 대한 집행문 부여 신청에서 매매대금지급의 조건이 성취되었는지 확인하지 아니하고 재판장의 명령이 없었음에도 불구하고, 소유권이전등기를 위한 집행문이 부여된 사안에서 과실이 인정된 사례.[88]

---

[88] 서울고등법원 2013나2004980, 서울고등법원 2013나2014086, 서울고등법원 2013나2012189

사례 13 집행문부여

○ 법원사무관등이 공증기관으로서 집행문을 부여함에 있어 집행문부여에 필요한 요건이 흠결되었음에도 이를 간과했다면 과실이 인정된다.
  - 매매대금지급과 동시에 소유권이전등기를 경료하는 반대급부 이행의 조건이 붙은 강제조정결정이 확정되었는데, 이에 대한 집행문부여 신청에서 매매대금지급의 조건이 성취되었는지 확인하지 아니하고 재판장의 명령이 없었음에도 불구하고, 소유권이전등기를 위한 집행문이 부여된 사안에서 과실이 인정된 사례[89]

○ 건물인도집행에 있어서 집행관이 5분전에 원고 그에 대한 승계집행문 등본을 송달한 후 집행을 개시했지만 위법성을 부정한 사례[90]

사례 14 강제집행의 개시와 송달

○ 민사집행법 제39조 제1항은 "강제집행은 이를 신청한 사람과 집행을 받을 사람의 성명이 판결이나 이에 덧붙여 적은 집행문에 표시되어 있고 판결을 이미 송달하였거나 동시에 송달한 때에만 개시할 수 있다.[91]"고 규정하고 있으므로, 강제집행의 개시는 강제집행신청의 채무자에게 판결이 송달되었음을 전제로 한다 할 것이나, 이미 판결의 송달이 이루어졌다면 이후의 구제적인 집행일시를 채무자에게 통지할 필요는 없다.[92]

---

89) 서울고등법원 2013나2004980, 서울고등법원 2013나2014086, 서울고등법원 2013나2012189
90) 대법원 2010다41256
91) 경매개시결정의 송달
  ○ 부동산의 압류는 채무자에게 경매개시결정이 송달된 때 또는 경매개시결정등기가 된 때에 그 효력이 생기므로, 경매법원은 직권으로 그 결정 정본을 채무자에게 송달하여야 한다(민사집행법 제83조 제4항). 경매개시결정은 매각절차 진행의 유효요건이어서 그 고지 없이는 유효하게 매각절차를 속행할 수 없는데, 이러한 송달에 하자가 있음이 간과되었다가 경매절차 진행 후 뒤늦게 밝혀진 경우 매수인은 소유권을 취득할 수 없으므로 국가배상책임이 문제된다.

○ 민사집행법 제39조 제2항은 "판결의 집행이 그 취지에 따라 채권자가 증명할 사실에 매인 때 또는 판결에 표시된 채권자의 승계인을 위하여 하는 것이거나 판결에 표시된 채무자의 승계인에 대하여 하는 것일 때에는 집행할 판결 외에, 이에 덧붙여 적은 집행문을 강제집행을 개시하기 전에 채무자의 승계인에게 송달하여야 한다."고 규정하고 있다. 이 규정은 강제집행을 받는 채무자에게 집행법원이 조건성취, 승계 등의 사실을 인정하여 집행문을 부여하였다는 사실을 알림으로써 강제집행이 적법한 개시요건을 갖추었음을 확인시키고 나아가 집행채무자에게 집행문부여에 대한 이의신청이나 집행문부여에 대한 이의의 소 등 그 방어 방법을 강구할 기회를 주기 위한 취지라고 해석된다.
○ 집행채무자가 강제집행의 개시 전에 승계집행문 부여에 대하여 불복절차를 밟을 수 있도록 충분한 기간을 두고 승계집행문을 송달하는 것이 집행채무자 보호의 관점에서는 바람직할 수 있다 하더라도, 그러한 충분한 기간을 두지 않고 강제집행의 개시에 근접하여 승계집행문을 송달한 후 강제집행을 개시하였다고 하여 반드시 위법하다고 볼 것은 아니다.
○ 집행관이 집행 당시 민사집행법 제43조에 따라 집행력 있는 정본, 신분증 등을 관계인에게 제시하지 않고 바로 강제집행을 개시하였다고 하더라도, 관계인들이 정본 등을 요청하지 않았다면 위법하다고 볼 수 없다.[93]
○ 또한 집행외동산에 대한 보상절차 내지 수용재결절차가 확정되지 않았다는 사정은 집행개시에 장애사유가 될 수 없다.[94]

○ 특히, 송달 과정에서 경매신청인이 채무자 등의 주소를 허위로 기재하여 다른 사람에게 송달되도록 하는 경우가 발생할 수 있는데, 송달받을 사람 측에서 임의로 협력하지 않는다면 우편집배원으로서는 신원확인을 위하여 수령인에게 주민등록증 등의 제시를 요구하여 신분을 확인할 권한은 없다는 점, 경매개시결정정본 송달통지서에 하자가 없었다면 경매법원이 송달이 적법하다고 판단하여 경매절차를 진행한 것에 어떠한 과실이 있다고 보기 어렵다는 점 등을 주장하여 이를 방어할 수 있다.
　서울중앙지방법원 2007가합34345
92) 서울중앙지방법원 2005가합35900
93) 서울중앙지방법원 2011가합117988
94) 인천지방법원 부천지원 2010가합8289

사례 15   집행의 방법과 과실

○ 집행의 방법은 목적물의 성질, 위치, 상태 등 제반 사정을 고려하여 상당한 방법에 의하면 족하므로, 구체적인 사안에서 집행이 위법한지 여부를 판단하기 위해서는 집행관이 통상적인 관행과 관련 사례 등에 기초하여 합리적으로 판단하였는지, 집행 당시 배부된 법원실무제요에 관련 내용이 기술되어 있는지, 해석에 관하여 견해의 대립이 있는지 여부 등이 주된 쟁점이 된다.

○ 채권자 측이 미리 확인하여 작성한 재고물품 목록을 기초로 의류 종류별로 표본 상자를 개봉하여 수량을 확인하는 방법으로 위 창고에 보관되어 있던 채무자 소유의 의류를 조사한 후 창고 관리소장의 확인을 받는 방법으로 압류 대상 의류의수량을 특정한 경우 집행관의 귀책사유가 없다는 사례[95]

○ 해초류를 특정하기 위해 냉동창고 밖으로 반출하여 계량하지 않고, 집행관이 채권자와 채무자의 진술을 바탕으로 가압류목록을 작성하여 창고 밖의 압류푯말에 붙여놓은 것이 집행관의 과실이 아니라는 사례[96]

○ 자연경관석의 반출과정에서 집행관이 별도로 조경석 전문가를 대동하는 등 주의의무를 다하였다고 본 사례[97]

○ 집행관이 압류시 감정인에게 그 평가를 받게 하는 경우, 위 감정인은 소송절차 내의 감정인과 달리 고도의 전문적 지식이나 경험을 가진 자에 한하지 않으며 목적물의 객관적 거래가격을 평가하기에 족한 정도의 지식과 경험을 갖고 있는 자이면 충분하다는 사례[98]

---

[95] 서울중앙지방법원 2012가단196998
[96] 서울중앙지방법원 2011가합75282
[97] 서울중앙지방법원 2011가합95347
[98] 서울중앙지방법원 2007가합43318

사례 16   집행관 인도 집행 과실

○ 집행관이 인도집행하여 임의경매로 매각한 건설기계의 주요 제원 등이 나중에 공부와 다른 것으로 밝혀졌으나, 집행 당시 차대번호등을 통하여 동일성을 확인하여 집행하였다면 과실을 인정할 수 없다는 사례[99]

○ 특히, 유체동산 인도집행과 같이 목적물의 종류에 따라 그 구체적 집행 방식이 달라지는 경우 그 과정에서 일부 문제가 발생하였다 하더라도 이를 일률적으로 집행관의 과실로 볼 수는 없다. 집행관은 집행에 관한 전문가이기는 하지만 모든 대상 목적물에 관하여 그 상세한 특성 및 취급상 주의점 등을 알 수는 없고, 설사 집행관이 인식한 사정이 나중에 밝혀진 객관적 사실과 다르다고 하더라도 주의의무 위반 여부는 집행 당시 현장을 기준으로 판단하여야 하기 때문이다.

○ 보관명령에 첨부되어 있는 기계기구 목록에 구체적인 기재가 없어 기계 부품 중 일부를 누락한 채 인도한 것은 기계전문가가 아닌 집행관의 과실로 볼 수 없다는 사례[100]

○ 부동산인도명령의 집행 현장에 채무자의 직원이라고 주장하는 자가 있었으나 집행 당시 이를 신뢰할 수 없었던 상황이라면 채무자 소유의 유체동산의 보관을 채무자의 직원이 아닌 채권자에게 맡긴 집행관의 행위는 위법하지 않다고 본 사례[101]

○ 건물인도집행 과정에서 집행목적물이 아닌 동산을 제거하기 위하여 관련 전문가를 사용하지는 않았지만, 놀이시설이라는 특수성을 감안하여 일반적인 건물인도집행보다 많은 인원과 시간이 투입되었다면 집행관으로서는 그 가치를 감소시키거나 훼손시키지 않기 위하여 필요한 주의의무를 다하였다고 본 사례[102]

---

99) 서울중앙지방법원 2011가합125859
100) 수원지방법원 2008가합27847
101) 수원지방법원 2010가합7419
102) 인천지방법원 부천지원 2010가합8289

○ 1개 건물 일부의 인도를 명하는 집행권원에 기초하여 집행을 하는 경우 대상 목적물을 정확하게 특정할 필요가 있다. 집행대상인 부동산 표시에 포함되어 있지 않은 부동산까지 인도집행을 한다면 그 부분이 부합물이거나 종물이라는 특별한 사정이 없는 한 피고 대한민국이 위 집행절차를 통하여 원고의 점유를 부당하게 침탈하고 그 부분에 대한 점유를 취득한 결과가 되어 위법하기 때문이다.[103]
○ 집행관이 건물명도집행을 실시함에 있어 채무자인 원고가 현장에 있지 아니하여 원고에게 집행력 있는 정본을 제시하지 못하였으나 집행 시작 후 나타난 원고에게 집행사실을 고지하였다면 강제집행은 적법하다고 본 사례[104]
○ 부동산인도명령의 집행에 있어서 집행관에게 채무자 소유의 제시외건물로의 통로를 개설하여 줄 의무는 없다는 사례[105]

사례 17 　채무자·집행 목적물의 조사

○ 집행관은 집행을 함에 있어서 집행을 받는 채무자가 집행권원에 표시된 자에 해당하는가, 그 자의 소유재산인가, 그 자가 점유하고 있는 것인가 등을 조사하여야 하는데, 그 자의 소유재산인가와 관련하여 그 개연성을 인정할 수 있는 외관과 징표에 의하여서만 판단할 수 있을 뿐이며 실질적인 조사권은 없다. 따라서 집행관이 채무자 아닌 제3자의 재산을 압류하였다고 하더라도 압류목적물이 채무자 아닌 제3자의 소유였다는 사실 자체에서 집행관의 고의·과실이 곧바로 추정된다고 할 수는 없다.[106]
○ 또한 민사집행법 제5조 제1항에 따라 집행관은 집행을 하기 위하여 필요한 경우에는 채무자의 주거, 창고 그 밖의 장소를 수색하고, 잠

---

103) 서울고등법원 2006나47266
104) 부산지방법원 2004가합73
105) 수원지방법원 2010가합7419
106) 대법원 98다59767, 서울중앙지방법원 2011가합21995, 인천지방법원 2005가

근 문과 기구를 여는 등 적절한 조치를 할 수 있는데, 집행관은 채무자의 주거에 들어가기 위하여 그것이 채무자의 주거인가를 제반사정에 의하여 판단할 권한이 있다. 따라서 직무상 재량에 의하여 일단 채무자의 주거라고 판단한 경우에는 채무자 이외의 자가 채무자의 주거가 아니라고 주장한 때라도 그것을 확인하기 위하여 그 주거에 들어가 채무자의 소유물건이 있는가 여부를 조사할 수 있으며, 만약 창고, 금고 또는 상자 등의 문이 잠겨져 있는 때에는 채무자에게 우선 이를 열도록 하고 이에 불응한 때에는 집행관 스스로 또는 제3자에게 명하여 실력으로 열어서 수색할 수 있다.

○ 집행관이 유체동산압류집행을 함에 있어 제반 사정을 확인한 후 채무자의 거주지라고 판단하여 집행을 하였으나 실제로는 거주지가 아니었던 사안에서 과실을 부정한 사례[107]

○ 집행권원의 대상 부동산과 집행 대상 부동산이 일치하는지 여부는 통상 요구되는 확인절차를 이행함으로써 족하다.
  • 판결문에 지번이 명시되지 않은 건물에 대하여 강제집행을 실시한 잘못이 있더라도, 인도집행 당시 판결문 상의 목적물과 동일한 지 여부에 대하여 통상 요구되는 확인절차를 이행하였다면 집행관의 과실을 인정할 수 없다는 사례[108]

○ 인접 부동산에 있는 유체동산까지 반출하였거나, 현황 및 점유·사용관계에 비추어 부합물 또는 종물에 해당하므로 인도집행이 위법하지 않다고 본 사례[109]

단54837
107) 인천지방법원 2009가단14172
108) 서울북부지방법원 2009가단57917
109) 서울중앙지방법원 2011가합117988

사례 18 집행조서의 작성

○ 집행관이 직무집행을 함에 있어 강제력을 행사할 수 있는 집행행위를 할 때에는 집행조서를 작성하여야 하는데(민사집행법 제10조 제1항, 제2항), 이러한 조서 작성이 잘못된 경우 이를 근거로 국가배상청구를 할 수 있는지 문제된다. 집행조서의 작성은 집행행위의 유효요건이 아니며, 그 기재의 흠결이 있다 하더라도 집행행위의 효력에 아무런 영향을 주지 않는 것이므로 부정되어야 한다.[110][111]

○ 집행조서에 부동산 인도집행 당시 실제로는 참여하지 않은 자가 참여하였다고 기재되었지만, 그로부터 위임받은 직원이 참여하였다면 위법하다고 볼 수 없다고 판시한 사례[112]

사례 19 집행관의 송달사무 처리 방법

○ 집행관이 송달사무를 처리함에 있어 송달물에 적시된 송달장소가 같고 그 장소에 있는 사람 스스로의 진술에 의해 수령자 본인임이 인정될 경우 송달을 실시하여야 하고, 송달영수인이 신분확인 요구에 불응하는 경우 성별과 추정되는 연령 등을 기재하여 수령인을 특정하여 기재하면 충분하다.
- 송달사무를 처리함에 있어 채무자가 맞는지 확인하기 위해 신분을 확인할 수 있는 자료를 요구하였으나 거절당하였음에도 본인이라는 말을 듣고 송달한 사안에서 과실을 부정한 사례[113]

---

110) 법원행정처, 법원실무제요 민사집행 I, 2014, 40면
111) 서울남부지방법원 2004가합11392
112) 서울동부지법 2012가합1472*
113) 부산지방법원 2008가합1517

| 사례 20 | 강제집행의 목적물이 아닌 동산의 처리 |

○ 강제집행의 목적인 부동산 내의 종물 이외의 동산에 대하여는 집행권원의 효력이 미치지 아니하므로 집행관은 이를 제거하여 채무자 또는 그의 친족, 대리인, 고용인에게 인도하여야 하는데(민사집행법 제258조 제3항, 제4항), 집행당시의 제반사정에 비추어 위와 같이 반출된 동산을 집행채무자가 관리할 수 있어 사실상 지배를 할 수 있다면 집행관은 집행대상 이외의 동산을 집행채무자에게 인도가 완료되었다고 볼 수 있다.[114]

○ 집행현장에 참석한 집행채무자가 수령을 거부하는 경우 채무자의 수령 거부에 정당한 이유가 있지 않다면, 집행관이 별도로 보관할 필요는 없다는 사례[115]

○ 또한 이러한 동산을 인도받을 채무자나 그 대리인 등이 없는 때에는 집행관은 그 동산을 채무자의 비용으로 보관하여야 하는데(민사집행법 제258조 제5항 참조), 동산을 보관함에 있어서 동산이 훼손되거나 가치가 감소되지 않도록 상당한 주의를 하여야 하고, 보관인에게 보관을 위탁하는 경우에는 그 보관인의 선임감독에 충분한 주의를 기울여야 하며 그 과정에서 채무자의 재산 등에 손해가 발생하지 않도록 하여야 할 주의의무가 있는 것이지만, 일단 강제집행을 위하여 목적외 동산을 반출하여 채권자에게 보관을 위임한 경우 집행관 업무는 반출행위와 함께 종료되었다고 봄이 타당하고, 반출될 당시 물건이 손상되지 않았다면 집행관에게 목적외 물건이 반출된 이후 목적외 동산이 손상되지 않도록 상당한 주의를 하여야 할 의무가 있다거나 반출물 보관자를 감독할 주의의무까지 있다고 볼 수는 없다.[116]

---

114) 대법원 95다19843, 전주지방법원 2006나879
115) 서울남부지방법원 2004가합11392
116) 서울중앙지방법원 2010가합57553, 서울중앙지방법원 2012가합22148

사례 21　압류 및 추심명령

○ 사법보좌관이 법원조직법 제54조 제2항 제2호 및 사법보좌관규칙 제2조 제1항 제9호에 의하여 채권 압류 및 추심명령에 관한 업무를 행하는 경우, 재판작용에 대한 위법성 한정론이 적용된다. 이러한 업무는 민사집행법 제223조, 제229조에 의한 집행법원의 처분으로서 행하여지는 것이고, 그 위임사무의 특수성과 아울러 이에 대하여 사법보좌관규칙 제4조에 의한 이의신청이나 민사집행법 제227조 제4항, 제229조 제6항에 의한 즉시항고 등 불복절차가 따로 마련되어 있기 때문이다. 특히, 압류 및 추심명령이 채무자에게 송달되기 이전에 추심이 완료되어 원고가 불복절차를 통하여 자신의 권리를 회복하지 못하였다 하더라도 이는 집행의 신속성과 밀행성이라는 요청상 어쩔 수 없이 상존할 수밖에 없는 위험이므로, 위와 같은 법리가 적용되지 않는다고 볼 수는 없다.[117]

○ 담당 공무원이 제3채무자의 주소를 잘못 입력한 것을 간과하고 추심명령을 함으로써 위 명령이 송달불능되고 보정하여 뒤늦게 추심명령이 송달되어 제3채무자에 대한 송달이 지체된 사안에서 주소를 보정하더라도 송달효과를 소급시킬 방법이 전혀 없다는 이유로 위법성 한정론을 적용하지 아니하고 법관의 과실을 인정하여 국가배상책임을 인정한 사례[118]

사례 22　기타 집행관 업무 관련 재판례

예탁금회원제 골프회원권의 강제집행에 있어 집행관이 회원권증서를 점유하여야 할 필요는 없다는 사례[119]

---

117) 서울중앙지방법원 2012나45916
118) 의정부지법 2004가단10275
119) 서울중앙지방법원 2004가합47654

사례 23	집행법원은 신청서의 기재 및 첨부서류에 의하여 형식적 심사를 하는데, 탄원서나 진정서도 심사해야

○ 집행법원은 신청서의 기재 및 첨부서류에 의하여 형식적 심사를 한다. 즉, 경매절차의 효율적인 진행을 위하여 경매담당 공무원은 집행권원의 합법성이나 정당성을 심사할 수 없고 제3채무자의 권리관계 또한 그 심리가 제한적이며 형식적인 심사에 그치게 된다.

○ 하지만 필요에 따라 제출된 모든 서류를 토대로 비록 그것이 법정의 서류가 아닌 탄원서나 진정서 하더라도 거기에 나타난 모든 자료를 참고로 하여 판단하여야 하는 경우가 있다. 예컨대, 민사집행법 제96조의 경매취소사유는 권리의 이전이 불가능하게 하는 사정의 발생원인이 무엇인가는 묻지 않고, 소유자가 고의로 부동산을 멸실시켰더라도 절차를 취소하여야 하며, 집행법원이 그 사정을 알게 된 경위는 묻지 않기 때문에 집행법원이 어떤 경위에 의하든 스스로 알게 된 때에도 경매절차를 취소하여야 하는 것으로 해석된다.주91) 이와 같이 당사자의 신청이 없을 경우에도 직권으로 경매취소결정 및 매각불허가결정을 하도록 규정한 취지는, 경매목적물이 물리적으로 멸실되는 경우뿐만 아니라 채무자가 경매목적물의 소유권을 상실하는 경우와 같이 권리를 이전할 수 없는 법률적 장애사유가 발생하여 경매절차가 무효로 될 수 있는 사태가 발생하였을 때, 매수인이 경락대금을 완납하고도 경매목적물의 소유권을 취득하지 못하여 예측하지 못한 손해를 입는 것을 방지하고자 함에 있다고 봄이 상당하다.[120]

---

120) 한국사법행정학회, 주석 민사집행법 III, 2007, 396면

| 사례 24 | 송달 관련 과실 사례 |

가. 채권가압류결정의 제3채무자에 대한 송달이 지연되는 사이에 채권이 양도되었거나, 제3채무자가 채무자에게 변제하는 등의 사정이 발생하여 신청채권자가 국가를 상대로 손해배상을 청구한 사안들

☞ **과실이 인정된 사례**

| 사례 예시 1 | 송달지연 |

2008. 2. 5. 채권가압류 결정 ⇒ 2008. 6. 12. 제3채무자에게 발송

| 사례 예시 2 | 부산 금곡동으로 송달해야 할 것을 인천 금곡동으로 송달함 |

2009. 10. 28. 채권가압류 결정
⇒ 2009. 11. 9. 제3채무자에게 발송하였으나 송달 불능
  가압류신청서와 결정문에는 제3채무자의 주소가 '<u>부산 북구 금곡동 0-0</u>'으로 기재되어 있었으나, 담당 직원의 착오로 송달장소를 '<u>인천 동구 금곡동 0-0</u>'으로 기재하여 발송하여 송달 불능,
⇒ 2010. 1. 12. 채권자에게 제3채무자의 주소보정명령
⇒ 2010. 1. 15. 채권자 주소보정서 제출
⇒ 2010. 1. 15. 제3채무자에게 송달(1. 18. 도달)

| 사례 예시 3 | 국가에대한 송달은 검찰청의장에게 해야 되는데 법무부 장관에게 송달함 |

2002. 12. 20 채권가압류결정(공무원에 대한 급여채권)
⇒ 2002. 12. 22. 법무부장관에게 발송(12. 27. 도달)
⇒ 2004. 11. 17. 서울고등검찰청검사장에게 발송(11. 20. 도달)
  공무원의 급여채권에 대한 가압류결정은 <u>수소법원에 대응하는 검찰청의 장</u>(지방법원 지원의 경우에는 지방검찰청, 고등검찰청 소재지의 지방법원에 소가 제기된 경우에는 그 소재지 고등검찰청)<u>에게 송달하였어야 함에도 법무부장관에게 송달</u>하였다가 뒤늦게 다시 검찰청의 장

에게 송달

| 사례 예시 4 | 채권가압류결정 정본을 제3채무자에게 송달하지 않음 |

이에 대하여 피고 대한민국은, 원고가 채무자를 상대로 다수의 채권가압류, 가압류이의, 본안소송 등을 제기하면서 이 사건 채권가압류결정 정본이 제3채무자에게 송달되지 않은 사실을 알 수 있었을 것임에도 재송달을 요청하는 등의 아무런 조치를 취하지 않은 점에 비추어 원고가 채권보전의사를 포기한 것으로 봄이 상당하다고 주장하였으나, 재판부는 원고가 위와 같은 송달 누락 사실을 알았다고 볼 아무런 증거가 없다고 봄

| 사례 예시 5 | 송달이 지연되는 사이에 가등기에기한 본등기 마쳐져 등기신청 각하 |

2004. 1. 12. 소유권이전등기청구권가등기에 기한 본등기청구권에 가압류결정
⇒ 2004. 2. 2. 제3채무자에 대한 송달보고서 도착
⇒ 2004. 2. 12. 가압류기입등기촉탁서 우편발송(2. 14. 등기소 도달)
⇒ 2004. 2. 16. 등기관의 각하
   이미 가등기에 기한 본등기가 마쳐져 부동산등기법 제55조 제2호에 해당한다는 이유로 각하

| 사례 예시 6 | 원고가 피고의 주소를 허위로 기재한 후 그 주소지에서 원고가 피고의 동거인(배우자)로서 소송서류를 수령함 |

인천지방법원 2013가합17243 손해배상(기)

원고의 주장

소유권말소소송에서 원고가 피고의 송달물을 받아 무변론 판결이 선고됨. 위 판결에 따라 소유권을 회복하여 근저당권설정 등기를 하였으나 사위판결로 소유권말소등기가 회복되고 근저당권설정등기가 말소됨.
송달사무를 담당한 집배원, 담당사무관의 중과실과 주소보정을 명하지 않고 무변론판결을 선고한 법관의 중과실 주장

피고의 항변

법원사무관 등의 과실이 없고, 있다고 하더라도 종국적으로 담당법관이 송달의 부적법성을 간과하고 무변론판결을 선고하였으므로 재판작용을 적용하여 위법성한정론 주장

송달 관련 사실관계

원고가 피고의 주소를 허위로 기재한 후 그 주소지에서 원고가 피고의 동거인(배우자)로서 소송서류를 수령함

판결 : 원고청구 기각(항소, 상고기각)

1심판결은 집배원, 법원사무관의 송달과실은 부정하고, 법관의 재판과실 및 위법성 부정, 재판작용적용

2심판결은 집배원 송달과실 부정, 법원사무관·법관 송달과실 인정, 무변론판결의 오류와 상당인과관계 부정, 재판작용 적용

사례 예시 7 — 원고가 피고 종중 대표자의 주소를 자신의 주소지로 기재하였고, 우편집배원이 종중 대표자가 아닌 원고에게 송달함

대구지방법원 2013가합3150 손해배상(기)

원고의 주장

소유권이전소송에서 원고가 피고 종중의 송달물을 받아 무변론 판결이 선고됨. 위 판결에 따라 소유권이전등기를 하고 근저당권설정등기를 하였으나 사위판결로 소유권이전등기와 근저당권설정등기가 말소됨.

송달사무를 담당한 집배원이 송달을 잘못하였고, 담당법원사무관은 집배원이 한 송달의 적부에 관한 조사를 제대로 하지 않아 잘못을 발견하지 못한 과실이 있음

피고의 항변

집배원이 소송서류를 부적법하게 송달하였다고 하더라도, 법원사무관 등은 '송달현황목록'에 나타난 송달결과를 확인하는 방법으로 송달의 적부를 조사하므로 법원사무관등에게 과실이 없음

송달 관련 사실관계

원고가 피고 종중 대표자의 주소를 자신의 주소지로 기재하였고, 우편집

배원이 종중 대표자가 아닌 원고에게 송달함
판결 : 원고일부승소(2억4,800만원, 80%인용, 상고심 계속중)
1·2심 판결은 집배원과 법원사무관의 과실 인정, 원고의 손해와 인과관계(수단목적관계) 인정, 소유권취득(수단) 담보설정(목적)

II. 과실이 부정된 사례

사례 1 집행법원이 3채무자에대한 송달을 실시하였으나 수취인 불명으로 반송되었는데 주소보정 등의 조치를 취하지 아니함.

집행법원이 가압류 신청서와 법인등기부 등본에 기재된 제3채무자의 주소지로 가압류 결정정본을 발송하였음에도 불구하고 '수취인 불명' 등의 사유로 송달이 되지 아니하였고 법원이 신청채권자에게 제3채무자의 주소보정을 명하지 않음.

: 집행법원은 채권가압류의 경우 제3채무자에게 가압류 결정정본을 송달함으로써 집행하고, 가압류 결정정본이 제3채무자에게 송달 불능된 경우에는 채권자로부터 주소보정을 받아 재송달하고 있으나 이는 채권가압류의 집행을 용이하게 하기 위한 실무상의 처리방식에 불과할 뿐이고, 채권자 스스로 사건검색이나 집행법원에 문의·확인하는 등의 방법으로 제3채무자에 대한 송달여부를 충분히 알아 볼 수 있었던 점, 집행기간이 경과한 후에는 제3채무자의 송달 가능한 주소를 확인한 후 다시 가압류신청을 하여 집행에 성공할 수 있었던 점 등에 비추어 보면, <u>집행법원이 가압류 신청서와 법인등기부 등본에 기재된 제3채무자의 주소지로 가압류 결정정본을 발송하였음에도 불구하고 '수취인 불명' 등의 사유로 송달이 되지 아니한 경우에 대하여까지 채권자에게 주소보정을 명하여 재송달에 나설 직무상 혹은 법규상의 의무가 있다고는 볼 수 없다</u>(서울고등법원 2012. △. △. 선고 20△△나△△△△△ 판결).

사례 2   경매 절차 중에는 과실로 인정되는 판결과 부정하는 판결이 있어 혼란

출처 연합뉴스   등록일 2001.09.17

경매 과정에서 법원의 실수로 채권자가 제대로 배당을 받지 못했을 경우 국가의 손해배상 책임 여부를 놓고 법원 판결이 엇갈리고 있다. 서울지법 민사31단독 최창영 판사는 최근 Y신용협동조합이 법원의 배당표 작성오류때문에 낙찰대금을 제대로 배당받지 못했다며 국가를 상대로 낸 손해배상 청구소송에서 "배당표가 잘못 작성된 것은 사실이지만 불법행위로는 볼 수 없다"며 원고패소 판결을 내렸다. 재판부는 판결문에서 "법관이 경매에 넘겨진 부동산에 대한 Y조합측의 근저당권중 1개를 누락한 채 배당표를 작성한 잘못이 있다"며 "그러나 법관이 위법 또는 부당한 목적으로 배당표를 작성했거나 법이 요구하는 기준을 현저하게 위반했다고 인정할 증거가 없다"고 밝혔다. 재판부는 "법관이 행한 재판은 불복절차를 통해 시정할 수 있는 제도적 장치가 마련돼 있으므로 재판이 일부 관련 법규에 따르지 않았더라도 이를 곧바로 국가의 손해배상 책임이 있는 위법행위라고 할 수 없다"고 밝혔다. Y조합은 지난 99년 서울지법 남부지원에서 경매를 통해 낙찰된 부동산에 대해 2개의 근저당권을 설정해놓고 있었지만 법원 실수로 이중 1개 채권에 대해서만 배당이 이뤄지자 "나머지 채권에 대한 배당액도 받게 해달라"며 소송을 냈다. 반면 서울지법 민사합의21부(재판장 최철 부장판사)는 지난 7월 경매낙찰인 김모씨가 "경매법원의 과실로 손실을 입었다"며 국가를 상대로 낸 손해배상 청구소송에서 "국가는 김씨에게 4천400만원을 지급하라"며 원고 일부 승소판결했다. 당시 재판부는 "경매법원의 직무상 과실로 경락인이 임차보증금 반환채무까지 승계,부담하게 됐다"며 "국가는 소속 공무원의 직무상 과실에 따른 손해를 배상하라"고 밝혔다.

Ⅲ. 중과실로 인정된 사례

1. 판례를 통해 본 중과실 개념

국가배상법 제2조 제2항에서 말하는 공무원의 중대한 과실이란 공무원에게 통상 요구되는 정도의 상당한 주의를 하지 않더라도 <u>약간의 주의를 한다면 손쉽게 위법·유해한 결과를 예견할 수 있는 경우임에도 불구하고 만연히 이를 간과함과 같은 거의 고의에 가까운 현저한 주의를 결여한 상태</u>를 의미한다. 121)

2. 중과실이 인정된 사례

사례 1	법원 실무관이 송달 업무를 지연 처리함으로 인해 원고에게 손해를 입힌 것은 중대한 과실에 해당된다고 한 사례

담당계장을 보조하여 민사신청업무를 처리하는 공무원인 피고는 <u>담당계장으로부터 가등기에 기한 본등기청구권에 대한 가압류결정이 제3채무자에게 송달되었다는 송달보고서가 접수되면 즉시 관할등기소에 가압류기입등기촉탁을 하라는 지시를 받았음에도 불구하고 이를 게을리</u>하여 가등기권자인 채무자가 이 사건 토지에 대한 본등기 후 제3자에게 처분할 수 있도록 함으로써 채권자가 이 사건 토지로부터 채권을 회수할 수 있는 기회를 상실하게 하는 손해를 입게 한 것은 민사신청업무를 보조하는 공무원으로서 통상 요구되는 주의의무를 현저히 게을리 한 중대한 과실이 인정됨

---

121) (대법원 2007. 1. 25. 선고 2006다70059 판결, 대법원 2003. 2. 11. 선고 2002다65929 판결 등)

사례 2 — 한정승인, 신용보증기금, 도급, 실화로 인한 불법행위에서 중과실

사회생활상 요구되는 주의의무를 게을리하는 것을 뜻하는 과실 중의 하나를 보기로 한다.

B는 1995년 6월 25일을 기준으로 이 사건의 원고인 A로부터 중국 인민폐 15만5000원의 채무를 부담하고 있었다. 그 빚을 갚지 못하고 B가 사망하자 공동상속인인 피고들(K외 3인)과 소외 C.D는 B의 사망에 따른 상속과 관련한 한정승인신청을 법원에 하여, 2002년 2월 초 그 신고수리 결정을 받았다.

그러자 A는 피고들이 B의 상속채무가 상속재산을 초과하는 사실을 B의 사망 이전부터 알고 있었거나 중대한 과실로 알지 못한 것이므로, 피고들의 한정승인은 효력이 없다는 이유로, 대여금채무를 이행하라는 소송을 제기하였다.

대법원은 2003년 여러 증거를 토대로, "① 민법 제1019조 제3항은 '제1항의 규정(상속인은 상속개시가 있음을 안 날로부터 3월내에 단순승인이나 한정승인 또는 포기를 할 수 있다)에 불구하고 상속인은 상속채무가 상속재산을 초과하는 사실을 중대한 과실 없이 제1항의 기간내에 알지 못하고 단순승인을 한 경우에는 그 사실을 안 날로부터 3월내에 한정승인을 할 수 있다'고 규정하고 있고, ② 민법 부칙 제3항은 '1998년 5월 27일부터 이 법 시행 전까지 상속개시가 있음을 안 자 중 상속채무가 상속재산을 초과하는 사실을 중대한 과실 없이 제1019조 제1항의 기간내에 알지 못하고 이 법 시행 전에 그 사실을 알고도 한정승인 신고를 하지 아니한 자는 이 법 시행일부터 3월내에 제1019조 제3항의 개정규정에 의한 한정승인을 할 수 있다'고 규정하고 있는 바, ③ 상속인이 상속채무가 상속재산을 초과하는 사실을 중대한 과실 없이 제1019조 제1항의 기간내에 알지 못하였다는 점은, ④ 위 법 규정에 따라 한정승인을 할 수 있는 요건으로서 그 입증책임은 채무자인 피상속인의 상속인에게 있다(따라서 그 입증을 하지 못한 피고들은 원고의 주장을 받아들여야 한다)"라는 판결을 내렸다.

과실은 주의의무 위반의 정도에 따라 '경과실'과 '중과실'로 나뉜다. 거래상 일반적으로 요구되는 주의의무를 다하지 못한 것을 '경과실'이라 하고, 사회생활상 요구되는 주의의무를 높은 정도로 위반한 경우를 '중과실'(중대한 과실)이라 한다.

판례는 "표의자(행위자)의 직업.행위의 종류.목적 등에 비추어, 보통 요구되는 주의를 현저하게 게을리한 것"을 중과실로 파악한다. 가령, "공장을 경영하는 자가 새로운 공장을 지을 목적으로 토지를 사들임에 있어서 공장 신축이 가능한 토지인지 여부를 관청에 알아보지 아니한 경우, 신용보증서를 담보로 금융채권자금을 대출해 준 금융기관이 위 대출금액이 모두 상환되지 않았음에도, 착오로 신용보증기금에 위 담보설정 해지를 통보한 경우"에 중과실을 인정한다.

중과실의 유무는 '일반적으로 행위자의 직업.지식.경험 등'을 토대로 판단하게 되므로, 이른바 '추상적 중과실'이 있느냐 없느냐가 문제된다.

법이 중과실을 요건으로 하는 특별규정을 두고 있는 이유는 무엇인가. 첫째, 그 권리행사를 제한할 필요가 있는 경우, 둘째 행위자(또는 채무자)에게 높은 주의의무를 요구하려는 것이 아니라 경과실의 경우에는 그 책임을 묻지 않겠다는 취지다. 몇 가지 경우를 보기로 한다.

행위자의 중과실이 인정될 경우, 법률행위 내용의 중요 부분에 관한 착오가 있어도 그는 착오를 이유로 그 행위를 취소하지 못한다. 중과실(또는 고의)로 타인에게 불법 행위를 한 자는 손해배상액의 경감을 청구하지 못한다. 도급인은 수급인이 그 일에 관하여 제3자에게 끼친 손해를 배상할 책임을 지지 않지만, 도급 또는 수급인에게 지시한 사항에 관하여 중과실이 있을 경우에는 사용자배상책임을 지게 된다. 끝으로, 실화(失火)로 인한 민법상의 불법행위 책임은 중과실의 경우에만 인정된다.

[한삼인교수의 생활속의 법이야기-중과실]

[출처 : 제주일보]

IV. 구상금

| 사례 1 | 구상금 인정 사례 : 국가가 지급한 배상금 37,642,900원의 의 약 20%에 해당하는 7,500,000원의 구상책임 인정 |

피고는 2002. 10. 11. 임용된 이후 ○○지원에서는 접수, 통계, 소액, 도서업무를 담당하였고 △△지방법원 민사신청과에 2004. 1. 11. 전입 이후 민사신청업무 등 다양한 업무를 처음으로 담당하게 된 사실, 피고가 민사신청과에 전입될 당시 민사신청과 신청계에는 계장인 ○○○ 외에는 모든 직원이 새로이 전입되어 각자의 업무파악에 여념이 없었던 사실을 인정할 수 있고, 등기소에 대한 가압류등기촉탁서의 송달업무는 본래 법원사무관, 주사, 주사보의 업무로서 피고는 그들의 업무를 보조하는 지위에 있었던 점, 송달담당자인 ○○○으로서도 자신을 제외한 신청계 직원이 모두 변경되었고, 이 사건 가압류신청이 일반적인 소유권이전등기청구권에 대한 가압류와는 달리 등기소에 기입등기를 촉탁해야 하는 가등기에 기한 본등기청구권에 대한 가압류신청사건이라면 처음으로 신청업무를 담당하는 피고에게 구두로 송달보고서 도착 후 등기촉탁을 지시함에 그칠 것이 아니라 수시로 그 촉탁여부를 확인하였어야 함에도 이를 게을리 한 점, 피고가 법원공무원으로 재직하면서 이 사건 외에는 아무런 잘못을 저지름 없이 성실하게 근무한 점 등을 고려 국가가 지급한 배상금 37,642,900원의 의 약 20%에 해당하는 7,500,000원의 구상책임 인정

V. 인과관계에 대하여

1. 인과관계가 부정된 재판례

○ 집행법원의 허가 없이 공휴일에 집행행위를 한 것은 위법하나, 이러한 과실과 원고 사무실 운영비 등의 재산상 손해는 인과관계가 없다는 사례122)
○ 추가배당을 위한 배당기일에 관하여 원고에게 아무런 통지를 하지 않았다 하더라도 원고의 이의는 받아들여질 수 없었던 것이라면 그러한 하자와 원고의 손해 사이에 인과관계가 없다고 본 사례123)
○ 경매절차에서 최고가입찰자에게 농지취득자격증명을 제출하도록 하는 것이 채무자의 이익 보장을 위한 것이라고 볼 수 없으므로 농지취득자격증명을 제출받지 않고 매각허가결정을 한 경우에도 인과관계를 인정할 수 없다는 사례124)
○ 집행법원이 이해관계인들에게 채권신고 최고서를 잘못 기입된 주소지로 송달한 사안에서, 채권신고를 하지 않더라도 배당에서 제외되는 것은 아니므로 최고서의 송달불능과 배당 제외는 무관하다는 사례
○ 등기관이 근저당권설정등기 당시 주소지를 잘못 기재하여 경매절차에서 근저당권자가 배당요구종기일 통지서를 받지 못했다 하더라도, 근저당권자가 일괄 매각되는 건물에 대하여 가압류를 하지 못한 것과는 인과관계가 없다는 사례125)
○ 토지수용 이후 1년 이내에 대토를 취득할 경우 관련법상 취득세와 등록세가 면제되는 규정이 있다 하더라도, 이는 경매부동산의 소유권을 취득할 수 있는 권리가 있었음을 전제로 그 소유권을 취득하는 경우 부과될 취득세, 등록세가 면제됨으로써 원고가 얻게 될 일실손해를 의

---

122) 서울중앙지방법원 2005가합35900
123) 서울고등법원 2011나7576
124) 서울중앙지방법원 2004가합36944
125) 서울서부지방법원 2011나3651

미하는 것이므로, 매각허가결정의 취소가 부적법하지 아니한 이상 원고에게 손해와 상당인과관계를 인정할 수 없다는 사례126)
○ 채무자의 동산이 보관되어 매각되기 까지 채무자가 아무런 조치도 취하지 않아 소유권상실되었다면 인과관계 부정
기록 열람을 통하여 자신의 동산이 보관되어 있고 경매허가결정이 발령되어 있다는 사실을 알게 된 후 14일이 지나도록 반환청구권을 행사하여 동산을 회수하거나 경매 진행을 정지하지 않아, 보관사실 통지 해태 및 매각허가결정고지 해태와 동산의 소유권상실 사이에 인과관계가 부정된 사례127)

사례 1 부동산 인도집행상 과실이 있었으나 채무자에게 충분한 시간이 있었던 경우

부동산의 인도집행을 수행함에 있어 그 부동산 내에 집행권원의 효력이 미치지 않는 유체동산이 있음에도 이를 채무자나 그 친족 내지 대리인 등에게 인도하지 못하고 부득이 채권자나 제3자를 보관인으로 선임하여 그 동산을 보관하게 한 경우에는, 집행관이 집행법원의 허가를 받아 동산에 대한 강제집행의 매각절차에 따라 그 동산을 매각하기 전까지 채무자가 언제든지 위 동산의 반환을 청구할 수 있으므로, 채무자가 어떠한 경위로든지 위 동산의 반환을 청구할 수 있는 충분한 시간적 간격을 두고 동산이 보관된 사실 내지 동산이 법에서 정한 매각절차에 따라 매각될 것이라는 사실을 알게 되었음에도 불구하고 동산의 반환청구권을 행사하지 아니함으로써 위 동산의 소유권을 상실한 것이라면, 채무자가 위 동산의 소유권을 상실한 것이 집행관이 채무자에게 동산의 보관사실 또는 부동산의 인도집행 종료사실을 통지하지 아니하거나, 집행법원이 동산에 대한 매각허가결정을 고지하지 아니한 데에 그 원인이 있는 것이라고 할 수는 없다.

---

126) 의정부지방법원 2011가단33344
127) 대구지방법원 서부지원 2008가단2689

| 사례 2 | 권리신고를 하지 않은 임차인은 이해관계인이 아니고, 집행관이 현황조사 과정에서 직무상 과실이 있다고 하더라도 불법행위가 성립한다거나 손해와 인과관계가 있다고 할 수 없음 |

주택임대차보호법상의 대항요건을 갖춘 임차인이라고 하더라도 매각허가 결정 이전에 경매법원에 스스로 그 권리를 증명하여 신고하지 않는 한 집행관의 현황조사결과 임차인으로 조사·보고되어 있는지 여부와 관계없이 이해관계인이 될 수 없다. 따라서 경매법원의 명령에 따른 집행관의 현황조사과정에 직무상 과실의 위법이 있고, 그 때문에 임차인인 원고가 경매절차의 진행에 관한 통지를 경매법원으로부터 받지 못하여 그 결과 우선변제권의 행사에 필요한 조치를 취하지 못해 손해를 입게 되었다 하더라도 그러한 사정만으로는 민사집행법 제90조에 따른 권리신고절차를 취하지 아니하여 경매절차상 이해관계인이 아닌 원고에 대한 관계에서 불법행위를 구성한다거나 그 스스로 우선변제권의 행사에 필요한 법령상 조치를 취하지 아니함으로써 발생한 원고의 손해와 사이에 상당인과관계가 있다고 할 수는 없을 것이다.[128]

| 사례 3 | 경매목적물 매각대금 차액 상당액 |

경매 과정에서 직무상 주의의무가 인정되고, 그러한 과실로 인해 경매절차가 다시 진행되어 결과적으로 최초의 매수신고가격보다 낮게 매각되었다 하더라도 위와 같은 공무원의 과실과 경매목적물의 소유자가 주장하는 매각대금의 차액 상당의 손해와는 상당인과관계가 인정되지 아니한다. 경매담당 공무원으로서 업무를 처리함에 있어 앞으로 경매목적물의 시세가 어떻게 형성될 지를 감안하여 업무처리를 해야 할 주의의무가 있다고는 볼 수 없기 때문이다. 즉 부동산 경기에 따라 변동되는 시세 하

---

[128] 대법원 2008다43976

락이라는 결과는 시장상황에 따른 우연한 결과이므로 경매담당 공무원에게 이에 대한 예견가능성을 기대할 수 없다.[129]

2. 인과관계가 인정된 재판례

사례 1 잘못된 집행문 부여에 의해 원인무효인 소유권이전등기가 경료된 경우

부동산에 대하여 원인무효의 소유권이전등기가 이루어졌다고 하더라도, 타인 소유의 부동산에 관한 임대계약도 가능한 점 등을 고려하면, 다른 특별한 사정이 없는 한 위와 같은 원인무효의 소유권이전등기는 부동산을 임대함에 있어서 법률상의 장애가 되는 것은 아니다. 다만 타인 명의로 소유권이전등기가 되어 있는 부동산을 임차하려는 자로서는 그 부동산에 대한 임차권을 완전하게 취득하지 못하게 될 위험을 고려하여 그 부동산의 임차를 꺼리게 됨으로써, 결과적으로 타인 명의로 소유권이전등기가 되어 있다는 사정은 그 부동산을 임대함에 있어 사실상의 장애가 될 수는 있다. 따라서 진정한 소유자가 당해 부동산에 대한 임대를 계획하고 또 시도하였으나 임대하지 못하였고, 그와 같이 부동산을 임대하지 못한 것이 원인무효의 소유권이전등기로 인하였을 것이라는 점이 증명되는 경우에만 그 원인무효의 소유권이전등기와 해당 부동산의 임대지연 사이에 상당인과관계가 있다.[130]

---

129) 서울중앙지방법원 2010가단163109
130) 대법원 2014다200305

VI. 손해 발생에 대하여

1. 무효인 가압류와 손해 발생의 증명책임

집행법원의 과실로 채권가압류결정정본이 제3채무자에게 송달되지 아니하여 가압류의 효력이 생기지 아니하였다고 하더라도 손해가 현실적으로 발생하였다는 점에 대하여는 피해자인 가압류채권자가 이를 증명하여야 한다. 가압류의 효력에 문제가 있다는 사실을 안 가압류채권자로서는 피보전채권으로 채무자의 다른 재산에 대하여 강제집행을 함으로써 채권의 만족을 얻을 수 있는 것이어서, 집행법원의 위와 같은 잘못으로 말미암아 채무자에 대한 채권추심이 곤란해졌다는 등의 특별한 사정이 없는 한 가압류채권자로서는 채권가압류결정정본이 제3채무자에게 송달되지 아니하였다는 사유만으로는 가압류의 효력이 생기지 아니한 채권액 상당의 손해가 현실적으로 발생하였다고 할 수 없기 때문이다.[131]

이러한 법리는 담당공무원이 본안사건의 승소판결 없이 가압류채권자에게 배당금을 잘못 지급한 경우에도 마찬가지로 적용된다.[132]

따라서 소송수행자는 원고가 제출한 증거들만으로는 이 사건 가압류결정 상의 채무자에게 강제집행이 가능한 별도의 재산이 존재하지 아니하는지, 별도의 재산이 있다면 원고의 이 사건 가압류결정의 피보전채권에 미치지 못하는지, 이 사건 가압류결정이 적법하게 송달되지 않음으로써 원고가 추심할 수 있었던 금액 중 얼마를 현실적으로 손해 입었는지를 증명하기에 부족하다고 주장할 필요가 있다.

손해 발생에 대한 입증이 부족하여 청구가 기각된 사례는 아래와 같다.

---

131) 대법원 2000다53038
132) 서울중앙지법 2013가단239694

·채권에 대한 가압류결정정본이 송달되지 않았고, 그 사이에 가압류채권이 제3자에게 양도되어 가압류권자가 그로 인한 손해의 배상을 청구한 사안으로 손해가 현실적으로 발생하였다는 점에 대한 원고의 입증이 부족하다는 이유로 청구가 기각된 사례133)

배당금지급금지가처분결정의 집행불능 사실을 통지하지 아니하여 원고가 이의신청을 하지 못하고 가처분내용과 다른 배당금이 지급되어버린 사안에서 부당이득반환청구 등으로 채권의 만족을 얻을 수 있는 것이므로 손해가 발생하지 않았다고 본 사례134)

2. 채권자의 손해액

가압류 신청 절차상 공무원의 과실로 가압류의 효력이 발생하지 아니한 경우의 손해액은 채무자의 다른 재산에 대하여 강제집행을 함으로써 채권의 만족을 얻을 수 없는 채권액을 한도로 한, 압류가 적법하게 송달되었을 때의 예상배당액이다.135)

예컨대, 소유권이전등기청구권에 기한 본등기청구권을 압류한 경우 채권자가 채권을 추심하기 위하여서는 우선 민사집행법 제242조, 제244조에서 정한 절차에 따라 부동산에 관하여 채무자 명의의 소유권이전등기를 경료한 다음 다시 그 부동산에 대한 강제경매를 실시하여 그 경매철차에서 배당받아야 할 것이므로, 국가의 불법행위로 인한 원고의 손해액은 압류채권액 범위 내에서 원고가 배당받을 금액인 것이다.136)

---

133) 서울중앙지방법원 2011가합47263
134) 서울동부지방법원 2006가합6766
135) 서울고등법원 2006나52695
136) 서울중앙지방법원 2004가단78569

3. 가압류할 채권이 존재하지 않았던 경우

채무자의 제3채무자에 대한 채권이 존재하지 아니하는 경우 가압류결정은 제3채무자에 대하여 아무런 효력이 없다. 이 경우 채권자가 압류 또는 가압류를 하더라도 그 압류 또는 가압류는 효력이 없고, 그 다른 채권자는 압류 등에 따른 집행절차에 참여할 수 없으므로 손해가 발생하지 않았거나 인과관계가 인정되지 않는다.[137]

- 제3채무자 대한생명보험에 대한 이 사건 채권가압류 결정정본 송달이 지연되었지만, 당시 위 채권가압류 결정에 기하여 가압류할 채권이 존재하지 아니하여 원고가 위 채권을 추심할 수 없었으므로 원고의 손해가 없다고 본 사례[138]

- 담당 공무원의 착오로 송달장소를 잘못 기재하여 제3채무자에게 발송하였고, 그 결과 가압류결정이 주소불명으로 제3채무자에게 송달되지 않았으나, 가압류사건의 채무자는 제3자 명의로 제3채무자와 물품거래를 하였고, 제3채무자 또한 그 제3자를 거래당사자로 보았으므로 해당 물품거래로 인한 물품대금채권에 대한 가압류결정은 존재하지 않는 채권에 대한 것이 되어 무효라고 본 사례[139]

따라서 피고 소송수행자로서는 가압류결정의 제3채무자에 대한 송달이 지연되는 사이에 제3채무자가 채무자에게 변제한 채무가 가압류할 채권의 해석상 가압류 채권에 포함되지 아니하거나, 채무자에게 제3채무자에 대한 채권이 존재하지 않았다는 사정을 주장할 필요가 있다. 가압류결정의 가압류할 채권의 표시에 기재된 문언을 해석함에 있어서는 통상의 주의력을 가진 사회평균인을 기준으로 포함 여부에 의문을 가질 수 있는

---

137) 대법원 2010다57213, 대법원 92마213
138) 서울중앙지방법원 2010가단372569
139) 부산지방법원 2011가단6157

경우 가압류의 범위에 포함되지 않는다는 것이 판례의 기준이다.140)

4. 집행법원의 형식심리 원칙은 필요에 따라 실체적 판단사항까지 판단해야 하는 것으로 볼 여지가 상당

집행법원의 형식심리 원칙은 등기관에게 요구되는 제한적인 것과는 달리, 제출된 일반적인 첨부서면 뿐만 아니라 기록상 일체의 서류를 꼼꼼히 뒤져 일정범위까지는 실체적 판단사항까지 판단해야 하는 것으로 볼 여지가 상당하다. 따라서 집행법원의 심리 원칙을 일반적인 방어방법으로 주장하는 것에는 신중할 필요가 있다.

5.. 집행관이 판결문상 집행대상에 포함되어 있지 않은 부분까지 인도집행

집행관이 판결문상 집행대상에 포함되어 있지 않은 부분까지 인도집행 하였다 하더라도, 실질적으로 점유권이 침해되었다고 볼 수 없는 사정이 있다면 손해배상청구를 할 수 없다는 사례141)

VII. 위자료 청구의 경우

1. 일반적으로 타인의 불법행위 등에 의하여 재산권이 침해된 경우에는 그 재산적 손해의 배상에 의하여 정신적 고통도 회복된다고 보아야 할 것이므로 재산적 손해의 배상에 의하여 회복할 수 없는 정신적 손해가 발생하였다면, 이는 특별한 사정으로 인한 손해로서 가해자가 그러한 사정을 알았거나 알 수 있었을 경우에 한하여 그 손해에 대한 위자료를 청구할 수 있다.142)

---

140) 대법원 2008다9952
141) 서울고등법원 2006나47266

제1장 집행관 및 국가배상청구 개관 89

2. 이와 관련하여 재산상 손해가 발생하였음에도 위자료를 인정하지 않은 재판례를 살펴보면 다음과 같다.
3. 막대한 시설비를 투자하여 양식음식점 시설을 갖추고 영업을 하여 왔으나, 임대인의 잘못으로 인하여 누수로 인하여 상당한 부분의 식당시설이 훼손되고 정화조 탱크가 파손되는 등 건물에 하자가 있어 영업을 계속하지 못하게 된 사안에서 특별한 사정을 인정하지 않은 사례143)
4. 영업비밀을 침해하여 제품을 생산한 후 자신의 상품으로 이를 판매한 사안에서 상대방이 영업매출액 감소로 인하여 입은 정신적 고통에 대하여도 위자할 의무가 있다고 판단한 원심을 파기한 사례144)
5. 선박충돌 사고로 생활기반이 되는 어선이 완전파손됨으로 인하여, 상당한 기간 동안 생업에 종사하지 못하였으며 대체선박을 구입하여 다시 생업에 종사한지 얼마 되지 않아 사망한 사안에서 역시 위자료 발생을 인정하지 않은 사례145)
6. 국가배상청구에 있어서도 마찬가지 법리가 적용된다. 만약 재판부가 국가에 대해 특별히 엄격한 기준을 제시한다면, 국민의 권익을 보호해야 하는 국가기관으로서 그 책무를 다하지 못한 것은 사실이지만, 그렇다고 하여 피고에게 원고가 입은 손해를 초과하는 금원을 배상하도록 하는 것은 손해배상책임의 근본 원리에 부합하지 않는다는 점을 적극적으로 주장할 필요가 있다.
7. 등기관의 과실에 대하여 위자료 청구를 인정하지 않은 사례146)

---

142) 대법원 2001다82507
143) 대법원 93다59779
144) 대법원 96다31574
145) 대법원 2001다82507
146) 의정부지방법원 고양지원 2009가합2736

Ⅷ. 재판작용에 대한 국가배상책임의 성부

1. 위법성 한정론

　재판행위에 대하여도 국가배상을 청구할 수 있다. 다만, 재판행위에 대해 국가배상책임이 인정되기 위해서는 당해 법관이 위법 또는 부당한 목적을 가지고 재판을 하는 등 법관이 그에게 부여된 권한의 취지에 명백히 어긋나게 이를 행사하였다고 인정할 만한 특별한 사정이 있어야 한다. 즉, 법관이 행하는 재판사무의 특수성과 그 재판과정의 잘못에 대하여는 따로 불복절차에 의하여 시정될 수 있는 제도적 장치가 마련되어 있는 점 등에 비추어 보면, 법관의 재판에 법령의 규정에 따르지 아니한 잘못이 있다고 하더라도 이로써 바로 그 재판상 직무행위가 국가배상법 제2조 제1항에서 말하는 위법한 행위로 되어 국가의 손해배상책임이 발생하지 않는다.147)

　이러한 판례의 태도는 재판사무의 특수성을 인정하지 않으면 법관의 독립성을 훼손할 수 있다는 점, 전소재판을 국가배상소송에서 다시 심리한다면 확정판결의 기판력제도가 형해화된다는 점, 재판과 관련된 상소나 이의제도 및 재심제도 이외의 불복방법을 인정할 수 없다는 점, 판결에 대한 재심사유는 엄격하게 제한되어 있는데 이를 인정하면 재심제도가 무력화된다는 점 등을 근거로 한다.

　외국의 입법례 또는 판례 역시 우리나라와 마찬가지로 법관의 재판에 대한 국가배상책임을 부정하거나 제한하고 있다. 즉, 미국의 경우에는 법관의 관할권 내의 재판행위에 대하여는 절대적으로 면책이 되고, 프랑스의 경우에는 법관이 재판행위를 함에 있어 중과실이나 재판거부를 행한 경우를 제외하고는 국가배상책임을 부담하지 않으며, 독일의 경우에도 법관이 판결을 함에 있어 범죄행위를 저지르지 않았다면 국가배상책임이 부정되고, 일본 역시 법관의 악의나 위법부당한 목적을 위법성의 요건으

---

147) 대법원 2000다29905, 대법원 2000다16114, 대법원 2001다47290

로 제시하여 사실상 국가배상책임을 제한하고 있다.148)

2. 적용 범위 및 요건

위법성 한정론은 판결 내용 등 재판 부분에 한정되는 것이 아니라 집행절차까지 적용된다. 대법원은 경매절차에서 배당표를 잘못 작성하거나, 잉여가 없으므로 경매취소 등의 절차를 취하여야 함에도 이를 간과하여 경매를 진행한 경우 등에도 재판행위와 동일한 판시를 한 바 있다.149)

이는 집행절차 역시 그 본질이 재판과 유사하게 종국성과 완결성이 중시되고, 잘못이 따로 불복절차에 의해 시정될 수 있으며, 재판관 독립의 보장이 필요하다는 점 등을 고려한 것이다.150) 다만, 등기, 공탁 등 사법 분야 일반에 동일한 논의가 적용될 수 있는지는 불분명하다.

이러한 법리는 당사자에게 관련법에서 정하는 불복방법이 존재하고, 당사자가 이러한 불복방법을 거칠 수 있었을 것을 전제로 한다. 즉, 재판에 대하여 불복절차 내지 시정절차 자체가 없는 경우에는 부당한 재판으로 인하여 불이익 내지 손해를 입은 사람은 국가배상 이외의 방법으로는 자신의 권리 내지 이익을 회복할 방법이 없으므로, 이와 같은 경우에는 배상책임의 요건이 충족되는 한 국가배상책임을 인정하지 않을 수 없다는 것이 판례의 태도인바, 피고 소송수행자로서는 위법성 한정론을 주장함과 함께 당시 원고가 취할 수 있는 적절한 불복방법이 존재했다는 사정을 주장할 필요가 있다.

헌법재판소 재판관이 청구기간 내에 제기된 헌법소원심판청구 사건에서 청구기간을 오인하여 각하결정을 한 경우, 이에 대한 불복절차 내지 시정절차가 없는 때에는 국가배상책임을 인정할 수 있다고 한 사례 151)

---

148) 설민수, 「법관의 재판업무와 관련한 손해배상 책임에 대하여」, 사법논집, 2002, 522면 이하
149) 대법원 2000다16114, 대법원 2000다29905
150) 선재성, 「법관의 재판에 대한 국가배상책임과 경매절차」, 대법원판례해설, 2001, 279면
151) 대법원 99다24218

IX. 사법보좌관의 경우

사법보좌관은 법원조직법 제54조 제2항 및 사법보좌관규칙 제2조에 의하여 법원의 사무 중 일부를 독립하여 처리하고 있는데, 사법보좌관이 위 규정에 근거하여 재판사무를 행하는 경우에도 그 재판과정의 잘못에 대하여 따로 불복절차가 마련되어 있는 경우에는 법관의 경우와 마찬가지로 국가배상책임을 제한할 것인지가 문제된다.

현재 다수의 판례는 그 사법보좌관이 위법 또는 부당한 목적을 가지고 재판사무를 처리하는 등 그에게 부여된 권한의 취지에 명백하게 어긋나게 이를 행사하였다고 인정할 만한 특별한 사정이 없는 한 그 직무행위가 국가배상법 제2조 제1항에서 말하는 위법한 행위에 해당된다고 할 수 없다고 판시하여, 사법보좌관의 경우에도 동일한 법리를 적용하고 있다.[152]

그렇다면 사법보좌관의 과실이 문제되는 사안의 경우 ① 담당 업무가 재판사무에 해당하는지 여부 ② 절차상 잘못에 대하여 따로 불복절차가 마련되어 있는지 여부, ③ 원고가 이러한 불복절차를 거쳐 위법성을 시정할 수 있었는지 여부, ④ 사법보좌관이 그에게 부여된 권한의 취지에 명백하게 어긋나게 이를 행사하였는지 여부가 주된 쟁점이 될 것이다.

※ 법원사무관 등에게 확대 적용된 사례

공탁된 배당금의 출급에 관한 집행법원의 업무에도 집행법원의 처분에 대한 불복절차(민사집행법 제16조, 지급위탁서 송부·자격증명서 교부 거부에 대하여 '집행에 관한 이의.' 대법원 99마1348호)가 마련되어 있는 점 등에 비추어 위 재판작용에 따른 위법성 한정론 법리가 유추적용됨.[153]

---

152) 서울고등법원 2008나47901, 서울중앙지방법원 2013나52966, 제주지방법원 2011가합3080
153) 인천지방법원 2013나34464

X. 관련 소송에 사용된 비용의 경우

소송을 제기할 것인지 여부는 당사자의 선택에 따른 것이므로, 소송비용을 지출하였다 하더라도 전액이 곧바로 상당인과관계가 있는 손해에 해당한다고 볼 수는 없고 상당한 범위 내에서의 액수만을 상당인과관계가 있는 손해로 보아야 할 것인바, 그 지출 경위와 지급내역, 소송물의 가액, 소송의 성격과 난이도 등 구체적 사정을 고려하여야 할 것이다.

- 외국에서 소송을 제기하고 그와 관련하여 변호사비용을 지출한 사안[154]

특히 당사자가 변호사 비용을 청구하는 경우가 있는데, 판례는 변호사 강제주의를 채택하지 않고 있는 우리나라 법제 하에서는 불법행위로 인한 피해 회복을 위해 제기한 소송 등에 있어 소요된 변호사비용은 특별한 사정이 없는 한 불법행위 자체와 상당인과관계를 인정할 수 없다는 것을 원칙으로 하고 있다.[155]

■ 분야별 국가소송 사건현황(민사집행>재판관련>등기)

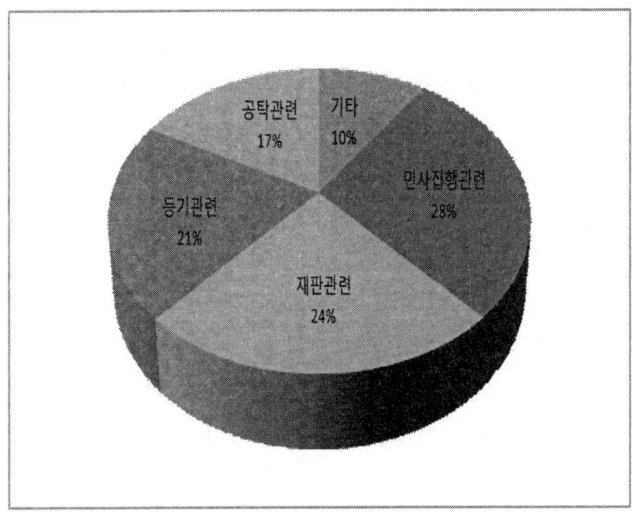

---

154) 대법원 2010다81315
155) 대법원 2010다15363, 15370 대법원 96다27889

제2장 집행관을 상대방으로 하는 손해배상소송 사례

제1절 집행관의 유체동산 집행 관련 손해배상 사례

사례 1 유체동산집행에 관한 집행기관인 집행관의 주의의무

[이우재, 문헌 : 대법원판례해설 · 권호 : 46호 · 출처 : 법원도서관]

I 판결요지

1. 집행관은 독립·단독의 사법기관으로서 스스로 법령을 해석하고 집행할 권한이 있으나, 당연히 알아야 할 관계 법규를 알지 못하거나 필요한 지식을 갖추지 못하였고 또한 조사를 게을리 하여 법규의 해석을 그르쳤다면 이로 인하여 타인에게 손해를 가하였다면 불법행위가 성립 집행관이 독립·단독의 사법기관으로서 스스로 법령을 해석하고 집행할 권한이 있고, 특히 유체동산집행은 개시부터 종료까지 집행관의 고유권한으로서 무잉여인지 여부도 스스로 판단하는 것이라고 하더라도, 집행관은 유체동산집행에 관한 법률전문가로서 집행의 근거로 삼는 법령에 대한 해석이 복잡, 미묘하여 워낙 어렵고, 이에 대한 학설, 판례조차 귀일되어 있지 않는 등의 특별한 사정이 있는 경우가 아니라면 유체동산집행에 관한 관계 법규나 필요한 지식을 충분히 갖출 것이 요구되는 한편, 압류하려는 물건이 환가가능성이 있는지 여부는 통상적인 거래관행과 사례를 기초로 합리적으로 판단하여야 할 것이며, 만일 집행관으로서 당연히 알아야 할 관계 법규를 알지 못하거나 필요한 지식을 갖추지 못하였고 또한, 조사를 게을리 하여 법규의 해석을 그르쳤고 이로 인하여 타인에게 손해를 가하였다면 불법행위가 성립한다.

2. 집행관은 압류 금지규정을 어겨 압류한 경우에, 집행관은 집행에 관한 이의에 의한 법원의 결정이나 채권자신청에 의하여 압류를 해제하여야하고 임의로 해제해서 손해가 발행했다면 책임을 져야함.

공장저당의 목적인 동산은 공장저당법에 의하여 유체동산집행의 대상이 되지 아니하는 이른바 압류금지물에 해당하므로 집행관은 압류하여서는 아니되지만, 금지규정을 어겨 압류한 경우에는 집행관은 집행에 관한 이의에 의한 법원의 결정이나 채권자의 신청에 의하지 아니하고는 스스로 압류를 해제할 수 없는 것이고, 압류의 부당해제의 경우 집행관의 처분에 대한 이의로서 구제받을 것을 예정하고 있다고 하더라도, 그러한 구제절차를 취하였더라면 부당한 압류해제로 인한 손해를 방지할 수 있었다고 단정할 수 없는 이상 구제절차를 취하지 아니하였다는 사유만으로 부당한 압류해제로 인한 손해발생을 부정할 수는 없다.

3. 집행관의 경매 기일 연기에도 합리적인 이유가 있어야하고, 기간도 합리적인 범위로 제한 되어야.

구 민사소송법(2002. 1. 26. 법률 제6626호로 전문 개정되기 전의 것) 제538조는 압류일과 경매일 간에는 7일 이상의 기간을 두어야 한다고 규정하고 있으므로 압류일과 매각일 사이에 1주의 기간을 두기만 하면 언제를 경매기일로 정하느냐 하는 것은 집행관의 재량이라고 할 것이고, 같은 법 제551조는 상당한 기간을 경과하여도 집행관이 경매하지 아니하는 때에는 압류채권자는 일정한 기간 내에 경매할 것을 최고하고 그 최고에 응하지 아니하는 때에는 법원에 필요한 명령을 신청할 수 있다고 규정하고 있다고 하더라도, 경매기일은 함부로 이를 변경 또는 연기할 수 없는 것이고, 다만 매각목적물이 적정한 가격에 매각되는 것은 이해관계인 모두에게 이익이 되는 것이므로 재감정의 필요성에 합리적인 이유가 있다면 경매기일의 연기는 수긍할 수 있으나 그렇다고 하더라도 그 연기기간은 합리적인 범위로 제한되어야 한다.

【참조조문】

1. 국가배상법 제2조 제1항, 제3조 제4항, 구 민사소송법(2002. 1. 26. 법률 제6626호로 전문 개정되기 전의 것) 제527조(현행민사집행법 제189조참조)
2. 공장저당법 제10조 제2항, 구 민사소송법 제527조(현행민사집행법 제189조참조)

3. 구 민사소송법 제538조,제551조(각 현행민사집행법 제202조,제216조 참조)

| Ⅱ | **사안의 개요** |

1. 사실관계

압류집행사건의 사건번호는 가압류집행인 것은 '가'로, 본압류인 것은 '본'으로 부여된다.

원고 OO 주식회사(이하 '원고 회사'라 한다)와 원고 OOO은 20t 미만의 선박을 건조하는 회사인 소외 주식회사 OO산업(이하 '채무자 회사'라고 한다)에 대한 유체동산가압류결정 또는 채무명의에 기하여 채무자 회사의 주소지 관할인 OO지방법원 집행관 피고 보조참가인에게 유체동산의 본압류 또는 가압류집행을 위임하였다.

그러나 집행관은 수차에 걸친 압류요구에도 불과하고, 채무자 회사 공장에 있던 건조중인 선박(20t 미만, 이하 같다)에 대하여는 환가가능성이 없다는 이유로 압류를 하지 아니하였고, 또 압류한 다른 유체동산에 대하여는 채무자가 타인에게 양도담보로 제공한 것이라거나 공장저당의 목적물이라고 하자 임의로 압류를 해제하였다.

또 채무자 회사의 정원에 식재된 수목에 대하여는 토지에 부합된 물건이어서 유체동산집행의 대상이 아니라는 이유로 압류집행을 거부하기도 하였다.

한편, 1998. 7. 21. 압류하여 매각절차 진행중에 1998. 8. 27. 채무자 회사가 재감정신청을 하자 재감정을 이유로 매각기일을 변경한 후 상당기간 매각절차를 진행하지 않다가 1999. 3. 10. 매각절차를 진행하였으나 그 사이에 다른 선순위채권자인 의료보험조합이 배당요구를 하여 결국, 원고들은 한푼도 배당을 받지 못하게 되었다.

2. 원고들의 주장과 원심의 판단

    가. 원고들의 주장(국가배상청구)

    원고들은 손해발생원인이 된 집행관의 행위와 관련하여, 집행관의 건조중인 선박 및 수목에 대한 압류거부, 압류동산에 대한 압류취

제2장 집행관을 상대방으로 하는 손해배상소송 사례 97

소 및 경매기일연기로 인하여 손해를 입었다고 주장하였다.[1]
　나. 원심의 판단
　　원고들 청구를 모두 기각하였는바, 그 사유는 집행관이 압류거부한 선박의 공정률로 보아 환가가능하다고 볼 수 없고, 설령 집행관의 집행에 하자가 있더라도 집행에 관한 이의를 통하여 부당한 집행행위의 시정을 구하여야 할 것이며, 그럼에도 불구하고, 당해 집행관이 위법 또는 부당한 목적을 가지고 집행절차를 진행하는 등 그 부여된 권한의 취지에 위배하여 집행행위를 한 경우에 비로소 불법행위로 된다는 것이다.[2]
　　이에 대하여 원고들이 상고하였다.
3. 상고이유의 정리
　　원고들의 상고이유는 각 집행 당시 존재한 선체 등의 공정률 및 환가성에 관한 사실인정에 관하여 채증법칙위배, 집행관의 가압류집행거부 판단, 집행취소권한 유무, 정원수에 대한 압류거부, 동산재감정평가의뢰를 위한 경매기일연기 등과 관련하여 집행관의 직무집행상의 불법행위에 대한 법리오해가 있다고 주장하였다.

III 해설

1. 유체동산집행의 기본법리
　가. 등기할 수 없는 선박의 집행방법 – 동산집행
　　(1) 등기할 수 있는 선박만이 선박집행의 대상이 된다(구 민소법 제678조, 민사집행법 제172조).
　　　선박 중 총톤수 20t 이상의 기선과 범선 및 총톤수 100t 이상의 부선(다만, 선박계류용 저장용 등으로 사용하기 위하여 수상에 고정하여 설치하는 부선은 제외)에 대하여 등기할 수 있다(선박등기법 제2조).
　　(2) 등기능력이 없는 선박은 유체동산집행의 방법에 의하여 집행한다(대법원 1987. 11. 24. 선고 87누593 판결).

---

[1] 다만, 어느 행위로 인하여 어느 정도의 손해를 입었는지에 대하여는 구체적으로 주장하지 아니하였는바, 이에 대하여는 논외로 한다.
[2] 그 밖에 각 가압류 또는 압류집행 당시 존재하던 선박의 수량에 관하여도 다툼이 있었으나, 이는 사실인정 문제이므로 생략한다.

나. 집행관의 지위
(1) 독립적 단독제의 사법기관(법원조직법 제55조,집행관법 제2조).
집행관은 법률이 정하는 바에 의하여 재판의 집행, 서류의 송달 기타 법령에 의한 사무에 종사하는 독립적 단독제의 사법기관이다. 즉 집행관은 자기의 판단과 책임하에 독립적으로 국가의 권한을 행사하는 기관이며 법원 또는 법관의 단순한 보조기관이 아니다.[3]

집행관은 집행위임이 있으면 위임의 요건을 조사하여 형식적 요건이 구비되어 있는 한 정당한 사유없이 위임을 거절할 수 없으나, 위임을 받은 집행관은 집행기관으로서 독립하여 자기의 책임과 판단으로 법규에 따라 그 권한을 행사하여야 하며 채권자의 지시를 따를 필요는 없다.

기관인 집행관을 구성하는 자연인인 집행관은 실질적 의미에 있어서 국가공무원이다. 따라서 집행관은 영리업무의 겸직금지 및 기타의 겸직제한에 관한국가공무원법 제64조및법원공무원규칙 제88조의 각 적용을 받는다(행정예규 제270호). [4]

(2) 집행관의 유체동산압류집행의 원칙
유체동산집행에 있어서는 집행관이 집행기관이므로 구체적인 집행에 있어 채무자의 점유에 속하는 유체동산 중 어느 것을 압류할 것인가는 집행관의 재량에 맡겨져 있다.

그러나 이해관계가 다양하게 대립되는 집행장소에서 생길 수 있는 분쟁을 피하기 위해서는 어느 정도의 객관적인 기준이 필요한바,구 민사소송규칙 제110조는 "집행관이 압류할 물건을 선택함에 있어서는 채권자의 이익을 해하지 않는 범위 내에서 채무자의 이익을 고려하여야 한다."고 규정하고 있다.

동산압류에 있어서 초과압류금지(민사집행법 제 188조,구 민사소송법 제525조 제2항), 무잉여압류금지(민사집행법 제

---

[3] 이 점은 구 민사소송법이나 민사집행법이나 차이가 없다.
[4] 그러므로 집행관이 직무집행을 함에 있어서 고의 과실로 인하여 타인에게 손해를 가한 경우 국가배상법이 적용된다.

188조, 민사소송법 제525조 제3항 [5] [6]), 압류금지물(민사집행법 제 195조, 민사소송법 제532조) 등의 제한이 있으므로, 이들 규정의 취지를 고려하여 금전 기타 환가성이 높은 물건부터 선택하여 압류하고 환가성이 낮은 물건은 되도록 선택하지 않는 것이 상당하다.

2. 건조중의 선박 집행에 관한 문제점
    가. 원심 판단 부분
        (1) 쟁점사항
            각 가압류 및 압류집행 당시 채무자 회사에 몇 척의 건조중인 선박이 있었으며, 그 공정률은 어땠는지, 환가가능성은 있었는지가 다투어 졌다.
            여기서는 순수한 사실인정 문제에 불과한 수량 및 공정률 문제는 논외로 하고, 압류집행실시에 관한 집행관의 권한과 의무에 관계되는 부분만 본다.
        (2) 원심의 판단
            원심은 채무자 회사에 있던 건조중의 선박으로서 집행관이 압류를 거부한 선박 중 일부는 타인에게 이미 양도담보로 제공된 것이라고 주장되고 그에 대한 소명자료가 제시되었고, 또한 일부는 건조가 중단되어 외형의 틀만 갖춰 공정률이 20~30% 정도 또는 공정률이 30~40%에 불과하여 집행관은 환가가치가 없다고 보고 위 선체들에 대하여 가압류집행을 하지 않았는데 위 인정과 같은 공정률에 이른 선체만으로는 거래의 객체로서의 독립한 물건이라고 보기 어려우므로, 집행관의 위와 같은 집행행위에 잘못이 있다고 볼 수 없다.
            설령 집행관이 집행할 당시 원고들이 주장하는 바와 같은 선체가 있었다고 하더라도 집행관은 이와 같은 선체만으로는 완

---

5) 압류는 집행력 있는 정본에 기재한 청구금액의 변제와 집행비용의 변상에 필요한 한도에서 하여야 한다(구 민소법 제525조 제2항).
6) 압류물을 환가하여도 집행비용외에 잉여가 없을 경우에는 집행하지 못한다(구 민소법 제525조 제2항).

성된 선박이라고 볼 수 없어 통상적인 거래의 객체가 될 수 없다고 판단하여 그에 대한 집행요구를 거부한 것이고, 이러한 판단에 잘못이 있다 하더라도 강제집행과정의 잘못에 대하여는 그 성질상 민사집행법이 정하는 구제의 절차에 따라 시정될 것이 예정되어 있는 것이므로 그 절차에 따른 구제를 구할 수 있는 권리자는 우선 적법한 구제절차를 밟아 부당한 집행행위의 시정을 구하여야 할 것이고, 그럼에도 불구하고, 당해 집행관이 위법 또는 부당한 목적을 가지고 집행절차를 진행하는 등 그 부여된 권한의 취지에 위배하여 집행행위를 한 경우에는 비로소 불법행위로 된다 할 것인바, 원고 000은 위 1997. 12. 10.자 가압류집행 후 집행관이 선박에 대하여 집행하지 않은 것이 위법하다는 이유로 강제집행이의신청을 하였다가 이를 취하하였고, 그 외에 원고들이 집행관의 집행에 대하여 이의를 신청하는 등의 적법한 구제방법을 취한 점을 인정할 만한 증거가 없는 이 사건에 있어서 위 주장과 같은 하자가 있다는 사정만으로 곧바로 집행관의 불법행위가 성립한다고 볼 수도 없다.

나. 집행관의 유체동산압류집행 일반원칙
 (1) 압류할 수 있는 경우
  집행관은 본래 채무자 소유의 유체동산에 대하여 압류를 하여야 마땅하나 실체상의 귀속관계에 관하여 조사할 권한을 가지지 아니하므로, 채무자가 점유하고 있는 유체동산이라면 그것이 진실로 채무자의 소유에 속하는지 여부를 묻지 않고 집행관은 일응 그 물건을 압류할 수 있다(민사집행법 제189조, 구 민사소송법 제527조 제1항).
  집행관은 설령 채무자 또는 제3자가 그 물건이 제3자의 소유임을 신고하거나 증거자료를 제출하더라도 그 물건이 채무자의 점유하에 있다고 인정되는 때에는 압류하여야 한다.
  다만, 채권자의 다른 의사표시가 있거나 또는 따로 이에 대신할 적당한 압류물이 있을 때에는 압류하지 않는 것이 타당하다.

채무자가 점유하고 있는 이상 제3자가 그 물건에 대하여 소유권 그 밖의 권리를 가지고 있더라도 압류는 위법하지 않고, 다만, 이 때에 제3자는 제3자이의의 소를 제기하여 구제받을 수 있다.

따라서 이 사건에서 집행관은 채무자의 점유하에 있는 것은 설령 양도담보로 제공되었다거나 타인의 소유라고 주장되고 그에 관한 자료를 제출하더라도 일단 압류하였어야 한다.

(2) 무잉여압류의 금지

(가) 압류한 재산을 환가하여도 그 집행비용 외에 잉여가 남을 전망이 없으면 압류는 단지 채무자를 괴롭힐 뿐 채권자에게는 아무런 도움을 주지 못하기 때문에 이러한 압류는 금지된다(민사집행법 제188조, 구 민사소송법 제525조 제3항). 집행비용 외에 잉여를 기대할 수 있느냐 여부는 집행관이 판단한다. 집행비용 밖에 변상할 수 없는 경우뿐 아니라, 교환가치가 없는 물건인 경우에도 무잉여 압류가 된다.

(나) 이 규정에 위반하여 압류하여도 당연히 무효가 되는 것은 아니며 집행에 관한 이의사유로 될 뿐이다.

(다) 압류 당시에는 잉여가 있는 것으로 판단되어 압류를 하였으나 압류 후에 압류물의 가치하락이나 비용증대 등의 사유로 사후적으로 잉여가 없게 된 경우에는 집행관이 직권으로 압류를 취소하여야 한다(민사집행규칙 제141조, 구 민사소송규칙 제113조).

(라) 본건에서 집행관이 압류를 거부한 건조중의 선박은 압류금지물이 아니다. [7]

---

[7] 한편, 집행관이 공장저당의 목적이라는 이유로 압류하였다가 취소한 유체동산(호이스트 등의 기계기구)은 본래구 민소법 제532조소정의 압류금지물은 아니지만 이 물건들이 공장저당의 목적이라면 유체동산집행의 대상은 아니므로 압류금지물이라고 볼 여지는 있으나, 이에 대하여는 집행관이 일단 압류처분을 하였다가 취소하였으므로 일단 압류한 것을 집행관이 임의로 취소할 수 있는가의 문제만 남는다.

또한, 실제로 압류집행된 채무자의 모든 유체동산으로도 압류채권자인 원고들의 채권을 전액변제하지 못하였으므로 초과압류금지도 문제될 여지가 없다.

한편, 본건에서 집행관이 건조중의 선박에 대한 압류를 거절한 것은 무잉여압류금지규정에 따른 것이고, 무잉여 여부는 집행관이 판단하는 것이므로, 결국, 이러한 집행관의 판단이 정당한 것인지가 핵심쟁점이라 할 것이다.

다. 환가성의 판단
  (1) 엔진이 설치되지 아니하면 환가가능성이 없는지(참고)
    이 사건과 같은 규모의 어선은 엔진이 장착되지 아니한 채로 거래되는 경우가 허다하고, 또한 엔진을 장착하지 아니한 정도가 아니라 그 이하의 공정에서도 충분히 거래의 객체가 된다고 인정된다.
    따라서 몰드에서 탈형한 선체에 대해 독립한 유체동산으로 특정지울 수 없다는 것은 집행관의 독단에 불과하다.
  (2) 특별환가 및 긴급매각의 가능성
    (가) 특별환가
      집행관은 집행관으로서 본건과 같은 건조중의 선박이 실제로 잘 매각되지 않더라는 경험에 근거하여 압류를 거부하였을 수도 있는바, 그렇다고 하더라도 다른 선박이 모두 매각되거나 양도담보로 제공된 것을 보면 전혀 거래의 객체가 되지 않는 것이 아님은 분명하다.
      그런데 민사집행법 제 214조 1항(구 민사소송법 제548조 제1항) [8] 은 특별환가를 규정하고 있다.
      법원은 필요하다고 인정할 때에는 직권 또는 압류채권자, 배당을 요구한 채권자 또는 채무자의 신청에 의하여 일반

---

[8] 법원은 필요하다고 인정할 때에는 직권 또는 압류채권자, 배당을 요구한 채권자 또는 채무자의 신청에 의하여 일반환가의 규정에 의하지 아니하고 다른 방법이나 다른 장소에서 압류물을 매각하게 할 수 있고 집행관에게 위임하지 아니하고 다른 자로 하여금 경매하게 할 것을 명할 수 있다.

환가의 규정에 의하지 아니하고 다른 방법이나 다른 장소에서 압류물을 매각하게 할 수 있고 집행관에게 위임하지 아니하고 다른 자로 하여금 경매하게 할 것을 명할 수 있다.

이 특별환가는 압류물의 종류에 따라서는 경매에 의한 환가가 불가능하거나 경매의 방법으로는 고가로 환가할 수 없는 경우에 절차를 달리한 경매 또는 다른 방법에 의하여 환가할 수 있는 길을 터 놓음으로써 압류물이 적정하게 환가되도록 한 것으로서, 특수한 기계류나 고가의 수집품 등과 같이 다수의 경매희망자를 기대할 수 없는 경우 또는 총포, 화약류, 독극물과 같이 법령에 의하여 일정한 자격이나 허가가 있어야만 취득할 수 있는 물건을 환가하는 경우에 주로 이용될 수 있다.[9]

실제로 집행실무에서도 객관적인 가치가 형성되어 있지 아니하여 일반 경매방법에 의한 환가가 곤란한 경우에는 적당한 가격으로 평가하여 채권자에게 양도하고 대신 그 가액만큼 채무변제의 효과를 가져오게 하는 경우가 허다한 바, 이는 마땅히 집행재산을 찾을 수 없는 경우에 그 재산이라도 취득하도록 하는 일종의 타협적 배려로서, 본건의 경우에도 바로 그러한 방법으로도 집행이 가능하였으리라고 보인다.

그 밖에 다른 선박제조업자에 대한 위탁매각 또는 적의매각도 가능할 것이다.

(나) 긴급매각

한편, 건조중인 선박가압류의 경우 가압류시에는 환가가능성이 있더라도 본압류시까지 장기간 방치하면 훼손되어 본압류시에는 실제로 환가가능성이 없어질 가능성이 있지만, 이 경우에는 이른바 긴급매각을 통하여 매각 후 매득금을 공탁할 수도 있다.

---

[9] 특별환가방법은 다양한데 본건에 적용될 수 있는 방법으로는, 집행관에 의한 적의매각(경매에 의하지 아니하고 집행관으로 하여금 적절한 방법으로 매각하게 하는 것), 집행관 이외의 제3자에 의한 환가(위탁매각), 채권자에 대한 압류목적물의

즉,민사집행법 제 296조 제 5항(구 민사소송법 제709조 제5항) 10)은 "가압류물은 경매 또는 환가를 하지 못한다. 다만, 가압류물을 즉시 매각하지 아니하면 현저히 가액이 감소될 염려가 있거나, 그 보관에 과다한 비용이 필요한 경우에는 집행관은 그 물건을 매각하여 매득금을 공탁하여야 한다."고 규정하고 있는바, 이 규정에 따라 건조중인 선박을 즉시 환가하지 아니하여 가액이 감소될 염려가 있다면 집행관은 건조중인 선박을 매각하여 그 매득금을 공탁하면 된다.

따라서 본건 건조중인 선박이 매각될 가능성이 없어 압류하지 아니하였다는 집행관의 주장은 어느 모로 보나 수긍하기 어렵다.

Ⅳ. 집행관의 고의 과실 유무

1. 법령해석의 잘못과 고의과실의 기준

가. 집행관이 선박집행이 가능한 것을 알면서도 거부한 것인지 불분명

집행관이 건조중인 선박은 동산집행대상이 아니라는 이유로 압류를 거절한 부분에 관하여 보면, 집행관이 선박집행이 가능한 것을 알면서도 집행을 거부한 것인지는 명확하지 않으므로 결국, 과실 유무를 따질 수밖에 없다.

나. 집행관이 집행을 거부한 것이 집행에 대한 법규 지식이 부족한 것이라면 그것이 과실이 될 수 있는지

그런데 모두에서 본 바와 같이, 집행관은 독립 단독의 사법기관이므로 스스로 법령을 해석하고 집행할 권한이 있고, 또한 무잉여압류는 금지되는 것이고, 무잉여인지 여부는 집행관이 이를 판단하며, 교환가치가 없는 물건인 경우에도 무잉여 압류가 된다.

양도 등을 고려할 수 있는바, 주17) 본건의 경우에는 특히, 채권자가 압류를 요구하고 있고, 또한 채권자는 선박재료를 공급한 것으로 보이므로 채권자에 대한 압류목적물의 양도, 즉 일정한 대금으로 압류물의 채권자에게 양도하는 것을 고려해 볼 수 있다.

10) 현행민사집행법 제296조 제5항도 같다.

따라서 본 사건에서 건조중의 선박에 대한 집행관의 압류거절이 무잉여를 이유로 하는 것인 이상, 설령 그 판단이 결과적으로 잘못된 것이었다는 이유만으로 불법행위책임을 인정하여서는 아니될 것이고, 원심도 이러한 점을 지적하고 있는바, [11] 만일 집행관의 압류거부가 앞에서 본 바와 같은 유체동산의 압류집행에 관한 법규의 해석에 관한 이견이나 또는 기본지식의 부족으로 인한 것이라면 이것이 과실이 될 수 있는가 문제된다.

다. 공무원 일반에 관하여 판례를 보면 다음과 같다.

   (1) 긍정한 예-일반직 공무원이 법규 해석을 그르쳐 행정처분을 하였다면 과실이 인정 됨

   대법원 2001. 2. 9. 선고 98다52988 판결,1981. 8. 25. 선고 80다1598 판결 : 법령에 대한 해석이 복잡, 미묘하여 워낙 어렵고, 이에 대한 학설, 판례조차 귀일되어 있지 않는 등의 특별한 사정이 없는 한 일반적으로 공무원이 관계 법규를 알지 못하거나 필요한 지식을 갖추지 못하고 법규의 해석을 그르쳐 행정처분을 하였다면 그가 법률전문가 아닌 행정직 공무원이라고 하여 과실이 없다고는 할 수 없다.

   (2) 부정한 예-일반직 공무원이 법규 해석을 그르쳐 행정처분을 하였다고 하더라도 통일된 학설, 판례가 없는 상태에서 공무원이 나름대로 신중을 다하여 합리적인 근거를 찾아 행정처분을 하였다면 과실 인정 안됨.

   대법원 1996. 11. 15. 선고 96다30540 판결,1995. 10. 13. 선고 95다32747 판결 : 일반적으로 공무원이 직무를 집행함에 있어서 관계 법규를 알지 못하거나 필요한 지식을 갖추지 못하여 법규의 해석을 그르쳐 잘못된 행정처분을 하였다면 그가 법률전문가가 아닌 행정직 공무원이라고 하여 과실이 없다고 할 수 없으나, 법령에 대한 해석이 그 문언 자체만으로는 명

---

11) 원심 판시 중 "집행관이 집행할 당시 원고들이 주장하는 바와 같은 선체가 있었다고 하더라도 집행관은 이와 같은 선체만으로는 완성된 선박이라고 볼 수 없어 통상적인 거래의 객체가 될 수 없다고 판단하여 그에 대한 집행요구를 거부한 것이고, 이러한 판단에 잘못이 있다 하더라도 강제집행과정의 잘못에 대하여는

백하지 아니하여 여러 견해가 있을 수 있는 데다가 이에 대한 선례나 학설, 판례 등도 귀일된 바 없어 의의(의의)가 없을 수 없는 경우에 관계 공무원이 그 나름대로 신중을 다하여 합리적인 근거를 찾아 그 중 어느 한 견해를 따라 내린 해석이 후에 대법원이 내린 입장과 같지 않아 결과적으로 잘못된 해석에 돌아가고, 이에 따른 처리가 역시 결과적으로 위법하게 되어 그 법령의 부당집행이라는 결과를 가져오게 되었다고 하더라도, 그와 같은 처리 방법 이상의 것을 성실한 평균적 공무원에게 기대하기는 어려운 일이고, 따라서 이러한 경우에까지 국가배상법상 공무원의 과실을 인정할 수는 없다.

(3) 기준 – 공무원 업무집행 과실 기준은 통일된 학설, 판례가 있는지, 공무원이 당연히 알아야 할 법규를 모르거나 해석을 그르쳤는지 여부.

위 판례들은 실질적으로 동일한 기준을 제시하고 있는바, 이를 정리하면 공무원의 업무집행과 관련된 과실기준은, 당해 공무원이 집행의 근거로 삼는 법령에 대한 해석이 복잡, 미묘하여 워낙 어렵고, 이에 대한 학설, 판례조차 귀일되어 있지 않는 등의 특별한 사정이 있는지 여부, 공무원이 당연히 알아야 할 관계 법규를 알지 못하거나 필요한 지식을 갖추지 못하고 법규의 해석을 그르쳤는지 여부라 하겠다.

라. 집행관은 유체동산집행에 관한 한 법률전문가이므로 기준을 엄격하게 적용

위 각 판례는 법률전문가가 아닌 행정직 전문가에 대한 것인바, 집행관은 유체동산집행에 관한 한 법률전문가이므로 위 기준이 그대로 적용될 것인가의 문제가 있다.

그 성질상 민사소송법이 정하는 구제의 절차에 따라 시정될 것이 예정되어 있는 것이므로 그 절차에 따른 구제를 구할 수 있는 권리자는 우선 적법한 구제절차를 밟아 부당한 집행행위의 시정을 구하여야 할 것"이라고 판시한 부분이 그에 해당한다.

추상적인 기준으로서의 위와 같은 기준은 집행관의 직무집행에도 그대로 적용된다고 할 것이나, 유체동산집행에 관한 한 집행관은 법률전문가에 해당하므로, 오히려 집행관에 대하여는 위 판시에서 제시한 것보다 훨씬 무거운 기준을 적용하여야 할 것이다.

즉, 유체동산집행은 개시부터 종료까지 집행관의 고유권한이고 12) 집행관이 독립 단독의 사법기관인 이상 더더욱 유체동산집행에 관한 관계 법규나 필요한 지식을 갖출 것이 요구된다고 할 것이다.

따라서 이러한 지식을 갖추지 못하여 법규의 해석을 그르쳤고 이로 인하여 타인에게 손해를 가하였다면 불법행위가 성립된다고 할 것이다.

마. 본 건의 정상적인 집행절차는 다음과 같다
  (1) 집행관은 유체동산압류집행은 과잉압류가 아니면 양도담보 제공된 것이라고 주장해도 압류 해야
   유체동산압류집행을 함에 있어서 채권자의 이익뿐 아니라 채무자의 이익을 고려한다고 하더라도 이 사건에서는 과잉압류의 문제는 없으므로 채무자가 점유하고 있는 유체동산 중 압류금지물이 아닌 이상 채무자가 양도담보로 제공된 것이라고 주장하더라도 일단 압류하고, 후에 제3자이의를 통하여 그 물건의 소유권관계를 밝히도록 하여야 할 것이다.
  (2) 집행관은 압류 하려는 물건이 환가가능성이 있다고 판단 되면 압류 해야.
   또한, 압류하려는 물건이 환가가능성이 있는지 여부는 통상적인 거래관행과 사례를 기초로 합리적으로 판단하여야 할 것이고, 환가가능성이 없음이 명백하지 않다면 채권자가 압류를 요구하는 이상 일단 압류하는 것이 정당한 집행이다. 왜냐하면 후에 감정결과 환가가능성이 전혀 없다면 그때 압류를 취소하여도 될 것인바, 결국, 집행에 이르지 못하더라도 그러한 비용은 모두 채권자가 부담하는 것이고, 또한 다른 재산을 압류하여 감정을 하면서 특정재산을 더 감정한다고 하여 그 비용이 현저하게 더 소요되는 것은 아니기 때문이다.

---

12) 나머지 업무(부동산집행에서의 현황조사나 기타 송달업무 등)는 대부분 재판장의

(3) 집행관은 엔진이 설치되지 아니한 선박이라도 환가가능성이 있으면 매각해야

또한, 감정 자체가 곤란하거나 또는 매각례가 드물어 적절한 가격으로 매각될 가능성이 없다면 민사집행법 제 214조 (구 민사소송법 제548조 제1항)에 의한 특별환가도 고려할 수 있는 것이며, 또한 가압류 후 본압류시까지 상당한 기간의 도과로 인하여 훼손될 염려가 있는 경우에는 민사집행법 제 296조 제 5항(민사소송법 제709조 제5항)에 의하여 긴급매각 후 그 매득금을 공탁할 수도 있는 것이다.

그리고 이러한 집행방법에 관해서는 당시에 배부된 법원실무제요에 상세히 기술되어 있는 것으로서, 그 해석에 관하여 견해의 대립이 있는 것도 아니며, 이는 집행관으로서 당연히 알아야 할 기본적 지식에 속하는 것이다.

또한, 엔진이 설치되지 아니한 경우의 환가가능성이나 탈형된 선박의 환가가능성도 결과적으로 집행관의 판단이 잘못된 것으로 보이는바, 무엇보다도 집행관의 그러한 판단이 도대체 아무런 근거가 없는 독단적인 것이다.

(4) 집행관은 집행을 거부한 경우에도 채권자가 지속적으로 집행요구를 했다면 집행거부사유에 대해 재검토하고 조치를 취해야

그리고 설령 처음에는 잘못 알고 위와 같이 집행을 거부하였더라도 그 후에 반복되는 집행요구에 대해서는 당연히 자신의 판단이 옳은지 여부를 살펴보고 이를 시정하였어야 할 것이며, 이는 최초의 선박에 대한 집행거부시인 1997. 10. 29.에 이미 건조중인 선박에 대한 압류거부에 대한 현장에서의 이의가 있었고, 그 후 수차에 걸친 집행요구에도 집행이 거부된 점을 고려하면, 집행관이 이 사건 선박에 대한 압류집행거부사유인 환가가능성에 대하여 더 이상의 조사를 하지 아니한 것 그 자체만으로도 중대한 과실이 있다고 볼 여지가 있다.

지휘에 종속된다. 그리하여 유체동산에 관한 한 집행관을 집행기관이라고 하고, 그 밖의 부동산집행에서의 현황조사 등에 있어서는 집행관을 집행보조기관이라 칭하는 것이다.

V 이의신청의 취하

1. 집행관이 선박에 대하여 집행하지 않은 것이 위법하다는 이유로 강제집행이의신청을 하였다가 이를 취하한 사실로 집행관 불법행위가 성립하는지 여부

   원심은, 집행관의 판단에 잘못이 있다 하더라도 강제집행과정의 잘못에 대하여는 그 성질상 민사집행법이 정하는 구제의 절차에 따라 시정될 것이 예정되어 있는 것이므로 그 절차에 따른 구제를 구할 수 있는 권리자는 우선, 적법한 구제절차를 밟아 부당한 집행행위의 시정을 구하여야 할 것이고, 그럼에도 불구하고, 당해 집행관이 위법 또는 부당한 목적을 가지고 집행절차를 진행하는 등 그 부여된 권한의 취지에 위배하여 집행행위를 한 경우에는 비로소 불법행위로 된다 할 것인바, 원고 OOO은 위 1997. 12. 10.자 가압류집행 후 집행관이 선박에 대하여 집행하지 않은 것이 위법하다는 이유로 강제집행이의신청을 하였다가 이를 취하하였고, 그 외에 원고들이 집행관의 집행에 대하여 이의를 신청하는 등의 적법한 구제방법을 취한 점을 인정할 만한 증거가 없는 이 사건에 있어서 위 주장과 같은 하자가 있다는 사정만으로 곧바로 집행관의 불법행위가 성립한다고 볼 수도 없다고 판시하였다.

2. 집행 대상인 선박이 양도담보 되었고, 원고 이의신청에 대해 담당 판사가 취하 요구했다고 주장

   이에 대하여 원고들은, 집행관이 원고들의 가압류집행 당시 선박 등 재산가치있는 물건을 압류하지 않고 거절한 행위에 대해 원고 OOO이 집행관의 감독기관인 법원에 이의신청을 하였으나, 시정 전에 이미 채무자가 문제의 동산들을 OOO에게 양도담보로 제공하였고, 소외 OOO에게 매각하거나 주문한 선주들에게 인도함으로써 그 동산이 채무자에게 남아 있지 아니하여 사실상 이의신청에 의해서는 구제받을 수 없었고, 이의신청사건에서 당시의 담당판사가 이의신청의 취하를 요구하므로 이에 응한 것이라고 주장하고 있다. 또한 이에 덧붙여 집행관이 다시 가압류신청을 하면 압류하여 줄테니 이의를 취하하라고 요구하여 그렇게 한 것이라고도 주장하고 있다.

3. 본건에서는 집행관의 압류거부로 인하여 채무자 회사에게 재산은닉의 기회를 제공하였고, 이로 인하여 원고들이 손해를 입었음은 명백함

원고 OOO의 이의가 받아들여지더라도 그 결과는 결국, 남아 있는 선박에 대하여 압류집행을 하라는 결정을 하고 이 결정에 의하여 다시 집행관이 압류집행을 하게 되는 것인바, 당시 원고 OOO이 이의신청을 취하한 것이 1998. 1. 18.인데 이때는 이미 처음 가압류집행시의 선박 중 상당수가 처분된 후이므로 이의신청사건에서 압류를 명하더라도 실효가 적었을 가능성이 있고, 또한 집행관이 압류집행을 할 의사를 표시하였다면 집행법원으로서는 굳이 이의신청사건을 유지시킬 필요가 없을 것이다.

또한, 설령 원고들이 그러한 이의를 하지 아니하였다고 하여 부당한 집행거부로 인한 손해를 감수하려는 의사였다거나 부당집행과 손해발생 사이의 인과관계가 단절되는 것도 아니다.

다만, 적절한 구제방법을 취하였다면 손해발생을 막을 수 있었던 범위에서 과실상계는 가능할 것이다.

그리고 본건에서는 집행관의 압류거부로 인하여 채무자 회사에게 재산은닉의 기회를 제공하였고, 이로 인하여 원고들이 손해를 입었음은 명백하다.

4. 집행관이 위법 또는 부당한 목적을 가지고 집행절차를 진행하였다면 불법행위 성립

또한, 집행관이 공무원인 이상 다른 공무원의 경우와 달리 '집행관이 위법 또는 부당한 목적을 가지고 집행절차를 진행하는 등 그 부여된 권한의 취지에 위배하여 집행행위를 한 경우', 즉 고의의 경우에만 불법행위로 된다고 볼 근거도 없다.

VI. 집행관의 집행해제권한에 관한 법리오해에 관하여

1. 원심의 판단부분(집행관은 채무자가 압류목적물에 대해 집행 취소 신청을 하자 공장저당 목록에 포함되어 있는지 확인도 안 한채 해제함)

   집행관은 채무자 회사가 OO은행에게 담보로 제공한 공장저당법에 의한 담보목록에는 운반구가 포함되어 있지 아니함에도 이를 정확히 확인하지 아니한 채 채무자 회사의 이사인 OOO이 집행취소신청한 대로 운반구 3개에 대한 가압류집행을 취소한 사실을 인정할 수 있으나, 이러한 경우 원고 회사는 우선 적법한 구제절차를 밟아 부당한 집행행위의 시정을 구하여야 할 것이고, 그럼에도 불구하고, 당해 집행관이 위법 또는 부당한 목적을 가지고 집행절차를 진행하는 등 그 부여된 권한의 취지에 위배하여 집행행위를 한 경우에는 비로소 불법행위로 된다 할 것인바, 원고 회사가 집행관의 집행에 대하여 이의를 신청하는 등의 적법한 구제방법을 취한 점을 인정할 아무런 증거가 없으므로 집행관에게 위 인정과 같은 잘못이 있다는 사정만으로 곧바로 불법행위가 성립한다고 볼 수 없다.

2. 집행관은 초과압류나 무잉여 압류인 경우 임의로 압류해제 가능

   통상의 압류제한 사유 중 초과압류나 무잉여압류인 때에는 집행관이 임의로 압류를 해제할 수 있다.

   구 민사소송규칙 제113조[13])는 "압류 후에 그 압류가 법 제525조 제2항의 한도를 초과한 사실이 판명된 때에는 집행관은 그 초과한 한도에서 압류를 취소하여야 한다. 압류 후에 그 압류가법 제525조 제3항에 해당하는 사실이 판명된 때에도 제1항과 같다."고 규정하고 있다.

3. 공장저당법에 의하여 공장저당의 목적이 되는 기계·기구에 대한 압류와 취소

   가. 집행관은 압류금지규정을 어겨 압류한 경우에 집행관은 법원의 지시나 채권자의 신청에 의하지 아니하고는 스스로 압류를 해제할 수 없다.

   공장저당의 목적인 동산은 구 민사소송법 제532조의 압류금지물에는 속하지 아니하지만 다른 법령에 의한 압류금지물에 해당하므로, 집행관은 압류하여서는 안된다.

---

13) 현행민사집행규칙 제140조도 같다.

압류금지규정은 강행규정이므로, 집행관은 압류금지물건인가 여부를 직권으로 조사하여야 한다. 따라서 채권자의 압류신청이나 채무자의 동의 또는 승낙 여부에 관계없이 압류금지물건이면 압류를 거부하여야 한다.

집행관이 고의로 압류금지규정을 어긴 경우에는 직무상 불법행위가 될 수도 있다. 금지규정을 어겨 압류한 경우에 집행관은 법원의 지시나 채권자의 신청에 의하지 아니하고는 스스로 압류를 해제할 수 없다.

압류금지규정을 어긴 경우에 그 압류는, 당연무효는 아니고, 집행에 관한 이의(민집법 제16조)에 의하여 취소할 수 있을 뿐이다. 압류금지물건이 매각된 때에는 매수인은 유효하게 목적물의 소유권을 취득하고 그 매각대금으로 채권자가 변제받더라도 부당이득이 되지 않는다.

한편, 이러한 경우에 일본은 공장저당권자에 의한 제3자이의의 소를 허용하기도 한다. 어쨌든 공장저당에 속하는 기계·기구에 대하여 유체동산집행이 개시된 경우 집행에 관한 이의나 제3자이의가 아니라면 집행관이 임의로 압류금지물이라는 이유로 임의로 압류를 해제할 수는 없는 것이다.

나. 집행관이 공장저당 목적물이라는 이유로 임의로 압류를 해제 한 것은 절차적으로 잘못된 것이고 손해에 대한 책임이 있음

원심은 "설령 집행관이 부당하게 압류를 해제하였다고 하더라도 적법한 구제절차를 밟아 부당한 집행행위의 시정을 구하여야 할 것이고, 그럼에도 불구하고, 당해 집행관이 위법 또는 부당한 목적을 가지고 집행절차를 진행하는 등 그 부여된 권한의 취지에 위배하여 집행행위를 한 경우에는 비로소 불법행위로 된다 할 것인 바, 원고 회사가 집행관의 집행에 대하여 이의를 신청하는 등의 적법한 구제방법을 취한 점을 인정할 아무런 증거가 없으므로 집행관에게 위 인정과 같은 잘못이 있다는 사정만으로 곧바로 불법행위가 성립한다고 볼 수 없다."고 판시하였다.

그러나 원고들이 그러한 구제절차를 취하였더라면 부당한 압류해제로 인한 손해를 방지할 수 있었다고 단정할 수 없는 이상 원고

들이 구제절차를 취하지 아니하였다는 사유만으로 손해발생을 부정할 수는 없고, 또한 다른 공무원의 경우와 달리 집행관이 위법 또는 부당한 목적을 가지고 집행절차를 진행하는 등 그 부여된 권한의 취지에 위배하여 집행행위를 한 경우, 즉, 고의의 경우에만 불법행위로 된다고 볼 근거도 없다.

이러한 법리와 사실관계에 비추어 보면, 공장저장의 목적이라는 것을 이유로한 압류취소는 절차적으로 잘못된 것이고, 압류해제된 유체동산이 공장저당의 목적이라고 단정할 수 없는 이상 압류해제로 인하여 원고들이 어떠한 손해를 입었을 가능성이 충분하므로, 이 점에서 원심은 법리오해 및 심리미진의 위법이 있다.

VII. 정원수에 대한 압류거절의 정당성

1. 원심의 판단부분(집행관이 정원수에 대해 토지에 부합된 것이라는 이유로 압류요구를 거부한 것은 정당)

    00 제1지구 의료보험조합이 1998. 12. 17.의료보험법 제53조 제3항, 국세징수법 제29조의 규정에 의하여 채무자 회사에 심어져 있던 정원수 5종 59그루에 대하여 압류하였고, 이에 원고 000이 집행관에게 위 정원수 5종 59그루에 대하여 압류하여 줄 것을 요구하였으나 집행관이 위 정원수들은 토지에 부합된 것이라는 이유로 압류요구를 거부하였으나, 특별한 사정이 없는 한 정원수는 토지에 부합되는 것이므로 집행관이 위 정원수들에 대하여 압류를 하지 아니한 것은 정당하다고 할 것이다.

2. 정원수는 토지의 정착물인가

    가. 실체법상의 수목의 성질

    수목 중 입목에관한법률에 따라 소유권보존등기된 것(입목[14])은 독립된 부동산으로 취급된다(같은 법 제2조,제3조).

    그 밖의 수목이 동산인지 아니면 토지의 정착물로서 부동산에 해당하는지는 식재의 강도에 따라, 즉 이동의 용이성 여부에 달라진다.

---

14) 입목에관한법률 제2조 제1항은 입목의 정의에 관하여, "토지에 부착된 수목의 집단으로서 그 소유자가 입목에관한법률에 의하여 소유권보존의 등기를 받은 것을 말한다."고 규정하고 있다.

나. 압류의 대상으로서의 유체동산
   (1) 유체동산의 범위
      압류의 목적이 되는 유체동산은 민법상의 동산뿐 아니라 일정한 유가증권 등 구 민사소송법 제527조(현행 민사집행법 제189조)제2항의 규정에 따른 물건을 포함하는 것이므로 실체법상의 유체동산의 개념과 반드시 일치하는 것은 아니다.
   (2) 유체동산집행대상 중 '등기할 수 없는 토지의 정착물로서 독립하여 거래의 객체가 될 수 있는 것
      민사집행법 제189조 제2항(구 민사소송법 제527조 제2항의 유체동산집행대상 중 '등기할 수 없는 토지의 정착물로서 독립하여 거래의 객체가 될 수 있는 것'(같은 조 제2항 제1호 15)).
      여기서 말하는 '등기할 수 없는 토지의 정착물'은 토지에의 정착성은 있으나 현금화 한 후 토지로부터 분리하는 것을 전제로 하여 거래의 대상으로서의 가치를 가지는 것이라고 보아야 한다(대법원 1995. 11. 27.자 95마820 결정).
      따라서 등기되지 아니한 토지의 정착물이라도 그 정착물이 부동산등기법 그 밖의 법령에 의하여 등기할 수 있는 이상 유체동산집행의 대상은 되지 아니한다.
      여기서 말하는 유체동산 집행의 대상이 되는 정착물의 예로는 송신용철탑, 정원석이나 정원수, 주유소의 급유기 등을 들 수 있다. 입목에관한법률에 따라 등기가 되지 아니한 입목도 여기에 해당한다.
      독립하여 거래의 객체가 될 수 있는 것인지의 여부는 그 물건의 경제적 가치 및 일반적인 거래의 실정이나 관념에 비추어 판단하여야 하는바, 판례는 과목(대법원 1971. 12. 28. 선고 71다2313 판결), 식재된 수목(대법원 1967. 3. 7. 선고 66다353 판결) 등은 독립하여 거래의 객체가 될 수 있다고 한다.

---

15) 민사집행법 제189조 제2항 제1호도 같다.

다. 정원수가 독립하여 거래의 객체가 될 수 있는 것인지에 관하여 심리미진이 있었음.

원심은 특별한 사정이 없는 한 정원수는 토지에 부합되는 것이므로 부동산의 일부이고 동산집행의 대상이 아니라는 취지인 듯하다. 그러나 이는 정원수에 대한 거래관행을 도외시한 것이다.

민사집행법 제189조 제2항 제1호(구 민사소송법 제527조 제2항 제1호)와 관련하여 유체동산집행의 대상으로서의 수목은 집행가능한 책임재산이라는 측면에서 접근하여야 한다.

즉, 실체법에서는 가식된 수목(판매목적으로 식재된 정원수는 가식된 것이므로 동산으로 보는데 아무런 문제가 없다.) 외에는 부동산의 일부분이라는 사고가 지배적이지만, 민사집행법 제189조 제2항 제1호(구 민사소송법 제527조 제2항 제1호)의 유체동산집행대상이라는 관점에서 수목은 입목에관한법률에 의하여 등기된 입목이 아닌 한 독립하여 거래의 객체가 될 수 있는 것인지 여부가 그 성질을 결정짓는다.

그리고 독립하여 거래의 객체가 될 수 있는 것인지는 그 물건의 경제적 가치 및 일반적인 거래의 실정이나 관념에 비추어 판단하여야 하는바, 판례나 실무는 정원수는 통상 유체동산으로 보고 있다(실무제요 참조). 물론, 정원수라고 하여도 오래된 고목으로서 옮겨 심을 경우 죽을 가능성이 있다는 등의 예외적인 경우에는 독립하여 거래의 객체가 될 수 없다고 보아야 할 경우도 있다.

따라서 원심이 이 사건 정원수가 독립하여 거래의 객체가 될 수 있는 것인지에 관하여 전혀 살펴 보지도 아니하고 특별한 사정이 없는 한 정원수는 토지에 부합되는 것이라고 판단하여 원고들의 주장을 배척하였으므로 원심에는 심리미진의 위법이 있다.

Ⅷ 경매기일의 연기에 관하여

1. 원심의 판단부분(집행관이 재감정의뢰와 경매기일연기신청을 받아들인 사실이 손해를 입혔다는 증거없음)

집행관이 유체동산경매를 진행하면서 채무자 회사의 재감정의뢰와 경매기일연기신청을 받아들인 사실은 당사자 사이에 다툼이 없으나, 집행관이 위 신청들을 받아들인 것이 부당한 것이어서 부당히 경매수수료를 증가시켜 채권자들에게 손해를 입혔다는 사실을 인정할 아무런 증거가 없다.

2. 경매기일의 변경, 연기, 속행
   가. 경매기일의 변경, 연기, 속행 개념[16]
      경매기일은 그 기일 도래 후 집행관이 매각절차를 시작함으로써 개시된다. 그 개시 전에 경매기일의 지정을 취소하고 다른 경매기일을 지정하는 것을 '경매기일의 변경'이라고 하고, 일단 기일을 개시하였으나 매각을 실시하지 아니하고 기일을 종료하여 경매실시를 위한 신기일을 지정하는 것을 '연기'라고 하며, 기일을 개시하여 매각을 실시하였으나 매수신고인이 없는 등의 사유로 경매를 종료하지 아니하고 새로운 경매기일을 지정하는 것을 "경매기일의 속행"이라고 한다.
      따라서 원고들은 경매기일은 연기라고 하지만, 이 사건에서는 경매기일을 개시하지도 않은 상태였으므로 엄밀히 말하면 경매기일의 변경에 해당한다..
      경매기일은 그 기일 도래 후 집행관이 매각절차를 시작함으로써 개시된다. 그 개시 전에 경매기일의 지정을 취소하고 다른 경매기일을 지정하는 것을 '경매기일의 변경'이라고 하고, 일단 기일을 개시하였으나 매각을 실시하지 아니하고 기일을 종료하여 경매실시를 위한 신기일을 지정하는 것을 '연기'라고 하며, 기일을 개시하여 매각을 실시하였으나 매수신고인이 없는 등의 사유로 경매를 종료하지 아니하고 새로운 경매기일을 지정하는 것을 "경매기일의 속행"이라고 한다.

---

[16] 법원은 직권으로 매각기일을 정하여 공고하여야 하는데(민사집행법 제104조 1항), 일단 정하여진 매각기일 역시 법원의 자유재량에 의하여 변경할 수 있다. 특히 법원은 경매절차 과정에 위법한 점이 있음을 발견하였다든지 불가피한 사정이 발생하여 매각기일에 경매를 실시할 수 없는 경우에는 매각기일을 취소하거나 변경하여 적법한 경매절차가 이루어지도록 하여야 한다. 이해관계인은 기일지정·변경신청권이 없으므로 이해관계인간에 기일변경에 관하여 합의가 있었다 하더라도 법원은 이에 구속되지 아니한다. (법원행정처, 법원실무제요 민사집행 II, 2014, 212면)
• 매각이 쉽지 않을 가능성이 있는 목적물에 관하여 채권자와 채무자의 합의를

따라서 원고들은 경매기일은 연기라고 하지만, 이 사건에서는 경매기일을 개시하지도 않은 상태였으므로 엄밀히 말하면 경매기일의 변경에 해당한다..

경매기일은 그 기일 도래 후 집행관이 매각절차를 시작함으로써 개시된다. 그 개시 전에 경매기일의 지정을 취소하고 다른 경매기일을 지정하는 것을 '경매기일의 변경'이라고 하고, 일단 기일을 개시하였으나 매각을 실시하지 아니하고 기일을 종료하여 경매실시를 위한 신기일을 지정하는 것을 '연기'라고 하며, 기일을 개시하여 매각을 실시하였으나 매수신고인이 없는 등의 사유로 경매를 종료하지 아니하고 새로운 경매기일을 지정하는 것을 "경매기일의 속행"이라고 한다.

따라서 원고들은 경매기일은 연기라고 하지만, 이 사건에서는 경매기일을 개시하지도 않은 상태였으므로 엄밀히 말하면 경매기일의 변경에 해당한다.

나. 경매기일은 함부로 이를 변경 또는 연기할 수 없음이 원칙이나 부득이한 사유가 있으면 변경 가능함.

경매기일은 함부로 이를 변경 또는 연기할 수 없음이 원칙이다. 그러나 부득이한 사유가 있는 경우(예컨대, 집행관의 신병 등으로 경매기일을 주재, 진행할 수 없는 경우 등)에는 집행관이 직권으로 이를 변경하거나 연기할 수 있다. 또, 채권자, 채무자 및 배당요구 채권자의 합의가 있는 때에도 경매기일을 변경, 연기할 수 있다.

이 경우 일방 당사자는 다른 당사자의 동의가 있는 경매기일 연기신청서를 제출할 수도 있고, 경매기일에 말로 연기신청을 하고 다른 당사자가 이에 동의할 수도 있다.

3. 압류와 경매기일의 간격
   가. 관련 규정(압류일과 경매일간에는 7일 이상의 기간을 두어야)
   민사집행법 제 202조(구 민사소송법 제538조)는 "압류일과 경매일간에는 7일 이상의 기간을 두어야 한다. 다만, 압류물을 보존함에 다대한 비용을 요하거나 시일의 경과로 그 물건의 가격이 현저히 감소될 염려있는 때에는 그러하지 아니하다.",민사집행법 제

위하여 매각기일을 변경한 것을 재량을 일탈하거나 남용하였다고 보기 어렵다는 사례 (서울중앙지방법원 2011가단103777)

216조(구 민사소송법제551조)는 "상당한 기간을 경과하여도 집행관이 경매하지 아니 하는 때에는 압류채권자는 일정한 기간 내에 경매할 것을 최고하고 그 최고에 응하지 아니하는 때에는 법원에 필요한 명령을 신청할 수 있다."고 규정하고 있다.

나. 경매지연에 대한 채권자의 매각최고

압류일과 매각일 사이에 7일 이상의 기간을 두기만 하면 언제를 경매기일로 정하느냐 하는 것은 집행관의 재량이다.

그러나 상당한 기간이 지나도 집행관이 매각하지 아니하는 때에는 압류채권자는 집행관에게 일정한 기간 이내에 매각하도록 최고할 수 있다(민사집행법 제 216조,구 민소법 제551조전단).

원래 경매기일의 지정은 동산압류조서의 기재사항으로 되어 있는 점에 비추어 압류와 동시에 또는 그 직후에 할 것이다. 따라서 여기의 '상당한 기간'은,민사집행법 제202조(구 민사소송법 제538조)단서에 해당하는 사유가 있는 경우를 제외하고는, 대체로 압류일부터 1월 내외의 기간을 의미한다고 보아야 할 것이다.

'일정한 기간'은, 매각일자와 장소의 공고(민사집행법 제 203조 제2항, 구 민사소송법 제539조 제2항), 경매의 통지(구 민사소송규칙 제116조) 등에 소요되는 기간을 고려하여야 할 것이므로 대체로 1주 이상의 기간을 의미한다고 해석된다. 민사집행법 제 216조(구민사소송법 제551조)의 최고를 받은 집행관은 그 최고가 정당하다고 인정하는 때에는 기일을 정하여 경매를 실시하고, 그 최고가 부당하다고 인정하는 때에는 이를 각하하는 처분을 함이 바람직하다.

집행관이 명시적 또는 묵시적으로 압류채권자의 최고에 따르지 아니하는 때에는 압류채권자는 다시 법원에 필요한 명령을 신청할 수 있다(민사집행법 제 216조 후단, 구 민사소송법 제551조후단).

다. 경매기일연기 등의 제한(재감정의 필요성에 합리적인 이유가 있어 경매기일의 변경은 수긍할 수 있으나 그 변경된 기일은 합리적인 기간 내로 제한되어야)

민사집행법 제 202조(구 민사소송법 제538조)는 압류일과 경매일 간에는 7일 이상의 기간을 두어야 한다고 규정하고 있으므로, 압류일과 매각일 사이에 1주의 기간을 두기만 하면 언제를 경매기일로 정하느냐 하는 것은 집행관의 재량이라고 할 것이고, 한편 민사집행법 제 216조(민사소송법 제551조)는 상당한 기간을 경과하여도 집행관이 경매하지 아니 하는 때에는 압류채권자는 일정한 기간 내에 경매할 것을 최고하고 그 최고에 응하지 아니하는 때에는 법원에 필요한 명령을 신청할 수 있다고 규정하고 있다고 하더라도 경매기일은 함부로 이를 변경 또는 연기할 수 없는 것이고, 다만 매각목적물이 적정한 가격에 매각되는 것은 이해관계인 모두에게 이익이 되는 것이므로 재감정의 필요성에 합리적인 이유가 있다면 경매기일의 변경은 수긍할 수 있으나 그렇다고 하더라도 그 변경된 기일은 합리적인 기간 내로 제한되어야 할 것이다.

라. 재감정신청을 이유로 경매기일을 변경하고 그 후 압류일로부터 무려 9개월 후 경매기일을 진행하므로 채권자가 배당못받은 것과 경매기일 지연과 인과관계 있는지 심리했어야.

그런데 이 사건에서는 1998. 7. 21. 압류한 유체동산에 대하여 경매를 진행하지 않다가 1998. 8. 27. 채무자 회사의 재감정신청이 있다는 이유로 경매기일을 변경하고 그 후 압류일로부터 무려 9개월 지나도록 경매가 진행되지 않다가 1999. 5. 7.에 비로소 경매가 이루어졌고, 한편, 1999. 3. 10. 의료보험조합의 배당요구에 의하여 원고들은 한푼도 배당받지 못하는 결과가 초래되었으므로, 원심으로서는 마땅히 이처럼 장기간 경매가 진행되지 못한 이유가 무엇인지, 경매가 지연된 것과 소외 00제1지구의료보험조합의 배당요구 및 이로 인하여 원고들이 한푼도 배당받지 못한 것과의 사이에 인과관계가 있는 것인지에 관하여 심리를 해 보아야 할 것이므로, 원심에는 심리미진의 위법이 있다.

IX 이 판결의 의의

이 사건에서 문제가 된 개별쟁점사안은 그 동안 유체동산집행과정에서 집행채권자와 집행채무자 및 집행관 사이에서 가장 갈등이 되는 부분들이었고, 또한 오해가 많은 부분들이었는데, 이는 집행관의 업무집행에 관하여 뚜렷한 유권해석이 없었기 때문이다.

본 판결은 위와 같은 쟁점에 관하여 일응의 기준을 제시하였고 특히, 유체동산집행에 있어서 특별환가가 어떻게 운용되어야 하는지에 관한 실례를 제시했다는 데 의의가 있다.

| 사례 2 | 집행관이 압류,가압류 물건에 대해 인도 집행을 실시할 때 해당물건이 누구의 점유하에 있는지 불분명하거나 소유권의 다툼있는 등 특별한 사정이 있는 경우 |

부산지법 제7민사부(재판장 이학수부장판사)는 22일 허모씨(34.부산 북구 모라동)가 서모씨(43)와 국가를 상대로 낸 손해배상청구소송 선고공판에서 "피고들은 연대해 원고에게 6천6백만원을 지급하라"며 원고 일부 승소판결을 내렸다.

재판부는 판결문에서 "집행관이 압류,가압류 물건에 대해 인도 집행을 실시할 때 해당물건이 누구의 점유하에 있는 지 불분명하거나 소유권의 다툼있는 등 특별한 사안이 있을 경우 추후 본안 판결의 결과에 따라 집행 해야함에도 집행관이 원고가 법원을 통해 받은 점유이전금지가처분 결정에 대해 "집행정지결정"이 내려졌다는 이유로 해당 유체동산을 피고에게 집행한 것은 불법행위"라고 밝혔다.

재판부는 그러나 "원고도 유체동산에 대한 자격박탈이후 필요한 조치를 취하지 않아 손해발생의 원인을 제공한 책임을 면할 수 없기 때문에 40%의 책임이 있다"고 덧붙였다.

출처 : 부산일보

제2장 집행관을 상대방으로 하는 손해배상소송 사례 121

| 사례 3 | 집행관이 골동품 강제집행 중 물품파손한 경우, 국가 배상 책임 |

공무집행 시 물품을 파손했다면 국가에도 배상의 책임이 있다는 법원의 판결이 나왔다.

서울고법 민사합의22부(부장판사 조인호)는 골동품 가게 주인 권모씨가 "집행관이 강제집행 과정에서 파손한 골동품을 배상하라"며 국가를 상대로 낸 손해배상청구 소송에서 원고 패소 판결한 원심을 깨고 원고 일부 승소 판결을 내렸다고 30일 밝혔다.

재판부는 판결문에서 "집행관은 인도 집행, 운반, 보관 과정에서 물품이 훼손되지 않도록 주의할 의무가 있다"며 "국가공무원인 집행관으로 인해 손해가 발생했다면 이를 배상할 의무가 있다"고 판시했다.

다만 재판부는 "인도 집행을 통보 받고도 현장에 나타나지 않은 권씨의 잘못도 손해 발생 및 확대의 원인"이라며 "국가의 책임을 손해액의 25%로 제한, 7100만 원을 배상하라"고 덧붙였다.

권씨는 1999년 임대한 건물 지하에 골동품점을 운영하다가 건물주와 법정 분쟁 끝에 2004년 토지 및 건물에 대한 강제집행 처분을 받았지만 집행과정에 나타나지 않았고 건물주는 권씨의 물건을 보관업체에 맡겼다.

권씨는 업체가 보관하던 자신의 물건 중 2억8700만원 상당의 골동품 30여점이 훼손, 분실된 것을 알고 소송을 냈지만 1심 재판부는 "위험을 알고도 미리 옮기지 않은 잘못이 있다"며 원고 패소 판결했다.

출처 : 뉴시스

[판례] 손해배상(기) (서울고등법원 2008. 6. 26. 선고 2006나95067 판결) (위 기사 판결문)

주 문

1. 제1심 판결 중 아래에서 지급을 명하는 금원에 해당하는 원고 패소부분을 취소한다.피고는 원고에게 71,831,232원 및 이에 대하여 2004.

는 연 20%의 각 비율로 계산한 금원을 지급하라.
2. 원고의 나머지 항소를 기각한다.
3. 소송총비용 중 80%는 원고가, 나머지는 피고가 각 부담한다.
4. 제1항의 금원 지급부분은 가집행할 수 있다.

청구취지 및 항소취지

제1심 판결을 취소한다. 피고는 원고에게 366,985,888원 및 이에 대하여 2004. 7. 19.부터 제1심 판결 선고일까지는 연 5%, 그 다음날부터 다 갚는 날까지는 연 20%의 각비율로 계산한 금원을 지급하라.

이 유

1. 기초사실

이 법원이 이 부분에 관하여 설시할 이유는, 제1심 판결의 이유 제1의 마.항(제3쪽 제13행 이하)을 아래와 같이 고치는 외에는 제1심 판결의 이유 제1항 기재와 같으므로, 민사소송법 제420조 본문에 의하여 이를 그대로 인용한다.

"마. 원고는 이○ 등과 함께 2004. 8. 9. 위 동산들을 찾으러 ▨▨▨▨를 방문하였는데, 그 현장에서 별표 순번 1 내지 27 기재 각 동산(이하 '이 사건 동산'이라 한다)이같은 표 '파손내용'란 기재와 같이 각 파손된 상태로 보관 중인 것을 발견하고 이를 사진으로 찍어두었고, 그날은 위 보관 중인 동산들 중 일부만 회수하였으며, 나머지 부피가 큰 가구 등은 다시 ▨▨▨▨에 보관시켰다가 2004. 8. 21. 이를 회수하였다."

2. 원고의 주장

원고는, 공무원인 피고 소속 집행관, 집행보조자, 집행관으로부터 보관을 위임받은 ▨▨▨▨ 직원들(이하 '집행관 등'이라 한다)이 아래 가. 내지 다.항 기재와 같이 집행및 운반, 보관 과정에서 위법행위를 하였고, 이로써 원고는 위 동산들 중 별표 순번 1기재와 같이 고려청자가 파손된 것을 비롯하여 같은 표 순번 1 내지 30 기재 각 동산이 같은 표 '파손내용'란 기재와 같이 각 파손되거나 분실됨으로써 각 최하시가에 각가치상실률을 곱한 금액의 합계인 미화 381,760달러(원화로 환산하면 366,985,888원)상당의 손해를 입었으므로, 피고는 국가배상법에 따라 원고에게 위 손해를 배상하여야한다고 주장한다.

가. 위 집행관은 이 사건 건물 내에 있던 위 동산들이 고가의 골동품이라는 사실을 김○○ 등으로부터 고지받아 사전에 잘 알고 있었고, 그렇지 않더라도 현장에서 이를알게 되었거나 적어도 파손되기 쉬운 물건임을 알 수 있었음에도, 사전에 원고에게 인도집행 일자를 알려 이를 반출하도록 하지 않았고, 강제로 인도집행을 할 경우에도 특별한 전문인력을 투입하거나 골동품 보관에 필요한 포장을 하여야 함에도 이를 하지않았다. 설령 위 집행관이 위 동산들이 고가의 골동품이거나 파손되기 쉬운 물건임을알지 못하였다고 하더라도, 집행관으로서는 인도집행 당시 아무런 손상 없이 위 동산들을 반출, 운반, 보관하였어야 한다.

나. 집행관 등은 이 사건 건물 지상 1, 2층 전부에 대하여 집행하는데 약 2시간 정도의 짧은 시간만 들여 무리하게 빠른 속도로 이 사건 동산을 집어던지다시피 함부로반출한 후 ▨▨▨▨▨▨로 가져갔다.

다. ▨▨▨▨▨▨의 직원들은 위 인도집행일 무렵인 2004. 7.경이 한여름인데도 이 사건 동산을 햇볕이 내리쬐는 야외에서 철제 컨테이너에 보관하였다.

3. 판단

가. 손해배상책임의 발생

집행관은 재판의 집행, 서류의 송달 기타 법령에 의한 사무에 종사하는 실질적 의미에 있어서의 국가공무원에 속한다 할 것이고, 재판의 집행 등에 있어서 민사소송법등 관련법에 정하여진 바에 따라 이를 시행하여야 하며, 특히 강제집행의 목적인 부동산 내의 종물 이외의 동산에 대하여는 집행권원의 효력이 미치지 아니하므로 집행관은이를 제거하여 채무자 또는 그의 친족, 대리인, 고용인에게 인도하여야 하고(민사집행법 제258조 제3항, 제4항 참조), 이러한 동산을 인도받을 채무자나 그 대리인 등이 없는 때에는 집행관은 그 동산을 채무자의 비용으로 보관하여야 하며(민사집행법 제258

조 제5항 참조), 집행관은 그 동산을 스스로 보관할 수 있고 채권자나 제3자를 보관인으로 선임하여 보관하게 할 수도 있는데, 동산을 보관함에 있어서 동산이 훼손되거나 가치가 감소되지 않도록 상당한 주의를 하여야 하고, 보관인에게 보관을 위탁하는 경우에는 그 보관인의 선임감독에 충분한 주의를 기울여야 하며 그 과정에서 채무자의 재산 등에 손해가 발생하지 않도록 하여야 할 주의의무가 있다 할 것이다.

이 사건에서 보건대, 갑 제2호증의 1 내지 7, 갑 제13, 14호증, 갑 제20호증의 1, 2, 갑 제21호증의 1 내지 3, 갑 제22호증, 갑 제17호증의 1 내지 3, 갑 제25호증의 각 기재, 영상 및 형상, 제1심 증인 백○○, 송○○, 이○, 당심 증인 김○○의 각 증언에 변론 전체의 취지를 종합하면, ① 원고는 대학 졸업 후 미국으로 이민을 가서 뉴욕에서 플로리스트(florist) 및 골동품 딜러로서 골동품점을 운영하며 활동했고, 그 당시 수집한 골동품인 이 사건 동산을 가지고 1997년경 귀국한 후 김○○, 이○○으로부터 이 사건 건물을 임차하여 1층에 인테리어 및 탁자, 의자, 컵 등을 골동품으로 한 '▨▨▨'라는 이름의 카페를 운영하면서 지하에는 골동품을 전시, 판매하는 골동품점을 운영하였으며, 따라서 위 집행관의 2004. 7. 19.자 인도집행 이전까지는 원고가 골동품인 이 사건 동산을 훼손되지 않도록 잘 보관하고 있었던 사실, ② 원고가 위 인도집행 이후 이 사건 동산을 스스로 파손한 것으로 볼 수는 없을 뿐만 아니라 스스로 파손할 이유도 없는 사실, ③ 위 인도집행 당시 집행관은 소속 노무자 35명으로 하여금 이 사건 동산을 반출하여 ▨▨▨▨▨▨▨ 소속 직원들과 함께 2대의 탑차와 1대의 용달차에 싣게 하였는데, 이 사건 건물의 1, 2층 전부에 관한 인도집행을 함에 있어 불과 2시간 정도(13:42경부터 15:58경까지)밖에 걸리지 않았던 사실, ④ 이 사건 건물 부근에서 대리주차 일을 하던 김○○는 이 사건 동산의 반출 과정에서 인부들이 가파른 층계를 오르내리면서 박스를 떨어뜨리거나 가구 등을 함부로 차에 실어 물건이 상하는 것을 보았으며 무엇인가 깨지는 소리를 듣기도 하였던 사실, ⑤ 그 후 ▨▨▨▨▨ 소속 직원들이 이 사건 동산을 운반하여 야외에서 철제 컨테이너 안에 보관한 사실, ⑥ 이 사건 동산의 반출 이후 이 사건 건물 밖에는 원고

소유의 양주, 와인 및 그 밖의 물건들이 일부 파손된상태로 버려져 있었던 사실, ⑦ 원고가 2004. 8. 9.경 ▨▨▨▨▨를 방문하였을 때 이 사건 동산이 별표 기재와 같이 파손된 상태로 보관되어 있었던 사실을 인정할 수 있고, 위 인정에 반하는 듯한 을나 제6 내지 9호증의 각 기재 및 당심 증인 조○○의 증언은 믿지 아니하며, 달리 반증이 없는바, 위 인정사실에 의하면, 이 사건 동산은 집행관이 실시한 이 사건 건물의 인도집행에 따른 위 동산의 반출, 운반, 보관 과정에서 집행관, 소속 노무자, 그리고 집행관 및 채권자들로부터 보관을 위임받은 ▨▨▨▨▨▨ 직원들이 위에서 본 바와 같은 주의의무를 소홀히 한 채 함부로 다루어 위와 같이 파손된 것으로 보이고, 따라서 위 집행관은 위 인도집행 과정에서 이 사건 동산을 인도집행 장소로부터 제거하여 보관함에 있어 동산이 훼손되거나 가치가 감소되지 않도록 상당한 주의를 하여야 함에도 이를 게을리 한 과실로 이 사건 동산이 파손되게 하였다고 할 것이므로, 피고는 국가공무원인 집행관의 위와 같은 불법행위로 인하여 원고가 입은 손해를 배상할 의무가 있다 할 것이다.

나. 손해배상책임의 범위

나아가, 피고가 배상하여야 할 손해배상의 범위에 관하여 살피건대, 일반적으로 불법행위로 인한 손해는 물건이 멸실되었을 때에는 멸실 당시의 시가를, 물건이 훼손되었을 때에는 수리 또는 원상회복이 가능한 경우에는 수리비 또는 원상회복에 드는 비용을, 수리 또는 원상회복이 불가능하거나 그 비용이 과다한 경우에는 훼손으로 인하여 교환가치가 감소된 부분을 통상의 손해로 보아야 하는바(대법원 2006. 4. 28. 선고2005다44633 판결 등 참조), 앞서의 인정사실 및 위 거시증거에 의하면 이 사건 동산은 골동품으로서 수리 또는 원상회복이 사실상 불가능하다고 할 것이어서 훼손으로 인한 교환가치 감소 부분이 통상의 손해라 할 것이고, 제1심 감정인 ▨▨▨▨▨▨▨▨▨및 당심 감정인 이○○, 김○○의 각 감정결과에 변론 전체의 취지를 종합하면, 그 구체적인 손해액은 별표 순번 1 내지 27의 각 해당 "손해액"란 기재 금원(달러로 표시한손해액은 제1심 감정인의 감정결과에 의한 것이고, 원화로 표시한 손해액은 당심 감정인의 감정결과에 의한 것이다)의 합계액인 287,324,928

원{= 161,960달러 × 1,166.8원 + 98,350,000원, 불법행위에 기한 손해배상채권은 특별한 사정이 없는 한 불법행위 당시의 기준환율에 의하여 우리나라의 통화로 환산하여 배상하여야 하는바(대법원 1995.10. 15. 선고 94다61120 판결 참조), 2004. 7. 19. 당시의 환율인 1달러당 1166.8원으로 환산함}이 된다.

한편, 원고는 위 집행관 등의 잘못으로 별표 순번 28 내지 30 기재 동산이 분실되었으니 피고는 그로 인한 손해도 배상할 책임이 있다고 주장하나, 위 집행관 등의 잘못으로 별표 순번 28 내지 30 기재 동산이 분실되었다고 인정할 증거가 없으므로 위주장은 이유 없다.

다. 책임의 제한

위 거시증거에 변론 전체의 취지를 종합하면, 원고는 언제든지 김○○ 등으로부터 위 승소판결에 기한 인도집행을 당할 위험이 있다는 것을 알고 있었고 2004. 4. 6.경에이미 인도집행을 고지받았으며 같은 해 4. 12.경에도 인도집행 시도가 있었음에도, 그로부터 3개월 후인 위 인도집행일까지도 파손되기 쉬운 값비싼 골동품 등을 다른 곳에옮기지 않은 채 만연히 이 사건 건물에 보관하고 있었을 뿐만 아니라, 위 인도집행 당일 13:00경 집행을 통보받고서도 집행 종료시까지 현장에 나타나지 않은 사실, 원고는위 인도집행 종료 직후 주차관리인과 이○을 통해서 이 사건 동산의 보관장소를 고지받았음에도 그로부터 20여 일이 지난 2004. 8. 9.경에 이르러 비로소 ▩▩▩▩에 찾아가 보관금을 지급하고 보관물 일부를 회수한 후 나머지는 ▩▩▩▩에 다시 보관시킨사실을 인정할 수 있는바, 위와 같은 원고의 잘못도 이 사건 손해의 발생 및 확대의한 원인이 되었다고 할 것이므로 피고의 손해배상책임액을 산정함에 있어 이를 참작하기로 하되, 그 과실비율은 위 사실관계에 비추어 전체의 75%로 봄이 상당하므로, 피고의 책임비율을 나머지 25%로 제한한다.

라. 소결론

따라서 피고는 원고에게 71,831,232원(= 287,324,928원 × 25%) 및 이에 대하여 위 불법행위일인 2004. 7. 19.부터 피고가 그 이행의무의 존부 및 범위에 관하여 항쟁함이상당한 당심 판결 선고일인 2008. 6. 26.까지는 민법에 정한 연 5%, 그 다음날부터 다갚는 날까지는 '소송촉진 등에 관한 특례법'에 정한 연 20%의 각 비율로 계산한 지연손해금을 지급할 의무가 있다고 할 것이고, 원고의 주장은 위 인정범위 내에서 이유있고 나머지 부분은 이유 없다.

4. 결론
그렇다면, 원고의 청구는 위 인정범위 내에서 이유 있어 인용하고, 나머지 청구는 이유 없어 기각할 것인바, 제1심 판결 중 이와 결론을 일부 달리하는 부분은 부당하므로위에서 인정한 금원에 해당하는 원고 패소부분을 취소하고 피고에게 위 금원의 지급을명하며, 원고의 나머지 항소는 이유 없어 이를 기각하기로 하여, 주문과 같이 판결한다.

사례 4 우리 집에 왜 왔니 엉뚱한 집 강제집행한 집행관

【 앵커멘트 】
채권 강제집행을 담당하는 집행관들이 거주자에게 알리지도 않고 엉뚱한 집에 침입했다가 논란이 되고 있습니다.
더 큰 문제는 감독 책임이 있는 법원이 이런 집행관의 실수에 대해 절차상의 문제가 없다며 감싸고 있다는 것입니다.
강세현 기자가 보도합니다.

【 기자 】
주택가 골목을 서성이는 남성들. 잠시 뒤 열쇠공이 문을 열자 집 안으로 들어갑니다.
지난달 24일 집행관 등이 가정집을 강제집행하는 모습입니다.
그런데 이 집은 수개월 전 채무자가 떠나 새로운 세입자가 살고 있던 상황으로, 아무 관련 없는 사람의 집에 침입한 셈이었습니다.

▶ 인터뷰 : 주택 거주자
- "내가 모르는 누군가가 와서 집을 수색하고 내 정보를 파악하고 나갔다는 게 어처구니가 없죠."
집행관은 이같은 사실을 거주자에게 알려주지도 않았다가, 거주자가 항의하자 채권 회사로 책임을 떠넘깁니다.

▶ 인터뷰(☎) : 해당 집행관
- "채권자가 그 집이라고 하니까 문을 열고 들어갔고, 문제가 있으면 (채권자) 회사 번호를 알려 드릴 테니까."
  더 큰 문제는 법원의 안일한 태도입니다.
  집행관에 대한 감독 책임이 있는 서울 북부지법은 절차상 문제가 없었다며, 해당 집행관에 대해 감독할 계획이 없다는 입장입니다.

▶ 인터뷰 : 김남주 / 변호사
- "집행했다는 사실을 고지할 의무를 민사 집행법 등 기타 규정에 보완할 필요가 있습니다."
  법으로 국민을 보호해야 할 법원이 법을 앞세워 국민 위에 군림하는 것은 아닌지 비판의 목소리가 커지고 있습니다.
                                    MBN뉴스 강세현입니다.[accent@mbn.co.kr]
                                                    출처 : MBN뉴스

사례 5   유체동산 집행 관련 집행관의 주의의무

집행관이 유체동산을 집행함에 있어 창고안에 있는 물건 일부만 압류
○ 대법원 1991. 10. 11. 선고 91다8951 판결
집달관이 창고 안에 저장되어 있는 동종의 물건 가운데 일부만을 압류하여 이를 채무자에게 보관시키면서 압류한 부분을 유형적으로 구별하여 놓지 아니하고 일괄공시의 방법으로 품목과 수량을 기재한 데 그친 공시서를 창고 벽에 붙여서 한 압류는 무효이고, 이를 기초로 하여 진행된 경매절차 역시 무효이다. 따라서 피고는 집달관이 그 직무상의 과실로 법령에 위반하여 위 덩굴차를 경매함으로써 원고가 입은 손해를 배상할 책임이 있다. 17)

---

17) 그러나 "경매절차가 무효로 되었으면 그 경락대금 부분에 관하여는 아직 채무변제의 효과가 발생하지 아니한 것이고, 따라서 채권자로서는 여전히 나머지 채권을 채무자에게 청구할 수 있으므로 그 경락으로 말미암아 채무자에 대하여 채권추심이 곤란해졌다는 등의 특별한 사정이 없는 한 채권자로서는 위 경매가 무효로 되었다는 사유만으로는 그 경락대금 상당의 손해가 발생하였다고 할 수 없다"는 이유로 원고의 청구를 배척하였다.

| 사례 6 | 집행관이 압류한 물건에 대한 감정은 고도의 전문적인 지식이나 경험은 요하지 않는다. |

집행관이 압류시 감정인에게 그 평가를 받게 하는 경우, 위 감정인은 소송절차 내의 감정인과 달리 고도의 전문적 지식이나 경험을 가진 자에 한하지 않으며 목적물의 객관적 거래가격을 평가하기에 족한 정도의 지식과 경험을 갖고 있는 자이면 충분하다는 사례[18]

| 사례 7 | 집행관이 유체동산 집행을 3자의 거주지에서 집행 |

집행관이 유체동산압류집행을 함에 있어 제반 사정을 확인한 후 채무자의 거주지라고 판단하여 집행을 하였으나 실제로는 거주지가 아니었던 사안에서 과실을 부정한 사례[19]

제2절 조경수 조경석 집행에 대한 손해배상 사례

| 사례 1 | 경매 앞둔 조경수에 압류 스프레이 국가 배상 책임 |

법원 "조경수 가치 상실…끈 단단히 묶어 압류표시 했으면 될 일"
조경수 압류 스프레이 법원 국가배상 경매
법원 집행관이 경매를 앞둔 조경수에 스프레이를 뿌려 압류 표시를 하는 바람에 국가가 피해를 물어주게 됐습니다.
서울중앙지법 민사1부는 최근 조경수 도소매업자가 국가를 상대로 낸 손해배상 청구 소송에서 "국가가 업자에게 2억 9천여만 원과 지연 이자를 지급하라"고 판결했습니다.

---

18) 서울중앙지방법원 2007가합43318
19) 인천지방법원 2009가단14172

재판부는 "해당 수목에 대해서는 경매가 예정돼 있었고, 압류 장소가 조경수 판매를 목적으로 하는 화원인 점 등을 보면 집행관으로서는 이들 수목이 조경수로서의 재산적 가치를 가진다는 걸 충분히 알 수 있었다"고 지적했다.

앞서 A씨는 집행관이 자신이 키우던 조경수를 압류하면서 수목 474주에 스프레이를 뿌리자 "조경수 가치를 떨어뜨렸다"며 소송을 냈습니다.

국가는 소송에서 정씨가 압류 대상 수목을 끈으로 묶어 표시해뒀지만 그 끈이 대부분 제거되는 바람에 불가피하게 스프레이를 뿌렸다고 항변했다.

재판부는 그러나 "자연적으로 훼손되지 않을 정도로 끈을 단단히 묶는 것을 기대하기 어렵다고 볼 사정이 없다"며 스프레이 사용의 정당성을 인정하지 않았다.

출처 : 연합뉴스

[소장서식 1] 경매 앞둔 조경수에 압류 스프레이 국가 배상 책임 사건 1심 판결문 요지

서울중앙지방법원
제16민사부
판 결

사 건	2018가합545131 손해배상(국)
변론종결	2019. 3. 14.
판결선고	2019. 4. 18.

주 문

1. 피고는 원고에게 297,615,387원과 이에 대하여 2018. 5. 31.부터 2019. 4.

18.까지는 연 5%, 그다음 날부터 다 갚는 날까지는 연 15%의 각 비율로 계산한 돈을 지급하라.
2. 원고의 나머지 청구를 기각한다.
3. 소송비용은 피고가 부담한다.
4. 제1항은 가집행할 수 있다.

청 구 취 지

피고는 원고에게 297,615,387원과 이에 대하여 2018. 5. 31.부터 이 사건 소장 부본 송달일까지는 연 5%, 그다음 날부터 다 갚는 날까지는 연 15%의 각 비율로 계산한 돈을 지급하라.

이 유

1. 집행채권자는 2000. 0. 00. 수원지방법원 00지원에 2000본000호로 이 사건 토지 인도 및 수목의 압류를 신청하여, 위 법원 소속 집행관 000(이하 '이 사건 집행관'이라 한다)은 2000. 0. 00. 이 사건 토지 위에 있는 조경수를 압류하였다. 이 사건 집행관은 위 압류과정에서 조경수에 대하여 압류표시로써 유성 스프레이를 도포하였다.
  [인정근거] 다툼 없는 사실, 갑 1~6호증(가지번호 있는 것은 가지번호 포함, 이하 같다)의 기재, 갑 7호증의 영상, 변론 전체의 취지
2. 관련 법리
  공무원의 행위를 원인으로 한 국가배상책임을 인정하기 위하여는 '공무원이 직무를 집행하면서 고의 또는 과실로 법령을 위반하여 타인에게 손해를 입힌 때'라고 하는 국가배상법 제2조 제1항의 요건이 충족되어야 한다. 여기서 '법령을 위반하여'라고 함은 엄격하게 형식적 의미의 법령에 명시적으로 공무원의 행위 의무가 정하여져 있음에도 이를 위반하는 경우만을 의미하는 것은 아니고, 인권존중·권력남용금지·신의성실과 같이 공무원으로서 마땅히 지켜야 할 준칙이나 규범을 지키지 아니하고 위반한 경우를 비롯하여 널리 그 행위가 객관적인 정당성을 결여하고 있는 경우도 포함한다(대법원 2015. 8. 27. 선고 2012다204587 판결 등 참조).
3. 판단

가. 국가배상책임

성립 여부에 관한 판단

1) 앞서 든 증거, 감정인 000의 감정결과에 변론 전체의 취지를 종합하면 이 사건 토지 위에 있는 933주의 수목 중 474주의 수목(이하 '이 사건 수목'이라 한다)에 유성 스프레이(대부분 빨간색 스프레이이고, 일부 흰색 포함)가 도포된 사실이 인정되고, 이에 더하여 피고의 배상책임이 인정될지 여부가 불분명한 상황에서 원고가 고의로 피해를 확대시킬 이유가 없을 뿐만 아니라 이 사건 집행관 외에 다른 사람이 추가로 스프레이를 도포하였다는 정황을 전혀 찾을 수 없는 점 등을 종합하면, 이 사건 집행관이 압류과정에서 474주의 이 사건 수목에 유성 스프레이를 도포하였다고 봄이 합리적이다.

이에 대하여 피고는 이 사건 집행관은 이 사건 토지 위에 있는 수목 584주를 압류하면서 315주에 대하여만 스프레이를 도포하였다고 주장하나, 이 사건 집행관이 압류 당시 스프레이를 도포한 수목의 숫자와 목록 등을 기록한 객관적인 자료를 찾을 수 없는 점 등에 비추어 보면, 피고의 주장만으로 앞의 인정을 뒤집을 수 없다.

2) 앞서 든 증거 및 인정한 사실에 의하여 알 수 있는 다음과 같은 사정을 종합하면, 이 사건 집행관이 이 사건 수목에 대하여 압류 표시로써 한 행위는 객관적 정당성을 결여하여 원고의 재산권을 침해하였다고 봄이 타당하다.

① 이 사건 수목에 대하여 경매가 예정되어 있었고, 압류장소가 조경수 판매를 목적으로 하는 화원인 점 등에 비추어 보면 이 사건 집행관으로서는 이 사건 수목이 조경수로서의 재산적 가치를 가진다는 점을 충분히 알 수 있었다.

② 그럼에도 이 사건 집행관은 이 사건 수목에 유성 스프레이를 도포하여 이 사건 수목의 조경수로서의 가치를 상실케 할 수밖에 없는 압류표시 방법을 택하여 실시하였다. 유성 스프레이의 색상도 대부분 빨간색이고, 유성 스프레이가 도포된 부위도 이

사건 수목의 줄기 중간 부분으로 그 면적이 작지 않다.
③ 피고는, 채권자가 압류 이전 압류할 수목을 끈으로 묶는 방법으로 특정하였으나 그 끈이 대부분 제거되었기 때문에 압류물을 특정하기 위한 불가피한 방법으로 이 사건 수목에 스프레이를 도포한 것이므로, 이 사건 집행관의 행위는 객관적 정당성을 결여하지 않았다고 주장한다.

그러나 ㉠ 이 사건 수목에 대하여 자연적으로 끈이 훼손되지 않을 정도로 지속성있게 끈을 단단히 묶는 것을 기대하기 어렵다고 볼 사정이 없는 점,

㉡ 가사 누군가 채권자가 압류 집행 전 압류할 목적물을 표시한 것을 훼손하였다고 하더라도 이는 아무런 법적 효력이 없는 표시를 훼손한 것으로, 형법상 공무상표시무효죄 등에 의하여 보호되고 이러한 법적 효력이 공시서로써 게시되는 집행관의 압류표시까지 훼손하리라고 압류 당시 합리적으로 예상할 만한 사정도 보이지 않는 점,

㉢ 나아가 누군가 고의로 압류표시를 훼손할 위험이 있다고 하더라도, 압류물임을 명확하게 인식할 수 있고 또 쉽게 떨어지지 않을 정도의 지속성이 있는 것으로 압류표시를 한 경우에는 뒤에 권한 없는 자에 의하여 손상되거나 자연적으로 탈락·소멸되었다 하더라도 압류의 법적 효력에는 영향이 없는 점,

㉣ 피고의 주장에 따르더라도 이 사건 수목 중 압류대상은 총 584주인데, 그중 회양목 269주는 규격이 너무 작아 스프레이나 페인트 등을 도포할 수 없다는 이유로 끈을 묶어두는 방법으로 압류표시를 하였다는 것이고(2019. 3. 6.자 준비서면 3쪽), 실제로 피고가 압류한 대상에는 269주 상당의 회양목이 포함되어 있는데, 감정인 000의 감정결과에 따르면 회양목 중 2주에 대하여만 스프레이가 도포되어 있으므로, 이 사건 집행관은 일부 압류물에 대하여는 끈을 묶어 압류표시하고 다른 압류물에 대하여는 유성 스프레이를 도포하여 압류표시를 표시하였다고 볼 수밖에 없는 점 등에 비추어 보면, 이 사건 집행관이 이 사건 수목의 재산적

가치를 훼손하지 않는 방법으로는 압류표시를 할 수 없어서 불가피하게 이 사건 수목에 스프레이를 도포하였다고 볼 수는 없다.

나. 손해의 범위에 관한 판단

감정인 000의 감정결과를 비롯하여 앞서 든 증거에 따르면 유성 스프레이 도포로 297,615,387원 상당의 이 사건 수목의 조경수로서의 가치가 상실되었음이 인정된다. 이에 대하여 피고는 감정방법, 가격 산정기준 등이 자의적이므로 위 감정결과를 믿을 수 없다는 취지로 주장하나, 감정인의 감정결과는 감정방법 등이 경험칙에 반하거나 합리성이 없는 등 현저한 잘못이 없는 한 존중하여야 하고(대법원 2012. 1. 12. 선고 2009다84608 판결 등 참조), 위 감정결과는 조경수의 특성상 표준적인 시가를 확보하기 어려운 상황에서 조달청의 조경수 조달가격을 기준으로 감정인의 경험과 현장조사를 통하여 산정되어 합리적이라고 인정할 수 있으므로, 피고의 위 주장은 받아들일 수 없다.

다. 소결론

따라서 피고는 원고에게 손해배상금 297,615,387원과 이에 대하여 불법행위일인 2000. 0. 00.부터 피고가 이행의무의 존부 및 범위에 관하여 다툴 만하다고 인정되는 이 판결 선고일인 2000. 4. 18.까지는 민법이 정한 연 5%, 그다음 날부터 다 갚는 날까지는 소송촉진 등에 관한 특례법이 정한 연 15%의 각 비율로 계산한 지연손해금을 지급할 의무가 있다(원고는 2019. 2. 26.자 청구취지 및 청구원인 변경신청서를 통하여 청구금액을 297,615,387원으로 확장하면서 그 전액에 대하여 소장 부본 송달 다음 날부터 소송촉진 등에 관한 특례법이 정한 지연손해금의 지급을 구하나, 확장된 금액 부분에 대해서는 위 청구취지 및 청구원인 변경신청서 부본 송달일까지 소송촉진 등에 관한 특례법이 정한 지연손해금 이율을 적용할 수 없으므로 이 부분 지연손해금 청구는 기각한다).

4. 결론

원고의 청구는 위 인정 범위 내에서 정당하므로 받아들이고, 나머지 청구는 기각한다.

[소장서식 2] 경매 앞둔 조경수에 압류 스프레이 국가 배상 책임 사건
2심 판결문 요지

서 울 고 등 법 원
제 1 민 사 부
판 결

사 건   2019나2021253 손해배상(국)
제1심 판결   서울중앙지방법원 2019. 4. 18. 선고 2018가합545131 판결
변 론 종 결   2021. 1. 20.
판 결 선 고   2021. 2. 5.

주 문

제1심판결 중 피고 패소 부분을 취소하고, 그 취소 부분에 해당하는 원고의 청구를 기각한다.
소송총비용은 보조참가로 인한 부분을 포함하여 모두 원고가 부담한다.

청구취지 및 항소취지

1. 청구취지
   피고는 원고에게 297,615,387원과 이에 대하여 2018. 5. 31.부터 이 사건 소장 부본 송달일까지는 연 5%, 그다음 날부터 다 갚는 날까지는 연 15%의 각 비율로 계산한 돈을 지급하라.
2. 항소취지
주문 제1항과 같다.

이 유

1. 인정사실
   가. 이 사건 수목 압류집행의 진행 경위
      1) 그런데 이 사건 조정을 갈음하는 결정이 확정된 후에도 원고는

이 사건 토지 위에 있는 수목 등을 수거 및 철거하지 아니한 채 위 토지를 계속적으로 점유해 오고 있었다(한편, 원고는 0000을 0000. 00. 00. 폐업하였다).

2) 이에 채권자는 이 사건 조정을 갈음하는 결정 정본에 기하여 수원지방법원 00지원 2000타기00호로 대체집행 신청을 하였다. 위 신청사건에서 담당법원은 2000. 0. 00. 「채권자(000)는 그가 위임하는 수원지방법원 00지원 소속 집행관으로 하여금 채무자의 비용으로 이 사건 토지 위에 식재된 수목 및 농작물을 수거하고, 위 토지 위에 있는 컨테이너박스 등 일체의 시설물을 철거하게 할 수 있다.」는 내용으로 채권자의 위 대체집행 신청을 인용하는 결정(이하 '이 사건 대체집행 결정'이라 한다)을 하였고, 그 결정은 2000. 0. 00. 확정되었다.

3) 이 사건 대체집행 결정에 따라 채권자는 2000. 0. 00. 수원지방법원 00지원 2000본000호로 이 사건 토지 인도 및 수목의 압류를 신청하였고, 수원지방법원 00지원 소속 집행관이던 피고보조참가인은 이 사건 토지 인도 및 수목의 압류를 위임받았다.

4) 그 후 피고보조참가인은 2000. 0. 00. 이 사건 토지에 임하여 '2000. 0. 0.까지 자진하여 이 사건 부동산을 인도할 것'을 고지하고, 그와 같은 내용이 기재된 강제집행 예고문을 이 사건 토지 위에 설치되어 있던 컨테이너 벽면에 부착하는 방법으로 이를 다시 고지하였다.

5) 피고보조참가인은 2000. 0. 00. 이 사건 토지에 임하여 유체동산 압류집행을 하려하였으나 채권자의 연기신청에 따라 집행을 하지 아니하였다.

6) 피고보조참가인은 2000. 0. 00. 다시 이 사건 토지에 임하여 채권자(000)의 청구금액 합계 22,352,877원(원금 10,800,000원＋이자 11,552,877원) 및 집행비용의 변제에 충당하기 위하여 이 사건 토지 위에 식재되어 있던 수목(조경수)에 대한 압류집행을 실시하였다. 그 과정에서 피고 보조참가인은 압류 대상 수목들에 유성 스프레이(대부분 빨간색이고 일부 흰색도 포함)를 살포하는 방법

으로 압류물임을 표시한 다음, 채권자(000)의 승낙을 받아 채무자(원고)로 하여금 이를 보관하도록 하였다(이하 '이 사건 압류집행'이라 한다). 당시 피고보조참가인이 작성한 압류목록에는 소나무 74주, 모과나무 1주, 벚나무 4주, 단풍나무 48주, 목련 49주, 산수유 4주, 꽃사과 1주, 은행나무 9주, 측백나무 4주, 주목 10주, 수국 8주, 대추나무 1주, 보리수나무 2주, 편백나무 2주, 느티나무 63주, 향나무 15주, 오엽송 8주, 가이스카 2주, 자두나무 1주, 이팝나무 2주, 매실나무 1주, 둥근주목 3주, 공작단풍 3주, 회양목 269주, 합계 584주의 수목을 압류한 것으로 기재되어 있다.

7) 한편, 원고 또는 그 가족이나 동거인 등 위 집행의 채무자 측은 위 2000. 0. 00.자 부동산인도 고지절차와 2000. 0. 00.자 수목 압류집행 및 2000. 0. 00.자 수목 압류집행 기일에 모두 참여하지 아니하였다.

라. 압류된 수목의 매각

1) 피고 보조참가인은 2000. 0. 00. 압류된 위 수목들의 매각을 위하여 감정인 000에게 위 수목들에 대한 감정평가를 촉탁하였다. 이에 관하여 감정인 000는 2018. 0. 00. 압류된 위 수목들의 총 감정가액(2018. 7. 19. 기준)은 37,185,000원이라는 내용의 감정평가서를 제출하였다.

다만, 감정인 000는 위와 같이 감정가액을 결정함에 있어 압류목록에 기재된 위 수목들의 수종과 수령을 고려하여 감정하였을 뿐, 위 수목들의 외관이나 수목 이전비 등을 감정에 반영하지는 아니하였다.

2) 그 후 압류된 위 수목들에 대한 매각절차에서 2000. 0. 00. 호가경매가 실시되어 대금 39,000,000원에 위 수목들이 원고측 000에게[20] 일괄 매각되었다.

[인정 근거] 다툼 없는 사실, 갑 제1 내지 6호증(가지번호 있는 것은 가지번호를 포함한다. 이하 같다), 을 제1, 6, 21, 24, 25, 27,

---

[20] 원고는 000에게 위임하여 원고의 비용으로 위 수목들을 매수한 것이라고 진술하고 있다(2020. 12. 26.자 원고 준비서면 제8면).

28, 30호증의 각 기재, 변론 전체의 취지

2. 원고 청구원인의 요지
수원지방법원 00지원 집행관인 피고보조참가인은 이 사건 토지 위에 있는 수목들을 압류함에 있어 위 수목들이 관상수로서 그 미관을 유지하는 것이 매우 중요하였음에도, 이 사건 압류집행을 함에 있어 위 수목들의 환가 가능성을 고려하지 아니하고 집행관으로서 당연히 숙지해야 할 관상수에 대한 기본적인 지식을 결여한 채 빨간색 유성 스프레이를 칠하는 방법으로 위 수목들에 대한 압류표시를 하였고, 그 후 유성 스프레이를 칠한 흔적을 지우기 위해 수목의 껍질을 벗기거나 약품처리를 하는 등으로 원고의 수목 총 474주를 훼손하였는바, 이는 공무원인 피고보조참가인의 직무(유체동산 압류)집행에 있어 고의 또는 과실에 기한 불법행위에 해당하고, 이로 인하여 원고는 관상수인 위 수목들의 전체 가치가 상실되는 손해를 입게 되었으므로, 피고는 국가배상법 제2조에 기하여 원고가 입은 손해를 배상할 책임이 있다.
따라서, 피고는 원고에게 피고보조참가인의 위와 같은 불법행위로 인하여 훼손된 원고의 수목 474주의 제1심 법원 감정가액에 해당하는 297,615,387원과 이에 대한 지연손해금을 지급할 의무가 있다.

3. 국가배상책임의 성립에 여부에 관한 판단
   가. 관련 법리
   공무원의 행위를 원인으로 한 국가배상책임을 인정하려면 '공무원이 직무를 집행하면서 고의 또는 과실로 법령을 위반하여 타인에게 손해를 입힌 때'라고 하는 국가배상법 제2조 제1항의 요건이 충족되어야 한다. 여기서 '법령을 위반하여'라고 함은 엄격하게 형식적 의미의 법령에 명시적으로 공무원의 행위의무가 정하여져 있음에도 이를 위반하는 경우만을 의미하는 것은 아니고, 인권존중·권력남용금지·신의성실과 같이 공무원으로서 마땅히 지켜야 할 준칙이나 규범을 지키지 아니하고 위반한 경우를 비롯하여 널리 그 행위가 객관적인 정당성을 결여하고 있는 경우를 포함한다(대법원 2020. 6. 4.

선고 2015다233807 판결).

나. 판단

살피건대, 원고가 주장하는 사정이나 원고가 제출한 증거들만으로는, 앞서 채택한 증거들 및 을 제3, 4, 10, 12호증의 각 기재, 갑 제7호증, 을 제2, 15호증의 각 기재와 영상, 이 법원의 현장검증결과, 당심 감정인 000의 감정결과에 변론 전체의 취지를 종합하여 인정되는 다음 사정들에 비추어 볼 때, 피고보조참가인이 이 사건 토지 위에 있는 수목들에 대한 압류집행을 함에 있어 유성 스프레이를 도포하는 방법으로 압류표시를 한 행위가 객관적 정당성을 결여한 위법한 직무집행에 해당한다고 인정하기 어렵고, 달리 이를 인정할 만한 증거가 없다.

1) 피고보조참가인이 이 사건 압류집행을 한 장소가 조경수 판매를 목적으로 한 화원이고 이 사건 압류집행의 대상은 위 화원 내에 식재된 수목들이었음은 원고가 주장하는 바와 같다. 그러나 당시 원고는 선행 토지인도 청구소송에서 2015. 7. 24. 이 사건 조정을 갈음하는 결정이 확정되었고, 위 조정을 갈음하는 결정을 통하여 이 사건 토지인도 및 수목 수거에 필요한 충분한 시간을 부여받았음에도, 수목 등 수거 및 토지 인도기한인 2016. 6. 30.로부터 약 1년 11개월간 이 사건 조정을 갈음하는 결정에서 정한 자신의 의무를 전혀 이행하지 아니한 채 이 사건 토지 위에 식재된 수목을 소유하면서 이 사건 토지를 점유하면서 이 사건 토지 소유자인 000의 권리행사를 방해하고 있었다. 이에 채권자는 이 사건 대체집행 결정을 받았다.

따라서 비록 이 사건 토지위에 식재되어 있던 수목들이 조경수로서 어느 정도 재산적 가치가 있는 물건이었다고 하더라도, 당시 위 수목들은 이 사건 토지의 정당한 권리자의 권리행사를 방해하던 것으로서 조속히 위 토지에서 제거될 필요가 있었다는 점이 충분히 감안되어야 한다. 더욱이 당시 원고는 이 사건 토지 위에서 경영하던 '0000'을 이미 2000. 00. 00.에 폐업하였고, 그 후로는 조경수 판매영업을 중단한 채 이 사건 토지 위에 식재되어 있던 수목들을 방치하고 있었다.

2) 집행관은 법률이 정하는 바에 의하여 재판의 집행, 서류의 송달 기타 법령에 의한 사무에 종사하는 독립적 단독제의 사법기관으로서 자기의 판단과 책임 하에 독립적으로 국가의 권한을 행사하는 기관이다. 또한, 집행관은 집행위임이 있으면 위임의 요건을 조사하여 형식적 요건이 구비되어 있는 한 정당한 사유 없이 위임을 거절할 수 없으나, 위임을 받은 집행관은 집행기관으로서 독립하여 자기의 책임과 판단으로 법규에 따라 그 권한을 행사하여야 하며 채권자의 지시를 따를 필요가 없다.

이 사건에서, 집행관인 피고보조참가인은 채권자로부터 이 사건 조정을 갈음하는 결정과 이 사건 대체집행 결정을 집행권원으로 하여 ① 이 사건 토지의 인도와 이를 위한 ② 이 사건 토지에 식재된 수목의 수거 및 ③ 지상물의 철거와 ④ 동산압류(현금화) 절차를 위임받았다. 이에 피고보조참가인은 우선 동산(수목) 압류 및 매각 절차를 진행하여 수목들을 매각함으로써 그 매수인으로 하여금 매수인의 비용으로 매각된 수목들을 수거하게 한 다음, 나머지 수목들에 대하여 수거절차를 진행하고, 이와 아울러 지상에 설치된 컨테이너박스를 철거하여 위임인인 채권자에게 이 사건 토지를 인도할 계획을 가지고, 그 첫 단계로 이 사건 압류집행을 실시한 것으로 보인다. 즉, 이 사건 압류집행은 직접적으로 이 사건 토지 위에 있는 수목들을 현금화하기 위한 절차일 뿐만 아니라, 전체적으로 이 사건 토지를 소유자인 OOO에게 인도하기 위한 그 지상의 수목들에 대한 수거집행 절차의 일환이라고도 할 수 있다.

3) 한편, 재판예규 제260호에서 정한 「과수 수거 집행방법」에 의하면, 과목의 수거집행의 방법은 수목을 벌목치 아니하고 뿌리까지 뽑아 수거하는 방법으로 집행하여야 하되, 뿌리를 완전히 제거하지 아니해도 되며 또 뿌리가 일부 절단되어도 무방하고, 그 수거 과목은 옮겨 심어 살 수 있는 상태로 집행하지 아니하여도 무방하다. 다만, 집행채무자가 집행 당시에 과목 이식을 위한 준비를

완비하여 집행기관에게 이식할 수 있도록 과목을 수거할 것을 요청하고, 과도한 비용이나 특별한 시설 없이도 이식할 수 있는 상태로 용이하게 수거할 수 있으며, 채무자가 적극 이에 협력하는 특별한 사정이 있을 때에는 되도록 그 사정을 참작하여 수거집행을 할 수도 있다. 이와 같은 규정의 취지는, 수목에 대한 수거집행이 다른 집행에 비하여 난이도가 높고 집행 대상 수목의 분리, 운반, 이식 또는 보관에 시간과 비용이 많이 들며, 그 과정에서 수목이 훼손되거나 고사할 가능성이 큰 점 등을 고려하여, 원칙적으로 집행채권자의 신속한 권리실현을 위하여 집행관으로 하여금 수거집행 후에도 수목이 살 수 있을 것인지에 구애받지 않고 그 재량에 따라 용이하게 수거집행을 단행할 수 있도록 하되, 예외적으로 집행채무자가 수목의 이식에 적극적으로 협력하는 등 특별한 사정이 있는 경우에는 집행채무자의 이익을 고려하여 그 요청을 수거집행에 참작할 수 있도록 한 것이다.

그런데, 앞서 본 바와 같이 집행관은 위임받은 집행에 관하여 채권자의 지시에 따를 필요 없이 자기의 책임과 판단으로 법규에 따라 그 권한을 행사할 수 있는 것이므로, 피고보조참가인으로서는 우선 이 사건 토지 위의 수목 전체에 대한 수거집행을 먼저 단행한 다음 수거한 수목들에 대하여 현금화절차를 실시할 수도 있었다. 그러나 그와 같은 절차에 의하는 경우, 수거집행 이후 수목의 가치가 수거집행 전 토지에 정착된 수목의 가치보다 낮을 것임을 충분히 예상할 수 있고,[21] 수목 전체에 대한 수거집행에 소요되는 상당한 비용도 궁극적으로 모두 채무자(원고)가 부담해야 하는 것이므로, 이를 감안하여 피고보조참가인이 이 사건 토지 위의 수목들에 대하여 먼저 압류 및 현금화 절차를 진행한 것은 채권자(000)와 채무자(원고)의 이익을 모두 고려한 합리적인 조치라고 평가할 수 있다.

4) 동산에 대한 강제집행은 압류에 의하여 개시하고(민사집행법 제

---

[21] 따라서, 수거집행 전의 수목에 대하여 현금화절차를 실시하는 것이 집행채권자(000)와 집행채무자(원고) 모두에게 더 이익이 된다.

188조 제1항), 채무자가 점유하고 있는 유체동산의 압류는 집행관이 그 물건을 점유함으로써 하되, 다만 채권자의 승낙이 있거나 운반이 곤란한 때에는 봉인, 그 밖의 방법으로 압류물임을 명확히 하여 채무자에게 보관시킬 수 있다(민사집행법 제189조 제1항). 그 압류의 표시는 명확하여야 하며 통상의 주의력에 의하여 쉽게 인지할 수 있는 방법에 의하여야 한다. 일반적으로 봉인표 또는 압류물임을 명백히 한 공시서를 붙이는 방법에 의하여 압류표시를 하나, 봉인표 등을 붙이기 어려운 경우에는 금속이나 나무판 등에 그 취지를 적어두거나 쉽게 지워지지 않는 페인트로 적는 방법 등으로도 압류의 표시를 할 수 있다. 다만 압류의 표시는 압류기간 중 자연적으로 훼멸되거나 쉽게 떨어지지 않을 정도의 지속성이 있어야 한다.[22]

이와 같이 집행관이 압류물을 채무자에게 보관시키는 경우 압류의 표시는 유체동산 집행의 효력발생요건이므로 이를 하지 아니하면 압류는 무효이고, 이를 기초로 하여 진행된 경매절차도 무효가 되며, 그러한 하자를 추후에 집행관이 보정하여 경매하였다고 해서 그 흠이 치유되는 것도 아니다(대법원 1991. 10. 11. 선고 91다8951 판결 참조). 그런데, 민사집행법은 위와 같이 압류물임을 명확히 표시하는 방법으로 '봉인, 그 밖의 방법'이라고만 규정할 뿐 구체적으로 압류표시를 명확히 하는 방법을 정하지 않고 있다. 따라서 집행관은 압류 대상 물건의 특성과 그 주변상황 등을 고려하여 자신의 전문적인 경험과 지식에 기초하여 재량으로 압류 대상 물건이 압류물임을 명확히 표시할 수 있는 방법을 선택할 수 있다고 보아야 한다. 한편, 집행관이 압류할 유체동산을 선택하는 때에는 채권자의 이익을 해치지 아니하는 범위 안에서 채무자의 이익을 고려하여야 한다(민사집행규칙 제132조).

이 사건에 관하여 보건대, 피고보조참가인은 이 사건 토지 위에 식재된 수목들에 대한 강제집행을 위하여 위 수목들을 압류하면

---

[22] 따라서 그대로 놓아두어도 봉인 등이 자연적으로 떨어지거나 목적물로부터 이탈될 수 있는 경우에는 압류는 그 효력이 없게 된다.

서,23) 이를 직접 점유하는 방법이 아니라 집행채권자인 정상철의 승낙을 받아 집행채무자인 원고에게 위 수목들을 보관시키는 방법으로 위 수목들을 압류하였다. 그러면서 피고보조참가인은 위 수목들이 압류물임을 명확히 표시하는 방법으로 압류 대상 수목들의 줄기 아래 부분 일부에 유성 스프레이를 도포하는 방법을 선택하여 시행하였다.

원고는, 수목에 대한 압류는 일반적으로 수목에 끈을 묶거나 표지판을 다는 방법으로 하는 것임에도 피고보조참가인이 유성 스프레이를 도포하는 방법으로 압류표시를 한 행위는 객관적인 정당성을 결여한 행위라고 주장한다.

그러나 위에서 본 바와 같이 집행관은 봉인표 등을 붙이기 어려운 수목에 대한 압류를 집행함에 있어서 집행 현장의 제반 사정 등을 고려하여 ① 끈을 묶거나 표지판을 다는 방법으로 압류표시를 할 것인지, ② 페인트나 스프레이 등을 이용하여 압류표시를 할 것인지를 선택할 수 있는 재량이 있고, 수목에 대한 압류표시를 함에 있어 반드시 수목에 끈을 묶거나 표지판을 다는 방법에 의하는 것만이 객관적으로 정당한 압류표시 방법이라거나 ①의 방식이 불가피한 경우에 한하여 ②의 방식을 보충적으로 선택할 수 있다고 볼 아무런 근거가 없다.

오히려, 이 사건 토지는 대로변에 인접한 곳으로서 담장 등 외부인의 출입을 통제할만한 시설이 설치되어 있지 아니한 상태였으므로 ①의 방식으로 압류표시를 하는 경우 이 사건 토지를 임의로 드나드는 외부인에 의해 그 압류표시가 훼손될 염려가 없다고 볼 수 없고,24)

---

23) 민사집행법 제189조 제2항은 '등기할 수 없는 토지의 정착물로서 독립하여 거래의 객체가 될 수 있는 것'은 이 법에서 유체동산으로 본다고 정하고 있고, 이 사건 토지 위에 식재된 수목은 독립하여 거래의 객체가 될 수 있는 물건이라 할 것이므로(대법원 1967. 3. 7. 선고 66다353 판결), 위 수목들에 대한 강제집행은 동산집행의 절차에 의하여야 한다.
24) 집행관이 압류물임을 명확하게 인식할 수 있고 또 쉽게 떨어지지 않을 정도의 지속성이 있는 것으로 압류표시를 한 경우 나중에 권한 없는 자에 의해 압류표시가 손상되거나 자연적으로 탈락·소멸되었다고 하더라도 압류의 효력에는 영향

피고보조참가인과 함께 이 사건 압류집행의 과정에 참여한 채권자 대리인, 집행관 사무소 직원 000은 이 사건 압류집행을 실시하기 전에 수목에 끈을 묶는 방법으로 압류표시를 시도하였으나 누군가에 의해 묶어둔 끈이 훼손되어 유성 스프레이를 도포하는 방법으로 압류표시를 하게 되었다는 것이며, 원고의 주장과 같이 피고보조참가인이 이 사건 압류집행 전에 수목에 끈을 묶는 방법으로 압류표시를 시도한 사실이 없었다고 하더라도 적어도 이 사건 압류집행 당시 압류 대상 수목들 중에 이미 제3자에 의해 끈이 매여져 있었던 수목들이 있기도 하였음을 알 수 있는바(갑 제7호증의 2), 이에 의하더라도 피고보조참가인이 제3자가 먼저 묶어 놓은 끈을 임의로 제거하고 이와 다른 끈을 매는 방식으로는 명확하고 지속성 있는 압류표시를 하기는 곤란하였다고 볼 여지가 있다.

더욱이, 앞서 본 바와 같이 압류 대상 수목들은 집행채권자(000) 소유의 부동산을 권한 없이 점유해 오던 것들로서 피고보조참가인이 위임받은 수거집행의 대상이기도 하였고, 2016. 12. 31. 0000이 폐업된 후로는 조경수 판매영업이 중단된 채 별다른 관리를 받지 못하고 이 사건 토지에 그대로 식재만 되어 있는 상황이었으며, 이 사건 토지에 대한 최초 인도고지 절차에서부터 이 사건 압류집행에 이르기까지 약 2개월 동안 원고가 강제집행 절차에 참여하여 그에 협력하였거나 압류 등 집행에 관한 의견을 제시한 바도 전혀 없었다. 사정이 이와 같다면, 강제집행을 위임받은 피고보조참가인으로서는 집행채무자인 원고의 이익보다는 안정적인 강제집행 절차 진행을 통한 신속한 채권만족이라는 집행채권자의 이익에 더 무게를 두고 법적 분쟁 발생의 소지를 미연에 방지할 수 있는 압류표시 방법을 선택할 필요가 있었다고 판단된다.

이 없다 하더라도, 실제로 압류 후에 압류표시가 손상되거나 탈락·소멸되는 경우에는 압류 및 경매절차의 효력이나 압류 대상 물건의 특정에 대하여 법적 분쟁이 발생할 위험이 없다고 볼 수는 없다.

5) 당심 감정인 OOO의 감정결과에 의하면, 수목 판매 과정에서 현재에도 드물기는 하지만 수목에 페인트로 표시하는 방법으로 매수 당시의 수목과 실제 납품되는 수목이 달라지는 것을 방지하는 경우가 있고, 이 사건 토지에 식재된 수목을 전수조사 한 결과 피고 보조참가인의 이 사건 압류집행으로 인하여 수피에 페인트의 흔적이 있는 것으로 확인된 수목의 수량은 312주인데[25], 각 수목들에 유성 스프레이에 의해 손상이 있는 면적은 약 0.01~0.02㎡(10cm×10cm, 20cm×10cm) 정도로서 수목 수간(나무줄기)의 형태에 지장을 줄 정도의 크기가 아니며, 수목은 성장하면서 수간의 굵기가 변화하는 과정에서 홈집이 자연적으로 치유되는 속성이 있으므로 수피 일부에 페인트로 인한 손상이 있다고 하더라도 수목의 가치가 없어지게 되는 것은 아니고, 수피의 페인트 살포로 인한 수목의 가치 하락은 거의 무의미하고 일부 느티나무나 단풍나무, 칠엽수 등에서 페인트를 지우려 한 흔적이 조금 발견되기는 하나 그 흔적들도 시간이 경과하면서 수목이 계속 성장함으로 인하여 훼손이 복구되므로 수목가치의 하락으로 이어진다고 보기는 어렵다는 것이다. 한편, 당심의 현장검증결과에 의하더라도 당초 압류표시가 된 수목 중 일부에서만 압류표시의 흔적이 명확히 확인될 뿐 상당 부분 수목에서는 압류표시의 흔적을 발견하기 어려울 정도로 압류표시가 희미해진 상태였고, 앞으로 시간이 경과함에 따라 그 흔적은 자연적으로 사라질 개연성도 상당히 높아 보인다.

사정이 이와 같다면 원고의 주장과 같이 피고보조참가인의 압류표시로 인하여 그 대상 수목들의 전체 가치가 상실되는 손해가 원고에게 발생하였다고 단정하기는 아무래도 어렵다 할 것이다.

또한, 이 사건 압류 대상 수목들에 대한 매각절차에서 위 수목들

---

[25] 제1심 감정인 OOO는 이 사건 토지의 수목 중 유성 스프레이 흔적이 남아있는 수량을 474주로 감정하였으나, 압류조서에 의하여 동산압류 집행 당시 유성 스프레이를 도포한 수목 수량(315주)과 당심 감정 당시 유성 스프레이 흔적이 남아 있는 수목 수량(312주)이 거의 일치하는 점에 비추어 보면, 당심에서의 감정결과가 더 신빙성이 있다 할 것이다.

이 그 실제 가격에 못 미치는 39,000,000원에 일괄 매각되기는 하였으나 위 수목들에 대한 감정평가가격 결정에 있어 수목들의 외관상의 이물질 등이 고려되지 아니하였던 점에 비추어 볼 때, 이 사건 압류집행이 위 매각가격 결정에 별다른 영향을 미친 것으로 볼 수도 없다(이 사건 압류표시로 인하여 원고에게 위 압류표시가 복구되기까지 필요한 상당한 기간 동안 수목들을 판매하지 못한 데에 따른 영업 이익 상당의 손해가 발생한다고 볼 여지가 없는 것은 아니나, 앞서 본 바와 같이 원고는 '00화원'을 폐업한 이래 조경수 판매영업을 중단하였고 그 후로 영업을 하였다고 볼만한 아무런 자료를 발견할 수도 없는 이상, 원고에게 그와 같은 손해가 발생하였다고 인정할 수도 없다).

다. 소결론

따라서 피고에게 국가배상책임이 성립됨을 전제로 한 원고의 위 주장은 나머지의 점에 관하여 나아가 살펴 볼 필요 없이 이를 받아들일 수 없다.

4. 결론

그렇다면, 원고의 이 사건 청구는 이유 없으므로 이를 기각하여야 한다. 제1심판결 중 피고 패소부분은 이와 결론을 달리하여 부당하므로 피고의 항소를 받아들여 이를 취소하고, 그 취소부분에 해당하는 원고의 청구를 기각하기로 하여, 주문과 같이 판결한다.

■ 위 사건은 대법원에 상고하였으나 대법원에서 불속행 기각으로 최종 원고 패소로 판결이 확정되었다.

사례 2 수목이 경매대상인 경우 법적 문제

1. 머리말

토지상에 식재된 수목이 고가인 경우 혹은 수목의 양이 많을 경우에는 경제적 가치가 상당한데 이를 토지에 부합물로 볼 것인지가 문제이다. 수목이 만약 독립된 거래의 대상일 경우에는 마치 건물과 같이 부합의 대상이 되지 않는다. 독립된 거래의 대상의 대표적인 예가 입목등기와 명인방법이다. 또한 타인의 권원에 의해 부속된 물건은 부합물이 되지 않기 때문에 토지의 소유자가 그 부속물에 대한 소유권을 취득하지 못한다(민법 256조 단서). 즉 수목은 ① 입목에 관한 법률에 따라 소유권보존등기를 한 입목(입목에 관한 법률 제2조, 제3조 제1항 참조), ② 토지와 독립하여 명인방법을 갖춘 수목 ③정당한 권원에 의하여 부속된 수목(민법 제256조 단서)의 경우에는 토지와 독립한 별개의 부동산으로 인정된다. 하지만 이러한 특별한 사정이 없는 한 토지의 부합물에 해당하므로 토지의 소유자가 그 토지에 부합한 수목의 소유권을 취득한다.

2. 입목에 관한 법률상 수목

'입목'이란 토지에 부착된 수목의 집단으로서 그 소유자가 이 법에 따라 소유권보존의 등기를 받은 것을 말한다(동법 2조 1항 1호). 그리고 이렇듯 입목등기부에 등재된 수목의 경우 이를 마치 등기된 건물과 같이 독립된 부동산으로 본다(동법 3조 1항). 따라서 토지소유권 또는 지상권 처분의 효력은 입목에 영향을 미치지 못한다(동조 3항). 그리고 입목의 경매나 그 밖의 사유로 토지와 그 입목이 각각 다른 소유자에게 속하게 되는 경우에는 토지소유자는 입목소유자에 대하여 지상권을 설정한 것으로 본다(동법 6조 1항). 그 결과 토지에 대한 낙찰자는 입목에 대한 소유권을 취득하지 못한다. 또한 토지소유자와 입목소유자가 원래 동일인의 소유였다가 경매나 매매 등의 원인으로 소유권을 달리하게 된 경우에는 위와 같이 입목소유자는 법정지상권을 취득하게 된다. 따라서 토지에 대한 경락인 역시 이러한 법정지상권의 부담을 안게 된다. 수목의 소유를 목적으로 하는 때에는 지상권의 기간은 최소한 30년이 보장되므로(민법 280조 1항 1호), 토지를 낙찰받은 사람은 불측의 손해를 볼 수 있으므로 수목이 식재된 토지를 경락받고자 하는 경우 수목에 대한 입목등기 여부를 반드시 살펴봐야 한다.

3. 명인방법을 갖춘 수목

명인방법이란 관습법에 의해 인정된 소유권을 공시하는 방법의 하나로서 주로 수목의 집단의 경우 경계를 따라 적당한 거리를 두고 나무껍질을 벗긴 후 그곳에 소유자 성명을 기재하거나, 수목의 주위에 새끼줄을 둘러치고 소유자의 성명을 적은 목찰을 세우거나, 임야의 여러 곳에 "입산금지 소유자 김갑동"이라고 푯말을 써서 붙이는 방법 등이 이에 해당된다. 이러한 명인방법을 갖춘 수목의 경우에는 독립된 거래의 대상이 되므로 토지에 부합되지 않는다. 다만 그 명인방법은 따라서 토지 낙찰자는 수목에 대한 소유권을 취득하지 못한다. 다만 이러한 명인방법은 계속적으로 명시되어야 하므로 처음에 명인방법 요건을 충족했다고 해도 중간에 이러한 표시가 훼손된 경우에는 명인방법의 효력은 없어진다. 그럼 이러한 명인방법을 갖춘 수목의 소유자에 대해 그 수목을 수거해가라고 주장할 수는 없을까? 입목의 경우와 달리 명인방법을 갖춘 수목의 경우에는 법정지상권이 인정되지 않는다. 따라서 토지 낙찰자는 수목의 소유자를 상대로 수거를 요구할 수 있다.

4. 타인의 권원에 의해 식재된 수목

부동산의 소유자는 그 부동산에 부합한 물건의 소유권을 취득하지만, 타인의 권원에 의하여 부속된 것은 그러하지 아니하므로, 타인 소유의 토지상에 수목을 식재하는 경우, 권원에 의하여 식재한 때에는 그 소유권이 식재한 자에게 있고 그 토지에 부합되지 않는다(대법원 1980. 9. 30. 선고 80도1874 판결 등 참조). 따라서 토지의 사용대차 혹은 임대차 권한에 기하여 그 토지상에 수목이 식재된 후에 경매에 의하여 그 토지를 경락받았다고 하더라도 경락인은 그 경매에 의하여 그 수목까지 경락 취득하는 것은 아니다(대법원 1990. 1. 23.자 89다카 21095 결정 등 참조). 다만 이 경우에도 수목의 소유자는 토지낙찰자에게 토지에 대한 사용권한까지 인정되는 것은 아니다. 그 이유는 위 명인방법의 의한 수목에서 설명한 바와 같이 수목소유자에게 법정지상권까지 인정되는 것은 아니기 때문이다. 법정지상권은 오직 입목등기부에 등재된 입목 소유자에게만 인정되는 제도이므로 그 외의 경우에는 수목의 소유자라고 해도 토지 낙찰자에게 토지사용권까지 주장할 수는 없다. 그러므로 이 경우 토지 낙찰자는 수목 소유자를 상대로 수목을 철거(수거)하고 토지를 인도하라고 소송을 제기할 수 있다.

<글 : 강민구 변호사>
출처 : 일요서울i(http://www.ilyoseoul.co.kr)

사례 3	집행관이 조경석을 집행할 때 전문가를 대동했다면 주의 의무를 다하였다고 봄

자연경관석의 반출과정에서 집행관이 별도로 조경석 전문가를 대동하는 등 주의의무를 다하였다고 본 사례[26]

사례 4	지상권이 설정된 토지에 토지 소유자와 사용대차 계약을 체결한 후 수목을 식재 한 후 수목을 임으로 매각한 사건

서울고등법원 2015. 10. 27. 선고 2015나8362(본소), 2015나25015(반소) 판결 [손해배상등·손해배상(기)]

주 문

1. 원고(반소피고)의 항소를 기각한다.
문

---

[26] 서울중앙지방법원 2011가합95347

1. 원고(반소피고)의 항소를 기각한다.
2. 항소비용은 원고(반소피고)가 부담한다. 청구취지 및 항소취지

1. 청구취지
   가. 본소
      피고(반소원고, 이하 '피고'라고 한다)는 원고(반소피고, 이하 '원고'라고 한다)에게 101,000,000원 및 이에 대하여 이 사건 소장부본 송달 다음 날부터 다 갚는 날까지 연 20%의 비율에 의한 금원을 지급하라.
   나. 반소
      원고는 피고에게 00시 (주소 생략) 전 1,755㎡ 지상의 별지 목록 기재 수목을 수거하라.
2. 항소취지
   제1심판결 중 본소에 관한 부분을 취소한다. 본소 청구취지와 같은 판결.

이 유

1. 당심의 심판범위

   제1심법원은 원고의 본소청구와 피고의 반소청구를 모두 기각하였는데, 원고만이 자신의 패소 부분, 즉 제1심판결 중 본소에 관한 부분에 관하여 항소를 제기하였다. 그러므로 제1심판결 중 반소에 관한 부분은 당심에 이심되었으나 심판대상으로 되지 아니하고, 제1심판결 중 본소에 관한 부분만이 당심의 심판대상으로 된다.

2. 기초사실

   이 법원이 여기에 적을 이유는 제1심판결서 제2면 제14행, 제15행의 "약 300 주의 단풍나무" 다음에 "(이하 '이 사건 단풍나무'라 한다)"를 추가하는 외에는 제1심판결서 해당 부분(제2면 제11행 내지 제3면 제4행)의 기재와 같으므로, 민사소송법 제420조 본문에 의하여 이를 그대로 인용한다.

3. 판단
   가. 원고의 본소 청구원인 주장
      원고는 소외 1, 소외 2와 체결한 사용대차계약에 기하여 이 사건 토지 지상에 이 사건 단풍나무를 식재하였으므로, 이 사건 단풍나무는 이 사건 토지에 부합되지 아니한 독립한 물건으로서 원고의 소유이다.
      피고는 2013년경 이 사건 토지로부터 분할된 OO시 (주소 생략) 전 1,755㎡ 지상에 식재된 이 사건 단풍나무 중 일부를 임의로 수거하여 제3자에게 매도함으로써 원고로 하여금 그 소유권을 상실하게 하였는바, 이는 원고에 대한 불법행위에 해당하므로, 피고는 원고에게 손해배상으로 101,000,000원 및 이에 대한 지연손해금을 지급할 의무가 있다.
   나. 판단
      민법 제256조는 '부동산의 소유자는 그 부동산에 부합한 물건의 소유권을 취득한다. 그러나 타인의 권원에 의하여 부속된 것은 그러하지 아니하다.'라고 규정하고 있다. 따라서 다른 사람 소유의 토지에 수목을 식재한 때에는 그 수목은 원칙적으로 그 토지에 부합되어 토지소유자의 소유가 되고, 예외적으로 민법 제256조 단서의 권원에 의하여 수목을 식재한 때에 한하여 그 수목은 식재한 사람의 소유가 된다고 할 것인데, 민법 제256조 단서에서 정한 '권원'이라 함은 지상권, 전세권, 임차권 등과 같이 타인의 부동산에 자기의 동산을 부속시켜서 그 부동산을 이용할 수 있는 권리를 뜻한다(대법원 1989. 7. 11. 선고 88다카9067 판결 참조).
      살피건대, 원고가 2007. 10.경부터 같은 해 11.경 사이에 이 사건 토지 지상에 이 사건 단풍나무를 식재한 사실은 앞에서 본 바와 같고, 제1심 증인 소외 1의 증언에 의하면 원고는 이 사건 토지 지상에 이 사건 단풍나무를 식재하기 전에 이 사건 토지의 공유자인 소외 1, 소외 2와 사이에 이 사건 토지에 관하여 수목의 소유를 위한 사용대차계약을 체결한 사실이 인정된다.
      그러나 다른 한편, 갑 제2호증의 기재에 변론 전체의 취지를 더하면, 금촌농업협동조합은 2005. 8. 11. 소외 1, 소외 2와 사이에 이 사건 토지 전부에 관하여 견고한 건물 및 공작물 또는 수목의 소유를 위한 지상권설정계약을 체결하고, 2005. 8. 18. 이 사건 토지에 관하여 지상권설정등기를 경료한 사실이 인정되는바, 위 지상권의 설정으로써 지상권자인 금촌농업협동조합은 이 사건 토지를 '견고한 건물 및 공작물 또는 수목의 소유'를 위하여 사용할 수 있는 권리를 취득하고, 동시에 이 사건 토지의 소유자인 소외 1, 소외 2는 그와 같이 이 사건 토지를 사용할 수 있는 권리를 상실하였다고 할 것이다. 따라서 그 후 2007. 10.경 원고가 소외 1, 소외 2와 사용대차계약을 체결하여 이 사건 단풍나무를 식재하였다고 하더라도, 당시 소외 1, 소외 2가 수목의 소유를 위하여 이 사건 토지를 사용할 수 있는 권리가 없었던 이상, 원고도 그와 같은 적법한 권리를 취득하지 못하였다.

따라서 위 사용대차계약은 원고가 이 사건 단풍나무를 이 사건 토지에 부속시켜 이 사건 토지를 이용할 수 있는 권리, 즉 민법 제256조 단서에서 정한 '권원'에 해당하지 않는다고 할 것이므로, 이 사건 단풍나무는 원고가 이를 식재함과 동시에 이 사건 토지에 부합하여 이 사건 토지의 소유자인 소외 1, 소외 2의 소유로 되었다고 할 것이다. 이와 달리 이 사건 단풍나무가 원고의 소유임을 전제로 하는 원고의 주장은 더 나아가 살필 필요 없이 이유 없다.

4. 결론

그렇다면, 원고의 본소청구는 이를 기각할 것인바, 제1심판결 중 본소에 관한 부분은 이와 결론을 같이 하여 정당하고, 원고의 항소는 이유 없으므로 이를 기각하기로 하여, 주문과 같이 판결한다.

사례 5	토지인도를 명한 대상토지 위에 식재되어 있는 피고소유의 수목에 대하여 수거를 명하는 내용이 없음을 이유로 집행관이 집행을 거부함은 정당하다.

대법원 1980. 12. 26.자 80마528 결정 [집달리의집행방법에대한이의신청기각결정에대한재항고] [집28(3)민,252;공1981.3.1.(651) 13576]

판 시 사 항

토지인도를 명한 대상토지 위에 식재되어 있는 피고소유의 수목과 집행방법에 대한 이의

판 결 요 지

건물철거와 토지인도를 명한 가집행선고부 판결주문에 그 토지상에 그 토지와 독립하여 그 토지 거의 전부에 걸쳐 식재되어 있는 피고소유의 감귤나무의 수거를 명하는 기재가 없는 이상 집달리가 그 감귤나무를 그대로 두고는 토지인도를 집행할 수 없다고 하여 그 집행을 거부하였음은 정당하다.

참조조문

민사소송법 제690조, 제692조
광주고등법원 1980.9.27. 자 80다15 결정
재항고를 모두 기각한다.

이 유

재항고인들의 재항고 이유를 판단한다.
원결정 이유에 의하면 원결정 이유 기재전 8,476평방미터는 그 기재와 같이 재항고인들의 소유인 사실, 재항고인들은 그 기재와 같이 000에 대한 위 토지상의 건물철거와 그 토지의 인도를 명한 제주지방법원 76가합6 건물철거등 사건의 집행력있는 가집행선고부 판결에 기하여 그 인도집행을 집달리에게 위임하였으나 그 지상에 위 가집행선고부 판결의 피고인 000 소유로서 원고가 그 판시와 같이 법정화해시에 동 000의 소유로

인정한 감귤나무 1,110본이 위 토지의 약 85퍼센트에 해당하는 약 2,300여평에 긍하여 규칙적으로 식재되어 있어 그 집달리는 그 인도집행을 거절한 사실을 인정하고 본건의 경우 위 가집행선고부 판결은 위 지상 감귤나무의 인도 또는 수거에 까지 그 효력이 미치는 것이라 할 수 없고 또 그 지상 감귤나무를 그대로 둔 채 위 토지인도 집행을 하면 그 인도의 목적을 달성할 수도 없다 할 것이므로 본건에서 집달리가 같은 취지에서 위 본건 토지의 인도집행을 거부한 조치는 정당하다는 취지로 판단하고 있다.

살피건대, 기록에 의하면 원심의 위와 같은 사실이 적법히 인정되며, 본건 채무명의인 위 76가합6 가집행선고부 판결의 주문에 의하면 동 판결은 그 피고인 위 고보식에 대하여 그 판시 지상건물들을 철거하여 그 대지 8,476평방미터를 인도할 것을 명하고 있고, 또 위 원결정이 적법히 인정하고 있는 바에 의하면 위 대지상에는 위와 같이 원고가 법정화해로서 피고의 소유로 인정한 감귤나무 1,110본이 위 대지의 거의 전부에 긍하여 규칙적으로 식재되어 있어 위 가집행선고부 판결의 주문의 효력이 위 감귤나무의 수거에 까지 미치지 아니한다 할 것이고 토지의 독립된 건물이나 그 지상수목 등을 소유함으로써 타인의 토지를 점유하고 있는 자에 대한 토지소유자로부터의 토지인도 청구의 강제집행은 그 건물이나 수목등의 수거에 의한 명도를 명하고 이에 응하지 아니 할 때는 민사소송법 제692조에 의한 대체집행에 의하여야 할 것이며 그 건물이나 수목 등을 그대로 두고 동법 제690조 1항에 의하여 그 토지의 점유를 풀기 위하여 이를 수취하여서는 아니된다 할 것이고 따라서 주문에서 그 건물이나 수목 등의 수거를 명하고 있지 않는 이상 그 토지인도에 관한 집행은 불가능이라 할 것이므로 원심이 같은 취지에서 위 가집행 선고부 판결의 주문에 위 토지상에 그 토지와 독립하여 그 토지 거의 전반에 긍하여 식재되어 있는 피고소유의 위 감귤나무의 수거를 명한 문언이 없는 본건에 있어서 집달리가 그 감귤나무를 그대로 두고는 그 토지인도를 집행 할 수 없다고 하여 그 집행을 거부하였음은 정당하고 거기에 소론과 같이 어떤 위법이 있다 할 수 없어 결국 논지는 이유없다.

따라서 재항고를 기각하기로 하여 관여 법관의 일치된 의견으로 주문과 같이 결정한다.

| 사례 6 | 집행관이 수목을 수거하는 집행을 함에 있어서 중장비로 수목뿌리채 뽑아 한쪽에 쌓아놓은 방법으로 집행 |

서울중앙지방법원 2017.08.17 2016가단154237 (손해배상(기))

주 문

1. 원고의 피고들에 대한 청구를 모두 기각한다.
2. 소송비용은 원고가 부담한다.

이 유

1. 기초사실

    가. 소외 D 등 6인은 대전고등법원 (청주)2014나21411호 수목수거 등 사건의 판결에 근거하여 원고를 상대로 청주지방법원 충주지원 E로 대체집행을 신청하였고 2016. 4. 12. 충주지원으로부터 아래와 같은 내용의 결정을 받았고 위 결정은 2016. 4. 26. 확정되었다.

    채권자(이는 D 등 6인을 가리킨다)는 그가 위임하는 이 법원 소속 집행관으로 하여금 채무자(이는 원고를 가리킨다)의 비용으로 충주시 F 과수원 15,937㎡(이하 '이 사건 토지'라 한다) 지상에 식재되어 있는 복숭아나무(이하 '이 사건 복숭아나무'라 한다)를 수거하게 할 수 있다.

    나. 변호사인 피고 C은 2016. 5. 9. D 등 6인을 대리하여 충주지원 집행관사무소에 2016본298호로 위 결정에 따른 강제집행을 신청하였다.

    다. 이에 충주지원 집행관인 피고 B은 2016. 5. 23.부터 2016. 5. 25.까지 중장비로 이 사건 복숭아나무를 뿌리째 뽑아 이 사건 토지 한쪽에 쌓아놓는 방법으로 위 결정에 따른 강제집행을 실시하였다.

    라. 한편 과수 수거 집행방법(재판예규 제260호) 중 이 사건과 관련된 부분은 아래와 같다.

    과목을 벌목치 아니하고 뿌리까지 뽑아 수거하는 방법으로 집행하여야 하되, 뿌리를 완전히 제거하지 아니해도 되며 또 뿌리가 일부 절단되어도 무방하고 그 수거과목은 옮겨 심어 살 수 있는 상태로 집행하지 아니하여도 무방하다.

과목을 벌목치 아니하고 뿌리까지 뽑아 수거하는 방법으로 집행하여야 하되, 뿌리를 완전히 제거하지 아니해도 되며 또 뿌리가 일부 절단되어도 무방하고 그 수거과목은 옮겨 심어 살 수 있는 상태로 집행하지 아니하여도 무방하다.

다만 집행채무자가 집행 당시에 과목 이식을 위한 준비를 완비하여 집행기관에게 이식할 수 있도록 과목을 수거할 것을 요청하고 과도한 비용이나 특별한 시설 없이도 이식할 수 있는 상태로 용이하게 수거할 수 있으며 채무자가 적극 이에 협력하는 특별한 사정이 있을 때에는 되도록 그 사정을 참작하여 수거함이 바람직하다.

제3절 집행관 인도 집행 관련 손해배상 사례

사례 1 조립식 주방과 창고로인해 목적건물 중 일부에 대한 인도집행을 불능 처리한 사례 -집행권원의 부동산 표시가 현장과 불일치

- 대법원 2021. 1. 12.자 2020그752 결정 -

1. 사안의 개요

㉮ 甲은 제소전 화해조서를 근거로 A가 점유하는 지상 2층 건물(이하 '이 사건 건물')에 대한 인도집행을 집행관에게 위임하였다. ㉯ 1층(97.11㎡)은 필로티구조로서 휴게공간(2층과 연결된 계단 포함)과 식품저장고로 구성되고 있고, 2층(332㎡)은 음식점으로 이용되고 있다. ㉰ 1층의 휴게공간과 식품저장고는 서로 벽면으로 구별되어 있고, 식품저장고의 출입구 앞에는 독립적인 조립식 주방과 창고(이하 '부속부분')가 서로 연결된 채 설치되어 있다. ㉱ 집행관은 이 사건 건물의 현황과 집행권원의 부동산 표시가 상이하다(즉, 이 사건 건물에 독립적인 조립식 주방과 창고가 설치, 부속되어 있다)는 이유로 인도집행을 실시하지 않았다. ㉲ 甲은 집행에 관한 이의신청을 하였다.

2. 원심결정의 요지 : 전부불능

그동안 실무는 목적물 중 일부에 대하여만 집행이 가능한 경우(즉, 집행이 불가능한 부분이 있는 경우)에는 목적물의 현황이 집행권원의 부동산 표시와 일치하지 않는다는 등의 이유로 그 전부에 대하여 집행불능으로 처리하는 경향을 보여 왔다. 원심(수원지법 2020타기 100108)도 이러한 실무가 정당하다고 보고, "이 사건에서와 같이 증축부분 내지 부속부분이 독립적인 효용이 있고 목적건물에 부합되었다고 보기 어려운 경우에는 집행의 목적물이 집행권원의 표시와 불일치하므로 집행불능사유에 해당하고, 집행채권자로서는 집행권원에 대한 경정결정을 받거나 별도의 집행권원을 취득하는 방법 등으로 다시 집행신청을 하여야 한다"는 이유로 이의신청을 기각하였다(甲 특별항고).

3. 대상결정의 요지 : 일부집행

대상결정은 "집행관이 집행권원에 따라 집행행위를 하는 경우, 집행권원에 구체적·개별적으로 특정된 목적물을 조사하여 현황이 동일하고 집행하는 데 특별한 장애사유가 없는 경우에는 집행에 나아가야 한다. ① 집행의 목적물인 건물에 집행권원에는 표시되지 않은 증축 또는 부속부분이 있는 경우 목적물에 부합되어 있거나 또는 주물과 밀접한 관계가 있는 종물로 인정되는 때에는 집행권원에 표시된 당해 건물과 함께 집행의 대상이 된다. ② 반면 증축부분이나 부속부분이 당해건물의 부합물이나 종물로 인정되지 아니하는 경우에는 당해건물만이 집행의 대상이 된다. ③ 한편 목적물 중 일부에 대하여만 집행이 가능한 경우에는, 채권자가 그 일부 목적물에 대하여만 집행하기를 원하지 않는다는 등의 특별한 사정이 없는 한 집행이 가능한 목적물에 대하여 집행하여야 하고 전체 목적물에 대하여 집행위임을 거부할 수 없다(대법원 2020. 4. 17.자 2018그692 결정 참조)"고 판시하였다(파기환송).

4. 평석

가. 내용

(1) 목적 외 물건이 있는 경우 집행의 범위

위 '①, ②'는 목적물에 목적 외 물건(독립성이 없어 민법상의 물건으로 인정되지 않는 것 포함)이 있는 경우, 그것이 목적물의 부합물 또는 종물인 때에는 목적물과 함께 집행의 대상이 되고, 부합물·종물이 아닌 때에는 목적물만 집행의 대상이 된다는 것이다. 이는 민법의 부합·종물이론을 설시한 것이다.

(2) 목적물 중 일부만 집행 가능한 경우 집행의 범위

위 '③'은 목적물 중 일부에 대하여만 집행이 가능한 경우 그 가능한 일부에 대하여는 집행을 실시해야 한다는 일반적인 법리(이하 '일부집행의 법리')를 선언한 것이다. 일부집행의 법리에 관한 선구적 판례를 살펴본다. 첫째, 대법원 1977. 6. 30.자 77마59 결정은 시설물철거 및 토지인도를 명한 판결에 근거하여 토지의 인도집행만을 위임한 사안에서 "위 시설물을 사용하는 데 일반적으로 필요하다고 인정되는 범위의 (중략) 대지부분에 대하여서까지 그 집행을 하여 버렸음은 적법한 절차에 의하지 아니한 집행으로서 위법하다"고 판시하였다. 이는 목적물(토지)에 독립적인 시설물이 존재하는 경우 집행이 가능한 일부에 대하여는 집행을 실시해야 한다는 법리를 간접적으로 시사한 것이다. 둘째, 위 2018그692 결정은 시설물철거 및 건물인도를 명한 판결에 근거하여 그 집행을 위임한 사안에서 일부집행의 법리를 최초로 선언하면서, 철거목적물(총 13개 층의 건물 중 4개 층에 존재하는 시설물) 중 3개 층의 시설물에 대하여는 그 현황이 수권결정의 표시와 불일치하므로 집행을 실시할 수 없으나, 그러한 사정이 없는 1개 층의 시설물에 대하여는 집행이 가능하므로 집행을 실시해야 한다고 판시하였다(일부 파기환송).

나. 일부집행을 위한 집행관의 판단과 한계

대상결정은 목적물에 그 부합물·종물이 아닌 독립한 물건이 있고 그로 인하여 목적물 중 일부만 인도집행이 가능한 경우 그 일부에 대하여는 집행을 실시해야 한다는 법리를 직접적으로 선언한 최초의 대법원 판례이다.

제2장 집행관을 상대방으로 하는 손해배상소송 사례 159

목적 외 물건이 있는 경우 집행관은 ㉠ 목적 외 물건이 독립한 물건인지(부합 여부), 누구의 소유인지(특히 철거집행의 경우), 종물에 해당하는지, ㉡ 목적물 중 집행이 불가능한 부분이 있는 경우 어느 부분이 물리적으로 다른 부분과 구별할 수 있고 독립된 효용을 갖추어 집행할 수 있는지{실무제요[Ⅳ], 사법연수원(2020), 699 참조} 등을 조사·판단해야 한다. 그리고 위 판단에 기하여 ⓐ 목적물 및 목적 외 물건 전부, ⓑ 목적물 전부 또는 ⓒ 목적물 중 일부에 대하여 집행하거나, ⓓ 목적물 전부에 대하여 집행불능으로 처리하는 결정을 하게 된다. 그런데 집행의 가부 또는 범위(위 'ⓐ,ⓑ,ⓒ,ⓓ')를 결정하기 위하여 집행관이 실체관계, 즉 부합·종물관계(위 '㉠')나 일부집행의 대상적격(위 '㉡') 등을 조사하고 판단하는 데에는 시간이나 방법 또는 절차 등에서 한계가 있다. 집행관은 실체관계에 관하여 확신이 없는 경우 목적 외 동산을 독립한 물건으로 보고 집행의 가부·범위를 결정하는 경향이 있다. 이러한 경우 당사자는 집행에 관한 이의신청을 하고 실체관계를 증명함으로써 실체관계에 부합하는 집행을 도모할 수 있다.

다. 집행의 범위

甲이 부동산의 인도만을 명한 집행권원 또는 부동산의 인도와 목적 외 물건의 철거를 함께 명한 집행권원에 기하여 부동산의 인도집행만을 위임한 경우, 집행관은 그 집행을 실시할 수 있는가? 실시할 수 있다면 어느 범위에서 실시할 수 있는가?

(1) 부합물·종물인 경우

목적 외 물건이 목적물의 부합물·종물인 경우에는 목적물과 함께 목적 외 물건도 집행의 대상이 된다(위 'ⓐ').

(2) 부합물·종물이 아닌 경우

목적 외 물건이 부합물·종물이 아닌 경우(부합물·종물임이 명백하지 않은 경우 포함) 그동안 실무는 대체로 甲의 의사와 상관없이 목적물 전부에 대하여 집행불능으로 처리하여 왔다(다만, 부합물·종물이 아닌 일반적인 동산이라면 목적물을 甲에게 인도하고 목적 외 동산은 민사집행법 제258조에 따라 A에게 인도하거나 보관해야 함).

그러나 대상결정은 이러한 실무의 경향이 정당하지 않다고 선언하였다. 즉, 부속건물이 부합물·종물이 아닌 경우(A 소유의 독립한 건물 또는 공작물인 경우)에는 이 사건 건물만 집행의 대상이 되는데(위 '②'), 이 사건 건물 중 식품저장고와 부속부분의 연결 정도 등을 살펴 부속부분과 이 사건 건물 중 집행이 가능한 부분(식품저장고 등을 제외한 부분)에 대하여는 집행을 실시해야 한다는 법리를 설시하였다(위 '③').

라. 일부집행 법리의 적용범위

첫째, 대상결정의 일부집행의 법리는 인도집행(대상결정)은 물론 철거집행(2018그692)의 경우에도 적용되며, 인도·철거단행가처분이나 점유이전금지가처분의 경우에도 적용될 수 있을 것이다.

둘째, 일부에 대하여만 집행이 가능하게 된 사유는 목적물의 물리적 상태(대상결정, 2018그692)에 관한 것은 물론 그 점유자 또는 소유자(철거집행의 경우)의 동일성에 관한 것도 포함된다고 할 것이다.

셋째, 목적물이 수개의 물건인 경우 일부의 물건에 대하여만 집행이 가능한 때에도 적용된다(2018그692).

마. 바람직한 소제기와 집행위임

목적물(토지)에 정착한 지상물에 관하여 위 'ㄱ,ㄴ'과 같은 실체관계가 명백하지 않다면, 甲은 ① 주위적으로 토지·지상물 인도를, ② 예비적으로 지상물 철거, 토지 인도를 각 청구할 필요가 있다. 또한 위 '①'의 청구가 인용된다면 토지·지상물 인도집행을, 위 '②'의 청구가 인용된다면 지상물 철거와 토지 인도의 집행을 각 위임하는 것이 바람직하다. 나아가 집행관이 목적 외 물건의 실체관계가 명백하지 않다는 이유로 집행의 가부 또는 범위를 결정하고 그에 따른 조치를 취할 경우에 대비하여, 甲은 집행신청서에 실체관계를 소명할 수 있는 자료를 첨부하여도 좋을 것이다.

바. 전망

전부 집행불능으로 처리하는 경향을 보여 온 실무는 향후 일부 집행실시로 전환·통일되고, 강제집행은 보다 신속하고 경제적으로 실시될 수 있을 것이다. 실체관계의 조사·판단에 관한 집행관의 한계는 적절한 집행신청 또는 집행에 관한 이의신청 등을 통하여 보완될 수 있을 것이다.

이재석 집행관 (수원지법 안양지원)

출처 : 법률신문

제2장 집행관을 상대방으로 하는 손해배상소송 사례

| 사례 2 | 집행관 인도 집행시 집행권원 송달 |

건물인도집행에 있어서 집행관이 5분전에 원고 그에 대한 승계집행문 등본을 송달한 후 집행을 개시했지만 위법성을 부정한 사례[27]

| 사례 3 | 집행관이 인도집행시 신분증을 제시 안 한 경우 |

집행관이 집행 당시 민사집행법 제43조에 따라 집행력 있는 정본, 신분증 등을 관계인에게 제시하지 않고 바로 강제집행을 개시하였다고 하더라도, 관계인들이 정본 등을 요청하지 않았다면 위법하다고 볼 수 없다.[28]

| 사례 4 | 대법 가는 '궁중족발 사건'… '불법 강제집행' 기준 명확해질까?
1심 국가·용역회사 불법책임 인정… 2심 "명확한 규정 없다" 반대 판결 |

임대료 상승에 따른 건물주·임차인 간 대표적 갈등 사례인 '궁중족발 사건'의 국가배상청구 소송이 결국 대법원 판단을 받게 될 전망이다. 1심은 궁중족발의 강제집행 과정에서 국가와 용역회사 직원 등의 불법행위 책임을 인정했지만 항소심은 이를 뒤집었다. 궁중족발 사장 김모씨 측은 대법원에 상고해 '불법 강제집행'의 기준을 정립해보겠다는 입장이다. 핵심 쟁점은 강제집행의 보조자인 용역회사 직원들이 채무자의 신체에 물리력을 행사할 수 있는지, 불법 집행이 되는 기준은 무엇인지 등이 될 것으로 보인다.

서울중앙지법 민사항소2-1부(부장판사 노태헌)는 최근 김씨가 국가와 건물주 이모씨, 용역회사 등을 상대로 낸 국가배상청구 소송에서 1심과 달

---

27) 대법원 2010다41256
28) 서울중앙지방법원 2011가합117988

리 원고패소로 판결했다고 8일 밝혔다. 1심이 국가와 이씨, 용역회사 등의 불법행위 책임을 인정하고 김씨에게 각자 1000만원을 지급하라고 판단한 사안이었다. 앞서 김씨는 갈등 끝에 이씨를 차로 들이받으려 하고 망치를 휘둘러 다치게 한 혐의(특수상해) 등으로 2018년 9월 형사재판의 항소심에서 징역 2년이 확정됐다.

궁중족발 사건 일지

2017년 10월 10일	1차 강제집행
11월 9일	2차 강제집행
2018년 1월 3일	사장 김씨, 국가배상소송 제기
6월 7일	김씨, 건물주 이씨 폭행
9월 6일	김씨, 1심 징역 2년6개월
2019년 3월 28일	김씨, 2심 징역 2년 확정
9월 24일	김씨, 국가배상 1심 승소
2021년 4월 6일	김씨, 국가배상 2심 패소

김씨는 2009년 서울 종로구 서촌에서 궁중족발을 운영하던 중 2016년 1월 새 건물주 이씨가 월 임대료를 약 4배 인상해 달라고 하면서 갈등을 빚었다. 이씨는 김씨를 상대로 명도소송을 내 승소한 뒤 강제집행에 들

어갔다. 김씨는 2017년 11월 금속으로 된 작업대를 잡고 버티다가 용역회사 직원들이 물리력을 행사하는 과정에서 손가락 4개가 거의 절단되는 상해를 입었다. 이에 김씨는 2018년 1월 불법적인 집행이라며 국가배상을 청구했다.

1심은 김씨 측 주장을 인정했다. 1심은 민사집행법과 집행관규칙 등의 취지를 감안하면 용역회사 직원은 보조자에 그치므로 잠근 문을 열거나 짐을 옮기는 등의 '단순한 사실행위'만 해야 한다고 봤다. 여기서 더 나아가 채무자의 신체에 물리력을 가하는 등의 유형력 행사는 인정되지 않는다는 취지였다.

1심은 "건장한 남성 여러 명이 사지를 잡아끌고 힘껏 손목을 잡아당기는 상황에서는, 비록 작업대 밑부분이 날카롭다는 걸 몰랐더라도 상해가 일어날 수 있다는 예견 가능성이 있다"고 판시했다. 아울러 집행관이 용역회사 직원의 적극적인 유형력 행사를 방치한 것은 집행현장을 관리·감독할 의무, 국민의 안전배려 의무 등을 위반한 것이라고 했다.

항소심은 "보조자의 강제력 행사가 가능한지, 가능하다고 할 경우 신체 어느 부위까지 어떤 방법을 사용할 수 있는지 법령상 명확하게 규정돼 있지 않다"며 1심과 반대로 판단했다. 강제력 사용만으로 집행이 위법해진다고 보기는 어렵고, 구체적 사건에서 재량의 한계를 넘어 과도했는지 여부가 위법 판단의 기준이라는 게 항소심의 시각이었다. 이는 용역회사 직원들이 강제집행을 위해 김씨의 손을 작업대에서 떼어낸 행위에 문제가 없다는 판단으로 이어졌다. 항소심은 김씨의 손가락 상해를 가리켜 "전혀 예상할 수 없었던 위험"이라고 했다.

김씨 측 김남주 변호사(법무법인 도담)는 "신체에 대한 유형력 행사는 집행권한이 있는 공무원에게 국한되고, 용역 등 보조자는 법에 명시됐거나 긴급한 위험이 있는 등의 예외적인 경우에만 유형력 행사가 가능하다고 봐야 한다"고 주장했다. 그는 "당시 현장에서 집행관의 안전 관련 지시도 없었다"며 "대법원에 상고할 계획"이라고 밝혔다.

구자창 기자

출처 : 국민일보

| 사례 5 | 궁중족발 강제집행 과정에서 발생한 상해에 대한 국가배상 판결-서울중앙지방법원 민사24 단독 최용호 부장판사, 2018가단358 |

1심 법원은 집행관의 위법행위를 인정해 국가에는 국가배상 책임을, 노무자들과 용역업체에는 불법행위책임과 사용자책임을, 집행에 불법적으로 가담한 임대인 B에게도 손해배상책임을 인정했다. 이 사건은 항소가 제기되어 아직 확정되지 않은 상태이다. 그런데도 이 사건의 1심 판결을 소개하는 이유는 적법한 강제집행에 대한 법원의 진전된 인식을 살펴볼 수 있기 때문이다.

이 사건에서 서울중앙지방법원이 국가의 배상 책임을 인정한 첫 번째 근거는 집행관이 사용하는 집행보조자가 사람을 끌어내는 적극적 유형력을 행사하는 것이 권한을 벗어나 위법하다는 것이다. 1심 법원은 집행관이 노무자에게 보조하도록 한 업무는 잠근 문과 기구를 여는 기술적 조치나 짐을 옮기거나 싣는 등 단순 노무 업무로 한정되어야 한다고 봤다. 이 판결은 민사집행법과 집행관법, 집행관 규칙 등에 근거 규정이 없이 집행 보조자에 불과한 노무자가 사람의 신체에 대한 적극적 유형력을 행사하는 것은 위법하다고 본 점에서 중요한 의미가 있다.

나아가 1심 법원은 단독제 사법기관인 집행관 C가 집행 보조자인 노무자들이 대법원 규칙을 위반해 노란 조끼를 입지 않고 채무자에게 적극적 유형력을 행사하는 상황을 방치하는 등 관리·감독 의무를 다하지 못해 인권존중, 권력남용금지, 신의성실에 위반해 국민의 안전을 배려해야 할 직무상 의무를 다하지 못했다고 봤다. 법원은 국가가 집행관의 위법한 직무집행행위에 대한 국가배상 책임을 져야 한다고 봤다. 이 판결은 집행관에 대해 노무자들에 대한 집행 조끼 착용 조치 의무, 노무자들의 직접적 유형력 행사를 방지할 감독의무, 집행을 안전하게 수행하여 국민의 안전을 배려할 직무상 의무를 인정했다는 점에서 중요한 의미가 있다.

다음으로 노무자들과 용역업체의 책임을 인정한 이유는 이러하다. 법원은 임차인 A의 장갑이 이미 벗겨졌고 끌려 나오지 않으려고 스테인리스 작업대 밑부분을 잡고 있는데 건장한 남성 3명이 A의 사지를 잡아당겼다. A가 끌려나가지 않자 노무자 D가 합세해 A의 사지와 허리를 잡아당기고 또 다른 노무자가 A의 왼손을 힘껏 잡아당겨 스테인리스 작업대에서 떼는 바람에 A에게 손가락 일부 절단상이 발생한 것이어서 작업대 밑이 날카롭다는 것을 몰랐다 하더라도 어떤 상해가 일어날 수 있다는 예견 가능성이 있다는 것이다. 용역업체 E는 사용자로서 노무자들의 불법행위에 대한 책임이 있다고 봤다.

임대인인 B에게도 손해배상책임이 인정되었는데, B는 임차인 A를 끌어내는 행위에 직접 가담하고 다른 보조자 등에게도 집행행위를 지시하고 임차인 A의 배우자를 직접 끌어내는 행동을 했다. 1심 판결이 이와 같은 행위를 한 B의 손해배상책임을 인정한 것은 타당하다. 그러나 1심 판결은 적법한 강제집행이라도 채권자가 집행행위에 직접 가담하는 것은 민법이 금지하는 자력 집행으로서 불법행위임을 명확히 설명하지 않았다. 강제집행을 할 권한은 국가에 있는 것이지 강제집행을 신청한 채권자에게 있는 것이 아니다. 이런 점을 항소심 판결에서 분명히 해주길 기대한다.

강제집행 과정에서 폭력 행사가 반복되는 것을 방지하기 위해 박주민 의원이 2018년에 대표 발의한 민사집행법 일부개정 법률안이 국회에서 논의되고 있다. 민주사회를 위한 변호사모임과 참여연대에서 활동하는 변호사들의 의견이 많이 반영된 법률안이다. 강제집행에 대한 서면 예고제, 주거지나 상가 등에 대한 인도 집행 시 관할 지방자치단체에 대한 사전 통고, 물리적 저항 발생 시 경찰 등의 강제집행 협력, 집행보조자 사람의 신체에 대한 유형력 행사 제한, 집행관에 대한 법원의 안전교육 강화, 집행채권자의 자력 집행 시도 시 집행관이 중단을 요구하고 응하지 않으면 강제집행을 중단시키는 조치, 강제집행 완료 전 건물주의 단전, 단수나 차폐, 출입제한, 기타의 생활 방해 등의 금지 등 다양한 내용을 다루고 있다.

[출처 : 참여연대 홈페이지]

사례 6   궁중족발 사장, 국가로 부터 배상 받는다

강제집행 과정에서 손가락 네 개가 부분절단된 '본가궁중족발' 사장이 국가로부터 배상을 받게 됐다. 법원은 공무 집행 과정에서 일부 위법 행위가 발생했다고 봤다.

지난 24일 서울중앙지방법원 민사24단독(재판장 최용호 부장판사)은 궁중족발 사장 김모씨(55) 등 2명이 명도집행 과정에서 상해를 입었다며 대한민국, 임대인 이모씨, 서울중앙지법 집행관사무소 집행관(집행관) 이모씨, 용역업체 등을 상대로 제기한 소송에서 피고의 손해배상 책임을 일부 인정했다. 1심 재판 결과 김씨는 국가, 임대인, 용역업체로부터 1000만원의 배상을 받게 됐다.

김씨가 부상을 입은 건 지난 2017년 11월 궁중족발에 대한 2차 명도집행 과정 때다. 2009년 5월부터 서울 종로구 서촌에서 궁중족발을 운영해 온 김씨는 2016년 12월 이모씨(61)가 상가건물을 인수한 이후 이씨와 임대료 문제로 갈등을 겪었다. 이씨는 김씨의 상가 보증금을 기존 3000만원에서 1억원으로, 임대료를 297만원에서 1200만원으로 올렸다. 2017년 7월 명도소송에서 승소했다. 법원은 같은해 10월에 1차로, 11월에 2차로 명도집행을 실시했다. 부상을 입은 김씨는 이듬해인 2018년 1월 서울중앙지방법원에 소송을 제기했다.

법원은 명도집행 과정에 일부 위법 행위가 있었다고 봤다. 판결문에 따르면 당시 김씨는 명도집행에 저항해 주방의 스테인리스 받침대를 붙들고 버티다 경비 용역직원에게 끌려나오면서 왼손 손가락 4개가 부분절단 됐다. 명도집행 보조자 일부는 '노란조끼'를 입지 않은 채 집행 행위를 했다. 노란조끼는 집행 현장의 보조자가 법원의 승인을 받고 등록된 사람임을 나타내는 표식이다. 집행관 이모씨는 노란조끼를 입지 않은 보조자들이 김씨에게 힘을 행사할 때 상황을 방치하는 등 관리감독의무를 다하지 않았다.

법원은 "원고가 필사적으로 작업대 밑부분을 손가락으로 잡고 버티는 상태에서 건장한 남성 여럿이 사지를 잡아끌고 힘껏 손목을 잡아당겼다"면서 "작업대 밑이 날카롭다는 것을 몰랐다고 해도 상해를 예견할 수는 있었다"고 했다. 또한 법원은 "집행 보조자의 업무는 특수한 전문지식이 필요한 '잠긴 문과 기구를 여는' 업무, 짐을 옮기는 단순 노무업무 등에 한정돼야 한다"면서 ""채무자에 대해 대인적 유형력을 적극적으로 행사할 법령상 권능은 없다"고 했다.

정의당은 판결이 나온 다음날인 25일 "그간 강제집행 과정에서 세입자들이 두드려 맞고 상해입는 경우가 많았다"며 "다시는 궁중족발에서 있었던 비극이 되풀이되지 않기를 바란다"고 논평했다. 김씨를 지원해온 시민단체 맘편히장사하고픈상인모임(맘상모)은 "이번 판결을 계기로 강제집행 공무 과정에서 용역들의 폭력이 용인되는 문화가 뿌리 뽑히기를 기대한다"고 밝혔다.

김씨는 부상을 입은 이후인 2018년 6월 이씨의 집 앞에 찾아가 둔기를 휘둘러 상해를 입힌 혐의(살인미수) 등으로 기소됐다. 김씨는 2심 재판 결과 징역 2년의 실형을 받고 현재 복역 중이다.

출처 : 경향신문

[사례 6-1 판결문] 궁중족발 사장, 국가로 부터 배상 1심 판결문 요지 (궁중족발 사건 1심 판결문)

서울중앙지방법원 2018가단358

1. 판단
   가. 원고의 피고 노무자 000와 용역회사 000의 청구에 대하여
      1) 민사집행법 제2조(집행실시자)에 의하면 민사집행은 이 법에 특별한 규정이 없으면 집행관이 실시한다.
         제5조 (집행관의 강제력 사용)에 의하면, ① 집행관은 집행을 하기 위하여 필요한 경우에는 채무자의 주거·창고 그 밖의 장소를 수색하고, 잠근 문과 기구를 여는 등 적절한 조치를 할 수 있다. ② 제1항의 경우에 저항을 받으면 집행관은 경찰 또

는 국군의 원조를 요청할 수 있다. ③ 제2항의 국군의 원조는 법원에 신청하여야 하며, 법원이 국군의 원조를 요청하는 절차는 대법원규칙으로 정한다. 라고 각 규정하고 있다.

집행관규칙 제26조(기술자 또는 노무자의 사용)에 의하면, 집행관은 직무집행을 위하여 필요한 때에는 기술자 또는 노무자를 보조자로 사용할 수 있다. 라고 규정되어 있다.

한편 행정권한의 위임 및 위탁에 관한 규정 제11조(민간위탁의 기준)에 의하면, ① 행정기관은 법령으로 정하는 바에 따라 그 소관 사무 중 조사·검사·검정·관리 사무 등 국민의 권리·의무와 직접 관계되지 아니하는 다음 각 호의 사무를 민간위탁할 수 있다.

1. 단순 사실행위인 행정작용,
2. 공익성보다 능률성이 현저히 요청되는 사무,
3. 특수한 전문지식 및 기술이 필요한 사무,
4. 그 밖에 국민 생활과 직결된 단순 행정사무 라고 규정되어 있다.

2) 위 법령의 취지를 종합하면, 집행관규칙 제26조에서 정한 보조자에게 보조하도록 한 업무는 특수한 전문지식이 필요한 '잠근 문과 기구를 여는'(민사집행법 제5조 제1항) 업무, 기술적 조치나 짐을 옮기거나 싣는 등 단순 노무 업무와 같이 단순한 사실행위에 한정되어야 할 것이다.

따라서 임시로 등록되어 집행에 관한 단순 노무 업무를 보조하는 것에 불과한 보조자가 위와 같은 단순한 사실행위의 범위를 벗어나 채무자에 대하여 대인적 유형력을 적극적으로 행사할 법령상 권능은 없다고 보아야 할 것이다.

그리고 앞서 거시한 각 증거에 변론 전체의 취지를 종합하면, 집행관인 피고 000이 2017. 9. 14.경 서울중앙지방법원장에게 등록외 노무자 사용승인 신청한 목적은 집행대상 목적물 내에 철판과 에이치빔을 제거하여 명도집행해야 한다는 것이므로 이러한 점에서도 피고 000나 000을 비롯한 피고 000 소속 직원들의 원고 000에 대한 필요한 범위를 벗어난 적극적 유형력 행사는 위법하다.

3) 또한 앞서 거시한 각 증거 및 인정한 사실관계에 변론 전체의 취지를 종합하면, 원고 000은 손에 장갑을 끼고 있다가 집행 과정에서 이미 벗겨진 점, 피고 000을 포함해 건장한 남성 3명이 원고의 사지를 잡아당기다가 원고가 끌려 나가지 않자 피고 000가 주방으로 들어와 합세하여 원고의 사지와 허리띠를 잡아당기기 시작한 점, 이러한 상태에서 피고가 원고의 왼손을 양손으로 힘껏 잡아 스테인리스 작업대에서 떼는 바람에 상해가 발생한 점을 인정할 수 있다.

이와 같이 원고 의 필사적으로 작업대 밑부분을 손가락으로 잡고 버티는 상태에서 건장한 남성 여러 명이 사지를 잡아끌고 힘껏 손목을 잡아당기는 상황에서는, 비록 작업대 밑부분이 날카롭다는 것을 몰랐다고 하더라도 어떠한 상해가 일어날 수 있다는 예견가능성은 있다고 보아야 한다.

4) 따라서, 피고 대한민국은 집행관인 피고 000의 위와 같은 위법한 직무집행 행위(피고 000은 단독제 사법기관으로서 보조자들이 대법원 규칙에서 정하는 노란조끼를 입지 아니하고 채무자에게 적극적 유형력을 행사하는 상황을 방치하는 등 집행현장을 관리감독의무를 다하지 못하고 인권존중, 권력남용금지, 신의성실 등의 원칙을 위반하여 집행과정에서 국민의 안전을 배려하여야 할 직무상의 의무를 다하지 못하였다)에 관하여 국가배상법에 의한 손해배상책임을, 피고 000, 000는 원고에게 공동하여 상해를 입힌 민법상의 공동불법행위자로서 손해배상책임을, 피고 000는 피고 000 등의 사용자(부동산인도집행조서에 첨부된 노무정보에 '선정한 노무자 수: 20명', '노무자: ㈜000' 라고 적혀있어 1, 2차 집행의 노무비가 피고 000로 지급된 것으로 보이는 점, 피고 000나 000이 2차 집행에서 실제 수행한 업무가 전문기술업체의 직원으로서가 아니라 시설경비 용역업체의 직원으로서 행한 것으로 평가되는 점 등을 종합하면 피고 000(용역회사)는 민법 제756조의 사용자책임이 있다)로서 책임을 부담하고 위 각 책임은 공동불법

행위자의 부진정연대관계이다.

5) 원고는 피고 집행관에 대하여도 불법행위에 기한 민법상의 책임을 묻는다. 살피건대, 공무원이 직무수행 중 불법행위로 타인에게 손해를 입힌 경우에 국가 등이 국가배상책임을 부담하는 외에 공무원 개인도 고의 또는 중과실이 있는 경우에는 불법행위로 인한 손해배상책임을 진다고 할 것이지만, 공무원에게 경과실이 있을 뿐인 경우에는 공무원 개인은 손해배상책임을 부담하지 아니한다고 할 것이다(대법원 1996. 2. 15. 선고 95다38677 전원합의체 판결, 대법원 2014. 8. 20. 선고 2012다54478 판결 등 참조).
이러한 법리에 따라 살피건대, 피고 집행관의 행위가 고의 또는 중과실이 있는 경우라고 볼 만한 주장, 입증이 부족하므로 집행관에 대한 주장은 나아가 살피지 아니하여도 이유 없다.

6) 한편 앞서 거시한 증거와 인정한 사실관계에 변론 전체의 취지를 종합하면, 원고는, 적법한 집행권원에 의하여 집행 절차에 착수하였음에도 불구하고 저항을 한 끝에 그와 같은 상해를 입은 점, 작업대 밑부분에 손을 베일 수 있는 단면이 있는 것을 발견하기란 쉽지 않은 것으로 보이는 점 등을 감안하면 피고들 손해배상의 책임을 40%로 제한하는 것이 타당하다고 보인다.

7) 손해의 범위에 관하여 보건대 앞서 거시한 각 증거와 변론 전체의 취지에 의하면, 원고의 손가락 반절단상을 치료하기 위하여 0000병원에 1,013,520원을 치료비로 지출하는 손해를 입은 사실을 인정할 수 있고, 원고의 상해를 입은 경위와 정도, 나이, 성별 등 변론 전체에 나타난 사정을 모두 고려하면, 피고 대한민국, 000, 000, 000는 각자 원고에게 손해배상금으로 위 치료비의 40% 및 위자료를 합한 10,000,000원 및 이에 대한 불법행위일인 2017. 11. 9.부터 이 판결 선고일인 2019. 9. 24.까지 민법에서 정한 5%, 그 다음 날부터 다 갚는 날까지 소송촉진 등에 관한 특례법에서 정한 연 12%의 각 비율로 계산한 지연손해금을 지급할 의무가 있다.

2. 결론

그렇다면, 원고의 청구는 위 인정범위 내에서 이유 있어 인용하고, 원고 000의 청구, 원고의 피고 000에 대한 청구 및 피고 대한민국, 000, 000, 000에 대한 나머지 청구는 이유 없어 기각한다.

[사례 6-2 판결문] 궁중족발 사장, 국가로 부터 배상 2심 판결문 요지
(2심 판결문)

서울고등법원 2019나70836 국가배상 청구

주 문

1. 제1심판결 가운데 피고들 패소 부분을 취소한다.
2. 위 취소 부분에 해당하는 원고의 청구를 모두 기각한다.
3. 원고와 피고들 사이의 소송 총비용은 원고가 부담한다.

1. 원고의 주장

2차 집행 과정에서 피고들은 원고에게 직접적이고 공세적인 강제력을 행사하는 과정에서 원고에게 상해가 발생하였다. 이는 공적 집행이라는 외형만 있을 뿐 실질적으로는 공권력 행사로서의 강제집행이 아니라 사적집행이다. 가사 이를 공권력 행사로서 강제집행으로 보더라도 집행관을 보조하는 노무자는 강제집행 과정에서 채무자에 대한 신체적 강제력을 행사할 수 없음에도 신체적 강제력을 행사하고 그 과정에서 원고에게 폭행치상을 가하였다. 000은 집행관으로서 채권자와 집행관 보조 노무자들로 하여금 신체적 강제력을 행사하지 못하도록 주의의무를 다하여 교육하고 감독하여야 함에도 불구하고 이를 해태하여 노무자들이 원고를 폭행하는 행위를 제지하지 않았다. 피고 000는 2차 집행 과정에서 노무자들을 지휘하였고, 원고를 끌어내는 과정에도 직접 가담하였다.

따라서 피고 대한민국은 집행관 000의 위법한 직무집행 행위에 관하여 국가배상법에 의한 손해배상책임을, 피고 000, 000는 원고에게 공동하여 상해를 입힌 민법상의 공동불법행위자로서 손해배상책임을, 피고 OOO(용역회사)는 피고 OOO (노무자)등의 사용자로서 손해배상책임을 부담하므로 피고들은 공동하여 원고에게 치료비와 위자료 합계 10,000,000원과 이에 대한 지연손해금을 지급할 의무가 있다.

2. 판단

　가. 피고 대한민국, OOO에 대한 청구에 관한 판단
　　1) 이 부분 청구와 관련된 법령은 다음과 같다.

민사집행법

제5조 (집행관의 강제력 사용) ① 집행관은 집행을 하기 위하여 필요한 경우에는 채무자의 주거·창고 그 밖의 장소를 수색하고, 잠근 문과 기구를 여는 등 적절한 조치를 할 수 있다.

② 제1항의 경우에 저항을 받으면 집행관은 경찰 또는 국군의 원조를 요청할 수 있다.

③ 제2항의 국군의 원조는 법원에 신청하여야 하며, 법원이 국군의 원조를 요청하는 절차는 대법원규칙으로 정한다.

제7조 (집행관에 대한 원조요구) ① 집행관 외의 사람으로서 법원의 명령에 의하여 민사집행에 관한 직무를 행하는 사람은 그 신분 또는 자격을 증명하는 문서를 지니고 있다가 관계인이 신청할 때에는 이를 내보여야 한다.

② 제1항의 사람이 그 직무를 집행하는 데 저항을 받으면 집행관에게 원조를 요구할 수 있다.

③ 제2항의 원조요구를 받은 집행관은 제5조 및 제6조에 규정된 권한을 행사할 수 있다.

집행관규칙

제26조 (기술자 또는 노무자의 사용) 집행관은 직무집행을 위하여 필요한 때에는 기술자 또는 노무자를 보조자로 사용할 수 있다. 노무자등을 보조자로 사용하는 집행사건에 있어서의 노무자등의 관리지침(이하 '노무자등 관리지침'이라 한다)

제2조 (노무자등의 사용) ① 집행의 실시는 당해 사건을 위임 받

은 집행관 및 그 사무원이 함을 원칙으로 한다.
② 집행관 및 그 사무원만으로는 위임 받은 사건의 집행이 어려운 경우에 한하여 노무자등을 보조자로 사용할 수 있다.

제3조 (노무자의 선정) ① 집행관은 그 직무집행에 필요한 노무자등을 다음 각호의 자 중에서 직접 선정하여야 한다.
  1. 직업안정법에 의하여 근로자 공급사업을 허가받아 집행관 사무소에 등록한 자
  2. 관할구역내에서 거주하는 자로서 집행관사무소에 등록한 개인
② 위 제1항의 규정에 의하여 노무자등의 선정이 불가능한 경우는 관할 지방법원장의 승인을 받아 그 외의 자를 노무자등으로 선정할 수 있다.
③ 각 집행관 사무소는 매년 12월말일까지 그 다음해에 선정할 노무자등의 명부를 별지 제1호 양식에 의하여 작성·비치하여야 한다.
④ 제1항의 제1호에 해당하는 자를 선정하여 노무공급을 받을 경우에는 집행착수 전까지 위 자는 집행에 사용될 노무자등의 인적사항이 기재된 명단을 작성하여 집행관 사무소에 제출하여야 한다.
⑤ 노무자등을 사용하여 집행에 착수한 경우 집행의 종료여부에 관계없이 집행관은 사용한 노무자등의 인적사항을 집행일시 및 사건번호를 특정하여 별지 제2호 사용노무자등 관리부에 기재하고, 대표집행관에게 확인을 받아야 한다.

제7조 (노무자등의 감독등) ① 집행관은 집행착수전 또는 집행과정에서 노무자등에게 집행의 개요, 작업요령, 집행방해시의 대처방법, 작업중의 언동 등에 대한 충분한 지도와 감독을 실시하여야 한다.
② 집행관은 집행업무 수행 중 노무자등의 제1항의 지시사항을 위반한 경우 즉시 작업현장에서 퇴거를 명하는 등 적절한 조치를 취하여야 한다.

③ 집행관은 집행착수전 노무자등으로부터 신분증을 제출받고 별지 제3호 양식에 의한 상의(조끼)를 착용하도록 하여야 하며, 착용한 상의(조끼) 번호를 별지 제2호 사용노무자등 관리부에 기재하여야 한다.

2) 강제집행은 채무자의 의사에 반하여 강제적으로 실시하는 것이고, 이를 실시하는 집행관은 강제집행에 저항하는 채무자 등에 대하여 방해 제거를 위하여 스스로 강제력을 행사할 수 있고 필요한 경우에는 경찰 또는 국군의 원조를 요청할 수 있다(민사집행법 제5조).
따라서 집행관이 강제집행을 실시하면서 그에 대한 방해행위를 배제하기 위하여 강제력을 행사한 경우, 그것이 명백한 권한남용에 해당된다고 볼 만한 특별한 사정이 없는 한, 그러한 강제력의 행사는 적법한 행위에 해당한다고 할 것이다.
그러나 집행관은 재판의 집행 등에 있어서 민사소송법 등 관련 법에 정하여진 바에 따라 이를 시행하여야 하고, 그 과정에서 채무자 등의 재산이나 신체 등에 손해가 발생하지 않도록 하여야 할 주의의무가 있다 할 것이므로, 집행관이 집행과정에서 주의의무를 위반하여 채무자 등에게 손해를 가한 경우 그 피해자는 국가배상법에 의하여 국가에 배상을 청구할 수 있다.
한편 집행관은 직무집행을 위하여 노무자 등을 보조자로 사용할 수 있는데(집행관규칙 제26조, 노무자등 관리지침 제2조), 이러한 노무자 등도 강제력 행사가 가능한지, 가능하다고 할 경우 신체의 어느 부위까지 어떠한 방법을 사용할 수 있는 것인지 법령상 명확하게 규정되어 있지는 않은바, 이는 집행관이 자신을 대신하여 일종의 사실행위의 대행으로서 강제력을 행사하도록 하는 것이므로 노무자 등의 강제력 사용 자체만으로 집행이 위법해진다고 보기는 어렵고 구체적인 사건에서 노무자 등의 강제력 사용이 비례의 원칙을 위반하여 재량의 한계를 넘어섰는지 여부가 사법부에 의한 규범적 통제의 대상이 된다고 할 것이다.

3) 갑 4, 8, 9, 16호증, 을나 5호증의 각 기재, 갑 10 내지 14, 19, 22 내지 24호증의 각 영상과 변론 전체의 취지에 의하여 인정되는 아래와 같은 사실과 사정을 종합하면 집행관 OOO이나 그의 지시를 받은 피고 OOO를 비롯한 노무자들이 2차 집행시 원고를 끌어내는 과정에서 주의의무를 위반하여 원고에게 상해를 가하였음을 인정하기 어렵다. 따라서 원고의 이 부분 주장은 모두 이유 없다.
① 피고들을 비롯한 노무자들이 음식점 주방 바닥에 누워 스테인레스 작업대 밑 받침대를 잡고 버티는 원고를 끌어내기 위해 받침대를 잡은 원고의 손을 잡아 떼는 행위 그 자체는 음식점에서 버티면서 집행을 방해하는 원고를 퇴거시키기 위한 것으로서 위법하다고 평가하기 어렵다.
② 원고에게 발생한 상해는 노무자들이 원고의 손을 잡아 떼는 과정에서 과도한 유형력을 행사하여 골절이 발생하였다는 등 손을 잡아 떼는 행위에 내포된 위험이 아니라 원고가 잡고 있었던 날카로운 받침대 밑부분에 베었다는 것이어서 노무자들로서는 전혀 예상할 수 없었던 위험이 발생한 것이었다.
③ 원고 역시 집행관, 피고 OOO 등에 대한 형사 사건에서 원고가 잡고 있던 받침대 밑부분을 보려면 바닥에 누워서 보아야하기 때문에 노무자들이 원고가 날카로운 부분을 잡고 있었다는 것을 인식하지 못했을 것이라고 진술한 바 있다.
④ 한편 2차 집행에 참여한 일부 노무자들이 조끼를 착용하지 않는 등 노무자등 관리지침 상 절차를 위반한 사실은 인정되나, 원고에 대한 상해가 위와 같은 절차 위반으로 인한 것이라고 보기 어렵다.

나. 피고 OOO(채권자)에 대한 청구에 관한 판단
1) 집행 절차의 채권자에 불과한 피고 OOO가 2차 집행 과정에 직접 참여한 것은 위법하나, 피고 OOO에게 원고의 상해에 대한 책임을 지우기 위해서는 피고 OOO가 2차 집행에 직접 참여했음을 넘어 원고를 끌어내는 과정에 직접 가담하였다거나 그렇지는 않더라도 집행 과정 전반을 지휘하면서 원고를 직접 끌어내었던 노무

자들과 공동하여 원고에 대한 상해에 가담하였다는 등의 사정이 인정되어야 한다.

2) 살피건대 피고 000가 원고에 대한 상해 과정에 직접 가담하였음을 인정할 증거가 없고(오히려 갑 19호증의 3의 영상에 의하면 피고 000는 원고에 대한 상해가 주방에서 이루어질 당시에는 음식점 홀에 있다가 상해가 종료된 이후 원고가 주방에서 끌려나오는 과정에서 원고의 다리 부분을 가볍게 접촉한 것으로 보일 뿐이다), 원고를 직접 끌어내었던 노무자들의 불법행위책임이 인정되지 않음은 판시 제3항 가.에서 본 바와 같으므로 원고의 이 부분 청구 역시 이유 없다.

다. 피고 000에 대한 청구에 관한 판단

원고가 피고 000의 피용자라 주장하는 피고 000를 비롯한 노무자들에 대하여 불법행위책임이 성립하지 않음은 판시 제3항 가.에서 본 바와 같으므로 위 노무자들이 피고 000의 피용자인지에 대하여 더 나아가 살필 것 없이 원고의 이 부분 청구 역시 이유 없다.

4. 결론

그렇다면 원고의 피고들에 대한 청구는 모두 이유 없어 기각하여야 한다. 제1심판결 가운데 피고들 패소 부분은 이와 다른 결론을 내려 부당하므로 피고들의 항소를 받아들여 이를 취소하고 그 취소 부분에 해당하는 원고의 청구를 모두 기각하기로 하여 주문과 같이 판결한다.

사례 7 '궁중족발' 강제집행 절차 어긴 집행관…法 "과태료 처분 정당"

승인 안 받은 노무자 투입…"강제집행 목적 달성에만 치중" 지적

서울 종로구 서촌 '본가궁중족발' 강제집행 과정에서 법원장으로부터 승인받지 않은 노무자를 사용하는 등 절차를 위반해 과태료 처분을 받은 집행관이 징계처분을 취소해달라고 소송을 제기했지만 패소했다.

서울행정법원 행정11부(박형순 부장판사)는 서울중앙지법 소속 집행관 A씨가 법원장을 상대로 "징계처분을 취소해달라"며 낸 소송에서 원고 패소로 판결했다고 9일 밝혔다.

앞서 건물소유주 이모씨와 궁중족발 사장 김모씨는 2016년부터 임대료 인상 문제로 갈등을 빚었다.

이씨는 시세에 따라 월 1천200만원의 임대료를 요구했고, 김씨는 "갑자기 오르는 것은 말이 안 된다"며 거부했다.

이씨는 명도소송을 냈고, 법원은 '건물 점유를 회복할 필요가 있어 보인다'며 이씨 손을 들어줬다.

이에 따라 집행관 A씨는 지난해 10월 강제집행을 시도했지만, 시민단체 회원들이 막아서 하지 못했다.

한 달 뒤 A씨는 노무자 10명을 이용해 두 번째 강제집행을 시도했다. 김씨는 가게 바닥에 누워 퇴거 요청을 거부했고, A씨는 노무자들에게 김씨를 들어 내보내게 한 다음 강제집행을 했다. 이 과정에서 김씨는 왼손을 심하게 다쳤다.

언론에 이런 내용이 보도되자 법원장은 강제집행 과정에서의 절차 위반 여부 등을 조사했고, '노무자를 보조자로 사용하는 집행사건에서의 노무자 등의 관리지침'을 위반했다며 과태료 200만원의 징계처분을 내렸다.

A씨는 법원행정처 행정심판 청구도 기각되자 올해 5월 소송을 제기했다.

A씨는 "강제집행 종료 후 언론 문의가 폭주하고 법원의 집중 감사가 실시돼 정상적 업무를 수행하기 어려운 상황에서 사용한 노무자 인적사항을 관리부에 기재하지 못했고, 법원 감사에서 지적받은 후 보완했다"며 집행 직후 기재해야 하는 것이 아니므로 지침 위반이 아니라고 주장했다.

하지만 재판부는 "지침 취지는 강제집행에 사인(私人)인 노무자를 사용하는 데 투명성을 확보하기 위한 것"이라며 "집행착수 시 작성되거나 늦어도 집행종료 직후에는 작성돼야 한다"고 지적했다.

A씨는 법원장으로부터 사용승인을 받은 노무자 10명 중 6명을 임의로 다른 노무자로 교체한 것은 정당한 사유가 있었다는 주장도 했지만, 재판부는 "등록 외 노무자에 대한 사용승인을 받는데 많은 시일이 소요되지 않는다"며 받아들이지 않았다.

일부 노무자들에게 소속 법원과 '집행'이란 문구가 적힌 조끼를 입도록 하지 않은 것은 강제집행의 성공을 위해 불가피한 것이었다는 주장도 인정되지 않았다.

재판부는 "규정 취지는 강제집행에 참여하는 노무자를 특정하고 이를 외부에서도 알 수 있게 표시해 강제집행 과정에서의 적법절차의 준수를 담보하기 위한 것"이라고 설명했다.

아울러 과태료 처분이 징계재량권을 일탈하거나 남용한 것도 아니라고 밝혔다.

재판부는 "A씨 주장에 따르면 자신의 행위들이 지침에 위반된다는 사실을 잘 알고 있었음에도 오로지 강제집행의 목적 달성에만 치중한 나머지 고의로 이 사건 지침을 위반한 것으로 비난 가능성이 작다고 할 수 없다"고 꼬집었다.

그러면서 "법원장은 은밀성과 긴급성이 요구되는 부동산 인도 집행의 특수성, 현장 상황의 어려움 등을 참작해 정직보다는 수위가 낮은 징계처분을 했다"며 사회 통념상 현저하게 타당성을 잃은 판단이 아니라고 설명했다.

[출처 : 연합뉴스]

사례 8	집행관이 법원의 허가 없이 공휴일 집행을 실시했고, 채무자 간판에 붉은색 페인트로 '공가'라고 표시해 명예를 훼손

법원 집행관이 판결 결과를 강제집행할 때 위법행위를 저질렀다면 피해자에게 국가가 손해를 배상하라는 판결이 나왔다.

서울중앙지법 민사합의25부(성기문 부장판사)는 법원 집행관이 건물명도 소송 결과를 강제집행하면서 위법행위를 저질렀다며 상이군경 친목단체인 K동지회가 국가를 상대로 낸 손해배상 청구소송에서 "국가는 원고에게 1천500만원을 배상하라"며 원고일부승소 판결했다고 16일 밝혔다.

재판부는 판결문에서 "법원 집행관이 법원의 허가 없이 공휴일 집행을 실시했고 이 과정에서 원고의 간판에 붉은색 페인트로 '공가'라고 표시해 명예를 훼손한 사실이 인정되므로 원고의 정신적 고통에 대해 위자료를 지급해야 한다"고 밝혔다.

재판부는 "원고는 강제집행으로 재산상 손해도 발생했다고 주장하지만 집행관의 위법행위와 재산상 손해는 인과관계가 인정되지 않기 때문에 정신적 손해에 대한 위자료만 인정한다"고 설명했다.

재판부는 "강제집행이 휴일에 이뤄져 원고가 참여할 기회를 잃게 된 점, 원고는 6.25사변 상이군경들로 구성된 단체로서 피고나 지자체의 지원 및 보호를 받아야 할대상인 점 등을 감안해 위자료를 산정했다"고 설명했다. 민사집행법상 공휴일과 야간에는 법원이 허가해야 판결 결과를 집행할 수 있다.

K동지회는 서울 모 빌딩에 사무실을 운영하던 중 건물주가 빌딩을 토지신탁사에 넘기면서 건물명도 청구소송을 제기, 법원이 '건물을 비워 주라'고 판결해 집행관이 휴일 강제집행에 나서자 정신적·물질적 손해를 입었다며 소송을 냈다.

[출처 : 매일신문]

사례 9   집행관 집행이 위법인지 판단 기준

집행의 방법은 목적물의 성질, 위치, 상태 등 제반 사정을 고려하여 상당한 방법에 의하면 족하므로, 구체적인 사안에서 집행이 위법한지 여부를 판단하기 위해서는 집행관이 통상적인 관행과 관련 사례 등에 기초하여 합리적으로 판단하였는지, 집행 당시 배부된 법원실무제요에 관련 내용이 기술되어 있는지, 해석에 관하여 견해의 대립이 있는지 여부 등이 주된 쟁점이 된다.

사례 10   집행관 집행시 주의의무 판단 기준

유체동산 인도집행과 같이 목적물의 종류에 따라 그 구체적 집행 방식이 달라지는 경우 그 과정에서 일부 문제가 발생하였다 하더라도 이를 일률적으로 집행관의 과실로 볼 수는 없다. 집행관은 집행에 관한 전문가이기는 하지만 모든 대상 목적물에 관하여 그 상세한 특성 및 취급상 주의점 등을 알 수는 없고, 설사 집행관이 인식한 사정이 나중에 밝혀진 객관적 사실과 다르다고 하더라도 주의의무 위반 여부는 집행 당시 현장을 기준으로 판단하여야 하기 때문이다.

사례 11   집행관이 기계기구 집행하면서 일부 누락 한 경우

보관명령에 첨부되어 있는 기계기구 목록에 구체적인 기재가 없어 기계부품 중 일부를 누락한 채 인도한 것은 기계전문가가 아닌 집행관의 과실로 볼 수 없다는 사례[29]

---

29) 수원지방법원 2008가합27847

사례 12 — 집행관이 채무자 소유 유체동산 보관을 채권자에게 맡긴 경우

부동산인도명령의 집행 현장에 채무자의 직원이라고 주장하는 자가 있었으나 집행 당시 이를 신뢰할 수 없었던 상황이라면 채무자 소유의 유체동산의 보관을 채무자의 직원이 아닌 채권자에게 맡긴 집행관의 행위는 위법하지 않다고 본 사례[30]

사례 13 — 집행관이 놀이시설 집행할 때 주의의무

건물인도집행 과정에서 집행목적물이 아닌 동산을 제거하기 위하여 관련 전문가를 사용하지는 않았지만, 놀이시설이라는 특수성을 감안하여 일반적인 건물인도집행보다 많은 인원과 시간이 투입되었다면 집행관으로서는 그 가치를 감소시키거나 훼손시키지 않기 위하여 필요한 주의의무를 다하였다고 본 사례[31]

사례 14 — 집행관은 집행을 위해 장소 수색, 강제개문 등 필요한 조치를 취할 권한 있음

민사집행법 제5조 제1항에 따라 집행관은 집행을 하기 위하여 필요한 경우에는 채무자의 주거, 창고 그 밖의 장소를 수색하고, 잠근 문과 기구를 여는 등 적절한 조치를 할 수 있는데, 집행관은 채무자의 주거에 들어가기 위하여 그것이 채무자의 주거인가를 제반사정에 의하여 판단할 권한이 있다. 따라서 직무상 재량에 의하여 일단 채무자의 주거라고 판단한 경우에는 채무자 이외의 자가 채무자의 주거가 아니라고 주장한 때라도 그것을 확인하기 위하여 그 주거에 들어가 채무자의 소유물건이 있는가 여부를 조사할 수 있으며, 만약 창고, 금고 또는 상자 등의 문이 잠겨져 있는 때에는 채무자에게 우선 이를 열도록 하고 이에 불응한 때에는 집행관 스스로 또는 제3자에게 명하여 실력으로 열어서 수색할 수 있다.

---

30) 수원지방법원 2010가합7419
31) 인천지방법원 부천지원 2010가합8289

사례 15   집행관이 1개 건물 일부 인도 집행시 유의사항

1개 건물 일부의 인도를 명하는 집행권원에 기초하여 집행을 하는 경우 대상 목적물을 정확하게 특정할 필요가 있다. 집행대상인 부동산 표시에 포함되어 있지 않은 부동산까지 인도집행을 한다면 그 부분이 부합물이거나 종물이라는 특별한 사정이 없는 한 피고 대한민국이 위 집행절차를 통하여 원고의 점유를 부당하게 침탈하고 그 부분에 대한 점유를 취득한 결과가 되어 위법하기 때문이다.[32]

사례 16   집행관이 판결문에 지번이 명시되지 않은 건물에 대한 강제집행

판결문에 지번이 명시되지 않은 건물에 대하여 강제집행을 실시한 잘못이 있더라도, 인도집행 당시 판결문 상의 목적물과 동일한 지 여부에 대하여 통상 요구되는 확인절차를 이행하였다면 집행관의 과실을 인정할 수 없다는 사례[33]

사례 17   집행관이 건설기계 인도 집행시 차대번호 확인해서 집행했다면

집행관이 도집행하여 임의경매로 매각한 건설기계의 주요 제원 등이 나중에 공부와 다른 것으로 밝혀졌으나, 집행 당시 차대번호등을 통하여 동일성을 확인하여 집행하였다면 과실을 인정할 수 없다는 사례[34]

---

[32] 서울고등법원 2006나47266
[33] 서울북부지방법원 2009가단57917
[34] 서울중앙지방법원 2011가합125859

사례 18   건물명도집행을 실시함에 있어 집행권원을 늦게 제시한 경우

집행관이 건물명도집행을 실시함에 있어 채무자인 원고가 현장에 있지 아니하여 원고에게 집행력 있는 정본을 제시하지 못하였으나 집행 시작 후 나타난 원고에게 집행사실을 고지하였다면 강제집행은 적법하다고 본 사례[35]

사례 19   집행관의 통로 개설의무

부동산인도명령의 집행에 있어서 집행관에게 채무자 소유의 제시외건물로의 통로를 개설하여 줄 의무는 없다는 사례[36]

사례 20   명도집행에서 채무자의 승계인이 점유를 승계하여 점유하는 경우 승계집행문을 사전에 고지하지 않았다고 국가배상을 인정한 사례

'절차 무시 민사집행' 법원, 손해배상 판결
적법한 절차를 무시한 강제집행으로 피해가 발생했다면 국가가 배상해야 한다는 법원의 판결이 나왔다.
관행으로 인정돼온 법원의 변칙적인 강제집행에 제동을 건 첫 판결이어서 상급심에서 확정되면 민사집행 관련 제도에 적지않은 변화가 예상된다.
지난해 11월 서울의 한 빌라에 살던 이모씨 가족은 예고 없이 찾아온 법원 집행관들에 의해 하루아침에 길거리로 쫓겨나는 신세가 됐다. 빌라의 유치권을 양도받아 전입신고를 마친 이후 거주했고, 관련 소송에서 이겨

---

[35] 부산지방법원 2004가합73
[36] 수원지방법원 2010가합7419

유치권을 양도받아 전입신고를 마친 이후 거주했고, 관련 소송에서 이겨 7억원 상당의 유치권을 인정받은 상태였지만 일방적으로 명도집행에 나선 집행관들을 막을 수 없었던 것.

이씨는 "적법한 절차를 무시한 채 이뤄진 명도집행이었다"며 국가를 상대로 5억원의 손해배상 청구 소송을 냈고, 법원은 이씨의 손을 들어줬다. 민사집행법 39조 제2항에는 이씨처럼 채무를 이어받아 대신 지게 된 제3자를 상대로 한 강제집행의 경우 일반 강제집행과 달리 반드시 사전에 집행문을 전달해 집행 사실을 알리도록 하고 있다. 이는 원(原)채무자를 대상으로 한 일반 강제집행보다 복잡해진 권리관계 때문에 이씨처럼 혹시 생길지 모를 부당한 집행을 미리 방지하기 위한 취지다.

재판부는 "민사집행법상 통상의 강제집행과 달리 채무자의 승계인에 대해 강제집행을 할 경우 부당한 집행을 막기 위해 사전에 집행문을 송달해 불복할 방법을 취할 기회를 보장해야 하며, 이를 보장하지 않은 집행은 위법하다"고 밝혔다.

이어 "위법한 승계집행으로 원고가 적법하게 취득한 빌라에 대한 점유와 유치권을 상실하도록 만들었기 때문에 국가가 그로 인한 손해를 전액 배상할 책임이 있다"고 판단했다.

위 집행관은 이 사건 인도집행 당일 402호 현관 앞에 도착하여서야 비로소 원고에게 위 승계집행문에 기하여 인도집행을 개시할 것을 고지하였고 그로부터 약 2시간 30분이 경과한 후 이 사건 인도집행을 종료하였으므로, 원고로서는 위 승계집행문 부여에 대하여 불복절차를 취할 기회를 보장받지 못하였다고 할 것이다.

따라서 이 사건 인도집행은 민사집행법 제39조 제2항에 위반하여 위법하다고 할 것이고, 이 사건 인도집행으로 인하여 원고는 402호에 관한 점유를 상실하여 그 유치권이 소멸하게 되었으므로, 피고는 원고에게 위 유치권 소멸로 인한 손해를 배상할 책임이 있다.

하지만 지금까지 법원의 민사집행은 일반 강제집행이든, 채무자의 승계인을 상대로 한 승계집행이든 모두 사전 고지를 하지 않는 것이 관행이었다.

법원행정처가 발간한 법집행 실무지침서인 '법원실무제요'는 승계집행시에도 집행문을 사전에 전달하지 않고 현장에서 집행과 동시에 전달해도 된다고 명시해 놓고 있을 정도다. 집행 사실을 미리 알릴 경우 중도에 점유자를 바꿔 집행을 방해하는 등 채무자에 의해 악용의 소지가 있다는 판단에 따른 것이다.

그러나 법원에서 민사집행 관행의 위법성을 적시했고 상급심에서도 1심 판결이 유지된다면 민사집행 관련 제도는 어떤 식으로든 변화가 불가피할 것으로 보인다.

송연순 기자

[출처 : 대전일보]

사례 21   강제집행 현장 유명무실한 경찰 원조 조항 실질화 필요

"유명무실한 경찰원조조항 실질화 해야"
강한 기자 strong@lawtimes.co.kr 입력 : 2018-04-12 오후 5:34:41

대법원이 논의중인 집행관 제도 개선 방안에 대한 현직 집행관들의 불만이 터져 나왔다.

대한변호사협회(협회장 김현)는 10일 서울 역삼동 변협회관에서 '집행관 제도의 문제점과 해결방안' 심포지엄을 개최했다.

이날 '부동산 인도 철거 강제집행의 개선방안과 집행관 제도의 개혁'을 주제로 발표한 손흥수(53·사법연수원 28기) 법무법인 바른 변호사는 "강제집행 과정에서 발생하는 물리적 충돌과 인권침해를 막기 위해 집행관에게 실질적이고 현실적인 권한을 부여하는 방안을 법원행정처에 제출했다"며 "일반직 공무원의 승진제도와 연계돼 운영된 선발제도를 개선해 민주적 정당성도 확보해야 한다"고 말했다. 이어 "집행관 제도는 수많은 국가자격제도 중에서도 특히 폐쇄적으로 운영되고 있다"며 "집행관 역량과 자질을 높이기 위해 시험선발제도를 도입하고 현행 단임제를 폐지하자"고 주장했다.

손흥수 법무법인 바른 변호사가 10일 역삼동 변협회관에서 열린 '집행관

제도의 문제점과 해결방안' 심포지엄에서 토론하고 있다.

이에 대해 토론자로 나선 권오복 전국법원집행관연합회장은 "집행관은 현장에서 다양한 집단으로부터 거센 저항을 받는다"며 "집행현장에서 발생하는 사고는 집행관의 능력문제가 아닌 사회적 문제"라고 반박했다. 이어 "(지금까지) 법률적 지식과 강제집행분야 경력을 갖춘 법원·검찰 경력자들이 집행관으로서 역할을 우수하게 수행해 왔다"며 "시험제도는 효과에 비해 비용 증가 등 부작용이 더 크다"고 비판했다. 그러면서 "10년 이상 법원·검찰에서 근무한 법원주사보 이상 직위 퇴직자가 집행관에 임명되도록 한 현행 규정을 15년으로 상향하자"고 역제안했다.

이날 심포지엄을 방청한 현직 집행관과 전직 공무원 등도 현장에서 우려의 목소리를 나타냈다.

이에 대해 장철웅(41·34기) 법원행정처 사법등기심의관은 개인적인 의견임을 전제로 "집행관에게는 풍부한 실무경험·높은 수준의 법률지식·고도의 공정성이 필요하다"며 "20년 가까이 선발시험제도를 운영한 일본에서도 90% 이상은 재판소 서기관 출신이 집행관으로 선발되고 있다"고 설명했다. 반면 전병서(54·22기) 중앙대 로스쿨 교수는 "교육을 통한 집행관 직무 전문성 강화와 신진 세대 확보가 필요하다"며 "로스쿨 수료자가 실무연수·선발시험을 거쳐 집행관에 임명될 수 있는 길을 열어두자"고 주장했다.

한편 손 변호사는 "집행관법 제17조 2항은 집행관이 원조를 요청할 경우 경찰이 응해야 한다고 규정하고 있지만 경찰이 소극적으로 대응해 형해화 되고 있다"고 지적했다.

장 심의관은 "집행현장에서 물리적 충돌을 실질적으로 방지하기 위해서는 원조요청에 참여한 경찰관에게 집행관이 직접 지시할 수 있는 권한을 부여하는 규정 등을 신설해야 한다"고 제안했다.

권 회장도 "민사집행법에 규정된 경찰원조 규정이 사문화되고 있다. 민사사건에 개입하지 않는다는 명목으로 집행현장에서 채무자가 신나를 뿌리며 저항해도 경찰이 소극적 대처로 일관하는 것이 현실"이라며 "강제집행 원조 요청시 경찰의 의무개입을 강제하고 소극적으로 대응한 경찰을 징계·처벌하는 규정을 마련해야 한다"고 강조했다.

출처 : 법률신문

사례 22   **부동산 명도집행 현장 출동 경찰 불법동원 철거용역 폭력 방임은 인권침해**

인권위, 경찰청장에 해당 경찰서장 경고조치·대응지침 마련 권고
법원에는 "집행관 직무수행 내부 지침 마련·교육하라" 의견 표명
이승윤 기자 leesy@lawtimes.co.kr 입력 : 2018-04-02 오후 5:48:57

국가인권위원회가 부동산 명도집행 과정에서 경찰이 현장에 불법 동원된 철거용역의 폭력행위를 방임한 것은 직무 부작위에 의한 인권침해에 해당한다는 결정을 내렸다. 법원도 대책 마련에 나섰다. 부동산 명도·철거 등 강제집행 과정에서 빈번하게 일어나고 있는 폭력사태로 인한 인권침해를 방지하기 위해 월 2회 현장 실태점검을 실시하는 등 후속조치와 함께 집행업무 관련 실무지침도 마련하기로 했다.

국가인권위(위원장 이성호)는 2016년 서울 노원구 인덕마을 재건축사업 구역 내 상가건물에 대한 명도집행 과정에서 조합 측 용역으로부터 폭행당해 상해를 입은 피해자 22명이 "경찰로부터 부작위에 의한 인권침해를 당했다"며 현장 경비 대응을 지휘한 전 노원경찰서장을 상대로 낸 진정을 받아들였다고 29일 밝혔다.

인권위는 경찰청장에게 해당 서장에 대한 경고 조치와 함께 강제집행 현장에서 필요한 경찰 대응지침을 마련하라고 권고했다. 다만 인권위는 법원 집행관의 부작위에 대해 제기된 진정은 이미 수사가 진행된 점 등을 고려해 각하하면서, 관할 법원인 서울북부지법에 "집행관의 인권친화적 직무수행을 위한 내부지침 마련과 교육이 필요하다"는 의견을 표명했다.

인권위에 따르면 사건 당시 조합 측이 고용한 용역들은 주먹과 발, 쇠파이프 등으로 상가 주민들을 위협·폭행해 타박상과 골절상 등 전치 1~6주 가량의 상처를 입혔지만, 당시 현장을 관리·감독했던 집행관 뿐만 아니라 서장 등 70여 명의 경찰도 이를 제지하지 않고 묵인한 것으로 드러났다. 경찰은 인권위 조사 과정에서 "집행 현장이 다소 소란스럽긴 했지만 개입할 만한 폭력 상황을 보지 못했고, 설령 건물 안에서 일시적·우발적 폭력이 벌어졌다 해도 경찰관들이 알거나 제지할 수 있는 상황이 아니었다"고 해명했다.

그러나 인권위는 "경찰이 강제집행 현장 인근에서 대기 중인 기동대원들을 투입하거나 불법행위를 하는 용역 인력들의 소속 및 신원 확인, 채증 등 최소한의 조치를 취했다면 용역들이 건물 안으로 진입해 강제집행에 저항하는 거주민들에게 폭력을 행사하는 일 등이 예방되거나 최소화될 수 있었다"고 지적했다. 그러면서 "경찰이 경찰관직무집행법에 따른 적극적인 직무 조치를 이행하지 않아 거주민의 신체의 안전 등이 침해됐다"고 판단했다.

한편 법원은 이 사건을 계기로 강제집행 현장에서 인권침해가 재발되는 것을 막기 위해 후속조치 마련에 나선 상태다.

법원행정처는 지난해 2월 집행관이 강제집행 과정에서 사무원 이외의 노무자를 보조자로 쓸 때 기존의 신분표 지급·패용 방식 대신 상의(조끼)를 착용하게 하는 동시에 착용한 상의 번호를 관리부에 기재하도록 관련 예규를 개정해 같은해 9월부터 시행하고 있다. 현장에서 채권자가 동원하는 용역들과 강제집행을 위한 공적 권한이 있는 사람들을 구분하기 위한 조치다. 이와 함께 매년 정기감사 이외에 법원행정처가 직접 매달 2번 전국 집행 현장에 대한 업무실태 점검도 하고 있다.

특히 법원행정처는 윤경(58·사법연수원 17기), 손흥수(53·28기) 법무법인 바른 변호사가 제출한 '부동산 인도·철거 강제집행의 개선방안에 관한 연구' 용역보고서를 바탕으로 지난해 12월 관련 태스크포스(TF)를 구성했는데, TF는 전국 법원 집행관들이 인권친화적인 직무 수행을 할 수 있도록 통일적인 업무매뉴얼을 만들어 배포하는 방안을 논의하고 있다.<본보 2018년 2월 22일자 1,3면 참고> 특히 집행업무 관련 실무지침서격으로, 월 2회 업무실태 점검을 통해 지적된 문제점과 개선 방안을 취합한 '집행관 감독지침'을 이번 주 중 전국 법원에 배포할 예정이다.

아울러 강제집행 관련 민원이나 요청에 즉각적으로 반응하는 동시에 집행관 관리·감독을 강화하기 위한 창구로써 '집행관 민원센터'도 올해 하반기쯤 개설할 계획이다.

법원행정처 관계자는 "인덕마을 사건을 계기로 법원도 많은 반성과 함께 후속조치를 취하고 있다"며 "채무자의 인권을 보호하면서 집행현장의 물리적 충돌을 방지하기 위한 실효적 방안을 내놓을 것"이라고 말했다.

출처 : 법률신문

사례 23   법원은 왜 향린교회 강제집행에 나섰나?

서울동부지법 "강남향린교회 다루기 어려우니 예고없이 집행해달라" 재개발 조합 요청 받아들여

손가영 기자 ya@mediatoday.co.kr   2018년 03월 31일 토요일

법원이 강남 지역 한 재개발 조합의 강제집행 요청을 접수한 직후 예고도 없이 곧바로 강제 명도 집행에 들어가 거센 논란이 일고 있다. 집행 대상인 강남향린교회는 "법원의 행태는 지극히 상식에 어긋난다"며 "조합과 법원 간 담합이라고 볼 수밖에 없는 정황"이라고 반발하고 있다.

서울동부지법은 지난 30일 오전 서울 송파구 거여동에 있는 강남향린교회 건물에 대해 강제 명도 집행을 기습적으로 마쳤다. 통상 강제집행이 결정될 시 법원은 계고장을 발송해 집행 사실을 예고하고 1~2주 간 자진 철거 기간을 두고 있음에도 서울동부지법은 이런 절차를 모두 생략했다.

강남향린교회 측은 이날 오전 8시20분경 강제 집행에 대한 입장을 묻는 한 방송사 기자의 전화를 받고 강제집행 사실을 최초로 알게 됐다. 한 교회 집사가 사실관계 파악을 위해 교회에 도착한 오전 9시15분 경, 교회 안팎은 200여 명의 인부 및 경비용역으로 들어 차 있었고 강제집행도 이미 시작된 후였다.

강남향린교회는 재개발 조합과 명도소송 항소심을 진행 중이었지만 조합 측과 큰 갈등 없이 이주를 준비해오고 있었다. 오금동에 건물을 매입한 향린교회는 잔금 지불을 치르고 5월 초경 이주를 마칠 계획이었고 조합도 이를 모두 알고 있었다.

강남향린교회는 30일까지 법원으로부터 강제집행과 관련된 어떤 연락이나 서류도 받지 못했다. 법원이 계고장 등을 보내 자진 이주를 권고해도 집행 대상자들이 불복할 때가 있다. 두 세 차례 계고장 발송에도 불복한다면 법원은 물리력을 동원한 강제집행에 나선다. 교회는 계고장조차 받지 못한 상황에서 강제집행을 당한 셈이다.

서울동부지법 측은 이날 오후 항의방문한 교회 이병일 담임목사 등에게 '조합으로부터 예고 없이 철거해달라는 신청을 받았다'고 입장을 밝혔다.

상식 밖의 절차라고 항의하는 교인들에게 법원 측은 '강제집행을 할 때 예고를 반드시 하라는 조항이 없다'는 답을 되풀이했다.

강남향린교회 확인 결과 재개발 조합이 법원에 제출한 탄원서엔 '강남향린교회는 성도들의 강력한 저항이 예측되는 바 예고 없이 강제철거를 해주기를 부탁한다'는 취지의 문구가 적혀 있었다.

또한 법원은 조합측으로부터 지난 26일 관련 신청 서류를 접수받았다. 서울동부지법은 불과 4일 만에 강제 인도 집행에 나선 것이다.

종교 시설의 경우엔 강제집행 시점이 임박하더라도 지역 내 역할 및 사회적 의미 등을 고려해 가장 후순위 집행 대상지가 되는 것이 관례기도 하다.

이례적인 결정에 대해 법원이 설득력있는 해명을 하지 않자, 향린교회 안팎으로 '법원과 조합 간 담합이 있었다'는 의혹도 제기됐다.

집행 현장에 있었던 한 교인은 지난 30일 미디어오늘과의 통화에서 "오늘 조합장이 우리 교인한테 '송파경찰서 정보관이 말하길 강남향린교회 교인들은 다루기가 어렵고 시끄러운 사람들이라 예고없이 바로 해야 된다고 얘길 들었다'고 말했다. 그 교인이 나에게 말을 전해줬다"며 "조합장이 집행관에 서류를 내자마자 집행관은 바로 처리했다. 이게 무슨 뜻이겠느냐"고 말했다.

강남향린교회 내부 집기는 경기도 하남·구리 등지의 물류센터로 옮겨졌다. 오전 11시15경 집기 철거가 마무리되자마자 집행관 및 인부들은 교회 주변에 철조 갈림막 판넬을 설치했다. 교인들은 현재 교회를 출입하지 못한다.

김동한 장로는 이날 저녁 7시 강제집행 현장에서 열린 예배에서 "법에 규정이 없다는 이유 하나만으로 무조건 집행에 들어온 것을 우리는 용납할 수가 없다"며 "법적 대응을 철저히 할 것"이라 밝혔다.

강남향린교회는 예배장소를 이전할 때까지 현재 강남향린교회를 사용할 수 있도록 모든 방법을 동원해 대응해 나갈 것이라 밝혔다. 교회는 또한 법원이 '조합이 낸 탄원서가 허위임에도 불구하고 조합 주장만 듣고 예고 없이 강제집행을 했다'며 집행관과 조합 간 밀접한 공조에 대해 양 측 모두에 법적 책임을 물을 예정이라고 밝혔다.

강남향린교회가 있는 '거여2-1지구 재개발 지구'는 지난 2006년부터 시작한 '거여·마천 뉴타운사업' 지역에 포함돼있다. 뉴타운 사업 완료 예정 시점은 2029년이다. 거여2-1지구 재개발 조합은 이 지역에 공동주택 1945가구 등을 공급할 계획이다.
시공사는 롯데건설로 롯데캐슬 브랜드 아파트를 건립할 예정이다.

출처 : 미디어 오늘

사례 24 자력구제에 해당하는지 여부

문: W는 A조합 소유의 아파트에 유치권을 주장하고 있었는데, 집행관이 위 아파트에 대하여 유치권을 주장하는 W를 상대로 부동산인도집행을 실시하자, 이에 불만을 갖고 아파트 출입문과 잠금 장치를 훼손하여 강제로 개방하고 위 아파트에 들어갔습니다.
이에 대하여 수사기관은 W를 재물손괴 및 건조물침입으로 기소하였고, W는 자신의 행위는 민법 제209조에서 규정한 자력구제에 해당하므로 위법하지 않다고 주장하고 있습니다.
W의 행위가 민법상 자력구제(자력탈환권)에 해당하는 것인지요?

답: 민법 제209조 제2항 전단은 '점유물이 침탈되었을 경우에 부동산일 때에는 점유자는 침탈 후 직시(直時) 가해자를 배제하여 이를 탈환할 수 있다'고 하여 자력구제권 중 부동산에 관한 자력탈환권에 관하여 규정하고 있습니다.
결국 위 사안에서 문제되는 것은 이미 A조합이 집행관으로부터 아파트를 인도받은 후 출입문의 잠금 장치를 교체하는 등으로 A조합의 점유가 확립된 상태에서 W의 위 행위가 자력탈환권 요건이 되는 직시(直時)에 행하여 졌는지 여부입니다.
이에 관하여 대법원은 "민법 제209조 제2항 전단에서 '직시(直時)'란 '객관적으로 가능한 한 신속히' 또는 '사회관념상 가해자를 배제하여 점유를 회복하는 데 필요하다고 인정되는 범위 안에서 되도록 속히'라는 뜻으로(대법원 1993년 3월 26일 선고 91다4116 판결), 자력탈환권의 행사가

'직시'에 이루어졌는지는 물리적 시간의 장단은 물론 침탈자가 확립된 점유를 취득하여 자력탈환권의 행사를 허용하는 것이 오히려 법적 안정 내지 평화를 해하거나 자력탈환권의 남용에 이르는 것은 아닌지 함께 살펴 판단하여야 한다"라고 판시하고 있습니다(대법원 2017년 9월 7일 선고 2017도9999 판결).

결국 W의 행위는 아파트에 들어갈 당시 이미 A조합이 집행관으로부터 아파트를 인도받은 후 출입문의 잠금 장치를 교체하는 등으로 그 점유가 확립된 상태에 있었기 때문에 점유권 침해의 현장성 내지 추적가능성이 있다고 보기 어려워 민법상 자력구제에 해당하지 않는다고 할 것입니다.

글 : 법무법인 緣(연) 정용 변호사

출처 : 전북일보

사례 25 집행관이 미등기건물에 대한 철거 시 철거대상 미등기건물이 채무자에게 속하는지를 판단하기 위하여 조사·확인하여야 할 사항

집행관이 미등기건물에 대한 철거 시 철거대상 미등기건물이 채무자에게 속하는지를 판단하기 위하여 조사·확인하여야 할 사항 및 집행관이 현재 건축주 명의인이 채무자와 다르다는 이유만으로 철거대상 미등기건물이 채무자에게 속하지 않는다고 판단하여 철거하지 않은 경우, 채권자가 집행에 관한 이의신청으로 구제받을 수 있는지 여부(적극)

[요 지]

집행관이 미등기건물에 대한 철거를 실시함에 있어서는 건축허가서나 공사도급계약서 등을 조사하여 철거대상 미등기건물이 채무자에게 속하는지를 판단하여야 할 것이고, 또한 대체집행의 기초가 된 집행권원의 내용도 확인하여야 한다.

집행관이 변경된 현재의 건축주 명의인이 채무자와 다르다는 이유만으로 철거대상 미등기건물이 채무자에게 속하는 것이 아니라고 판단하여 철거를 실시하지 않았다면, 채권자는 집행에 관한 이의신청으로 구제받을 수 있다.

[해 설]

집행기관은 집행을 개시함에 있어 그 집행대상이 채무자에게 속하는지를 스스로 조사·판단하여야 하고, 이는 건물철거의 대체집행에서 수권결정에 기초하여 작위의 실시를 위임받은 집행관이 실제 철거를 실시하는 경우에도 마찬가지이다. 그런데 미등기건물에는 그 소유권을 표상하는 외관적 징표로서의 등기부가 존재하지 아니하므로, 집행관이 미등기건물에 대한 철거를 실시함에 있어서는 건축허가서나 공사도급계약서 등을 조사하여 철거대상 미등기건물이 채무자에게 속하는지를 판단하여야 할 것이고, 또한 대체집행의 기초가 된 집행권원에는 철거의무의 근거로서 철거대상 미등기건물에 대한 소유권 등이 채무자에게 있다고 판단한 이유가 기재되어 있기 마련이므로, 집행관으로서는 그 집행권원의 내용도 확인하여야 할 것이다.

한편, 미등기건물의 건축허가상 건축주 명의가 변경되었다고 하더라도, 그 변경시점에 이미 건물이 사회통념상 독립한 건물이라고 볼 수 있는 형태와 구조를 갖추고 있었다면 원래의 건축주가 그 건물의 소유권을 원시취득하고, 변경된 건축주 명의인은 그 소유자가 아니므로(대법원 1997. 5. 9. 선고 96다54867 판결 등 참조), 집행관이 변경된 현재의 건축주 명의인이 채무자와 다르다는 이유만으로 철거대상 미등기건물이 채무자에게 속하는 것이 아니라고 판단하여 철거를 실시하지 않았다면, 이는 집행관이 지킬 집행절차를 위반하여 집행을 위임받기를 거부하거나 집행행위를 지체한 경우에 해당하여 채권자는 집행에 관한 이의신청으로 구제받을 수 있다고 할 것이다.[37]

---

37) 대법원 2014. 6. 3.자 2013그336 결정

제4절　집행관 현황조사 관련 손해배상 사례

사례 1　집행관이 토지 위치나 현황을 제대로 살피지 않은 채 현황조사보고를 하였을 경우 국가배상책임이 인정됨.

경매절차에 있어서 부동산현황조사는 매각대상 부동산의 현황을 정확히 파악하여 일반인에게 그 부동산의 현황과 권리관계를 공시함으로써 매수희망자가 필요한 정보를 쉽게 얻을 수 있게 하여 예상 밖의 손해를 입는 것을 방지하고자 함에 있고, 집행관은 이러한 정보를 제대로 제공할 의무가 있는 것이 원칙이다. 따라서 집행관이 토지 위치나 현황을 제대로 살피지 않은 채 현황조사명령의 내용 중 감정평가에 중대한 영향을 미칠 수 있는 부분에 대하여 필요한 조치를 다하지 않고, 대상물의 현황을 오인할 수 있는 현황조사보고를 하였을 경우 국가배상책임이 인정될 수 있다.[38]

사례 2　집행관이 현황조사를 함에 있어 방법이나 탐문 등은 자유 재량임

집행관이 구체적으로 경매 대상 부동산을 현황을 조사함에 있어 현장을 언제, 어떻게 방문하여 조사할 것인지에 관한 구체적인 방법을 재량에 따라 적절히 선택할 수 있다. 따라서 집행관이 현황조사 대상 부동산을 점유하고 있는 자를 만나지 못한 경우라 하더라도 그 이웃주민 등 제3자에게 임차인의 거주 여부를 탐문해야 한다거나, 반드시 야간·휴일에 재차 현황조사를 해야 한다는 등의 의무는 인정될 수 없다.[39]

---

38) 대법원 2009다40615, 서울북부지방법원 2006가단52751
39) 서울중앙지방법원 2007가단352244

사례 3 집행관이 현황조사를 함에 있어 공동주택 외벽까지 조사할 필요는 없음

민사집행법 제85조 제1항은 집행관에 의한 부동산현황조사의 대상으로 부동산의 점유관계, 차임 또는 보증금의 액수 등 임대차관계에 관한 사항을 포함하여 정하고 있으므로, 집행관은 주택에 대한 현황조사시 임대차관계의 확인을 위하여 그 주택의 소재지에 전입신고된 세대주의 주민등록을 확인할 주의의무가 있다. 그러나 공동주택에 대한 임대차관계의 현황조사를 하는 집행관으로서는 위와 같이 그 공동주택의 소재지에 전입신고된 세대주의 주민등록을 확인함에 있어서 다른 특별한 사정이 없는 한 전입신고가 건축물관리대장 등에 표시된 공동주택의 명칭과 동·호수로 이루어졌을 것이라는 전제 아래 그 명칭으로 전입신고된 세대주가 있는지를 확인하면 족하고 그와 다른 명칭으로 전입신고된 세대주가 있는지 여부까지 확인할 주의의무가 있다고 할 수 없다. 이는 그 공동주택의 외벽에 건축물관리대장 등에 표시된 명칭과 다른 명칭이 표시되어 있다고 하여도 달리 볼 것이 아니다.[40]

사례 4 집행관이 현황조사를 함에 있어 임대차관계를 제대로 확인하지 않은 잘못이 있다고 하더라도 불법행위를 구성하는 것은 아니다.

대법원예규에 따른 경매절차 진행사실의 주택임차인에 대한 통지는, 설사 현황조사 과정에서 임대차관계를 제대로 확인하지 않은 담당 공무원의 직무상 잘못이 있고, 그 결과 임차인이 경매법원으로부터 아무런 통지를 받지 못하여 우선변제권의 행사에 필요한 조치를 취하지 못해 손해를 입었다 하더라도 임차인에 대하여 불법행위를 구성한다고 할 수 없

---

40) 대법원 2009다40615

다. 이는 경매절차상 임차인은 이해관계인이라고 할 수 없고, 위 예규 역시 법률상 규정된 의무가 아니라 당사자의 편의를 위하여 경매절차와 배당제도에 관한 내용을 안내하여 주는 것에 불과하므로, 임차인이 위와 같은 통지를 받지 못하였다고 하여 경매절차에 위법이 있다고 다툴 수 없기 때문이다.[41]

[판례] 손해배상(기) (2008. 11. 13. 선고 2008다43976 판결)

[판시사항]

[1] 주택임대차보호법상의 대항요건을 갖춘 임차인은 권리신고를 하지 않더라도 경매절차상 이해관계인이 되는지 여부(소극)와 이해관계인이 아닌 임차인이 경매절차 진행사실의 통지를 받지 못하였음을 이유로 경매절차의 위법을 다툴 수 있는지 여부(소극)

[2] 부동산 현황조사 과정에서 임대차관계를 제대로 확인하지 않은 집행관의 직무상 잘못이, 그 결과로 경매절차의 진행에 관한 통지를 받지 못하여 우선변제권의 행사에 필요한 조치를 취하지 못함으로써 손해를 입은 임차인에 대하여 불법행위를 구성하는지 여부(소극)

[판결요지]

[1] 경매절차에서 부동산 현황조사는 매각대상 부동산의 현황을 정확히 파악하여 일반인에게 그 부동산의 현황과 권리관계를 공시함으로써 매수 희망자가 필요한 정보를 쉽게 얻을 수 있게 하여 예상 밖의 손해를 입는 것을 방지하고자 함에 있는 것이고, 매각절차의 법령상 이해관계인에게는 매각기일에 출석하여 의견진술을 할 수 있는 권리의 행사를 위해 매각기일 등 절차의 진행을 통지하여 주도록 되어 있는 반면, 주택임대차보호법상의 대항요건을 갖춘 임차인이라고 하더라도 매각허가결정 이전에 경매법원에 스스로 그 권리를 증명하여 신고하지 않는 한 집행관의 현황조사결과 임차인으로 조사·보고되어 있는지

---

[41] 대법원 2008다43976, 대법원 2004마94

여부와 관계없이 이해관계인이 될 수 없으며, 대법원예규에 따른 경매절차 진행사실의 주택임차인에 대한 통지는 법률상 규정된 의무가 아니라 당사자의 편의를 위하여 경매절차와 배당제도에 관한 내용을 안내하여 주는 것에 불과하므로, 이해관계인 아닌 임차인은 위와 같은 통지를 받지 못하였다고 하여 경매절차가 위법하다고 다툴 수 없다.
[2] 경매법원의 명령에 따른 집행관의 현황조사 과정에서 임대차관계를 제대로 확인하지 않은 직무상 잘못이 있고, 그 결과 임차인이 경매법원으로부터 경매절차의 진행에 관한 통지를 받지 못하여 우선변제권의 행사에 필요한 조치를 취하지 못해 손해를 입었다 하더라도, 그러한 사정만으로는 집행관의 위 직무상 잘못이, 민사집행법 제90조에 따른 권리신고절차를 취하지 아니하여 경매절차상 이해관계인이 아닌 임차인에 대한 관계에서 불법행위를 구성한다고 할 수 없고, 스스로 우선변제권의 행사에 필요한 법령상 조치를 취하지 아니함으로써 발생한 임차인의 손해와 위 잘못 사이에 상당인과관계가 있다고 할 수도 없다.

[원심 판결 내용]

1. 집행관은 이 사건 아파트의 현황조사를 하면서 관할 동사무소에서 위 아파트의 등기부상 호수인 '4층 2호'가 아닌 실제 관리 호수인 '402호'에 대하여 세대열람을 한 결과 전입된 세대주가 없고 임대차서류가 제출되지도 아니하였다는 내용의 부동산현황조사보고서를 작성·제출 함.
2. 원고는 2005. 2. 12. ㅇㅇㅇ으로부터 위 아파트를 임대차보증금 14,000,000원, 임대차기간 2005. 2. 25.부터 2007. 2. 25.까지 정하여 임차하고 같은 해 3. 2. 그 등기부상 주소지인 '4층 2호'로 전입신고를 마치고 확정일자를 받았다가 위 경매진행사실을 알지 못한 채 2005. 8. 23. 위 아파트에서 전출하여 ㅇㅇ ㅇㅇㅇ구 ㅇㅇ동 ㅇ-ㅇ로 전입신고를 하였고, 그로부터 2일 후인 2005. 8. 25. 원고의 모친 ㅇㅇㅇ이 위 아파트로 전입신고를 하였던 사실, 경매법원은 그 배당요구종기를 2005. 8. 24.까지로 정하였음.
3. 위 아파트는 2005. 12. 26. ㅇㅇㅇ에게 매각되어 2006. 2. 15. 배당기일에 ㅇㅇ은행에게 2순위로 35,948,188원을 각 배당하는 내용의 배당표가

작성되자 원고가 00은행 배당액 중 14,000,000원에 대하여 이의를 제기하고 배당이의의 소까지 제기하였으나, 원고가 배당요구종기일 전에 전출함으로써 주택임대차보호법상의 대항력을 상실하였다는 이유로 원고 패소판결이 선고·확정된 사실을 인정함.
4. 원고는 경매법원의 현황조사명령에 따라 집행관이 이 사건 아파트의 임대차관계를 조사함에 있어서 등기부상 동·호수로 되어 있는 원고의 주민등록을 열람하여 전입세대 유무를 제대로 확인할 직무상 주의의무를 위반한 위법이 있고, 나아가 집행관이 원고의 전입사실을 현황조사보고서에 제대로 기재하였더라면 경매법원이 원고에게 경매절차의 진행에 관한 통지를 하였을 것이며, 이에 원고가 배당요구종기일까지 주민등록을 유지하는 등 필요한 절차를 취하였을 것이므로 집행관의 위법행위와 원고가 입은 손해 사이의 상당인과관계도 있다고 하여, 피고의 원고에 대한 위 임차보증금 상실액 상당의 손해배상책임을 인정하면서 다만 원고 자신의 과실도 참작하여 피고의 책임비율을 50%로 제한한다고 판단하였다.

사례 5   집행관이 주민등록 등재자 조사할 때 주의의무

집행관이 관할 동사무소에서 주민등록 등재자가 없다는 취지로 회신 받아 현황조사서에 그대로 기재하였다면 현황조사서 작성에 하자가 있다고 하기 어렵다고 본 사례[42]

---

42) 인천지방법원 2012가단42962

| 사례 7 | 집행법원으로부터 잘못된 정보를 제공받은 매수인의 손해 |

매각물건명세서 작성의 잘못으로 매수인의 매수신고가격 결정에 영향을 미쳐 매수인으로 하여금 불측의 손해를 입게 한 경우 그 손해액은 잘못된 매각물건명세서 작성이 없었을 경우 원고가 이 사건 토지를 낙찰받을 수 있었던 대금과 실제 지급한 낙찰대금과의 차액이다.

- 매각물건명세서에는 소멸하는 것으로 기재되어 있었으나, 실제로는 소멸하지 않아 원고가 인수하게 된 전세권의 전세금 상당액을 손해로 인정한 사례[43]

다만, 집행관이 토지 위치나 현황을 제대로 살피지 않은 채 실제와 현저하게 다른 현황 조사를 하여 잘못된 현황조사 보고서 등을 제시하였지만, 실제 현황에 따른 감정가 역시 실제 낙찰대금을 초과하는 경우 손해가 발생하지 않았다고 볼 여지도 있다.[44]

| 사례 8 | 전입신고된 세대주 주민등록과 부동산의 현황상 표시가 달라 '임대차관계조사서' 기재에 임차인이 누락되는 문제점의 해결방안 |

가. 【문제점 요지】

아파트나 연립주택과 같은 공동주택의 경우 각 층별 호실의 번호를 붙임에 있어 일반적으로 선호하지 않는 '4'층을 제외하거나 지하층을 1층으로 표시함에 따라 공부상의 표시와 현황상의 표시가 다른 경우 집행관이 현황조사시 소유자나 임차인등을 만나지 못하고 장기폐문, 부재 등의 사유로 달리 조사할 방법도 없는 경우에 전입신고된 세대주 주민등록 등·초본에 의하여 '임대차관계조사서'를 기재하고 있는 바, 이런 경우 공부상의 표시와 현황상의 표시가 다름으로 인하여 임차인이 누락되는 문제점

---

43) 서울고등법원 2005나38364
44) 의정부지방법원 2006가단72536

나. 【보충자료】
    <민사집행법>
    제85조 (현황조사) ① 법원은 경매개시결정을 한 뒤에 바로 집행관에게 부동산의 현상, 점유관계, 차임 또는 보증금의 액수, 그 밖의 현황에 관하여 조사하도록 명하여야 한다.
        ② 집행관이 제1항의 규정에 따라 부동산을 조사할 때에는 그 부동산에 대하여 제82조에 규정된 조치를 할 수 있다.
    <민사집행규칙>
    제46조 (현황조사) ① 집행관이 법 85조의 규정에 따라 부동산의 현황을 조사한 때에는 다음 각호의 사항을 적은 현황조사보고서를 정하여진 날까지 법원에 제출하여야 한다.
        1. 사건의 표시, 2. 부동산의 표시, 3. 조사의 일시·장소 및 방법, 4. 법 제85조제1항에 규정된 사항과 그 밖에 법원이 명한 사항 등에 대하여 조사한 내용
        ② 현황조사보고서에는 조사의 목적이 된 부동산의 현황을 알 수 있도록 도면·사진 등을 붙여야 한다.
        ③ 집행관은 법 제85조의 규정에 따른 현황조사를 하기 위하여 필요한 때에는 소속 지방법원의 관할구역 밖에서도 그 직무를 행할 수 있다.
다. <부동산 경매·입찰 절차에서 현황조사시 유의사항(재민 97-8)>
    1. 야간·휴일 현황조사의 활용
       집행관은 폐문 부재로 평일 주간에 현황조사를 할 수 없을 때에는 야간·휴일에 현황조사를 실시하고, 현황조사보고서에 야간·휴일에 현황조사를 실시한 사유를 기재하여 집행법원에 제출하여야 한다.
    2. 현황조사시 건물의 현황과 등기부상 표시가 현저하게 상이한 경우의 현황조사보고서 기재방법·정도
       집행관은 현황조사시에 조사대상 건물이 멸실되고 다른 건물이 신축되어 있는 경우에는 관계인의 진술을 청취하여 그 내용을 현황조사보고서에 기재하고(신·구 건물의 동일성 상실여부에 대한 집행관의 의견을 부기한다), 구 건물에 관한 멸실등기가 경료되었으면 그 등기부 등본을 현황조사보고서에 첨부한다.

3. 현황조사의 대상 토지·건물에 부합물, 종물, 구성부분이 존재하는 경우
   집행관은 현황조사의 대상인 토지·건물에 부합물, 종물, 구성부분이 될 수 있는 물건이 있고 그로 인하여 매각부동산의 감정평가에 중대한 영향을 미칠 것이라고 판단되는 경우(예컨대 고가의 정원석, 상당한 규모의 제시외 건물, 지하굴착공사에 의한 콘크리트 구조물, 건축 중인 건물 등)에는 이를 현황조사보고서에 기재하여야 한다.
4. 주민등록 등·초본 등의 첨부
   (1) 현황조사의 대상이 주택인 경우, 집행관은 임대차관계의 확인을 위하여 매각부동산 소재지에 주민등록 전입신고된 세대주 전원에 대한 주민등록 등·초본을 발급받아 현황조사보고서에 첨부하여야 한다.
   (2) 현황조사의 대상이 상가건물인 경우, 집행관은 상가건물임대차보호법시행령 제3조 제2항이 정하는 등록사항 등의 현황서 등본과 건물도면의 등본을 발급받아 현황조사보고서에 첨부하여야 한다.
5. 건물 내부구조도의 첨부
   집행관은 현황조사의 대상인 주택 또는 상가건물에 임차인이 여러 명 있는 경우에는 각 임차인의 해당 임차부분과 입주 인원수를, 주민등록(또는 등록사항 등의 현황서)상의 동·호수와 등기부 등 공부상에 표시된 동·호수가 상이한 경우에는 실제 동·호수, 주민등록(또는 등록사항 등의 현황서)상의 동·호수와 공부상의 동·호수를, 임차목적물이 주택인 경우에는 임차인 본인 및 그 가족들의 전·출입 상황을 현황조사보고서에 기재하고, 건물의 내부구조와 각 부분별로 임차인을 표시한 도면을 현황조사보고서에 첨부하여야 한다.
6. 매각부동산의 사진의 첨부
   민사집행규칙 제46조 제2항 소정의 사진은 조사의 대상 전체를 촬영한 것이 아니고 그 일부를 촬영한 것이라도 그 현황을 파악할 수 있을 정도면 충분하다. 다만 일부를 촬영한 사진을 첨부한 때에는 그 취지를 기재하고 촬영한 부분에 대한 설명을 부기하여야 한다.

라. <판례>

| 판례 1 | 선순위 임차인의 주민등록에 대한 기재가 누락된 집행관의 임대차조사보고서 및 입찰물건명세서의 하자는 낙찰불허가 사유가 된다고 본 사례 |

대법원 1995. 11. 22. 자 95마1197 결정 【낙찰허가】

【판시사항】

[1] 민사소송법 제603조의2의 현황조사 제도 및제617조의2의 경매물건명세서 비치 제도의 규정 취지
[2] 선순위 임차인의 주민등록에 대한 기재가 누락된 집달관의 임대차조사보고서 및 입찰물건명세서의 하자는 낙찰불허가 사유가 된다고 본 사례

【결정요지】

[1] 민사소송법 제603조의2 및 제617조의2의 규정 취지는 입찰대상 부동산의 현황을 되도록 정확히 파악하여 일반인에게 그 현황과 권리관계를 공시함으로써, 매수 희망자가 입찰대상 물건에 필요한 정보를 쉽게 얻을 수 있게 하여 예측하지 못한 손해를 입는 것을 방지하고자 함에 있다.
[2] 선순위 임차인의 주민등록에 대한 기재가 누락된 집달관의 임대차조사보고서 및 입찰물건명세서의 하자는 낙찰불허가 사유가 된다고 본 사례.

| 판례 2 | 집행관이 임대차관계의 현황을 조사함에 있어 주민등록상 단독 세대주인 임차인누락은 국가배상법상 중과실은 아니라는 판례 |

대법원 2003. 2. 11. 선고 2002다65929 판결 【손해배상(기)】

【판시사항】

[1] 국가배상법상 국가공무원에 대한 구상권 발생요건으로서의 '중과실'의 의미

[2] 부동산 경매에서 집행관이 임대차관계의 현황을 조사함에 있어 주민등록상 단독 세대주인 임차인이 그 가족과 함께 거주하고 있음에도 가족의 주민등록 관계를 조사하지 아니한 것이 국가배상법 제2조 제2항 소정의 '중과실'에 해당하지 않는다고 한 사례

【판결요지】

[1] 국가배상법 제2조 2항에 의하면, 공무원의 직무상의 위법행위로 인하여 국가 또는 지방자치단체의 손해배상책임이 인정된 경우 그 위법행위가 고의 또는 중대한 과실에 기한 경우에는 국가 또는 지방자치단체는 당해 공무원에 대하여 구상할 수 있다 할 것이나, 이 경우 공무원의 중과실이라 함은 공무원에게 통상 요구되는 정도의 상당한 주의를 하지 않더라도 약간의 주의를 한다면 손쉽게 위법, 유해한 결과를 예견할 수 있는 경우임에도 만연히 이를 간과함과 같은 거의 고의에 가까운 현저한 주의를 결여한 상태를 의미한다.

[2] 집행관으로 하여금 임대차관계의 확인을 위하여 경매목적물 소재지에 주민등록 전입신고된 세대주 전원에 대하여 주민등록 등·초본을 발급받도록 하고 임차인 본인 및 그 가족들의 전·출입 상황을 현황조사보고서에 기재하도록 한 송무예규가 제정되어 시행된 것은 현황조사 이후로서 그 전에는 위와 같은 현황조사 방법과 정도에 관한 구체적인 기준이 마련되어 있지 않았던 점, 세대주가 가족들과 함께 거주하는 경우에도 사정상 다른 가족들은 주민등록을 달리하는 사례가 적지 아니하며, 한 가족이 같은 주소지에 전입신고를 하면서 세대를 합가하지 아니하고 별도의 세대로 주민등록을 하는 경우는 이례에 속하는 것으로 보이는 점 등의 사정에 공무원의 공무집행의 안정성을 확보하기 위해 고의·중과실의 경우에만 공무원 개인이 책임을 지도록 한 국가배상법의 취지와 중과실에 관한 법리를 종합하여 보면, 현황조사를 함에 있어 집행관에게 비록 정확하고 충실한 현황조사를 하지 못한 직무상의 과실이 있다 하더라도, 그것이 집행관이 현황조사를 함에 있어 기울여야 할 통상의 주의의무를 현저하게 결여한 중대한 과실에 해당한다고 보기는 어렵다고 한 사례.

판례 3	건축중인 주택을 임차하여 주민등록을 마친 임차인의 주민등록상의 주소 기재가 당시의 주택 현황과 일치하였으나 그 후 사정변경으로 등기부상 주택의 표시가 달라진 경우, 입찰절차에서의 이해관계인 등이 그러한 사정을 알고 있었던 때에는 그 주민등록이 공시방법으로서의 효력

대법원 2003. 5. 16. 선고 2003다10940 판결 【건물명도】

【판시사항】

[1] 주택임대차보호법 제3조 제1항 소정의 대항요건으로서의 주민등록의 임대차공시방법으로서의 유효 여부에 관한 판단 기준

[2] 건축중인 주택을 임차하여 주민등록을 마친 임차인의 주민등록상의 주소 기재가 당시의 주택 현황과 일치하였으나 그 후 사정변경으로 등기부상 주택의 표시가 달라진 경우, 입찰절차에서의 이해관계인 등이 그러한 사정을 알고 있었던 때에는 그 주민등록이 공시방법으로서의 효력이 있는지의 여부(소극)

【판결요지】

[1] 주택임대차보호법 제3조 제1항에서 주택의 인도와 더불어 대항력의 요건으로 규정하고 있는 주민등록은 거래의 안전을 위하여 임대차의 존재를 제3자가 명백히 인식할 수 있게 하는 공시방법으로 마련된 것이고, 그 주민등록이 어떤 임대차를 공시하는 효력이 있는가의 여부는 일반 사회통념상 그 주민등록이 당해 임대차 건물에 임차인이 주소 또는 거소를 가진 자로 등록되어 있는지를 인식할 수 있는가의 여부에 따라 결정된다.

[2] 건축중인 주택에 대한 소유권보존등기가 경료되기 전에 그 일부를 임차하여 주민등록을 마친 임차인의 주민등록상의 주소 기재가 그 당시의 주택의 현황과 일치한다고 하더라도 그 후 사정변경으로 등기부 등의 주택의 표시가 달라졌다면 특별한 사정이 없는 한 달라진

주택의 표시를 전제로 등기부상 이해관계를 가지게 된 제3자로서는 당초의 주민등록에 의하여 당해 주택에 임차인이 주소 또는 거소를 가진 자로 등록되어 있다고 인식하기 어렵다고 할 것이므로 그 주민등록은 그 제3자에 대한 관계에서 유효한 임대차의 공시방법이 될 수 없다고 할 것이며, 이러한 이치는 입찰절차에서의 이해관계인 등이 잘못된 임차인의 주민등록상의 주소가 건축물관리대장 및 등기부상의 주소를 지칭하는 것을 알고 있었다고 하더라도 마찬가지이다.

[출처 : 집행관 연찬집]

제5절 물건명세서 부실 기재 관련 손해배상 사례

사례 1 물건명세서 부실 기재로 매수인이 손해를 봤다면 국가는 손해배상해야

경매절차에 있어서 매각물건명세서의 작성의 취지는 입찰대상 부동산의 현황을 되도록 정확히 파악하여 일반인에게 그 현황과 권리관계를 공시함으로써 매수 희망자가 입찰대상 물건에 필요한 정보를 쉽게 얻을 수 있게 하여 예측하지 못한 손해를 입는 것을 방지하고자 함이다. 따라서 매각물건명세서가 잘못 작성되어 매수인의 매수신고가격 결정에 영향을 미쳐 매수인으로 하여금 불측의 손해를 입게 하였다면, 국가는 이로 인하여 매수인에게 발생한 손해에 대한 배상책임을 진다.[45]

---

45) 대법원 2006다913, 대법원 2009다40790]

사례 2	매각대상 부동산의 현황이나 관리관계를 정확히 파악하는 것이 곤란한 경우에는 그 부동산의 현황이나 권리관계가 불분명하다는 취지를 매각물건명세서에 그대로 기재함으로써 족함.

경매절차의 특성이나 집행법원이 가지는 기능의 한계 등으로 인하여 매각대상 부동산의 현황이나 관리관계를 정확히 파악하는 것이 곤란한 경우에는 그 부동산의 현황이나 권리관계가 불분명하다는 취지를 매각물건명세서에 그대로 기재함으로써 족한 것이지, 그 내용에 대하여 추가조사를 하거나 실질적 유무효 여부에 대한 작성자의 의견을 부기할 의무가 추가되는 것은 아니다. 기존의 판례 역시 착오로 잘못된 사실을 기재한 경우 또는 민사집행법 제105조에서 기재할 것을 명시적으로 요구하고 있는 사항을 누락한 경우 등에만 관련 공무원의 과실을 인정하고 있을 뿐이다.[46]

사례 3	경매 담당자는 부동산에대해 권리분석해서 물건명세서에 기재할 것은 아님.

경매담당 공무원이 매각물건명세서를 작성하면서 경매개시결정의 적법성이나 권리관계를 분석하여 매각물건명세서에 기재할 일반적 의무가 있는 것은 아니라는 사례[47]

사례 4	물건명세서에 대한 경매담당자의 직무상 의무 위반 여부는 권리관계 자료와 다르게 작성한 경우

집행법원이나 경매담당공무원이 직무상의 의무를 위반하였는지를 판단하기 위해서는 매각물건명세서에 매각대상 부동산의 현황과 권리관계에 관한 사항을 제출된 자료와 다르게 작성하거나 불분명한 사항에 관하여 잘못된 정보를 제공하였는지 여부가 쟁점이 된다.

---

46) 대법원 98다31837, 대법원 2009다40790
47) 서울고등법원 2014나2027812

사례 5	물건명세서 작성행위는 재판이 아니고 그 작성내용에는 공신력이 부여되지 않는다는 점, 권리관계를 언제나 완벽하게 공시할 수 없으므로, 매수인은 부동산의 현황과 권리관계를 자신의 책임하에 조사하고 분석해서 입찰에 응해야

매각물건명세서 제도는 집행기록 전체를 열람하여야 하는 매수희망자로 하여금 매각부동산의 현황 등을 쉽게 살필 수 있도록 돕는 정보제공기능을 목적으로 하는 것이고, 매각물건명세서 자체는 집행법원의 인식을 기재한 서면에 지나지 아니하므로 그 작성행위는 재판이 아니고 그 작성내용에는 공신력이 부여되지 않는다는 점, 부동산 경매절차의 특성이나 집행법원의 기능상 제한 등으로 인하여 집행법원으로서는 매각대상 부동산의 현황이나 권리관계를 언제나 완벽하게 파악하여 입찰참가자들에게 공시할 수는 없는 한계가 있음이 분명하고, 매수신청인들 역시 이러한 한계를 인식하고 매각물건명세서 등을 기초로 매각대상 부동산의 현황과 권리관계를 자신의 책임과 판단에 의하여 별도로 확인함이 보통이라는 점, 감정 또는 조사의 전제사실이 집행법원이 이미 알고 있는 사정과 명백히 상이한 기초사실에 근거하였음에도 이를 방치하였다는 등의 특별한 사정이 없는 한 이를 신뢰한 집행법원에 과실을 인정하기는 어렵다는 점 등을 주장하여 담당 공무원의 과실을 부정할 수 있다.[48]

사례 6	매각에서 제외되는 목적물에 대해 물건명세서 표시 사례

경매 대상 목적물에서 제외된 건물을 매각물건명세서에 포함한 잘못이 있었지만, 제외된 건물이 매각대상 목적물 중 극히 일부인 점, 이를 제외한다는 취지의 부동산매각 정정 공고가 있었던 점 등의 사정을 고려하여 위법성을 부정한 사례[49]

---

48) 서울고등법원 2004나53502
49) 수원지방법원 2010가합7419

사례 7 물건명세서 비고란에 매각에서 제외되는 물건 기재는 누락한 경우

매각물건명세서의 비고란에 제시외 건물을 매각대상에서 제외한다는 취지를 기재함이 바람직하였지만, 부동산 표시란, 현황조사보고서상 그러한 사실을 알 수 있는 기재가 있었다면, 다소 불완전한 형태로 매각물건명세서가 작성되었더라도 위법하지 않다는 사례[50]

사례 8 물건명서세에 최선순위 가처분등기 기재 오류

매각으로 소멸하지 않는 가처분등기가 있었음에도 불구하고 경매담당 공무원 매각물건명세서를 작성함에 있어 '매각허가에 의하여 그 효력이 소멸되지 아니하는 것'란을 공란으로 두었으나 '최선순위 설정'란에 가처분등기가 기재되어 있었다면 잘못된 정보제공이 없었다고 본 사례[51]

사례 9 권리신고서와 계약서에 기재된 확정일자가 다른 경우 물건명서세에 기재 요령

권리신고 및 배당요구신청서에 기재된 확정일자가 임대차계약서와 배치되고 따로 임차인이 확정일자를 받았다는 자료를 제출하지도 아니한 경우 담당 공무원이 이를 적극적으로 확인하여 매각물건명세서에 반영하여야 할 의무는 없으며, '그 일자여부가 불분명함'이라고 기재하면 족하다는 사례[52]

---

50) 수원지방법원 2010나21044
51) 수원지방법원 2011가합10832
52) 청주지방법원 2008나1607

사례 10	**현황조사명령을 받은 집행관은 임차인에게 권리신고를 안내할 의무는 없음**

경매대상 건물의 현황조사명령을 받은 집행관이 위 건물 중 일부분의 임차인인 원고에게 권리신고 및 배당요구신청절차 및 그 접수처에 대하여 안내할 의무는 없다는 사례[53]

사례 11	**현황조사명령을 받은 집행관이 부동산의 현황을 잘못 보고한 경우**

집행관이 토지 위치나 현황을 제대로 살피지 않은 채 실제와 현저하게 다른 현황 조사를 하여 잘못된 현황조사 보고서 등을 제시하였지만, 실제 현황에 따른 감정가 역시 실제 낙찰대금을 초과하는 경우 손해가 발생하지 않았다고 볼 여지도 있다.[54]

사례 12	**경매절차에서 관리관계를 정확히 파악하는 것이 곤란한 경우 물건명세서에 권리관계가 불분명하다는 취지를 기재하면 족함**

경매절차의 특성이나 집행법원이 가지는 기능의 한계 등으로 인하여 매각대상 부동산의 현황이나 관리관계를 정확히 파악하는 것이 곤란한 경우에는 그 부동산의 현황이나 권리관계가 불분명하다는 취지를 매각물건명세서에 그대로 기재함으로써 족한 것이지, 그 내용에 대하여 추가조사를 하거나 실질적 유무효 여부에 대한 작성자의 의견을 부기할 의무가 추가되는 것은 아니다. 기존의 판례 역시 착오로 잘못된 사실을 기재한 경우 또는 민사집행법 제105조에서 기재할 것을 명시적으로 요구하고 있는 사항을 누락한 경우 등에만 관련 공무원의 과실을 인정하고 있을 뿐이다.[55]

---

53) 서울중앙지방법원 2007가단56478
54) 의정부지방법원 2006가단72536
55) 대법원 98다31837, 대법원 2009다40790

| 사례 13 | 물건명세서 작성행위는 재판이 아니고 그 작성내용에는 공신력이 부여되지 않는다는 점 등을 감안 매수인은 현황과 권리간계를 자기 책임하에 파악해야 |

매각물건명세서 제도는 집행기록 전체를 열람하여야 하는 매수희망자로 하여금 매각부동산의 현황 등을 쉽게 살필 수 있도록 돕는 정보제공기능을 목적으로 하는 것이고, 매각물건명세서 자체는 집행법원의 인식을 기재한 서면에 지나지 아니하므로 그 작성행위는 재판이 아니고 그 작성내용에는 공신력이 부여되지 않는다는 점, 부동산 경매절차의 특성이나 집행법원의 기능상 제한 등으로 인하여 집행법원으로서는 매각대상 부동산의 현황이나 권리관계를 언제나 완벽하게 파악하여 입찰참가자들에게 공시할 수는 없는 한계가 있음이 분명하고, 매수신청인들 역시 이러한 한계를 인식하고 매각물건명세서 등을 기초로 매각대상 부동산의 현황과 권리관계를 자신의 책임과 판단에 의하여 별도로 확인함이 보통이라는 점, 감정 또는 조사의 전제사실이 집행법원이 이미 알고 있는 사정과 명백히 상이한 기초사실에 근거하였음에도 이를 방치하였다는 등의 특별한 사정이 없는 한 이를 신뢰한 집행법원에 과실을 인정하기는 어렵다는 점 등을 주장하여 담당 공무원의 과실을 부정할 수 있다.[56]

| 사례 14 | 물건명세서 과실 판단 기준 |

집행법원이나 경매담당공무원이 직무상의 의무를 위반하였는지를 판단하기 위해서는 매각물건명세서에 매각대상 부동산의 현황과 권리관계에 관한 사항을 제출된 자료와 다르게 작성하거나 불분명한 사항에 관하여 잘못된 정보를 제공하였는지 여부가 쟁점이 된다.

---

[56] 서울고등법원 2004나53502

사례 15   경매 대상 목적물에서 제외된 건물을 매각물건명세서에 포함한 잘못 기재

경매 대상 목적물에서 제외된 건물을 매각물건명세서에 포함한 잘못이 있었지만, 제외된 건물이 매각대상 목적물 중 극히 일부인 점, 이를 제외한다는 취지의 부동산매각 정정 공고가 있었던 점 등의 사정을 고려하여 위법성을 부정한 사례[57]

사례 16   물건명세서의 비고란에 제시외 건물을 매각대상에서 제외한다는 취지를 미기재

매각물건명세서의 비고란에 제시외 건물을 매각대상에서 제외한다는 취지를 기재함이 바람직하였지만, 부동산 표시란, 현황조사보고서상 그러한 사실을 알 수 있는 기재가 있었다면, 다소 불완전한 형태로 매각물건명세서가 작성되었더라도 위법하지 않다는 사례[58]

사례 17   최선순위 가처분등기 물건명세서 기재

매각으로 소멸하지 않는 가처분등기가 있었음에도 불구하고 경매담당 공무원 매각물건명세서를 작성함에 있어 '매각허가에 의하여 그 효력이 소멸되지 아니하는 것'란을 공란으로 두었으나 '최선순위 설정'란에 가처분등기가 기재되어 있었다면 잘못된 정보제공이 없었다고 본 사례[59]

---

[57] 수원지방법원 2010가합7419
[58] 수원지방법원 2010나21044
[59] 수원지방법원 2011가합10832

| 사례 18 | 배당요구 신청서와 임대차 계약서에 기재된 확정일자가 상이 |

권리신고 및 배당요구신청서에 기재된 확정일자가 임대차계약서와 배치되고 따로 임차인이 확정일자를 받았다는 자료를 제출하지도 아니한 경우 담당 공무원이 이를 적극적으로 확인하여 매각물건명세서에 반영하여야 할 의무는 없으며, '그 일자여부가 불분명함'이라고 기재하면 족하다는 사례60)

| 사례 19 | 매각물건명세서 실제와 다를때 낙찰자 손해 배상은 |

김재범 레이옥션 대표
오기재 인한 손해 '국가 책임'
배상 범위는 상당히 제한적
흠결 중대하면 매각불허
허가후엔 취소·항고 가능
이미 대금 완납했을 땐
인수권리 소멸 안되지만
손해 전액 보전은 어려워

권혁준 기자

매각물건명세서 기재오류에 따른 비교

매각허가결정 전 발견	매각불허 신청
매각허가결정 후 발견	항고 또는 매각허가결정 취소신청
매각대금 완납한 경우	인수되는 권리 소멸 되지 않음

2019-09-13 13:24:52

---

60) 청주지방법원 2008나1607

Q. 경매사건의 매각 물건 명세서를 보면 경매부동산에 설정된 권리 중 낙찰자에게 인수되는 권리들을 표시하는 '등기된 부동산에 관한 권리 또는 가처분으로 매각으로 그 효력이 소멸되지 아니하는 것'이 있습니다. 법원이 권리분석을 해주고 있다고 볼 수 있는데, 만약 이 부분에 오류가 있으면 어떻게 처리가 되는지요. 예를 들어 소멸 되지 않는 전세권을 법원 담당자가 매각물건명세서에 표시하지 않은 경우 그 전세권은 말소되는지요. 말소된다면 전세권자가, 말소되지 않는다면 낙찰자가 손해를 볼 텐데, 그 손해는 배상받을 수 있는지요.

A. 매각 물건명세서의 기재오류로 인해 낙찰자가 인수하는 부담이 달라진 경우 민사집행법 제121조 제5호의 '매각물건명세서의 작성에 중대한 흠이 있는 때'에 해당돼 매각불허 사유가 됩니다.

따라서 이해관계인(낙찰자 포함)은 매각허가결정 전에 흠결을 발견한 경우 매각의 불허를 신청하면 됩니다. 만약 매각허가결정 후 발견했다면 항고 또는 매각허가결정의 취소를 신청하는 방법으로 매각 불허가결정을 받을 수 있습니다. 하지만 매각대금을 완납한 후라면 문제가 복잡해집니다. 당연히 인수되는 전세권과 같은 경우 매각물건명세서에 인수되는 권리로 표시하지 않았더라도 소멸하지는 않습니다.

실제로 이와 같은 사례가 있습니다. 강남구 역삼동의 한 빌라에 임차인이 선순위로 전입신고와 전세권설정등기를 마쳤고, 그 후 신용보증기금이 저당권을 설정했습니다. 그런데 임차인이 실수로 인근의 다른 지번으로 전입신고를 한 것입니다. 이후 전입 주소를 정정했지만 이미 신용보증기금의 저당권이 설정된 후였습니다. 임차인은 신용보증기금보다 전세권은 선순위로, 임차권은 후순위로 취득한 셈입니다.

이후 이 빌라에 대해 강제경매(서울중앙지방법원 2007타경15036)가 개시됐고, 임차인의 배당요구에 따라 법원은 매각물건명세서의 '등기된 부동산에 관한 권리 또는 가처분으로 매각으로 그 효력이 소멸되지 아니하는 것'란에 전세권을 기재하지 않은 채 매각을 진행했습니다. 경매 매각대금이 완납된 후 낙찰자의 신청에 따라 전세권은 말소됐습니다.

하지만 임차인은 자신의 배당요구는 임차인으로서 한 것일 뿐 전세권자로서는 배당요구를 하지 않았으므로 이 경매절차에서 전세권이 말소된 것은 부당하다며 그 회복을 구하는 소송을 제기했고 승소했습니다. 전세권자에게 보증금 8,000만원을 반환해줄 수밖에 없었던 낙찰자는 국가를 상대로 손해배상청구소송을 제기했습니다.

서울고등법원은 이에 대해 "낙찰자로서는 매각물건명세서의 부정확한 기재로 인해 경매사건의 전세권이 낙찰자에게 인수되지 않은 것으로 오인한 상태에서 매수신고가격을 결정하게 돼 전세권자에게 전세보증금을 책임지게 되는 손해를 입었다"며 "국가는 경매 담당 공무원의 직무상 불법행위로 인해 원고가 입은 손해를 배상할 책임이 있다"고 판결했습니다.

다만 "매각물건명세서에 임차인이 전세권자로서 배당요구한 사실이 기재돼 있지 않았으므로 조금만 주의를 기울여 관련 법령을 살펴보고 부동산에 관한 등기부등본 등을 검토했다면 이 사건 전세권이 소멸하지 않을 수 있음을 쉽게 알 수 있었음에도 이를 소홀히 했고 또 신청채권자 중 누가 우선 배당을 받을 것인지 여부를 제대로 살펴보지 않은 잘못이 있다"며 "이와 같은 잘못과 제반 사정을 종합해 보면, 국가의 낙찰자에 대한 손해배상책임은 손해액의 20%로 제한함이 상당하다"고 했습니다. 결국 낙찰자는 배상받은 금액은 1,600만원에 그쳤습니다.

결론적으로 매각물건명세서의 흠결로 낙찰자가 손해를 봤다면 국가는 배상책임을 지지만 그 책임은 상당히 제한됩니다. 권리분석에 대한 법률적 지식 없이 매각물건명세서만을 신뢰하고 입찰하는 것은 큰 손해로 이어질 수 있습니다.

<출처 : ⓒ 서울경제, 무단 전재 및 재배포 금지>

제6절　송달사무 관련 손해배상

사례 1　집행관이 송달사무를 처리함에 있어 수송달자 신분확인

집행관이 송달사무를 처리함에 있어 송달물에 적시된 송달장소가 같고 그 장소에 있는 사람 스스로의 진술에 의해 수령자 본인임이 인정될 경우 송달을 실시하여야 하고, 송달영수인이 신분확인 요구에 불응하는 경우 성별과 추정되는 연령 등을 기재하여 수령인을 특정하여 기재하면 충분하다.

송달사무를 처리함에 있어 채무자가 맞는지 확인하기 위해 신분을 확인할 수 있는 자료를 요구하였으나 거절당하였음에도 본인이라는 말을 듣고 송달한 사안에서 과실을 부정한 사례[61]

사례 2　송달 지연과 손해

- 제3채무자 대한생명보험에 대한 이 사건 채권가압류 결정정본 송달이 지연되었지만, 당시 위 채권가압류 결정에 기하여 가압류할 채권이 존재하지 아니하여 원고가 위 채권을 추심할 수 없었으므로 원고의 손해가 없다고 본 사례[62]
- 따라서 피고 소송수행자로서는 가압류결정의 제3채무자에 대한 송달이 지연되는 사이에 제3채무자가 채무자에게 변제한 채무가 가압류할 채권의 해석상 가압류 채권에 포함되지 아니하거나, 채무자에게 제3채무자에 대한 채권이 존재하지 않았다는 사정을 주장할 필요가 있다. 가압류결정의 가압류할 채권의 표시에 기재된 문언을 해석함에 있어서는 통상의 주의력을 가진 사회평균인을 기준으로 포함 여부에 의문을 가질 수 있는 경우 가압류의 범위에 포함되지 않는다는 것이 판례의 기준이다.[63]

---

61) 부산지방법원 2008가합1517
62) 서울중앙지방법원 2010가단372569
63) 대법원 2008다9952

사례 3　경매개시결정의 송달

- 부동산의 압류는 채무자에게 경매개시결정이 송달된 때 또는 경매개시결정등기가 된 때에 그 효력이 생기므로, 경매법원은 직권으로 그 결정정본을 채무자에게 송달하여야 한다(민사집행법 제83조 제4항). 경매개시결정은 매각절차진행의 유효요건이어서 그 고지 없이는 유효하게 매각절차를 속행할 수 없는데, 이러한 송달에 하자가 있음이 간과되었다가 경매절차 진행 후 뒤늦게 밝혀진 경우 매수인은 소유권을 취득할 수 없으므로 국가배상책임이 문제된다.
- 특히, 송달 과정에서 경매신청인이 채무자 등의 주소를 허위로 기재하여 다른 사람에게 송달되도록 하는 경우가 발생할 수 있는데, 송달받을 사람 측에서 임의로 협력하지 않는다면 우편집배원으로서는 신원확인을 위하여 수령인에게 주민등록증 등의 제시를 요구하여 신분을 확인할 권한은 없다는 점, 경매개시결정정본 송달통지서에 하자가 없었다면 경매법원이 송달이 적법하다고 판단하여 경매절차를 진행한 것에 어떠한 과실이 있다고 보기 어렵다는 점 등을 주장하여 이를 방어할 수 있다.[64]

사례 4　매각기일통지를 제대로 하지 않아 매수인이 손해를 입었다면 국가 배상 책임 있음

이해관계인에 대한 경매기일 및 경락기일 통지를 제대로 하지 않아 매수인이 경매가 적법 유효한 것으로 믿고 매수대금 및 등기비용 등을 지출함에 따른 손해를 입은 경우 국가배상책임이 인정된다. 경매법원 스스로 그 하자를 시정하는 조치를 취하지 않는 이상 특별히 매수인이 불복절차 등을 통하여 이를 시정하거나 위 결과 발생을 막을 것을 기대할 수도 없으며, 매수인의 손해에 대하여 국가배상 이외의 방법으로 구제받을 방법이 있는 것도 아니라는 점 등을 그 근거로 한다. 특히 판례는 "경매법원의 매각허가결정, 대금지급기일 지정 및 그 실시, 소유권이전등기의 촉탁 등의 재판행위가 개입되어 있었다고 하여 달리 볼 것은 아니"라고 판시하여 재판작용의 위법성 한정론이 적용될 수 없다는 사실을 분명히 하였다.

---

[64] 서울중앙지방법원 2007가합34345

사례 5   근저당권자에 대한 송달 하자

부동산경매사건에서 대상 부동산의 등기부등본에는 제3근저당권자의 주소가 기재되어 있으나 경매신청서에는 그 기재가 누락되어 있는 상황에서 담당공무원이 경매신청서의 기재만 살펴 송달불능된 후 발송송달한 후 매각허가결정을 한 사안에서 손해배상책임을 인정한 사례[65]

사례 6   매각기일 통지는 집행기록에 표시된 이해관계인의 주소에 등기우편으로 발송송달

매각기일 통지는 집행기록에 표시된 이해관계인의 주소에 등기우편으로 발송할 수 있으며(민사집행법 제104조 제3항, 민사집행규칙 제7조), 이와 같은 송달방법은 소송절차상의 등기우편에 의한 발송송달에 해당한다. 이러한 송달은 발송시에 그 송달의 효력이 발생하는 관계로 송달보고서에는 확정일자 있는 우체국의 특수우편물 수령증이 첨부되어야 하며, 특수우편물 수령증이 첨부되지 아니한 송달보고서에 의한 송달은 부적법하여 그 효력이 발생하지 않는다.[66]

사례 7   경매절차 하자(착오 송달)로 손해 "국가가 배상해야"

법원직원의 송달과실로 경매가 취소돼 경락인이 손해를 입었다면 국가가 배상해야 한다는 대법원판결이 나왔다.
A씨는 어느날 어이없는 소식을 들었다. 자신이 3순위 근저당권자로 되어 있는 부동산이 경매절차에 넘어갔다는 것이다. A씨는 "이해관계자인 나도 배당받아야 하는데 아무 연락도 하지 않고 경매를 할 수 있나"며 법원에 항의를 했으나 법원으로부터 이미 최고서를 발송했었다는 답변만

---

65) 대법원 2006다23664
66) 대법원 99마7663

들을 수 있었다. 그러나 곧 경매법원의 실수임이 밝혀졌다. 법원직원 B씨가 실수로 A씨의 주소를 잘못 기재한 뒤 송달서를 보낸 것이었다. 경매법원은 입찰기일 및 낙찰기일 통지서까지도 송달불능된 주소로 보낸 것으로 드러났다. 그러나 A씨가 모든 사실을 알았을 때는 이미 C씨에게 부동산이 낙찰된 상태였다. A씨는 경매법원에 '낙찰허가결정에 대한 이의신청서'를 제출해 경락허가결정취소를 주장했지만 법원은 받아들이지 않았다. 경락허가결정으로 A씨가 어떤 손해를 입었는지 구체적 소명도 없고, 즉시항고기간이 지났다고 판단했기 때문이었다. A씨는 대법원까지 가서야 경매불허가확정결정을 받을 수 있었다. 그러자 또다른 피해자가 생겼다. 경락인인 C씨는 이미 자신이 낙찰받은 부동산에 소유권이전등기를 하기 위해 등록세·교육세를 납부했던 것.

C씨는 국가를 상대로 손해배상 청구소송을 냈다. 1심 재판부는 C씨에게 낙찰대금과 보관이자, 등록세납부액을 포함해 1억1,500여만원을 주라고 판결했으나, 2심 재판부는 "비록 경매법원이 적법한 통지를 하지 못했더라도 낙찰기일까지 A씨로부터 아무런 이의가 없었고 달리 직권불허가 사유도 없어 경매법원의 낙찰허가결정이 절차를 위배했다고 할 수 없다"며 "A씨에 대한 낙찰허가결정은 위법하지 않으며 C씨에 대해서도 손해배상을 할 필요가 없다"며 원고패소 판결을 내렸다.

그러나 대법원의 판단은 달랐다. 대법원 민사2부(주심 박시환 대법관)는 C(62)씨의 손해배상 청구소송 상고심(☞2006다23664)에서 원고패소 판결을 내린 원심을 파기하고 최근 사건을 서울고법으로 돌려보냈다.

재판부는 판결문에서 "공무원의 직무상 의무는 단순히 일반의 이익을 위한 것이거나 행정기관 내부의 질서를 규율하기 위한 것이 아니고 사회구성원 개인의 안전과 이익을 보호하기 위해 설정된 것으로서 공무원이 직무상 의무를 위반해 손해를 입었을 경우 상당인과관계가 인정되는 범위 내에서 국가가 배상책임을 져야한다"며 "상당인과관계를 판단할 때는 일반적인 결과발생의 개연성은 물론 직무상 의무를 부과하는 법령 기타 행동규범의 목적, 직무 후의 사정, 가해행위의 태양 및 피해의 정도 등을 종합적으로 고려해야한다"고 밝혔다.

재판부는 이어 "경매법원의 담당공무원이 이해관계인에게 경매기일 및 경락기일 통지를 제대로 하지 않는 등 적법한 경매절차진행에 관한 직무상 의무를 위반해 경락인인 C씨가 경락이 적법유효한 것으로 믿고 경락대금 및 등기비용 등을 지출해 손해를 입게됐다"며 "그 과정에서 경매법원이 하자를 시정하지 않는 이상 경락인이 이를 시정하거나 결과발생을 막을 것을 기대할 수도 없고 경락인의 손해에 대해 국가배상 외에는 구제받을 방법이 없다는 점 등을 고려하면 경매법원 공무원의 절차상의 과오는 손해발생과 상당인과관계가 있어 국가는 그 범위 내의 손해를 배상할 책임이 있다"고 설명했다.

출처 : 법률신문

제7절 강제집행의 목적물이 아닌 동산의 처리

사례 1 건물명도 집행시 채권자가 집행관으로부터 목적외 동산을 위탁받아 보관하던 중 그 목적외 동산이 멸실된 경우, 채권자의 손해배상책임 인정 여부[67]

집행관이 건물명도청구의 집행시 집행목적물인 건물 내에 있는 채무자 또는 제3자 소유의 집행목적외 동산을 스스로 보관하지 않고 채권자의 승낙을 얻어 채권자에게 보관하게 한 경우, 채권자의 그 보관에 관한 권리나 의무는 원칙적으로 집행관과의 사이에 체결된 임치계약 등 사법상의 계약에 의해 정해 진다고 할 것이므로, 채권자가 집행관과의 약정에 따라 그 동산을 보관하던 중 이를 분실한 경우 채권자가 그 보관에 필요한 계약상의 주의의무를 다하였다고 인정되는 때에는 집행관이나 그 동

---

[67] 2007다1722판결

산의 소유자 등에 대해 계약상의 손해배상책임은 물론 불법행위로 인한 손해배상책임까지도 부담하지 않지만, 이 경우 채권자가 보관상의 주의의무를 제대로 이행하지 못한 과실의 정도가 불법행위의 요건을 충족시킬 수 있고 또한 그 보관상 주의의무의 위반행위가 구체적인 태양이나 정도 등에 비추어 위법하다고 인정되는 경우에는 달리 특별한 사정이 없는 한 채권자는 집행관이나 그 동산의 소유자 등에 대해 불법행위로 인한 손해배상책임을 진다고 판단하였다. 그렇다면 이를 보관하게 된 채권자는 어떻게 벗어날 수 있을까? 채권자가 그 동산을 보관하는 것은 소유자에 대해서는 사무관리가 되고, 그 보관비용은 사무관리의 필요비으로서 채권자는 소유자에게 민법 739조 1항의 비용상환청구권을 가지게 되며, 이 채권과 보관중인 동산은 견련관계를 가지게 되므로 이 채권은 유치권의 피담보채권이 된다. 따라서 채권자는 소유자가 동산의 인수를 해태하는 경우 유치권에 기한 동산경매절차를 통해 보관의무에서 벗어날 수 있을 것이다. 따라서 집행관과 채권자의 보관관계도 채권자로 해금 사무관리를 하도록 하는 관계로 구성해야 마땅하고, 채권자가 동산을 보관하게 된 것을 집행관과의 임치계약으로 구성하는 것은 그리 합리적인 것이 아니다. 채권자가 임치계약의 해지를 주장하며 집행관을 상대로 목적물의 인수를 주장하기도 힘들어 집행관이 일일이 이를 인수해 보관할 것을 기대하기도 어렵기 때문이다.

사례 2   집행관은 집행대상 이외의 동산을 집행채무자에게 인도

강제집행의 목적인 부동산 내의 종물 이외의 동산에 대하여는 집행권원의 효력이 미치지 아니하므로 집행관은 이를 제거하여 채무자 또는 그의 친족, 대리인, 고용인에게 인도하여야 하는데(민사집행법 제258조 제3항, 제4항), 집행당시의 제반사정에 비추어 위와 같이 반출된 동산을 집행채무자가 관리할 수 있어 사실상 지배를 할 수 있다면 집행관은 집행대상 이외의 동산을 집행채무자에게 인도가 완료되었다고 볼 수 있다.[68]

---

68) 대법원 95다19843, 전주지방법원 2006나879

| 사례 3 | 집행대상 이외의 동산을 채무자가 정당한 이유 없이 수령 거부 |

집행현장에 참석한 집행채무자가 수령을 거부하는 경우 채무자의 수령거부에 정당한 이유가 있지 않다면, 집행관이 별도로 보관할 필요는 없다는 사례[69]

| 사례 4 | 집행대상 이외의 동산에 대한 집행관 주의의무 |

또한 이러한 동산을 인도받을 채무자나 그 대리인 등이 없는 때에는 집행관은 그 동산을 채무자의 비용으로 보관하여야 하는데(민사집행법 제258조 제5항 참조), 동산을 보관함에 있어서 동산이 훼손되거나 가치가 감소되지 않도록 상당한 주의를 하여야 하고, 보관인에게 보관을 위탁하는 경우에는 그 보관인의 선임감독에 충분한 주의를 기울여야 하며 그 과정에서 채무자의 재산 등에 손해가 발생하지 않도록 하여야 할 주의의무가 있는 것이지만, 일단 강제집행을 위하여 목적외 동산을 반출하여 채권자에게 보관을 위임한 경우 집행관 업무는 반출행위와 함께 종료되었다고 봄이 타당하고, 반출될 당시 물건이 손상되지 않았다면 집행관에게 목적외 물건이 반출된 이후 목적외 동산이 손상되지 않도록 상당한 주의를 하여야 할 의무가 있다거나 반출물 보관자를 감독할 주의의무까지 있다고 볼 수는 없다.[70]

---

69) 서울남부지방법원 2004가합11392
70) 서울중앙지방법원 2010가합57553, 서울중앙지방법원 2012가합22148

제8절　집행의 보조자가 손해를 가한 경우

사례 1　집행의 보조자가 손해를 가한 경우에도 집행관의 과실로 보아 국가배상청구가 인정

집행의 보조자가 손해를 가한 경우에도 집행관의 과실로 보아 국가배상청구가 인정된다.
- 집행관이 대동한 측량회사 직원이 철거선을 잘못 표시하는 바람에 원고의 건물 중 일부가 초과로 철거되었다면, 국가가 원고에게 그 원상회복비용을 배상하여야 한다고 본 사례71)

제9절　채무자·집행 목적물의 조사 (제3자 재산에 압류)

사례 1　집행관이 제3자의 재산을 압류한 경우 채권자의 손해배상책임

Q : 甲은 乙에 대한 대여금채권에 기하여 약속어음공정증서를 받았으나, 乙은 지급기일이 지났음에도 위 채무를 변제하지 않고 있었습니다. 이에 甲은 乙의 공장 내에 있는 기계를 압류하였는데, 乙은 내용증명우편으로 위 기계는 乙이 丙으로부터 임차하여 사용하고 있는 것이라고 통고해왔습니다. 甲으로서는 위 기계가 누구의 소유인지 확인하기 어려운데 甲이 위 압류를 취하하지 않고 방치할 경우 위 압류된 기계가 실질적으로 丙의 소유라면 甲이 丙에게 손해배상을 하여야 하는지요?

---

71) 인천지방법원 2011가단51983

A : 집행관이 채무자 아닌 제3자의 재산을 압류함으로써 받은 제3자의 손해에 대하여 채권자가 불법행위책임을 지기 위한 요건에 관하여 판례는 "집행관이 채무자 아닌 제3자의 재산을 압류함으로써 받은 제3자의 손해를 채권자가 불법행위자로서 배상책임을 지기 위하여서는 압류한 사실 이외에 채권자가 압류 당시 그 압류목적물이 제3자의 재산임을 알았거나 알지 못한 데 과실이 있어야 할 것이고, 위와 같은 고의·과실은 압류목적물이 채무자 아닌 제3자의 소유였다는 사실 자체에서 곧바로 추정된다고 할 수는 없다."라고 하였고, 또한 "채권자가 압류 당시에는 고의·과실이 없었다 하더라도 그 후 압류목적물이 제3자의 소유임을 알았거나 용이하게 알 수 있었음에도 불구하고 그 압류상태를 계속 유지한 때에는 압류목적물이 제3자의 소유임을 알았거나 용이하게 알 수 있었던 때로부터 불법집행으로 인한 손해배상책임을 면할 수 없다."라고 하였습니다(대법원 1999. 4. 9. 선고 98다59767 판결, 2003. 7. 25. 2002다39616 판결). 따라서 위 사안에서도 甲이 압류한 위 기계가 丙의 소유임을 알지 못하고 집행관에게 집행을 위임하였던 것으로 보이므로 甲이 丙에게 언제나 손해배상책임을 부담한다고 할 수는 없을 것이나, 위 기계가 丙의 소유임을 알았거나 용이하게 알 수 있었음에도 불구하고 압류상태를 계속 유지한 경우에는 손해배상책임이 인정될 여지도 있습니다. 다만, 위와 같은 경우 채권자의 고의·과실은 피해자가 이를 주장·입증하여야 하는 것이 원칙입니다(대법원 1988. 3. 8. 선고 87다카1962 판결).

| 사례 2 | 집행관이 채무자 아닌 제3자의 재산을 압류하였다고 하더라도 집행관의 고의·과실이 곧바로 추정된다고 할 수는 없다. |

집행관은 집행을 함에 있어서 집행을 받는 채무자가 집행권원에 표시된 자에 해당하는가, 그 자의 소유재산인가, 그 자가 점유하고 있는 것인가 등을 조사하여야 하는데, 그 자의 소유재산인가와 관련하여 그 개연성을 인정할 수 있는 외관과 징표에 의하여서만 판단할 수 있을 뿐이며 실질적인 조사권은 없다. 따라서 집행관이 채무자 아닌 제3자의 재산을 압류하였다고 하더라도 압류목적물이 채무자 아닌 제3자의 소유였다는 사실 자체에서 집행관의 고의·과실이 곧바로 추정된다고 할 수는 없다.[72]

| 사례 3 | 집행관이 채무자의 거주지라고 판단하여 집행을 하였으나 실제로는 거주지가 아니었던 사안에서 과실을 부정한 사례 |

민사집행법 제5조 제1항에 따라 집행관은 집행을 하기 위하여 필요한 경우에는 채무자의 주거, 창고 그 밖의 장소를 수색하고, 잠근 문과 기구를 여는 등 적절한 조치를 할 수 있는데, 집행관은 채무자의 주거에 들어가기 위하여 그것이 채무자의 주거인가를 제반사정에 의하여 판단할 권한이 있다. 따라서 직무상 재량에 의하여 일단 채무자의 주거라고 판단한 경우에는 채무자 이외의 자가 채무자의 주거가 아니라고 주장한 때라도 그것을 확인하기 위하여 그 주거에 들어가 채무자의 소유물건이 있는가 여부를 조사할 수 있으며, 만약 창고, 금고 또는 상자 등의 문이 잠겨져 있는 때에는 채무자에게 우선 이를 열도록 하고 이에 불응한 때에는 집행관 스스로 또는 제3자에게 명하여 실력으로 열어서 수색할 수 있다.

---

[72] 대법원 98다59767, 서울중앙지방법원 2011가합21995, 인천지방법원 2005가단 54837

- 집행관이 유체동산압류집행을 함에 있어 제반 사정을 확인한 후 채무자의 거주지라고 판단하여 집행을 하였으나 실제로는 거주지가 아니었던 사안에서 과실을 부정한 사례[73]

사례 4　매각부동산이 채무자의 소유인지 여부는 등기사항증명서로 증명해야

매각부동산은 채무자의 소유이어야 한다. 채무자의 소유인지 여부는 등기기록에 채무자의 소유로 등기된 부동산에 관하여는 등기사항증명서(민사집행법 제81조 제1항 제1호), 등기기록에 채무자의 소유로 등기되지 아니한 부동산에 관하여는 즉시 채무자의 명의로 등기할 수 있음을 증명할 서류(민사집행법 제81조 제1항 제2호)에 의하여 증명되어야 하고, 이러한 서류가 제출되지 아니하면 신청을 각하하여야 한다.[74]

사례 5　매각 대상 부동산이 채무자 소유인지 여부는 외관을 갖추었는지 여부에 따라 집행기관의 과실 여부를 판단해야

공부상 기재가 명확하지 않아 채무자와 동명이인 등 소유의 부동산이 매각되는 경우가 있다. 이때에는 그 외관상 기재를 바탕으로 채무자의 책임재산에 속한다고 볼 일응의 외관을 갖추었는지 여부에 따라 집행기관의 과실 여부를 판단해야 한다. 예컨대, 임야대장에 실제 소유자가 아닌 채무자의 주민등록번호가 기재되어 있어 채권자가 경매를 진행한 경우, 경매절차는 그 개시 당시부터 채무자 소유가 아닌 타인 소유의 부동산을 대상으로 한 것이어서 무효라고 할 것이지만 집행기관이 대장의 기재를 신뢰한 것에 과실이 있다고 보기는 어렵다.

---

[73] 인천지방법원 2009가단14172
[74] 법원행정처, 법원실무제요 민사집행 II, 2014, 41면

사례 6 　 임야대장과 등기부 기재 내용이 다른 경우

임야대장에 채무자의 주민등록번호가 기재되어 있었다면, 등기부에 기재된 주소가 채무자의 주민등록상 주소와 일치하지 않았더라도 이를 신뢰한 데에 과실이 없다는 사례[75]

사례 7 　 집행관이 3자 재산을 압류한 경우

집행관은 집행을 함에 있어서 집행을 받는 채무자가 집행권원에 표시된 자에 해당하는가, 그 자의 소유재산인가, 그 자가 점유하고 있는 것인가 등을 조사하여야 하는데, 그 자의 소유재산인가와 관련하여 그 개연성을 인정할 수 있는 외관과 징표에 의하여서만 판단할 수 있을 뿐이며 실질적인 조사권은 없다. 따라서 집행관이 채무자 아닌 제3자의 재산을 압류하였다고 하더라도 압류목적물이 채무자 아닌 제3자의 소유였다는 사실 자체에서 집행관의 고의·과실이 곧바로 추정된다고 할 수는 없다.[76]

---

75) 서울고등법원 2008나119073
76) 대법원 98다59767, 서울중앙지방법원 2011가합21995, 인천지방법원 2005가단54837

제10절   집행관의 집행조서의 작성

사례 1   집행관이 작성한 집행조서에 오류가 있는 경우 국가배상청구가 가능한지

집행관이 직무집행을 함에 있어 강제력을 행사할 수 있는 집행행위를 할 때에는 집행조서를 작성하여야 하는데(민사집행법 제10조 제1항, 제2항), 이러한 조서 작성이 잘못된 경우 이를 근거로 국가배상청구를 할 수 있는지 문제된다. 집행조서의 작성은 집행행위의 유효요건이 아니며, 그 기재의 흠결이 있다 하더라도 집행행위의 효력에 아무런 영향을 주지 않는 것이므로 부정되어야 한다.주77)

사례 2   집행관이 작성한 집행조서에 불참한자가 참여한 것으로 기재 되었다면

집행관이 작성한 집행조서에 부동산 인도집행 당시 실제로는 참여하지 않은 자가 참여하였다고 기재되었지만, 그로부터 위임받은 직원이 참여하였다면 위법하다고 볼 수 없다고 판시한 사례78)

---

77) 서울남부지방법원 2004가합11392
78) 서울동부지법 2012가합1472*

제11절 최저매각가격 결정과 관련된 과실판단 기준

사례 1　최저매각가격 결정과 관련된 과실판단 기준

과실 여부를 판단함에 있어서도 엄격한 기준이 적용되어야 한다. 즉, 최저매각가격 결정과 관련된 과실은 부동산가격 공시 및 감정평가에 관한 법률과 감정평가규칙의 기준을 무시하고 자의적인 방법에 의하여 감정평가하는 경우 등 객관적인 사정이 있는 경우에 한하여 인정될 필요가 있다. 최저매각가격, 저감율 등은 경매 법원이 매각대상 목적물의 현황, 감정평가액, 경매 진행 상황 등을 고려하여 합리적 범위 내에서 결정할 수 있는 것이고, 그 기준이 되는 감정평가의 결과 역시 거래가격 수준에 대한 평가의 문제이므로 평가의 주체가 누구인지에 따라 오차가 있을 수 있기 때문이다.

사례 2　토지지분에 대한 경매가 취하되었음에도 그러한 토지가격을 포함한 감정평가액을 최저매각가격으로

토지지분에 대한 경매가 취하되었음에도 그러한 토지가격을 포함한 감정평가액을 최저매각가격으로 정하여 경매를 진행하였지만, 매각물건명세서나 매각기일공고의 비고란 등에 '감정평가 가격에는 대지권가격 포함되었으나 대지권 여부는 불분명함'으로 기재하였다면 적법하다고 본 사례[79]

---

79) 서울고등법원 2010나15815

제12절 감정 과실 관련

사례 1 감정평가사가 건물의 실제 위치 및 건물내역을 제대로 파악하지 못하였다는 점만으로 과실이 있다고 단정할 수는 없다

감정평가사가 현장을 실제로 확인하고, 측량기구를 이용하여 건물의 면적을 측량하였으며, 건물의 내부조사를 통하여 건물의 구조, 이용상태 등에 대한 현황 확인을 한 이상, 건물의 실제 위치 및 건물내역을 제대로 파악하지 못하였다는 점만으로 과실이 있다고 단정할 수는 없다는 사례[80]

제13절 매각허가결정 관련 국가배상

사례 1 사법보좌관의 업무도 재판작용에 속하므로, 위법 또는 부당한 목적을 가지고 매각허가결정을 하는 특별한 사정이 없는 한 국가 배상 책임을 인정하는 것은 곤란

사법보좌관이 법원조직법 제54조 제2항 제2호와 사법보좌관규칙 제2조 제1항 제11호에 의하여 부동산을 목적으로 하는 담보권의 실행을 위한 경매절차의 하나로서 최고가매수신고인에게 매각허가결정을 하는 경우, 이러한 업무는 민사집행법 제268조, 제126조 제1항에 의하여 집행법원의 처분으로서 행하여지고, 매각허가에 대한 이의(민사집행법 제268조, 제121조) 또는 매각허가결정에 대한 즉시항고(민사집행법 제268조, 제129조, 제130조)로 다툴 수 있는 등 불복절차를 통하여 이를 시정할 수

---
[80] 서울동부지방법원 2005가합12115

있는 제도적 장치가 따로 마련되어 있음이 분명하다. 따라서 매각허가결정에 관한 사법보좌관의 업무도 재판작용에 속하므로, 결국 사법보좌관이 위법 또는 부당한 목적을 가지고 매각허가결정을 하는 등 그에게 부여된 권한의 취지에 명백하게 어긋나게 이를 행사하였다고 인정할 만한 특별한 사정이 없는 한 그 직무행위가 국가배상법 제2조 제1항에서 말하는 위법한 행위에 해당된다고 섣불리 단정할 수는 없다.[81]

| 사례 2 | 민사판결문을 통해 채무자 명의의 소유권이전등기가 원인무효였던 사실이 명백히 드러났음에도 경매를 취소 안했다면 사법보좌관 과실 인정 |

집행법원에 제출된 형사 및 민사판결문을 통해 채무자 명의의 소유권이전등기가 원인무효였던 사실이 명백히 드러나 있었음에도 경매절차를 취소하거나 매각을 불허하지 아니한 사법보좌관의 과실을 인정한 사례[82]

| 사례 3 | 인감증명을 미첨한 최고가 매수인에게 매각허가결정을 했다 하더라도 불법행위가 성립하는 것은 아님 |

사법보좌관이 인감증명서를 첨부하지 못해 최고가매수신고인 자격을 갖추지 못한 자를 최고가매수신고인으로 하여 매각허가결정을 한 잘못이 있으나 재판작용에 해당하여 불법행위를 인정하지 않았던 사례[83]

---

81) 서울서부지방법원 2013가합2245
82) 인천지방법원 2008가합9989
83) 서울중앙지방법원 2013나52966

제2장 집행관을 상대방으로 하는 손해배상소송 사례 231

| 사례 4 | 무잉여를 간과했다고 하더라도 불법행위가 성립하는 것은 아님 |

무잉여를 간과한 채 이를 원고에게 통지하지 아니하고 부동산에 대한 경매절차를 진행하여 매각허가결정을 한 잘못이 있다고 하더라도 법관 또는 사법보좌관의 불법행위를 인정할 수 없다고 본 사례84)

| 사례 5 | 독립된 건물을 종물로 잘못 판단하여 경매물건에 포함시킨 잘못이 있다 하더라도 손해배상이 인정되는 것은 아님 |

구조상으로나 이용상으로 제1건물과 구분되는 독립성이 있는 제2건물을 제1건물의 종물로 보아 함께 경매절차를 진행시킨 사안으로 독립된 건물을 종물로 잘못 판단하여 경매물건에 포함시킨 잘못이 있다 하더라도 재판작용으로서 손해배상청구가 인용될 수 없다고 본 사례85)

| 사례 6 | 경매 담당 공무원의 과실로 매각불허가 결정이 있었다고 하더라도 불법행위가 성립하는 것은 아님 |

매각불허가결정이 내려진 경우, 최고가매수신고를 하였으나 매각허가결정을 받지 못하여 매수인의 지위에 이르지 아니한 자는 자신이 매수할 것을 기대하였으나 이를 못하게 됨으로써 손해가 발생했다고 생각할 수 있다. 하지만 최고가매수신고를 하였다는 사정만으로 최고가매수신고인에게 법률상 보호되는 권리나 기대권이 부여되었다고 할 수 없고, 계약체결에 관한 확고한 신뢰가 부여되었다고도 볼 수 없는 것이므로, 설사

---

84) 대법원 2000다29905, 서울중앙지방법원 2013가단742, 대구지방법원 2010가단47947, 서울고등법원 2009나89384, 청주지방법원 2013가단2740
85) 부산지방법원 2004가단145382

경매 담당 공무원의 과실로 매각불허가 결정이 있었다고 하더라도 이로써 계약체결에 관한 최고가매수신고인의 정당한 기대나 신뢰를 침해하는 불법행위가 성립한다고 볼 수 없다.86)

제14절 경매 물건에 대한 하자

사례 1 | 등기 면적보다 작은 부동산 경매받아도 곧바로 국가배상 청구 못 해

대법원, "매수인에 배상금 지급하는 등 현실·확정적인 손해가 발생해야 청구 가능

등기부에 기재된 면적보다 좁은 부동산을 경매받은 후 이를 제3자에 판매한 매수인이 매도인으로부터 부족한 지분에 대한 이전을 요구하는 내용증명을 받은 사실만으로는 국가에 손해배상을 청구할 수 없다는 취지의 대법원 판결이 나왔다. 매수인에게 배상금을 지급하거나, 손해배상 지급을 명하는 판결이 나는 등 현실·확정적인 손해가 발생해야 손해배상 청구가 가능하다는 것이다. 대법원 민사1부(주심 이기택 대법관)는 A씨가 국가를 상대로 낸 손해배상소송(2016다217833)에서 원고일부승소 판결한 원심을 파기하고 사건을 최근 서울서부지법으로 돌려보냈다. A씨는 2014년 인천 남구에 있는 건물의 402호 경매에 참가했다. 그런데 당시 등기공무원의 잘못으로 등기부에는 실제 402호 면적보다 2배 큰 면적이 기재돼 있었다. 결국 A씨는 실제 대지보다 2배 큰 면적의 지분 감정에 따른 1억5000여만원을 낙찰가로 지급했고, 넉달 뒤 C사에 1억6000만원을 받고 팔았다. 이후 C사는 A씨에게 '402호 대지지분이 등기부 기재와

---

86) 서울남부지방법원 2011가단101593

다르므로 A씨가 등기부 기재대로 부족한 지분을 취득해 C사에 이전해 줄 것을 요청한다'는 내용증명을 보냈다.재판부는 "A씨가 경매를 통해 건물을 매수한 뒤 C사에 매도해 매수대금 이상의 매매대금을 수령했다"며 "최종 매수인인 C사가 국가의 불법행위로 인해 매매대금을 초과지급해 현실적인 손해를 입었다"고 했다.이어 "중간매도인인 A씨는 C사에 손해배상금을 지급하거나, 손해배상 지급을 명하는 판결을 받는 등 현실적·확정적으로 실제 변제해야할 채무를 부담하는 등 특별한 사정이 없다"며 "매매대금을 과다 지급하였다거나 C사로부터 부족지분의 이전을 요구받았다는 사정만으로 현실적으로 손해를 입었다고 볼 수 없으므로 불법행위에 따른 손해배상청구는 인용될 수 없다"고 지적했다.앞서 1,2심은 "등기공무원 과실로 A씨는 2배 큰 대지를 평가받아 경매 후 낙찰 받았다"며 "경락대금 1억 5000여만원 중 토지 가액은 4500여만원이고, A씨는 등기부에 표시된 대지권의 절반을 취득했으므로 국가와 경매 채무자는 공동해 A씨에게 (토지가액의 절반인) 2200만원을 지급하라"고 판결했다.이에 A씨는 국가를 상대로 "등기공무원 과실로 대지권이 있는 것처럼 등기부를 작성한 불법행위에 따른 책임이 있다"며 "경매 채권자와 채무자, 대한민국은 존재하지 않는 대지권에 해당하는 경락 대금을 반환하라"며 소송을 냈다.

출처 : 법률신문

제15절　회생 파산이 집행관 업무에 미치는 영향

사례 1　법을 모르는 집행관 - 강제집행의 정지를 명하는 문서를 제출하지 않는 한 중지할 수 없다고 하면서 집행거부

2021.04.16

강제집행 최고를 받은 후, 법원으로부터 파산선고를 받고 면책신청을 한 채무자가, 파산폐지결정을 받고 면책신청에 관한 재판이 아직 확정이 되지 않은 경우, 강제집행은 채무자 회생에 관한 법률 제8장 1절 제557조(강제집행의 정지) 제1항에 의하여 중단된다.

이와 관련해 대법원은, 2008카기181 결정을 통해, "소명자료들을 집행관에게 제출하면 강제집행이 정지되므로 별도의 강제집행정지를 신청하는 것은 소 이익이 없다." 라고 판시하였다.

이는 채무자가 파산폐지결정문 및 면책관련 서류들을 집행관에게 전달하면 집행관이 당연히 강제집행을 정지하므로. 별도로 강제집행정지신청을 할 필요가 없다는 뜻으로, 별도의 강제집행정지 신청을 각하하는 이유는 불필요한 소송의 남발을 막기 위한 조치이기도 하다.

따라서 위와 같은 경우, 집행관에게는 아무런 재량권이 없으므로 소명자료들을 제출받으면 의무적으로 강제집행을 중지해야 한다.

그리고 채무자는 강제집행정지신청을 할 필요는 없으나, 설령 신청을 한다 해도 각하되므로 강제집행정지명령서를 부여받지 못한다.

그런데, 춘천지방법원 영월지원의 모 집행관은,

강제집행정지 신청을 한 뒤, 재판부와의 통화를 통해 위와 같은 사실을 알게 된 채무자가 소명자료들을 제출하며 강제집행의 중지를 요구하자,

'강제집행의 정지를 명하는 문서를 제출하지 않는 한 중지할 수 없다'고 하였다.

이에 당황한 채무자는 재판이 아닌데도 변호사까지 선임하며 강제집행정지 요청서를 제출하였으나, 이 또한 집행관의 입장을 바꾸지 못하였다.

아무리 설득을 해도 입장을 바꾸지 않는 집행관의 태도에 분노한 채무자는, 이 강제집행은 분명한 직권남용이므로 나중에 민형사상 책임을 져야할 것이라고 경고하였으나, 집행관은 "나 돈 많다."며 채무자를 조롱하였다.

제보자는 본 매체와의 통화에서, "집행관이 채권자로부터 여러 번 항의를 받았다"고 하는 것을 보아, "채권자에게 무슨 약점을 잡혔거나, 아니면 모종의 유착관계에 있는 것 같다"라고 의혹을 제기했다.

위 집행관이 강제집행을 실시 할 경우 이 집행은 불법이므로, 집행관은 민사상 손해배상은 물론이고, 국가공무원법 제78조 권한남용 사유에 의한 징계를 받을 수 있으며, 형법 123조에 의해 직권남용으로 처벌을 받을 수 있다.

한편, 본 매체는 이 사건과 관련해, 왕 모 집행관에게 질의서를 보내서 답변을 요구하였으나, "(질의서와 관련해)답변할 의무도 없고, 그럴 필요도 없어서 답하지 않겠다."는 말만 전했다.

김동주 기자

출처 : 한국시민기자협회 뉴스포털1(http://www.civilreporter.co.kr)

사례 2 개인 파산의 경우 면책신청이 있고, 면책 재판이 확정될 때까지 집행은 중지됨

개인파산신청의 경우에는 파산재단에 속하는 재산이 없더라도 면책신청이 있고, 파산폐지결정의 확정 또는 파산종결결정이 있는 때에는 면책신청에 관한 재판이 확정될 때까지 채무자의 재산에 대해 파산채권에 기한 강제집행·가압류 또는 가처분을 할 수 없고, 채무자의 재산에 대해 파산선고 전에 이미 행해지고 있던 강제집행·가압류 또는 가처분도 중지됩니다.(채무자 회생 및 파산에 관한 법률 제557조 제1항 참조)

사례 3   파산면책 확정이후 압류해제 방법

파산면책 신청이후에 면책 확정이후에 압류해제 방법에 대해서 안내하여 드립니다.

파산면책 신청 이전이나 파산면책 신청도중에 신청인 앞으로 급여압류, 통장압류, 채권가압류의 경우, 해당 압류에 대하여 해제를 하시기 위해서는 마지막 면책확정이 결정된 이후에 압류해제가 가능합니다.

법원에서 면책확정이 내려진 이후에 대략 2-3주 정도 지난시점에서 법원에 다음과 같은 서류 등을 발급받으셔서, 법원에 압류해제(채권가압류해제) 신청서를 제출하셔야 할 것입니다.

압류해제시 준비서류안내

> 1. 압류해제 신청서 2. 파산선고 결정문 3. 면책결정문
> 4. 확정증명원 5. 채권자목록등본 6. 채권압류결정문

위 서류 등을 준비하셔서 압류법원에 제출하셔야 합니다. 법원에 압류해제 신청서를 제출하시면 큰 문제가 없다면 2주에서 1달이내에 압류해제가 완료될 것입니다.

면책신청의 각하·기각결정 또는 면책불허가결정(일부면책결정 포함)이 확정된 때에는 다시 강제집행 등을 할 수 있고, 중지된 강제집행 등은 속행된다.

사례 4   파산신청 이후 강제집행이 이뤄진다면…

2년 전 사업실패로 인해 금융권의 대출금과 신용카드대금 연체, 세무서에 부가가치세가 체납된 상태에 있습니다. 뿐만 아니라 현재는 교통사고로 인해 시각장애 3급 판정을 받았습니다. 채무를 변제할 수 있는 상황이 못돼 최근 법원에 파산을 신청해 그 결과를 기다리고 있습니다. 하지만 파산신청을 하고 약 일주일 정도 지난 시점에서 신용카드사에서 저희

제2장 집행관을 상대방으로 하는 손해배상소송 사례 237

2년 전 사업실패로 인해 금융권의 대출금과 신용카드대금 연체, 세무서에 부가가치세가 체납된 상태에 있습니다. 뿐만 아니라 현재는 교통사고로 인해 시각장애 3급 판정을 받았습니다. 채무를 변제할 수 있는 상황이 못돼 최근 법원에 파산을 신청해 그 결과를 기다리고 있습니다. 하지만 파산신청을 하고 약 일주일 정도 지난 시점에서 신용카드사에서 저희 집 가재도구 등에 압류집행을 했고 세무서에서는 체납처분으로 제 소유의 장애인용 자동차를 공매한다는 통지를 보내왔습니다. 가재도구나 자동차는 제가 기본적인 생활을 하기 위한 최소한의 필수 재산인데 이 같은 강제집행을 막을 수 있는 방법은 없을까요?

파산선고가 있은 후 파산재단에 속하는 재산에 대해서는 강제집행·가압류 또는 가처분이 효력을 잃지만, 파산신청만으로는 강제집행절차가 정지되지 않습니다.(채무자 회생 및 파산에 관한 법률 제348조 제1항 참조)

한편, 개인파산신청의 경우에는 파산재단에 속하는 재산이 없더라도 면책신청이 있고, 파산폐지결정의 확정 또는 파산종결결정이 있는 때에는 면책신청에 관한 재판이 확정될 때까지 채무자의 재산에 대해 파산채권에 기한 강제집행·가압류 또는 가처분을 할 수 없고, 채무자의 재산에 대해 파산선고 전에 이미 행해지고 있던 강제집행·가압류 또는 가처분도 중지됩니다.(채무자 회생 및 파산에 관한 법률 제557조 제1항 참조)

그런데 이 사안의 경우 사례자는 면책신청 여부가 불분명할 뿐만 아니라, 파신 신청 후 일주일 만에 압류 등의 강제집행 절차가 진행되므로, 파산선고나 파산폐지결정의 확정 또는 파산종결결정이 있을 때까지 기다릴 여유가 없을 것으로 보입니다.

이런 경우 개인채무자는 채무자 및 그 피부양자의 생활에 필요한 6월간의 생계비에 사용할 특정한 재산으로서 대통령령이 정하는 금액(900만원)을 초과하지 아니하는 부분에 대해 파산재단에서 면제해 줄 것을 신청할 수 있습니다.(채무자 회생 및 파산에 관한 법률 제383조 제2항 제2호 참조)

특히 개인채무자는 파산선고 전에 면제재산을 신청하고, 파산선고가 있을 때까지 제2항의 면제재산에 대해 파산채권에 기한 강제집행, 가압류 또는 가처분의 중지 또는 금지를 신청할 수 있습니다.(채무자 회생 및 파산에 관한 법률 제383조 제8항 참조)

따라서 사례자는 파산선고 전에 900만원을 초과하지 않는 범위 내에서 가재도구와 자동차에 관한 면제재산 신청을 하고, 파산선고가 있을 때까지 강제집행 등의 절차를 중지해 줄 것을 신청하는 것이 바람직하다고 판단됩니다.

출처 : 파이낸셜투데이(http://www.ftoday.co.kr)

제16절 유체동산 경매 기일 연기 관련

사례 1 유체동산 경매기일을 정하는 것은 집행관의 재량이라고 하더라도 경매기일은 함부로 이를 변경 또는 연기할 수 없음

<집행관의 유체동산집행에 있어서 과실을 인정하고 국가의 손해배상책임을 인정한 사례>

[재판요지]

가. 집행관이 독립·단독의 사법기관으로서 스스로 법령을 해석하고 집행할 권한이 있고, 특히 유체동산집행은 개시부터종료까지 집행관의 고유권한으로서 무잉여인지 여부도 스스로 판단하는 것이라고 하더라도, 집행관은 유체동산집행에 관한법률전문가로서 특별한 사정이 있는 경우가 아니라면 유체동산집행에 관한 관계법규나 필요한 지식을 충분히 갖출 것이 요구된다고할 것인 한편, 압류하려는 물건이 환가 가능성이 있는지 여부는 통상적인 거래관행과 사례를 기초로 합리적으로 판단하여야할 것이며, 만일 집행관으로서 당연히 알아야 할 관계법규를 알지 못하거나 필요한 지식을 갖추지 못하였고 또한 조사

를 게을리하여 법규의 해석을 그르쳤고 이로 인하여 타인에게 손해를 가하였다면 불법행위가 성립된다(엔진이 설치되지 아니한 건조중인 선박의 환가가능성에 관하여 채권자에 대한 양도, 적의매각 또는 위탁매각 등의 특별환가를 통하여 집행채권자가일부라도 만족을 얻을 수 있도록 필요한 조사를 하여야 함에도 개인적인 판단만을 계속 고집하여 거듭되는 압류요구를 거부한행위에 대하여 중대한 과실이 있다고 인정한 사례).

나. 압류한 유체동산에 대하여 경매기일을 언제로 정하느냐 하는 것은 집행관의 재량이라고 하더라도 경매기일은 함부로 이를 변경 또는 연기할 수 없는 것이고, 다만 매각목적물이 적정한 가격에 매각되는 것은 이해관계인 모두에게 이익이되는 것이므로 재감정의 필요성에 합리적인 이유가 있다면 경매기일의 연기는 수긍할 수 있으나 그렇다고 하더라도 그 연기기간은 합리적인 범위로 제한되어야 할 것이다(압류한 유체동산에 대하여 경매를 진행하지 않다가 채무자로부터 재감정신청이 있다는이유로 경매기일을 연기하고 그 후 압류일로부터 무려 9개월 지난 후에야 경매를 진행되었고, 그사이 선순위자의 배당요구에의하여 채권자들이 한푼도 배당받지 못한 경우 불법행위의 성립가능성을 인정한 사례) [87]

---

[87] 대법원 2003. 9. 26. 2001다52773 손해배상(기) (사) <파기환송>

제17절 유체동산의 집행에 있어서 압류금지물을 압류한 경우 집행관이 임의로 압류를 해제할 수 있는지 여부

사례 1 : 공장저당의 목적인 동산은 공장저당법에 의하여 유체동산집행의 대상이 되지 아니하는 압류금지물을 압류한 경우 집행관이 임의 해제 가능한지

공장저당의 목적인 동산은 공장저당법에 의하여 유체동산집행의 대상이 되지 아니하는 이른바 압류금지물에 해당하므로 집행관은 압류하여서는 아니되지만, 금지규정을 어겨 압류한 경우에는 집행관은 집행에 관한 이의에 의한 법원의 결정이나 채권자의 신청에 의하지 아니하고는 스스로 압류를 해제할 수 없는 것이고, 압류의 부당해제의 경우 집행관의 처분에 대한 이의로서 구제받을 것을 예정하고 있다고 하더라도, 그러한 구제절차를 취하였더라면 부당한 압류해제로 인한 손해를 방지할 수 있었다고 단정할 수 없는 이상 구제절차를 취하지 아니하였다는 사유만으로 부당한 압류해제로 인한 손해발생을 부정할 수는 없다.[88]

---

[88] 대법원 2003. 9. 26. 2001다52773 손해배상(기) (사) <파기환송>

제18절　　기　타

사례 1　경매절차를 지연시키려고 일부러 소송을 제기한 채무자에게 손해배상을 청구하고 싶습니다.

Q. 빚을 갚지 않은 채무자의 부동산에 설정 등기된 근저당권을 근거로 법원에 경매신청을 했는데, 채무자가 자기 재산이 경매로 넘어가는 것을 막으려고 터무니없는 이유를 내세워 민사소송을 제기해 왔습니다. 그 결과 경매절차가 정지되고, 저는 1심에서 승소했으나 채무자가 다시 항소를 제기해 2년여 동안 재판에 끌려 다녔습니다. 결국 채무자가 패소해 정지되었던 경매절차가 속행되긴 했으나, 경매로 재산이 넘어가는 것을 막으려고 온갖 수단을 동원해 경매절차를 지연시킨 채무자의 행위가 너무 괘씸해 손해배상을 좀 물리고 싶은데 가능한지요?

A. 채무자의 부당한 강제집행 정지신청으로 손해를 입었다면 손해배상 청구가 가능합니다.

　세상이 점점 각박하다보니 근래에는 빚을 갚지 않으려고 온갖 수단을 동원하는 악랄한 채무자가 많습니다. 일부 악덕 채무자의 경우, 채권자가 경매신청을 하면 그 절차를 지연시키기 위하여 고의로 경매개시결정통지서를 받지 않거나 터무니없는 이유를 내세우며 경매개시결정에 대한 이의신청을 하고, 또 말도 되지 않는 이유를 내세우며 민사소송을 제기한 뒤, 이것을 근거로 강제집행정지신청 결정을 받아서 경매절차를 지연시키기도 합니다.

　그러나 채무자가 스스로 제기한 민사소송에서 패소했다면, 사법정의의 입장에서 볼 때 채무자는 부당한 보전처분으로 경매절차를 지연한 책임을 부담해야 할 것입니다. 이에 관해서 2013.2.18. 서울중앙지방법원은 채무자의 부당한 강제집행정지결정 신청을 손해를 입었다며 채무자를 상대로 한 근저당권자의 손해배상청구소송에서 원고 승소판결을 했습니다(서울중앙지법 2012가단142663 판결). 즉, 서울중앙지방법원 민사 제97단독재판부는 채권자가 근저당권에 기한 부동산 임의경매신청을 하자 채무자 A가 채권자를 상대로 근저당권 말소청구소송을 제기하고, 접수증명을 발급받아서 강제집행정지결정 신청을 하여 경매절차가 정지되었으나, 본안소송에서 패소하자 피고가 되었던 채권자가 채무자를 상대로 손해배상청구소송을 제기한 사안에 대하여 원고 승소판결을 한 것입니다.

물론, 기본적으로 민사소송에서 패소한 당사자는 그 소송비용을 부담하게 되지만, 경매신청 채권자의 손해액에 대하여 법원은 '경매절차가 정지된 날부터 본안소송 패소판결이 확정되어서 다시 경매절차가 진행되기 전날까지의 기간에 해당하는 일수와 금원의 수령이 늦어져서 이용하지 못한 기간 동안의 법정이자'가 포함된다고 판시했습니다. 사실 채무자의 이런 행위는 당연히 손해배상청구의 대상이 되는 것이지만, 판결로서 하나의 선례가 나왔다는 점에 의미가 있다고 할 수 있을 것입니다.

사례 2   집행관의 직무상의 불법행위와 국가의 손해배상 책임

Q. 집행관이 직무 수행 중 불법행위로 타인에게 손해를 입힌 경우 국가에게 손해배상책임이 있나요?

A. 네, 집행관이 직무 수행 중 불법행위로 타인에게 손해를 입힌 경우에는 국가에게 손해배상책임이 있습니다.

대법원은 "집달리가 재판의 집행서류의 송달 기타 법령에 의한 사무에 종사하는 경우에 있어서는 집달리는 실질적 의미에서의 국가공무원에 속한다고 할 것이고 집달리가 위와 같은 직무를 수행함에 있어서 주의의무를 위배함으로써 손해를 가한 경우에는 국가는 그 피해자에게 대하여 국가배상법 제2조에 의하여 손해를 배상할 의무가 있다고 할 것이며 본조에 의하여 집달리에게 제 1차적인 책임이 있다는 규정이 있다하여 동법상의 국가의 손해배상책임이 배제된다거나 양자의 책임이 양립되지 않는다고는 할 수 없다."고 판시하였습니다(대법원 1968. 5. 7. 선고 68다326 판결 참조).따라서 집달리의 현재 정식 명칭인 집행관이 직무 수행 중 불법행위로 타인에게 손해를 입힌 경우에는 국가에게 손해배상책임이 있습니다.

제2장 집행관을 상대방으로 하는 손해배상소송 사례 243

관련법령 : 민법 제393조 ,제763조 개정 ,헌법 제29조 개정 ,국가배상법
제2조 개정 ,구 민사소송법(1990. 1. 13. 법률 제4201호로
개정되기 전의 것) 제493조 개정
참고판례 : 대법원 1968. 5. 7. 선고 68다326 판결

사례 3   국가상대 소송 급증, 정책·행정 '품질 저하' 탓 아닌가

국가를 상대로 한 개인 소송이 근래 크게 늘어나고 있다. 정책 오류나 행정 잘못으로 인한 피해를 배상하라는 개인 소송은 2016년 1030건에서 지난해 1419건으로 4년 새 38% 증가했다. 금전적 손해배상을 규정한 국가배상법에 의거한 소송으로, 법무부 통계에 잡힌 것만 이 정도다. 여러 형태의 다른 대(對)정부 소송까지 합치면 이보다 훨씬 많을 것이다.
소송 결과도 국가 잘못으로 판결 난 경우가 많다. 판결 형태가 다양하고 재판 시일도 폭넓어 일괄 통계를 내기는 어렵지만, 국가의 '전부 패소'도 적지 않다. 국가배상 금액이 2016년 2287억원에서 2018년 7622억원으로 급증한 것도 주목할 만하다.
개인이 국가를 상대로 법적 다툼에 나서는 이유는 일차적으로 자기 권리를 스스로 지키려는 시민의식이 높아진 데 있을 것이다. 하지만 정부나 정치권까지 그렇게만 본다면 크게 오산이다. 정부를 상대로 하는 권리구제형 소송이 늘어나는 근본 원인을 살펴야 한다. 무리한 정책이 늘었고, 행정의 품질 또한 떨어진 탓이 크다고 봐야 한다. 그럴싸한 명분만 내세운 채 합리적 공론 과정, 합법적 절차, 꼼꼼한 사후처리 없이 마구 달리는 거친 정책이 늘어난 원인이 크다. 기관 이기주의에 빠진 칸막이 행정과 늑장 행정에다 복지부동까지 빚어지면서 민원인이 경제적 손실 이상의 피해를 입는 경우도 허다한 게 현실이다.
안 그래도 헌법보다는 법률과 시행령이, 명문화된 법규보다는 '가이드라인'이나 '창구지도'가 더 무서운 게 한국의 행정 관행이다. 기업은 '훗날'이 두렵기도 하고 대관업무도 워낙 종류가 많아 웬만한 불이익은 참고

가는 경우가 적지 않을 것이다. 하지만 권리의식이 높아진 시민은 잘못된 정책과 부당한 행정을 마냥 참지 않고, 국가를 상대로 한 소송도 마다하지 않는다. 이 또한 공공의 비대화, 즉 '큰 정부'에 따른 필연적 부작용이다.

온갖 규제법이 쏟아지면서 일선 공무원이 복잡해진 법규체제를 따라가지 못해 정부가 피소된 경우도 적지 않을 것이다. 하지만 공무원의 단순 부주의나 심지어 고의·악의적 행정 오류도 많다. 어느 쪽이든 선진 행정과는 한참 거리가 멀다. 서울 동부구치소 재소자들의 코로나 집단감염에 대한 손해배상 청구 소송, 들쭉날쭉 자의적 영업제한 조치에 대한 자영업자 소송이 어떻게 판결 날지 주목된다. 지금도 법원에는 행정 소송이 차곡차곡 쌓여 간다. B급 행정, C급 정책이 A급 기업과 시민에 호령하고 군림하는 식이어선 정말 곤란하다.

출처 : 한경닷컴

사례 4 집행관이 해초류를 특정하기 위해 냉동창고 밖으로 반출하여 계량하지 않음

해초류를 특정하기 위해 냉동창고 밖으로 반출하여 계량하지 않고, 집행관이 채권자와 채무자의 진술을 바탕으로 가압류목록을 작성하여 창고 밖의 압류푯말에 붙여놓은 것이 집행관의 과실이 아니라는 사례[89]

---

89) 서울중앙지방법원 2011가합75282

사례 5	집행관이 의류 집행시 의류 종류별로 표본 상자를 개봉하여 수량을 확인하는 방법으로 위 창고에 보관

채권자 측이 미리 확인하여 작성한 재고물품 목록을 기초로 의류 종류별로 표본 상자를 개봉하여 수량을 확인하는 방법으로 위 창고에 보관되어 있던 채무자 소유의 의류를 조사한 후 창고 관리소장의 확인을 받는 방법으로 압류 대상 의류의 수량을 특정한 경우 집행관의 귀책사유가 없다는 사례[90]

사례 6	유체동산 집행으로인한 경매매득금을 공탁한 경우 채무자 공탁금을 수령하기까지 이자 상당의 손해를 입었다고 할 수 있는지

【판시사항】

부당한 유체동산가압류신청에 기하여 채무자 소유의 소(우)에 관하여 가압류집행이 되자 채무자의 사육포기신청에 따라 집행관이 소를 경매한 후 그 경매매득금을 공탁한 경우, 채무자가 그 공탁금을 수령하지 못한 기간 동안 민사법정이율에 의한 이자와 공탁금이율에 의한 이자의 차액 상당의 손해를 입었다고 할 수 있는지 여부(소극)

【판결요지】

채권자의 부당한 유체동산가압류신청에 기하여 채무자 소유의 소(우)에 관하여 가압류집행이 되자, 채무자가 소에 대한 사육을 포기하겠다는 신청서를 집행관에게 제출하였고, 이에 집행관은 즉시 매각하지 않으면 현저히 가액이 감소될 염려가 있다고 판단하고 구 민사소송법(2002. 1. 26. 법률 제6626호로 전문 개정되기 전의 것) 제709조 제5항 단서 소정의 절차에 따라 채무자 소유의 소에 대하여 경매를 한 후 집행법원에 채

---

[90] 서울중앙지방법원 2012가단196998

무자를 피공탁자로 하여 경매매득금에서 수수료를 공제한 나머지 금액을 공탁한 경우, 채무자 소유의 소에 대한 경매와 매득금의 공탁은 채무자의 사육포기신청에 따라 이루어진 것이어서, 위 유체동산가압류와 채무자 주장의 손해 사이에 인과관계가 있다고 할 수 없을 뿐 아니라, 채무자의 사육포기신청은 채무자 소유의 소에 대한 사육비용을 지출하지 않는 대신 그 소에 대한 사용이익을 포기하겠다는 취지로 봄이 상당하므로, 그 소의 대체물인 매득금을 사용할 수 없었다고 하여 그 사용이익에 해당하는 이자 상당의 손해를 입었다고 할 수도 없다.

【참조조문】
구 민사소송법(2002. 1. 26. 법률 제6626호로 전문 개정되기 전의 것) 제709조 제5항 ,(현행 민사집행법 제296조 제5항) , 민법 제750조 , 민사집행법 제276조

【참조판례】 대법원 1992. 9. 25. 선고 92다8453 판결(공1992, 2990), 대법원 1995. 4. 14. 선고 94다6529 판결(공1995상, 1842)

【전 문】 【제1심판결】 대전지법 홍성지원 2002. 11. 1. 선고 2001가합1192 판결 【변론종결】 2003. 6. 5.

【주 문】
1. 원고(선정당사자)의 항소를 기각한다.
2. 항소비용은 원고(선정당사자)의 부담으로 한다. [91]

사례 7 수용절차 확정은 집행개시 장애사유 아님

집행외동산에 대한 보상절차 내지 수용재결절차가 확정되지 않았다는 사정은 집행개시에 장애사유가 될 수 없다.[92]

---

91) 2002나9507
92) 인천지방법원 부천지원 2010가합8289

제3장 유형별 소장, 답변서, 준비서면 기재례

제1절 집행관 상대로 한 소장, 답변서, 준비서면 기재례

Ⅰ. 집행관이 조경석 인도 집행함에 있어 과실로 원고에게 손해를 가하였다는 내용의 소장과 답변서

1. 원고가 제출한 손해배상 소장

가. 청구취지

피고는 원고에게 금 101,000,000원 및 이에 대하여 이 사건 소장부본 송달일 다음날부터 다 갚는 날까지 연 20%의 비율에 의한 금원을 지급하라. 소송비용은 피고의 부담으로 한다.

나. 청구원인

(1) 원고는 2007. 4. 12. 000으로부터 00시 00구 00동 737-13 전 000㎡(이하 '이 사건 토지'라고 한다)를 임대차보증금 500만원, 차임 월 80만원, 임대차기간 2007. 5. 21.부터 2009. 5. 21.까지로 하여 임차하기로 하는 임대차계약을 체결한 후 위 토지를 점유·사용해 왔다.

(2) 000는 위 임대차계약이 원고의 차임 연체로 해지되었음을 이유로 원고를 상대로 00지방법원 00지원 0000가단0000호로 이 사건 토지의 인도 등을 청구하는 소송을 제기하여 2009. 7. 28. 승소판결을 받았고, 위 판결은 2009. 8. 18. 확정되었다.

(3) 000은 위 판결을 집행권원으로 하여 000지방법원 00지원 소속 집행관

000에게 이 사건 토지의 인도집행을 위임하였다. 집행관 000는 2011. 5. 17. 집행현장에서 원고가 고용한 관리인 000에게 임의로 이 사건 토지를 인도할 의사가 있는지 물었으나 000은 이를 거부하였고, 이에 집행관 000는 같은 날 12:00부터 20:00까지 이 사건 토지의 인도집행을 하면서 이 사건 토지 내에 있던 원고 소유의 조경석 25점을 반출하였다.

(4) 부동산명도집행을 담당한 000지방법원 00지원 소속 집행관인 000는 이 사건 조경석이 고가에 이르는 수석임을 잘 알고 있음에도 이를 이전하는데 필요한 제반 조치를 다하지 아니하고 2000. 0. 0. 용역업체로 하여금 쇠사슬로만 묶은 채 크레인으로 들어 올려 트럭에 상차한 후 이를 00도 00시 00구 00동 0-1과 같은 동 00에 운반하여 버렸다. 위 집행 당시 관리인 000가 집행관인 000에게 '위 암석을 옮길 때 쇠사슬을 이용하면 손상이 되므로 손상되는 부분에 대해 보상한다는 확인서를 쓰고 작업을 하라'고 간청을 하였음에도 위 집행관 000은 들은척만척 하며 강제로 작업을 진행하였고, 그리하여 관리인과 용역업체간에 몸싸움이 일어나자 위 집행관 000는 공무집행방해 운운하며 관할 경찰서에 신고를 하여 경찰관이 현장에 출동하기도 하였다.

(5) 그러면서 집행관 000는 인도집행을 계속 지휘하였고, 결국 이 과정에서 이 사건 조경석 25점 중 11점이 손괴되었으며 인도집행이 된 위 장소에 손괴된 조경석들이 도처에 널려 있다.

(6) 따라서 이 사건은 피고의 강제집행 기관인 집행관인 000가 그 직무를 행함에 있어 고의 또는 과실에 의하여 원고에게 손해를 가한 것으로서 피고는 피해자인 원고에게 손해배상의무를 부담하여야 한다는 것이 헌법 제29조 제1항, 국가배상법 제2조 등 법률상으로도 명백하다 할 것이다.

(7) 우선 원고는 피고에 대하여 손해배상액 중 일부청구로서 금 101,000,000원을 청구하는 바이고, 향후 감정을 통해서 청구취지를 확장하도록 하겠다.

2. 피고가 제출한 답변서

청구취지에 대한 답변 : 원고의 청구를 기각한다. 소송비용은 원고의 부담으로 한다.

가. 청구원인에 대한 답변

(1) 집행관은 재판의 집행, 서류의 송달 기타 법령에 의한 사무에 종사하는 실질적 의미에 있어서의 국가공무원에 속한다 할 것이고, 재판의 집행 등에 있어서 민사집행법 등 관련법에 정하여진 바에 따라 이를 시행하여야 하며, 특히 강제집행의 목적인 부동산 내의 종물 이외에 동산에 대하여는 집행권원의 효력이 미치지 아니하므로 집행관은 이를 제거하여 채무자 또는 그의 친족, 대리인, 고용인에게 인도하여야 하고(민사집행법 제258조 제3항, 제4항 참조), 이러한 동산을 인도받을 채무자나 그 대리인 등이 없는 때에는 집행관은 그 동산을 채무자의 비용으로 보관하여야 한다(민사집행법 제258조 제5항 참조). 이때 집행관이 직접 그 동산을 보관하는 경우에는 동산이 훼손되거나 가치가 감소되지 않도록 상당한 주의를 하여야 하고, 보관인에게 보관을 위임하는 경우에도 그 보관인의 선임감독에 충분한 주의를 기울여 채무자의 재산에 손해가 발생하지 않도록 하여야 할 주의의무가 있다고 할 것이다.[1]

(2) 이 사건 집행 당시 조경석을 반출하는 과정에서 집행관 OOO의 주의의무위반이 있었는지에 대하여 살펴보면 집행관 OOO는 이 사건 조경석의 반출을 위하여 용역업체 직원들 이외에 별도로 조경석 전문가를 대동하였고, 이 사건 조경석과 쇠사슬이 맞닿는 부분에 종이박스를

---

[1] 매각부동산의 사용수익에 관하여 공법상의 제한이 가해져 있는 경우 평가를 할 때 이를 고려하여야 하는 것이지만(민사집행규칙 제51조 제1항 5호), 하급심 판례 중 경매목적 부동산에 무허가 건물이 포함되어 있어 철거될 예정이라는 사정은 공무원의 주의의무 위반으로 볼 수 없다는 사례가 있다.

대고 조경석을 들어 올렸고, 이 사건 집행 당시 원고의 관리인 OOO가 참여하였는바, 이 사건 집행이 계속되는 8시간 동안 OOO이 이 사건 집행 과정을 촬영하거나 이 사건 집행 방법에 대하여 적극적으로 이의를 제기하는 등 이 사건 집행 방법에 잘못이 있는 경우 통상 취하였을 만한 조치를 하지 않았다.

(3) 집행관 OOO는 이 사건 강제집행 현장에서 조경전문업자 및 용역인부에게 조경석 인도에 따른 특수성과 주의사항을 고지하여 숙지하도록 교육을 하였고, 조경업자 대표인 OOO은 운반시 손상이 발생하지 않도록 위와 같은 조치를 취하고 상차하였다.(을 제0호증 조경업자 대표 OOO진술서)

(4) 집행관 OOO는 이 사건 토지에서 조경석을 화물차로 옮기도록 함으로써 토지인도 강제집행은 종료되었다.(서울중앙지방법원 2010가합57553 판결). 이 사건 강제집행 종료시점은 조경석을 토지에서 반출함으로써 집행관의 업무는 종료되며, 이 사건 조경석을 반출한 후 운반과정이나 하차함에 있어 집행관 OOO의 주의의무위반이 있었는지에 대하여 집행관 OOO가 채권자 OOO의 대리인 OOO에게 이 사건 조경석의 보관을 위임한 사실이 있고, 집행관 OOO가 이 사건 조경석 운반 및 하차 과정에서 보관인에 대한 선임감독 의무를 소홀히 하였다고 인정할 아무런 증거가 없다. 또한 위 조경석 운반에 따른 손괴나 파손이 전혀 없었다고 현장에 있었던 운반업자들이 진술서를 제출하였다(을 제0호증의 1 내지 3 각 진술서) 따라서 이 사건 조경석을 반출함에 있어 집행관 OOO가 필요한 주의의무를 다하지 않았다고 보기 어렵다.

(5) 또한 당시 강제집행절차에 따라 조경석을 다른 장소로 옮긴 것은 원고가 토지 소유자인 OOO에 대해 임차료 지급채무를 이행하지 않았기 때문이다. 그리고 강제집행이 있기 전에 조경석을 옮길 수 있는 충분한 시간적 여유가 있었음에도 법원의 토지인도 판결 및 집행절차상의 계고를 무시하고 토지인도를 거부하면서 조경석을 방치하였다.

(6) 따라서 원고는 토지인도 판결을 무시하고 조경석을 방치한 후 정상적으로 주의의무를 다해서 이루어진 집행절차에 대하여 피고 대한민국

에게 많은 손해배상금을 요구하고 있는데 이러한 원고의 청구는 용납될 수 없는 것이므로 원고의 청구는 기각되어야 한다.

Ⅱ. 원고는 최고가매수인인데 집행관 현황조사서에 대항력있는 임차인이 없는 것으로 보고되어 이를 믿고 입찰하여 낙찰받았으나, 나중에 경매 기록을 열람하자 대항력있는 임차인이 있는 것으로 확인되어 입찰을 포기했고 이로 인하여 입찰보증금 상당의 손해를 보았으므로 이 소장을 제기함.

1. 원고가 제출한 소장

가. 청구취지

피고는 원고에게 금 32,256,000원 및 위 금원에 대하여 판결 선고일로부터 완제일까지 연 20%의 돈을 지급하라.
소송비용은 피고의 부담으로 한다.

나. 청구원인

(1) 원고는 0000지방법원 0000타경0000호 임의경매사건 절차에서, 입찰 당시 집행관 현황조사서 등에 의해 임차권이 매수인에 대해 대항력이 없다고 믿고 입찰하여 2011. 6. 7. 별지 목록 기재(별지 생략) 부동산에 대한 매각허가결정을 받았다.
그 후 최고가매수인으로 선정된 후에만 열람할 수 있는 자세한 관련 입찰기록을 보고 나서야 임차인의 임차권이 대항력이 있다는 것을 알게 되었고, 이로 인해 예상치 못한 임대차보증금 250,000,000원을 떠안게 되는 문제가 발생하여 위 부동산의 취득을 포기할 수밖에 없었고 그 결과 입찰보증금을 몰수당하고 말았다.

(2) 이 사건 관련 경매사건에서 집행관 현황조사보고서에 주민등록전입에 관하여 '전입자 없음'으로 조사보고가 되었다. 이 사건 관련 경매사건의 집행관현황조사보고서에 따르면 '관할 동사무소에 주민등록 등재자를 조사한바 등재자 없음'이라고 기재되어 있다. 목적 부동산 등기부상 소재지가 175-22 외 2필지로 표기되어 주민등록을 전입할 때 대부분 175-22를 대표필지로 하여 전입신고하고 있으며 집행관도 이와 같이 보아 175-22번지 내 전입자 없음을 확인하고 현황조사를 한 것이다.

(3) 전체 경매기록 중 입찰 전에 볼 수 있는 매각물건명세서와 현황조사보고서에는 임대차의 권리 실체에 대하여 법원이 제공하는 사실관계인 부동산 점유에 관한 정보는 매우 빈약하고, 주로 주민등록 전입사항의 요소에 치중하고 있으므로 입찰자는 그 한정된 정보만으로 권리실체를 분석할 수밖에 없다. 주민등록 전입사항도 가변적일 수 있어 실제로 입찰자들은 입찰 당시 주민등록 전입자 여부와 전입일자를 동사무소에 스스로 확인하여, 그 때 전입자가 없다면 당초 매각물건명세서상에 주민등록 전입에 관한 기재가 있었다 하더라도 임차인이 권리신고 및 배당요구 후 전출했거나 불법한 전입으로 직권말소 등의 주민등록상 변동이 발생할 수 있으므로, 일반적으로 입찰자 입장에서는 매각물건명세서상 전입에 관한 기재는 확정적인 것으로 보지 않고 입찰에 임할 수밖에 없다.

2002년 7월 이후부터는 입찰기록 중 일부인 현황보고서와 감정평가서 및 매각물건명세서만을 입찰희망자에 대해 열람에 공하고 있는데, 이 중 매각물건명세서는 1쪽 분량의 권리관계와 점유관계를 요약한 표로서 서식 자체의 글자(주의사항 포함)외에 기재한 내용은 고작 한 줄 정도가 전부이다.

권리분석의 근거가 되는 권리신고서 등이 첨부된 매각물건명세서 일습을 입찰자들이 입찰 전에 보는 것을 허용하지 않아, 상당 부분 예기치 못한 권리부담을 안게 되는 경우가 있다. 이 사건 관련 경매사건 절차에서도 원고가 입찰일 전에 임차인의 권리신고서와 관련서류를 모두 볼 수 있었다면 사전에 권리신고서에 첨부된 주민등록표에 의해 임차인이 대표번지 외 2필지 중 1필지로 전입했다는 사실과 이로 인해 임차권이 대항력이 있다는 것을 알았을 것이다. 원고가 입찰일 전에 볼 수 있었던 한정된 서류만으로 판단할 때, 현황조사보고서에는 '관할 동사무소에 주민등록 등재를 조사한바 등재자 없음'이라고 되어 있는 반면, 매각물건명세서에는 현황조사서와의 차이에 대한 아무런 설명도 없이 주민등록 전입신고일자 란에 '2006. 2. 14'이라고 연월일만 7글자로 표시되어 있었다.

원고로서는 두 서류상 기재 내용의 차이에 대해 혹시 임차인이 동호수 착오 전입을 했거나 또는 법원에 권리신고를 필한 후라 상관없다고 생각해 주민등록을 전출했거나, 임차인의 가족이 아닌 사람이 주민등록을 전입했거나 등등 여러 가지 가능성을 생각하면서 2011. 5. 23.경 관할 동사무소에 '별지 목록 기재 부동산'의 전입세대 여부 확인을 신청하니 곧바로 담당자가 전입세대가 없다는 내용의 전입세대 열람내역을 교부해 주었다.

이에 원고는 법원의 현황조사보고서 내용과 동사무소의 확인내용이 일치하여 믿음과 함께 현황조사한 집행관이 그랬던 것처럼 전입의 변동에 관해 위의 어떤 경우에 해당하는지는 몰라도 현재 주민등록 전입자가 없음을 확신할 수밖에 없었다.

(4) 경매신청인도 현황조사보고서에는 '등재자 없음'으로 기재되어 있음에도 불구하고 매각물건명세서에는 전입날짜가 기재되어 있어, 마치 법원이 전입일을 인정한 것으로 입찰자들이 오인할 수 있다는 이유를 들어 두 서류의 차이에 대하여 어느 것이 오류이고 어느 것이 맞는지와 그 근거를 명확히 밝혀달라는 요구서를 2009. 10. 5. 제출한 바 있다.

그 요구서에는 어느 한 쪽의 오류가 수억 원의 금전적 이득이나 손실과 직결되는 중요한 정보이므로 일반인이 판단하는데 혼동을 주지 않도록 그 진위와 자세한 근거를 특별히 적시하여 줄 것을 요청한 것이다. 경매신청인은 매각물건명세서상에 전입일자 기재가 되어있다 하더라도 혹 전입자 전입이 임차인의 가족이 아니거나 주민등록 법령상 적법하지 않은 경우를 기대하며 구태여 요구서까지 제출했으나, 담당 경매계는 이에 대하여 어떠한 조치도 한 바 없이 서류제출 이전이나 이후나 기재 내용은 달라진 것이 없었다.

원고는 입찰을 한 후에만 확인할 수 있는 입찰기록철 전체를 보고 나서야 경매신청인이 문제를 제기한 사실과 함께 권리신고서에 첨부된 00동 175-4로 전입신고된 주민등록표가 있음을 알았는데 입찰 전에 이를 미리 볼 수 있었더라면, 또는 매각물건명세서상에 '현황조사서의 주민등록 등재자 없음은 오류이며 대표필지 외 00동 175-4번지로 전입되었으므로 특별히 입찰시 주의를 요망함'이라는 설명만 있었더라도 누구나 이를 보고 오판하지 않았을 것이다.

(4) 원고도 집행관이 조사한 바와 같이 대표필지로 동사무소에 전입확인 한 결과 '전입자 없음'으로 확인하여, 역시 전입 후 주민등록이 변동되었거나 현재는 전입자가 없다고 믿는 데에 집행관현황 조사결과의 영향을 받았다.

(5) 매각물건명세서 등은 일반인에게 그 현황과 권리관계를 공시함으로써 매수희망자가 입찰대상 물건에 필요한 정보를 정확하게 얻을 수 있게 하여 예측하지 못한 손해를 입는 것을 방지하고자 하는데 그 취지가 있다.

집행관의 현황조사서상 '전입자 없음'이라는 내용과 매각물건명세서의 기재 내용이 다른 경우 일반인이 오판하지 않도록 특별히 현황조사서의 기재는 오류가 있다든지 하는 자세한 설명과 대표필지 외 다른 지번으로 전입되어 일반인의 주의를 요한다는 충분한 안내가 필요함에도 두 서류상 차이에 대한 어떠한 설명도 없을 뿐 아니라 원고가 입찰 후에도 열람 가능한 기록철을 확인해 보고 나서야 알 수 있었던 사실 즉, 경매신청 채권자가 두 서류의 주민등록 전입에 관한 내용의 차이에 대해 명확한 부연설명을 요구하는 요구서가 접수된 바 있었음에도 이에 대해 아무런 조치가 되지 않은 일도 있어 매각물건명세서를 작성한 경매담당자는 원고에게 손해가 발생하게 한 책임이 있다.

또한 일반인의 경매 권리분석에 오류의 정보를 주지 않아야 할 책임이 있는 법원의 집행업무 수행자인 집행관의 현황조사도 그 과실책임을 면할 수 없다.
(6) 따라서 피고의 위와 같은 과실들로 인하여 원고가 예기치 못한 임차권의 부담으로 대금납부를 포기할 수밖에 없어 입찰보증금을 몰수당하여 발생한 손해금 32,256,000원을 원고에게 지급하여야 한다.

2. 피고가 제출한 답변서

청구취지에 대한 답변 : 원고의 청구를 기각한다. 소송비용은 원고의 부담으로 한다.

가. 청구원인에 대한 답변

(1) 원고 주장의 요지에 대하여

(가) 원고는 0000지방법원 0000타경0000호 임의경매사건 절차에서, 입찰 당시 집행관 현황조사서 등에 의해 임차권이 매수인에 대해 대항력이 없다고 믿고 입찰하여 2011. 6. 7. 별지 목록 기재 부동산에 대하여 매각허가결정을 받았다.
(나) 그 후 최고가매수인으로 선정된 후에만 열람할 수 있는 자세한 관련 입찰기록을 보고 나서야 임차인의 임차권이 대항력이 있다는 것을 알게 되었고, 이로 인해 예상치 못한 임대차보증금 250,000,000원을 떠안게 되는 문제가 발생하여 소유권취득을 포기할 수밖에 없어 그 결과 입찰보증금을 몰수당하고 말았다.
(다) 이 사건 관련 경매사건의 집행관 현황조사보고서에 따르면 '관할 동사무소에 주민등록 등재자를 조사한바 등재자 없음'이라고 기재되어 있는 반면 매각 물건명세서는 현황조사서와의 차이에 대해 아무 설명도 없이 주민등록 전입신고일자 란에 '2006. 2. 14.'이라고 연월일만 7글자로 표시되어 있었다.

(라) 원고는 2011. 5. 23.경 관할 동사무소에 '별지 목록 기재 부동산'의 전입세대 여부 확인을 신청하니 곧바로 담당자가 전입세대 없다는 내용의 전입세대 열람내역을 교부해 주었다.
(마) 이에 원고는 법원의 현황조사보고서 내용과 동사무소의 확인내용이 일치하여 믿음과 함께 현황조사한 집행관이 그랬던 것처럼 전입의 변동에 관해 어떤 경우에 해당하는지는 몰라도 현재 주민등록전입자가 없음을 확신할 수밖에 없었다.
(바) 현황조사보고서에는 '등재자 없음'으로 기재되어 있음에도 불구하고 매각물건명세서에는 전입일자가 기재되어 있어, 경매신청인도 두 서류의 차이에 대해 어느 것이 오류이고, 어느 것이 맞는지와 그 근거를 명확히 밝혀달라는 요구서를 2009. 10. 5. 제출한 바 있다. 그러나 담당 경매계는 이에 대한 어떠한 조치도 한 바 없이 서류제출 이전이나 이후나 기재 내용은 달라진 것이 없었다.
(사) 원고는 입찰을 한 후에만 확인할 수 있는 입찰기록철 전체를 보고 나서야 경매신청인의 문제제기 사실과 함께 권리신고서에 첨부된 00동 00-4로 전입신고된 주민등록표가 있음도 알았는데 입찰 전에 이를 미리 볼 수 있었다면, 또는 매각물건명세서상에 '현황조사서의 주민등록 등재자 없음은 오류이며 대표필지 외 00동 00-4번지로 전입되었으므로 특별히 입찰시 주의를 요망함'이라는 설명만 있었더라도 누구나 이를 보고 오판하지 않았을 것이다.
(아) 원고도 집행관이 조사한 바와 같이 대표필지로 동사무소에 전입확인한 결과 '전입자 없음'으로 확인하여, 역시 전입 후 주민등록이 변동되었거나 현재는 전입자가 없다고 믿는데 집행관 조사결과의 영향을 받았다.
(자) 매각물건명세서 등은 일반인에게 그 현황과 권리관계를 공시함으로써 매수 희망자가 입찰대상 물건에 필요한 정보를 정확하게 얻을 수 있게 하여 예측하지 못한 손해를 입는 것을 방지하고자 하는데 그 취지가 있다.
(차) 집행관의 현황조사서상 '전입자 없음'이라는 내용과 매각물건명세서

의 기재 내용이 다른 경우 일반인이 오판하지 않도록 특별히 현황조사서의 기재는 오류가 있었다든지 하는 자세한 설명과 대표필지 외 다른 지번으로 전입되어 일반인의 주의를 요한다는 충분한 안내가 필요함에도 두 서류상 차이에 대한 어떠한 설명도 없었으므로 법원 경매 담당자는 그 기재가 충실하지 못하였으므로 원고에게 손해가 발생하게 한 책임이 있다.

(카) 또한 일반인의 경매 권리분석에 오류의 정보를 주지 말아야 할 책임이 있는 법원의 집행업무 수행자인 집행관의 현황조사도 그 과실책임을 면할 수 없다.

(타) 따라서 피고는 위와 같은 과실들로 인해, 그 결과 원고가 예기치 못한 임차권 부담으로 대금납부를 포기할 수밖에 없어 입찰보증금을 몰수당해 발생한 원고의 손해금 32,256,600원을 지급하여야 한다.

(2) 원고 주장의 부당성에 대하여

(가) 경매에 있어서 현황조사서는 매각 대상 부동산의 현황에 대해 집행관이 조사하여 작성한 보고서에 불과한 것으로 경매의 매수인에게 해당 경매에 대한 참고 정보를 제공하기 위한 참고용 자료이다.

(나) 따라서 매각물건명세서와 현황조사서 간에 기재가 다를 경우에는 매각물건명세서 기재를 우선시해야 하는 것은 당연하고, 해당 부동산에 대한 실체적 소유권을 취득하기 위한 조사 활동에 대한 책임은 전적으로 매수인에게 있다고 할 수 있으므로 매수인이 현황조사서에 기재되어 있는 내용만을 믿고서 매각물건명세서에 기재된 사실을 간과하였다면 그로 인한 손해에 대해서는 매수인이 책임을 지는 것이 마땅하다.

(다) 이 사건의 경우 매각물건명세서에는 임차권에 대한 사항이 기재가 되어 있었음에도 불구하고, 원고가 이를 무시하고서 경매에 참여하여 매각허가 받은 것이므로, 소유권을 취득하지 못한 것은 원고 자신의 잘못에 의한 것이므로 이에 대해 원고가 책임을 지는 것은 당

연하다고 해야 한다.
(라) 원고는 이 사건 경매 담당공무원이 매각물건명세서와 현황조사서 사이에 기재가 다른 이유에 대해서 기재하지 않은 것을 위법한 행위라고 주장하고 있으나 이 사건 경매 담당공무원은 매각물건명세서에 분명히 임차권에 관한 사항을 정확히 기재하였다.
(마) 또한 현황조사서 기재와 매각물건명세서의 기재가 다름에도 불구하고 경매 담당공무원이 매각물건명세서의 기재를 수정하지 않았다는 것은 매각물건명세의 기재가 정확하여 수정할 필요가 없다는 판단에 기한 것임은 너무도 당연한 것이다.
(바) 매각물건명세서에 임차권 관련 사항을 정확히 기재한 이상 경매 담당공무원에게 현황조사서의 기재가 왜 매각물건명세서의 기재와 다른지에 대해서까지 기재를 해야 할 의무는 없음에도 불구하고, 원고는 담당공무원에게 그러한 의무가 있음을 전제로 하여 담당공무원이 위법한 행위를 하였다고 주장하는 것이므로 원고의 주장은 타당성이 없다.
(사) 또한 원고는 이 사건 집행관의 현황조사서 작성이 위법하다고 주장하고 있으나 이 사건 집행관은 당해 부동산에 대해 동사무소에 확인을 하여 그 확인한 내용을 현황조사서에 기재한 것이고, 최선의 주의의무를 다하여 자신의 업무를 수행했던 것이므로 집행관의 업무행위가 위법하다고 할 수는 없다.
(아) 더구나 현황조사서에는 임차인이 'OOO'로 기재되어 있고 임차보증금이 250,000,000원이라고 분명히 기재되어 있었으며, 다만 전입일자 및 확정일자가 미상인 것으로 기재되어 있고, '관할 동사무소에 주민등록 등재자를 조사한바 등재자 없음'이라고 기재하여 '등재자 없음'이라는 기재가 집행관 자신이 별도로 조사한 내용에 기초한 것이 아니라 동사무소에 확인한 바에 기초한 것임을 명백히 밝히고 있다. 그리고 주민등록 등재자를 조사함에 있어 관할 동사무소에 확인하는 것 외에 별다른 방법이 있는 것도 아니므로 집행관의 현황조사서 작성은 최선의 주의의무를 다한 것이고 어떠한 위법도 없다고 할 것이다.

(자) 따라서 원고의 주장은 타당성이 없으므로 원고의 청구를 기각하여 주기 바란다.

제2절 경매 사건 관련 소장, 준비서면 기재례

I. 답변서 및 준비서면의 작성·제출

1. 의의

가. 답변서

원고의 소제기에 대하여 피고의 답변을 기재한 최초의 준비서면이다.

나. 준비서면

당사자가 변론에서 진술하고자 하는 사항을 미리 기재하여 법원에 제출하는 서면, 즉 변론의 준비를 위한 서면이다. 재판은 구술변론주의가 원칙이나, 그로 인한 비능률을 방지하기 위하여 변론기일 전에 미리 당사자로 하여금 변론에서 주장하고자 하는 내용을 준비서면에 기재하여 법원에 제출하게 하고 그것을 상대방에게 송달하도록 하는 제도이다.

'준비서면'은 변론기일에서 진술하여야만 비로소 소송자료가 된다. 실무상 "○년○월○일자 준비서면을 진술합니다"라고 포괄적으로 진술하는데, 통상 재판장이 "피고, ○년○월○일자 준비서면을 진술하고"라고 하면, 소송수행자는 그냥 "예"라고 하면 되는 경우가 많다. 최근 실질적 구술주의를 실천하는 재판부가 늘어남에 따라 재판장이 준비서면의 내용을 구체적으로 진술하도록 하거나 중요한 쟁점에 관하여 질문할 수 있으므로,

이에 대비하여 제출한 준비서면의 내용은 잘 숙지하고 있어야 한다.

2. 제출방법

답변서는 최초변론기일 전까지, 준비서면은 변론기일 전까지 제출하여야 한다. 보통 답변서 및 준비서면은 변론기일 1주일 전에 법원에 접수하도록 하고, 늦어도 하루 전에는 법원에 접수하도록 한다. 서면을 제출할 때에는 상대방 또는 소송대리인의 수만큼의 부본을 첨부하여야 하는 것이 원칙이었으나, 전자소송법의 시행으로 전자소송시스템을 이용하여 서류를 제출하는 경우 원본만 제출하면 족하다.

전자기록사건에서는 법정에서 종이서류를 제출하는 것이 원칙적으로 허용되지 않으므로 불가피한 사정으로 변론기일 당일에 서면을 제출해야 하는 때에도 전자적 방법을 통하여야 한다. 기일에 참석해서 서류를 제출하기 위해서는 법정에 설치되어 있는 컴퓨터를 통하거나, 재판장의 허가에 따라 자기디스크 등을 이용하여 제출할 수 있다.주44) 전자소송에 동의한 당사자가 종이서류를 제출할 수 있는 경우는 시스템에 장애가 있거나 전자문서 제출이 현저히 곤란한 경우 또는 해당 기일에 변론종결을 하기 위하여 반드시 진술을 시켜야 하는 등 부득이한 때로 한정된다[2].

3. 제출효과

가. 변론기일에 피고가 출석하지 아니하더라도 답변서나 준비서면을 제출하여 두면, 출석한 원고에게 변론을 명할 때에 그 기재사항을 진술한 것으로 간주하게 된다.
나. 피고가 답변서 기타 준비서면도 제출하지 아니하고 기일에 출석하지 아니하면 자백한 것으로 본다[3].

---

2) 전자소송규칙 제16조, 전자소송법 제8조
3) 민소법 제150조

다. 본안에 관한 답변서나 준비서면이 제출된 후 원고가 소를 취하하고자 하는 때에는 피고의 동의를 얻어야 한다4)

4. 내용

가. 기재사항

답변서에는 원고의 청구에 대하여 「청구취지에 대한 답변」 및 「청구원인에 대한 답변」을 기재한다. 준비서면에서는 원고의 주장 및 입증방법을 반박하고, 피고에게 유리한 내용을 기재한다. 원고의 청구원인 사실에 대한 피고의 답변방식은 자백, 부인, 부지, 침묵 등 네 가지가 있다.

나. 부인과 항변

(1) 부인

상대방이 주장하는 요건사실의 존재를 부정하는 내용의 사실상의 진술을 말하며, 부인의 경우 요건사실은 주장하는 상대방이 입증해야 한다(예 : 점유취득시효를 원인으로 한 소유권이전등기청구소송에서 피고가 원고의 20년간 점유사실을 부인하는 경우에 20년간 점유사실은 원고가 입증해야 함).

(2) 항변

(가) 원고의 청구를 배척하기 위하여 원고주장 사실이 진실임을 전제로 하여 이와 양립가능한 별개의 사항에 대하여 피고가 하는 사실상의 진술을 말한다. 피고가 항변한 경우 피고에게 주장입증 책임이 있다

---

4) 민소법 제266조 제2항

(예 : 원고의 점유취득시효주장에 대하여 피고가 타주점유 항변을 하는 경우, 피고는 타주점유에 관하여 주장입증하여야 함).
(나) 항변의 종류로는 반대규정의 성질에 의하여 (ⅰ) 권리장애사실(권리의 발생을 애당초부터 방해하는 권리장애규정의 요건사실 - 예 : 통정허위표시 무효사유), (ⅱ) 권리소멸사실(일단 발생한 권리를 소멸시키는 권리소멸규정의 요건사실 - 예 : 변제, 공탁, 해제, 해지) (ⅲ) 권리행사저지사실(이미 발생한 권리의 행사를 저지시키는 권리행사저지규정의 요건사실 - 예 : 동시이행항변권, 기한의 유예)이 있다.
(다) 본안전 항변
원고가 제기한 소에 소송요건의 흠결이 있어 소가 부적법하다는 피고의 주장이다.

다. 사실상의 주장과 법률상의 주장

준비서면의 기재사항 중 공격 또는 방어방법에 관한 주장이 실질적 내용에 해당한다. 공격방어방법으로서 주요한 것으로 사실상의 주장과 법률상의 주장이 있다.

사실상의 주장은 청구를 이유 있도록 뒷받침할 사실과 항변사실에 관한 것으로 요건사실에 관한 주장이 대부분이다. 법률상의 주장은 구체적인 권리관계의 존부에 관한 자기의 판단을 진술하는 것을 말하고(예 : 피고에게 손해배상의무가 있다는 등의 진술), 법원은 이에 구속되지 않으나, 경우에 따라서는 사실상의 진술이 포함되어 재판상 자백이 될 수 있으므로 신중을 기해야 한다.

Ⅱ. 소장, 답변서, 준비서면 기재례

1. 경매 사건이 진행중에 채무자가 집행정지결정정본을 집행법원에 제출했는데 경매사건을 정지하지 않고 진행한 것에 대한 손해배상(위자료) 청구 사건

가. 손해배상(위자료) 항소이유서

(1) 머리말

이 사건의 쟁점은 '재산권 침해로 인한 위자료를 인정할 수 있는 한계'가 어디까지인지를 설정하는 것입니다. 재산권 침해에서 손해배상에 더하여 위자료를 인정하기 위해서는 특별한 사정이 있어야 하고 가해자가 그러한 사정을 알았거나 알 수 있었을 경우에 한하여야 한다는 것이 판례의 확고한 태도입니다. 그런데 아래에서 살펴볼 바와 같이, 원심은 과실을 범한 공무원이 피해자에게 재산손해를 임의변제하지 않았다는 이유만으로 손해배상에 더불어 위자료까지 인정하였습니다. 이는 선례에서 요구하던 '특별한 사정'의 범위를 광범위하게 보아, 가해자가 적극적으로 손해의 배상에 임하지 않은 경우까지 위자료가 인정되어야 한다고 판시한 것으로서, 기존 판례의 흐름과 부합하지 않음이 명백합니다.

(2) 사안의 개요

(가) 소외 A가 원고를 상대로 제기한 수원지방법원 성남지원 2007가단○○○○ 임대차보증금 사건에서 A의 청구가 일부 인용되자, 원고는 2008. 6. 12. 패소부분에 대하여 항소하고 2008. 6. 23. 20,715,678원을 변제공탁하는 한편 2008. 7. 7. 수원지방법원 성남지원 2008카기○○○호로 위 제1심 판결의 가집행의 정지를 신청하였고 위 신청은 같

은 달 9. 인용되었습니다.
- (나) A는 2008. 7. 10. 위 제1심 판결의 집행력에 기하여 서울동부지방법원 2008타경○○○○호로 부동산강제경매를 신청하였고 그 다음날 개시결정이 있었는바, 이에 채무자 겸 소유자였던 원고가 2008. 7. 14. 집행정지의 결정문을 집행법원에 제출하였음에도 이 사건 경매가 정지되지 않고 집행법원은 감정인을 지정하여 감정평가명령을 하는 등 경매목적물에 대한 감정평가를 진행하였고, 감정평가서가 제출되자 A에게 경매비용 추납통지를 하였습니다.
- (다) 집행정지결정정본이 집행법원에 제출된 때에는 집행이 정지되는 것이어서, 집행정지 결정의 효력은 2008. 0. 0.(결정문 제출일)부터 2009. 0. 0.(항소심 판결선고일)까지이고, 집행법원은 위 기간 동안 이 사건 경매를 정지할 의무가 있었음에도 집행법원은 감정평가를 진행하여 감정비용 1,681,900원을 선지급한 후 A으로부터 같은 금액을 추납받았고, 그 과정에서 추납통지서 송달을 위해 송달료 00원을 사용하였으며, 원고는 다시 같은 금액을 포함한 000,000원을 지급하였습니다.
- (라) 원고는 집행법원이 이 사건 경매를 정지하지 아니하고 감정평가를 진행한 행위가 위법하고 이로 인해 발생한 손해를 배상해야 한다며 이 사건 소를 제기하였습니다.

(3) 원심 판결의 요지

원심은 '판결이유' '3. 손해배상의 범위', '다. 위자료'에서 위자료 100만 원을 인정하였습니다. 즉, 재산권 침해임에도 불구하고 이 사건에 있어서 특별히 위자료를 인정한 사유로서 ① 불법행위가 사법부의 강제집행 과정에서 발생했다는 점, ② 피고 소속 공무원의 불법행위가 명백했다는 점, ③ 피고가 이 사건 변론종결일까지 손해배상에 소극적인 태도를 보인 점의 3가지를 근거로 하였습니다.

(4) 위자료 산정에 관한 판례의 태도

재산권 침해에서 손해배상에 더하여 위자료까지 인정하기 위해서는 특별한 사정이 있어야 하고 가해자가 그러한 사정을 알았거나 알 수 있었을 경우에 한하여야 한다는 것이 판례의 확고한 태도입니다(대법원 2004. 3. 18. 선고 2001다82507 전원합의체 판결 등). 이와 관련하여 재산상 손해가 발생하였음에도 위자료를 인정하지 않은 재판례를 살펴보면 아래와 같습니다.

대법원 1994. 12. 13. 선고 93다59779 판결은 막대한 시설비를 투자하여 양식음식점 시설을 갖추고 영업을 하여 왔으나, 임대인의 잘못으로 인하여 누수로 인하여 상당한 부분의 식당시설이 훼손되고 정화조 탱크가 파손되는 등 건물에 하자가 있어 영업을 계속하지 못하게 된 사안에서 특별한 사정을 인정하지 않은 바 있습니다. 또한 대법원 1996. 11. 26. 선고 96다31574 판결은 영업비밀을 침해하여 제품을 생산한 후 자신의 상품으로 이를 판매한 사안에서 상대방이 영업매출액 감소로 인하여 입은 정신적 [201] 고통에 대하여도 위자할 의무가 있다고 판단한 원심을 파기하였습니다. 위 2001다82507 판결 역시 선박충돌 사고로 생활기반이 되는 어선이 완전파손됨으로 인하여, 상당한 기간 동안 생업에 종사하지 못하였으며 대체선박을 구입하여 다시 생업에 종사한지 얼마 되지 않아 사망한 사안에서 역시 위자료 발생을 인정하지 않은바 있습니다.

즉, 기존의 선례들은 재산상 손해 발생에 있어 위자료를 극히 한정적으로 엄격하게 인정하고 있는 것입니다.

(5) 이 사건의 경우

아래와 같은 사정을 감안하였을 때 불법행위가 사법부의 강제집행 과정에서 발생했다는 점, 피고 소속 공무원의 불법행위가 명백했다는 점, 피고가 이 사건 변론종결일까지 손해배상에 소극적인 태도를 보인 점 등은 모두 기존 대법원 판례에서 의미하는 '특별한 사정'에 해당할 정도로

중하게 볼 수 없습니다.
① 원심의 판시는 국가배상책임의 성질에 대한 대법원 1996. 2. 15. 선고 95다38677 전원합의체 판결의 취지와 배치됩니다. 즉 위 판결은 "공무원이 직무를 수행함에 있어 경과실로 타인에게 손해를 입힌 경우에는 … 이러한 공무원의 행위는 여전히 국가 등의 기관의 행위로 보아 그로 인하여 발생한 손해에 대한 배상책임도 전적으로 국가 등에만 귀속시키고 공무원 개인에게는 그로 인한 책임을 부담시키지 아니하"는 것이라 판시하여, 공무원의 경과실에 불과한 경우 국가배상책임은 국가기관의 책임이지 공무원 개인이 책임질 성질의 것이 아니라는 점을 분명히 하고 있습니다. 또한 이렇게 피해자의 재산권에 제한을 가하는 이유에 대해 "공무수행의 안정성이란 공공의 이익을 위한 것이라는 점과 공무원 개인책임이 인정되지 아니하더라도 충분한 자력이 있는 국가에 의한 배상책임이 인정되고 국가배상책임의 인정 요건도 민법상 사용자책임에 비하여 완화하고 있는 점 등에 비추어 볼 때, 헌법 제37조 제2항이 허용하는 기본권 제한 범위에 속하는 것"이라고 보아, 이러한 원칙이 공무수행의 안정성을 위해 불가피하다는 사실을 확인하고 있습니다.

그렇다면 공무원이 직무집행 상 과실을 범한 경우, 과실 여부를 담당 공무원 혼자 자의적으로 결정하기란 불가능에 가깝습니다. 특히 집행법원과 같이 거액의 금전에 대한 판단을 신속하게 처리해야 하는 경우 그 절차에서 공무원의 과실이 발생하였다 하더라도, 만약 공무원이 배상책임을 인정한다면 단순히 자신의 잘못을 사과하는 것에 그치지 않고 대한민국의 국가배상책임을 인정하는 것일 뿐만 아니라 직무상 중과실까지 인정하는 결과를 초래합니다. 이러한 상황에서 손해를 사후적으로 보완함은 별론으로 하고 발생 즉시 민원인에게 확정되지도 않은 손해액을 지급하도록 해야 하는 의무를 부과할 수는 없습니다.
② 불법행위의 가해자임이 명백하다 하더라도 헌법상 보장된 재판 받을 권리를 침해당할 수는 없습니다(헌법 제27조 제1항). 재판청구권은 "법관에 의하지 아니하고는 민사·행정·선거·가사사건에 관한 재판은

물론 어떠한 처벌도 받지 아니할 권리를 보장한 것"입니다(헌법재판소 2003. 1. 30. 선고 2001헌바95 결정 등).

원심은 위자료 인정 근거 중 하나로 "변론종결일까지 … 손해배상에 소극적인 태도를 보인 점"을 삼고 있습니다. 그러나 원심의 태도는 자칫 불법행위자에게 손해 확대 방지를 넘어서는 적극적 의무를 부여하고 가해자가 재판을 기다리기도 전에 자신의 잘못을 시인하도록 간접적으로 강요하여, 재판 받을 권리를 침해하는 결과에 이를 수 있습니다.

또한 원심은 공무원이 "자신의 명백한 불법행위에 대하여" 소극적이었다는 것 역시 위자료 산정 근거로 보고 있는바, 이는 불법행위 여부가 명백한지 모호한지에 따라 손해 변제 의무가 달라질 수 있다고 전제하는 것으로 보입니다. 그러나 아무리 사후적으로 사실관계가 명백한 사안이라 하더라도 재판에서 증거를 통해 정리되기 전까지는, 사건의 직접 당사자가 모든 사정을 명백하게 알기 힘듭니다. 특히 국가배상법 제1조 소정의 '과실'과 같이 그 개념이 추상적이고 포괄적이어서 재판례를 통하여 구체화되어야 하는 법문의 경우, 아무리 법원 공무원이라 하더라도 이를 한 번에 판단할 수는 없습니다. 이 사건과 유사한 대법원 선례도 존재하지 않는 상황이라는 점, 법원이 아닌 사인에게 사실확정 권한을 부여할 수는 없다는 점(재판의 전심절차가 위헌이라는 결정으로는 헌법재판소 1995. 9. 28. 선고 92헌가11 결정, 헌법재판소 2000. 6. 29. 선고 99헌가9 결정 등)[203]등을 고려하면 불법행위를 했다는 사정이 판결문에 명확하게 나타난다는 사정은 임의변제의 책임 발생과 아무런 관계가 없습니다.

원심은 "사법부가 주관하는 강제집행 과정에서 발생한 점"을 위자료 인정의 근거로 설시하고 있으나, 사법부 공무원이라고 하여 일반 공무원에 비해 재판청구권이 제한된다고 볼 수 없습니다. 재판청구권은 외국인 및 법인, 권리능력 없는 사단 등 그 성질을 가리지 않고 주체성이 인정된다는 것이 통설이며, 사법부 공무원이든 일반 행정청 공무원이든 국가배상법 제2조 소정의 '공무원'에 해당함은 동일하고, 동 규정을 해석함에 있어 양자를 다르게 보아야 할 아무런 근거가 없습니다. 따라서 그 불법행위자가 공무원인지 사인인지 여부와 관계없이, 또한 행정부 공무원인지 사법부 공무원인지 여부와 관계없이, 단순히 재판 결과가 선고될 때까지 배상을 기다렸다는 이유만으로 어떠한 직접적·간접적 불이익이 가해져서는 안 될 것입니다.

③ 물론 사법부는 법치주의 최후의 보루로서 그 공무원 역시 판단 하나하나에 주의를 기울여야 하는 것은 당연합니다. 그러나 사법부가 주관하는 모든 절차 및 과정에서 공무원의 과실이 발생할 때마다 공무원이 직접 자신의 재산을 통해 손해를 보전해주어야 한다는 것은 사법정책적으로도 바람직하지 않습니다. 사법부의 판단이 그 결과에 있어 파급력이 큰 만큼 각종 불복절차 등 제도적 장치를 통하여 확실성을 담보하여야 할 것이지, 공무원에 대한 국가배상청구가 접수되었을 때 그 사건 하나하나마다 담당 공무원에게 직접 배상책임을 묻는 것은 사법부의 안전성을 형해화할 위험이 있는 것입니다.

이러한 원심의 태도는 법관의 손해배상 책임을 제한하고 있는 대법원 2001. 4. 24. 선고 2000다16114 판결의 취지와도 어긋납니다. 즉, 위 판례는 "임의경매절차에서 경매담당 법관의 오인에 의해 배당표 원안이 잘못 작성되고 … 실체적 권리관계와 다른 배당표가 확정"되었음에도 법관의 손해배상책임을 인정하지 않았는바, 사법부 공무원의 경우 법관과 정반대의 관점에서 손해배상에 더불어 위자료까지 인용하여 주는 것은 균형이 맞지 않습니다.

④ 원심은 "적어도 피고가 책임을 인정하는 손해액에 대해서는 … 미리 변제할 수 있었다"고 판시하고 있으나, 손해배상액에 다툼이 있는 경우 '책임을 인정하는 손해액'의 개념은 너무 포괄적이어서 손해 변제의 기준이 될 수 없습니다. 이 사건의 경우 원고가 소장 제출 당시 청구한 금액은 17,266,690원이었음에 반해, 원심에서 최종적으로 인정된 금액은 2,686,690원입니다. 그 당부가 재판 과정에서 치열하게 다투어졌을 뿐만 아니라, 인정 금액 역시 항소심에서 일부 변경되었습니다. 특히, 위 인정된 금액 중 재산 손해액 부분은 1,686,690원으로서 감정비용 및 송달료 상당액인데, 원고의 소장을 살펴보더라도 이 금

액이 정확히 특정되어 있지 않고 원고가 소외 A에게 지급한 금액 전부를 함께 청구하고 있는바, 법률 전문가가 아니고서는 책임을 인정할 수 있는 명확한 범위가 무엇인지 판단이 어렵습니다. 이러한 상황에서 어디까지가 재판을 거치지 않고서도 당연히 책임이 인정되는 손해액인지 공무원 개인이 이를 책임지도록 작위 의무를 부여할 수는 없습니다.

⑤ 공무원이 자신의 과실 및 손해 여부를 자의적으로 판단하여 손해액을 배상하는 것은 오히려 추후에 더 큰 문제를 만들 여지가 다분합니다. 즉, 앞서 살핀 바와 같이 공무원 개인이 사인에게 직접 배상책임을 지는 경우는 실무에서도 극히 예외적으로 인정되고 있는데다(대법원 2003. 12. 26. 선고 2003다13307 판결 등), 그 절차에 있어서도 검찰청의 구상권 행사 지휘 및 이에 따른 소 제기 등 각종 법규에 규정된 대로 처리하고 있습니다. 그럼에도 이러한 절차를 거치지 않고 담당 공무원의 단독 판단으로 민원인에게 금전을 지급하게 된다면 이러한 절차를 모두 무시하고 자신의 중과실을 자인하도록 강요하는 결과가 되는 것인데, 추후 공무원의 중과실이 부정된다면, 이 사건 담당 공무원은 변제할 의무가 없음에도 원고에게 금전을 지급한 것이 되어 국가를 상대로 다시 소송을 제기해야 하는 절차상의 난점이 있습니다.

⑥ 이러한 태도가 자력구제를 최소화하고 법적 권리가 보장된 절차를 통해 분쟁을 해결하고자 하는 근대적 법체계 이념과도 부합하지 않음은 물론입니다.

결국 위와 같은 사정을 종합하였을 때, 공무원이 직무집행 상 과실을 범하였다 하더라도 곧바로 임의변제를 하지 않고 국가배상 절차를 안내한 것은 국가배상법의 구조 및 관련 법리에 비추어 불합리한 것이었을 뿐이고, 이를 '특별한 사정'에 해당한다고 볼 수는 없습니다.

(6) 결어

집행법원 공무원이 과실을 범하였고, 이로 인해 원고에게 손해가 발생한 것은 사실입니다. 국민의 권익을 보호해야 하는 국가기관으로서 그 책무를 다하지 못한 것 역시 사실입니다. 그러나 그렇다고 하여 피고에게 원고가 입은 손해를 초과하는 금원을 배상하도록 하는 것은 손해배상책임의 근본 원리에 부합하지 않습니다. 법원의 판결은 원피고 간의 문제뿐만 아니라 소송에 직접 당사자로는 참여하지 않은 관계인들이 입게 될 법률관계 및 선례로서의 사회적 파장까지 모두 고려해야 합니다. 이 사건이 그대로 확정된다면 이 사건 담당 공무원의 신분 및 처우에서부터, 추후 사법부 공무원들의 민원인 대응 매뉴얼 작성에 이르기까지 크고 작은 영향을 미칠 것입니다. 이러한 점을 두루 고려하시어 피고의 항소를 인용하여 주시기 바랍니다.

2. 경매가 취하되면 사법보좌관은 경매개시등기 말소를 촉탁하야야 하는데 집행비용 미납을 이유로 말소 촉탁 하지 않아 손해를 보았다는 소송

가. 피고의 손해배상(경매) 준비서면

(1) 원고 주장의 요지

원고는 민사집행법 제141조, 동 규칙 제77조 등의 해석상 경매신청이 취하된 경우 사법보좌관 등은 채권자의 집행비용 납부 여부와 무관하게 등기말소 촉탁을 해야 함에도 이를 지체한 것은 국가배상법상 과실에 해당한다고 주장합니다. 또한 자신 소유의 이 사건 부동산에 관한 강제경매신청이 취하되었음에도 등기개시결정기입등기가 말소되지 않아 소유자로서 부동산을 사용·수익하기 어려웠다는 이유로 위 등기가 기재되어 있던 기간 동안의 임대료 상당액이 국가배상법상 손해로 인정되어야 한다고 주장합니다.

(2) 담당 공무원의 과실 여부

(가) 법원사무관 등의 처분에 대한 이의절차의 존재

재판에 대하여 따로 불복절차 또는 시정절차가 마련되어 있는 경우에는 재판의 결과로 불이익 또는 손해를 입었다고 여기는 사람은 그 절차에 따라 자신의 권리 또는 이익을 회복하도록 함이 법이 예정하는 바인데(대법원 2003. 7. 11. 선고 99다24218 판결 등), 경매신청이 적법하게 취하되었음에도 법원사무관 등이 그에 따른 후속조치로서의 경매개시결정등기의 말소촉탁을 거절하는 경우 민사소송법 제223조를 준용하여 법원사무관 등의 처분에 대한 이의를 제기할 수 있다는 것이 대법원의 확립된 견해입니다(대법원 2013. 5. 6. 자 2013마325 결정, 대법원 2009. 10. 16.자 2009그90 결정, 대법원 2000. 3. 24. 선고 99다27149 판결 등).

그렇다면 원고로서는 불복에 의한 시정을 구할 수 없었던 것 자체가 공무원의 귀책사유로 인한 것이라거나 그와 같은 시정을 구할 수 없었던 부득이한 사정이 있었다는 등의 특별한 사정을 입증해야만 국가배상에 의한 권리구제를 받을 수 있을 것입니다. 그런데 원고는 이 사건 항소심에 이르기까지 이러한 사정에 대해 전혀 주장·증명한 바가 없고, 오히려 자신이 이의신청 절차를 거칠 수 있었다는 사정을 자인하고 있으며(갑 제12호증), 실제로 이 사건 등기는 원고의 이의신청이 있은지 약 한달 후 말소되었다는 사실만을 확인할 수 있으므로(갑 제13호증) 국가배상청구의 요건을 전혀 갖추지 못하였음을 확인할 수 있습니다.

(나) 해석이 귀일되어 있지 않은 경우에 해당

어떠한 처분이 후에 위법한 것으로 밝혀졌다 할지라도 곧바로 공무원의 고의 또는 과실로 인한 것으로서 불법행위를 구성한다고 단정할 수는 없는 것이고, 담당공무원이 보통 일반의 공무원을 표준으로 하여 볼 때 객관적 주의의무를 결하여 그 행정처분이 객관적 정당성을 상실하였다고 인정될 정도에 이른 경우에 국가배상법 제2조 소정의 국가배상책임의 요건을 충족하였다고 봄이 상당할 것이며, 이 때 객관적 정당성을 상실하였는지 여부는 피침해이익의 종류 및 성질, 침해행위가 되는 처분의 태양 및 그 원인, 처분의 발동에 대한 피해자측의 관여의 유무, 정도 및 손해의 정도 등 제반 사정을 종합하여 손해의 전보책임을 국가에 부담시켜야 할 실질적인 이유가 있는지 여부에 의하여 판단하여야 할 것입니다(대법원 2003. 12. 11. 선고 2001다65236 판결). 또한법령에 대한 해석이 복잡 미묘하여 워낙 어렵고 이에 대한 학설, 판례조차 귀일되어 있지 않은 경우 가사 그 결론에 있어 최종적 해석과 다른 결론이 나왔다고 하여 공무원에게 과실이 있다고 할 수는 없습니다(대법원 1996. 11. 15. 선고 96다30540 판결).

그런데 민사집행법 제141조, 동 규칙 제77조 등은 경매신청이 취하된 경우 법원사무관 등이 등기말소촉탁을 해야 한다는 점, 말소등기의 촉탁에 관한 비용은 경매를 신청한 채권자가 부담한다는 점에 대해서만 다루고 있을 뿐 이 사건과 같이 채권자가 경매신청을 취하하였으나 감정료 등 경매비용을 납부하지 않아 그 절차가 완전히 종료된 것인지 의문이 있는 경우에 대해서는 이를 정면으로 다룬 명백한 예규, 판례가 없고, 실무제요 등에서도 그 내용을 찾기 힘든 상황입니다.

특히, 경매비용 등은 채권자가 부담하도록 되어 있음에도 비용이 완납되지 않은 상태에서 채권자의 의사만으로 경매절차가 일률적으로 마쳐진다고 해석하게 되면, 채권자가 경매비용 납부 의무를 해태하기 위해 경매신청 취하를 부당히 사용할 우려가 발생할 수 있습니다. 경매신청의 취하는 반드시 서면으로 할 필요가 없고 구술로도 할 수 있는 것인데, 이러한 의사표시만으로 곧바로 경매가 완전히 종결된다고 보게 되면 집행비용을 사실상 신청인에게 부담시키기 어려운 경우가 있기 때문입니다. 물론 채권자가 경매 취하 의사를 명확히 밝혀 경매개시결정기입등기의 기재가 필요 없어지는 경우에는 최대한 빨리 이를 말소하도록 촉탁하는 것이 바람직한 경우가 존재할 수는 있을 것이나, 중립적 지위에서 절차의 중단 여부를 판단해야 하는 사법보좌관 등으로서는 어느 한 쪽의 입장만을 반드시 따를 수는 없었던 것입니다.

집행법원의 사법보좌관 등은 이러한 상황에서 제반 사정을 참작하여 이 사건 경매의 경우 경매신청이 아직 완전히 종결되지 않았다고 해석하여 촉탁을 하지 않게 되었습니다. 그렇다면 설사 나중에 그 결정이 이의절차 등을 통하여 번복되었다 하더라도, 이를 곧바로 공무원으로서의 통상 갖추어야 할 주의의무를 게을리 하였다고 할 수 없고 공무원의 과실이라거나 불법행위로 볼 수는 없습니다.

(3) 손해 발생 여부 및 인과관계 존부

(가) 사용·수익이 불가능 했던 사정에 관한 증명책임의 소재

부동산에 대하여 경매개시결정기입등기가 이루어져 있다고 하더라도 원고의 소유권에 대해서는 아무런 변동이 없습니다. 그렇다면 다른 특별한 사정이 없는 한 위와 같은 등기는 부동산을 임대함에 있어서 법률상의 장애가 되는 것은 전혀 아니라 할 것입니다. 다만 경매와 관련한 등기가 등기부에 기재되어 있어 부동산을 임차하려는 자로서는 그 부동산에 대한 임차권을 완전하게 취득하지 못하게 될 위험을 고려하여 그 부동산의 임차를 꺼리게 됨으로써, 결과적으로 타인 명의로 소유권이전등기가 되어 있다는 사정은 그 부동산을 임대함에 있어 사실상의 장애가 될 소지는 있는 것이 사실입니다.

따라서 소유자가 당해 부동산에 대한 임대를 계획하고 또 시도하였으나 임대하지 못하였고, 그와 같이 부동산을 임대하지 못한 것이 원인무효의 소유권이전등기로 인하였을 것이라는 점이 증명되는 경우에만 그 원인무효의 소유권이전등기와 해당 부동산의 임대지연 사이에 상당인과관계가 있다고 할 것입니다(대법원 2014. 7. 24. 선고 2014다200305 판결, 2007. 11. 15. 선고 2005다34919 판결 등 참조).

(나) 이 사건의 경우

그러나 원고는 위와 같은 사정을 전혀 증명하지 못하고 있습니다. 오히려 원고가 2014. ○. ○○. 제출한 사실확인서를 살펴보면, 강제경매 집행정지 판결의 존재, 경매신청자로부터 경매 취하 내용의 서류를 받았다는 사실 등을 임차인에게 적절하게 설명하였으면 임대가 가능했다는 사정만을 확인할 수 있을 뿐입니다. 즉, 원고는 위 증거를 통하여 2000. 0. 0.자로 자신이 임대차계약을 체결했다는 사실을 자인하고 있는데, 이는 원고가 사법보좌관 처분에 대한 이의신청을 한 2000. 0. 0.경 보다 약 2개월 전인 것이고, 이 사건 등기가 말소된 2000. 0. 0.경 보다는 약 3개월 전인 것이어서 이 사건 등기의 존부와 임대차 사이에는 국가배상책임에서 의미하는 손해 또는 상당인과관계가 전혀 존재하지 않는다는 사정을 알 수 있는 것입니다.

(4) 결어

위와 같이 원고의 청구는 국가배상청구의 요건을 갖추지 못하였으므로 기각되어야 할 것인바, 이와 같은 판시의 1심의 결론은 정당합니다. 막연히 일방적 사정만으로 원심을 비난하는 원고의 항소는 이유 없으므로 이를 기각하여 주시기 바랍니다.

3. 원고가 강제경매를 신청하였는데 사법보좌관이 경매개시등기 촉탁을 누락하여 손해를 보았다는 소송

가. 피고의 손해배상(경매) 답변서

(1) 청구취지에 대한 답변

1. 원고의 청구를 기각한다.

2. 소송비용은 원고가 부담한다.
라는 판결을 구합니다.

(2) 청구원인에 대한 답변

　　(가) 원고 주장의 요지

　망 A의 상속인인 원고들과 소외 B, C는 상속재산에 대해 무단히 소유권이전등기를 경료하여 수용보상금을 수령한 소외 D를 상대로 손해배상청구를 하여 승소하였습니다(수원지방법원 성남지원 2010가합○○○○○ 및 서울고등법원 2012나○○○○○ 사건). 원고들은 2012. 4. 27. 성남지원 2010가합○○○○ 판결의 가집행 주문에 따라 수원지방법원 성남지원 2012타경○○○○ 부동산강제경매신청(이하 '이 사건 강제경매'라 약칭)을 하였는데, 원고들이 신청한 부동산 중 성남시 수정구 ○○동 ○○○-○ 전 00㎡(이하 '이 사건 토지'라 약칭)에 대한 경매개시결정이 누락되었습니다. 위 D은 경매개시결정 후 이 사건 토지에 대해 저당권을 설정하고 소유권이전등기를 경료하였는바, 원고들은 이로 인해 공무원의 과실로 자신들에게 손해가 발생하였다고 주장하며 이 사건 손해배상청구를 하고 있습니다.

　　(나) 공무원의 과실 여부

1) 재판절차와 국가배상책임의 성부

　대법원 2001. 4. 24. 선고 2000다16114 판결 등은 법관의 재판과 국가배상책임의 관계에 관하여 "법관이 행하는 재판사무의 특수성과 그 재판과정의 잘못에 대하여는 따로 불복절차에 의하여 시정될 수 있는 제도적 장치가 마련되어 있는 점 등에 비추어 보면, 법관의 재판에 법령의 규정에 따르지 아니한 잘못이 있다고 하더라도 이로써 바로 그 재판상 직무행위가 국가배상법 제2조 제1항에서 말하는 위법한 행위로 되어 국가의 손해배상책임이 발생하는 것이 아니고, 그 국가배상책임이 인정되려면 당해 법관이 위법 또는 부당한 목적을 가지고 재판을 하는 등 법관이 그에게 부여된 권한의 취지에 명백히 어긋나게 이를 행사하였다고 인정할 만한 특별한 사정이 있어야 한다."고 판시하여 원칙적으로 그 성립을 부정하고 있습니다.

또한 사법보좌관은 법원조직법 제54조 제2항 및 사법보좌관규칙 제2조에 의하여 법원의 사무 중 일부를 독립하여 처리하고 있는바, 사법보좌관이 위 규정에 근거하여 재판사무를 행하는 경우에도 그 재판과정의 잘못에 대하여 따로 불복절차가 마련되어 있는 경우에는 법관의 경우와 마찬가지로 보아야 할 것입니다. 즉, 당해 사법보좌관이 위법 또는 부당한 목적을 가지고 재판사무를 처리하는 등 그에게 부여된 권한의 취지에 명백하게 어긋나게 이를 행사하였다고 인정할 만한 특별한 사정이 없는 한 그 직무행위가 국가배상법 제2조 제1항에서 말하는 위법한 행위에 해당된다고 할 수 없습니다(수원지방법원 2010. 11. 9. 선고 2010나21044 판결, 서울중앙지방법원 2012. 4. 24. 선고 2011가단365513 판결도 같은 취지입니다).

원고는 피고 소속 사법보좌관의 경매개시결정에 대한 위법성을 다투고 있습니다. 따라서 이 사건 사법보좌관의 과실이 인정되는지 여부의 주된 쟁점은 위 판례의 취지에 비추어, ① 재판절차의 잘못에 대하여 따로 불복절차가 마련되어 있는지 여부, ② 원고가 이러한 불복절차를 거쳐 위법성을 시정할 수 있었는지 여부, ③ 사법보좌관이 그에게 부여된 권한의 취지에 명백하게 어긋나게 이를 행사하였는지 여부라 할 것입니다.

2) 이 사건의 경우

「민사집행법」 제83조 제5항은 "강제경매신청을 기각하거나 각하하는 재판에 대하여는 즉시항고를 할 수 있다"고 규정하여 강제경매신청에 대한 이의제기가 가능함을 명문으로 규정하고 있습니다. 또한 이 사건 강제경매의 사건검색기록을 살펴보면, 2012. ○. ○. 채권자대리인 E에게 경매개시결정정본이 발송되고 같은 달 3.경 도달한 사실을 확인할 수 있습니다(을제1호증).

그런데 원고는 소외 D가 2000. 0. 0.부터 같은 해 0. 0.까지 이 사건 토지에 근저당권을 설정하고 소유권이전등기를 경료하여 원고들의 채권회수가 방해되었다고 주장하고 있습니다. 또한 D가 경매개시결정을 수령한 시점은 2000. 0. 0.경입니다. 즉, 이 사건 강제경매에서 개시결정이 누락되었다는 사실을 D가 알게 된 시점 및 D가 이를 악용하여 근저당권 등을 설정한 시점은 이미 원고들에게 통지가 완료된 이후입니다.

그렇다면 원고들은 이 사건 경매결정정본을 송달받았을 당시 법에서 정하고 있는 불복절차를 거쳐 위법성을 치유할 수 있었음에도 이러한 절차를 거치지 않았는바, 설사 사법보좌관의 결정에 법령의 규정에 따르지 아니한 잘못이 있다고 하더라도 사법보좌관이 그에게 부여된 권한의 취지에 명백하게 어긋나게 이를 행사하였다고 볼 사정이 전혀 없는 이 사건에서, 이러한 직무행위가 곧바로 국가배상법 제2조 제1항에서 말하는 위법한 행위로 되어 국가의 손해배상책임이 발생하는 것이라고 볼 수는 없습니다.

(다). 손해발생 여부

1). 법원 공무원의 과실과 손해발생 여부

대법원 2003. 4. 8. 선고 2000다53038 판결 등은 이 사건과 유사하게 법원 공무원의 과실이 문제된 사안에서 "집행법원의 과실로 채권가압류결정정본이 제3채무자에게 송달되지 아니하여 가압류의 효력이 생기지 아니하였다고 하더라도, 그 사실을 안 가압류채권자로서는 피보전채권으로 채무자의 다른 재산에 대하여 강제집행을 함으로써 채권의 만족을 얻을 수 있는 것이므로, 집행법원의 위와 같은 잘못으로 말미암아 채무자에 대한 채권추심이 곤란해졌다는 등의 특별한 사정이 없는 한 가압류채권자로서는 채권가압류결정정본이 제3채무자에게 송달되지 아니하였다는 사유만으로는 가압류의 효력이 생기지 아니한 채권액 상당의 손해가 현실적으로 발생하였다고 할 수 없고, 그러한 손해가 현실적으로 발생하였다는 점에 대하여는 피해자인 가압류채권자가 이를 증명하여야 한다."고 판시하여 곧바로 손해를 인정할 수 없고 특별한 사정이 존재하여야 하며, 특히 이러한 사정의 증명책임을 원고에게 부담시키고 있습니다.

2). 이 사건의 경우

그런데 원고들은 단지 이 사건 토지가 경매에서 누락되었다는 사실만을 주장하고 있을 뿐, 손해가 현실적으로 발생하였다는 근거에 대해 전혀 밝히지 않고 있습니다. 또한 원고들은 이 사건 토지에 대해 가처분 등의 절차를 전혀 거치지 않은 것으로 보이는바 손해액 산정에 있어 이러한 사정 역시 참작되어야 할 것입니다.

3). 결어

위와 같이 피고 소속 사법보좌관의 과실은 인정될 수 없으며, 설사 과실이 있다고 하더라도 원고들의 손해가 발생하지 아니하였거나 인과관계가 없어 원고의 청구는 이유 없으므로 원고의 청구를 기각하여 주시기 바랍니다.

4. 의사진술을 명하는 동시이행 집행권원은 의사표시를 하는 것이 반대급부와 상환에 걸려있는 때에는, 반대급부의 이행 또는 그 이행을 제공하고 재판장 명령에 의한 집행문을 받아 이전등기를 해야 되는데 이러한 요건을 갖추지 않았는데도 집행문이 잘못 발급되어 이전등기가 이루어져 손해를 입었다는 소송

가. 피고가 제출한 손해배상(집행문) 상고이유서

(1) 머리말

이 사건의 쟁점은 불법행위의 요건 중 '인과관계 및 손해 발생'에 대한 것입니다. 불법행위가 인정되기 위해서는 피해자가 현실적으로 발생된 손해와 그 액수를 증명하여야 하고, 이러한 증명이 없으면 손해배상책임이 발생하지 않는다는 것이 기존 판례의 확고한 태도입니다. 또한 이러한 재산상 불이익은 가해자의 불법행위로 인하여 발생한 것이어야 함은 물론입니다. 그런데 아래에서 살펴볼 바와 같이 원심은, 원고가 이 사건 부동산을 제대로 사용하지 못한 것이 전적으로 원고의 선택에 따른 결과였음에도 공무원의 과실과 인과관계를 인정하였으며, 피해자가 정확한 손해액을 특정하는데 실패하였음에도 손해배상책임을 인정하고 있습니다. 이는 선례에서 요구하던 증명책임의 정도를 완화하거나 인과관계의 법리를 오해한 것으로서 기존 판례의 흐름과 부합하지 않음이 명백합니다

(2) 사안의 개요

(가) 이 사건의 제1심이었던 서울중앙지방법원 2013. 1. 23. 선고 2012가합○○○○ 판결(이하 '제1심'이라 약칭) 및 항소심인 서울고등법원 2013. 12. 12. 선고 2013나○○○○ 판결(이하 '원심'이라 약칭)에서 인정된 사실관계는 아래와 같습니다.

(나) 재산분할로 제1심 공동피고 A에게 성남시 분당구 ○○동 ○○○ 대 698.3㎡ 중 2/5지분(이하 'A 지분'이라 약칭)을 이전해준 원고가 A와의 공유물분할청구소송에서 위 토지의 원고 소유 나머지 지분(이하 '이 사건 지분'이라 약칭)의 매매대금을 지급받음과 동시에 이 사건 지분의 소유권이전등기를 경료해주는 내용의 강제조정결정을 받아 확정되었습니다.

(다) 피고 소속 공무원이 원고가 A로부터 위 매매대금을 지급받지 않았고 재판장의 명령이 없었음에도 A에게 집행문을 부여해주어 A가 임의로 위 지분을 이전한 후 제3자 명의의 소유권이전등기청구권가등기 및 이전등기가 경료되었습니다.

(라) 이에 원고는 위 등기말소시까지 이 사건 지분을 사용·수익하지 못하는 손해를 입었다고 주장하면서, 피고를 상대로 이 사건 지분이 A 명의로 이전된 이후부터 등기말소청구소송이 확정될 때까지의 기간 동안 위 지분에 대한 임료 상당의 손해배상을 구하고 있습니다.

(3) 제1심 및 원심판결의 요지(생략)

1) 1심 판결의 요지
2) 원심 판결의 요지
3) 소결

위와 같은 원심의 판결 이유 중 상고 이유가 되는 것은 '2. 가. 손해배상책임의 발생' 중 '2) 및 3)'항과 '나. 손해배상의 범위' 중 '1) 내지 3)'항 부분인바, 아래에서 그 부당성에 대해 논하겠습니다.

(4) 상고이유 1점 (손해 발생 여부의 법리오해)

(가) 손해배상책임에서 의미하는 손해 및 인과관계의 의미

불법행위에서 의미하는 재산상 손해액은 위법한 가해행위로 인하여 발생한 재산상 불이익, 즉 그 위법행위가 없었더라면 존재하였을 재산상태와 그 위법행위가 가해진 현재의 재산상태의 차이를 의미하는 것입니다(대법원 1992. 6. 23. 선고 91다33070 전원합의체 판결). 또한 설사 손해가 발생하였다 하더라도 그러한 손해가 가해자의 행위로 인해 발생한 것이 아니라면 인과관계가 인정되지 않아 불법행위가 성립하지 않습니다.

(나) 원심의 태도

원심은 판결이유 '2. 가. 2) 손해의 발생 여부, 나) 판단' 및 '2. 가. 3) 인과관계 유무, 나) 판단'에서 원고가 이 사건 지분을 제대로 사용·수익하지 못한 것을 손해배상책임에서 의미하는 손해로 판단한 후 공무원의 과실과 인과관계가 있다고 보았습니다.

(다) 원심 판결의 부당성

그러나 원고가 이 사건 부동산을 사용하지 않은 것은 전적으로 원고의 선택에 따른 결과였습니다. 즉, 원고와 A 간의 채무관계는 동시이행관계였는데, 원고는 이 사건 손해 발생이 문제된 20090 0. 0.보다 훨씬 이전인 2000. 0. 0.경부터 이 사건 토지 지분 이전에 필요한 서류를 법무사에게 보관토록 하고, 그 사본을 제공하면서 매매대금을 지급할 것을 최고하는 등 변제 제공을 했습니다.

원고는 변제제공을 한 대가로 A에게 막대한 이자를 부담케 하였고, 실제로도 A의 매매대금 지급의무 불이행을 이유로 강제경매를 진행하여 2000. 0. 0.경 00지방법원 00지원 2009타경○○○○○호 경매절차에서 지연이자금 중 일부인 1,362,560,671원을 배당받아 이를 수령하였습니다. 또한 이 사건 소장에서 역시 강제조정 결정에 따른 이행 제공을 다 했다는 사실을 자인하고 있습니다.

그런데 변제의 제공은 '채무내용에 좇은' 것이어야 합니다(민법 제460조). 또한 채무내용에 좇은 변제제공이라고 할 수 있기 위해서는 일부 제공으로는 부족하고 완전한 급부의 제공이 있어야 하며, 특정물의 매매에 있어서 지연이자를 청구한다는 것은 목적물의 인도 의무를 다 하였다는 의미입니다(대법원 1981. 5. 26. 선고 80다211 판결). 따라서 원고의 주장에 따른다면 원고 자신은 2000. 0. 0.경부터 이 사건 대지를 사용·수익하지 않았거나, 적어도 A의 이행제공에 언제든지 협력할 수 있도록 철거 가능한 최소한의 시설만을 설치하고 있었던 것입니다.

그렇다면 위 기간 중 원고가 이 사건 부동산을 사용하지 않았거나 최소한의 사용만을 한 것은 자신의 책임 하에 변제제공을 하였기 때문인 것이지, 피고 공무원의 과실로 인한 것이 아니었습니다. 원심은 이러한 피고의 주장에 대하여 인과관계 부분에서 판단은 하지 않았으나, 판결이유 '2. 나. 3) 원고가 지연손해금 채권을 배당받음으로 인하여 손해가 없게 되는 것인지 여부'에서 간접적으로 판단한 바 있습니다. 그런데 동시이행관계에 있는 채권에 있어 변제제공을 다 하지 않고 토지를 사용·수익할 수 있는 권리가 있다는 사실과, 원고가 실제로 이러한 권리를 행사하였는지는 전혀 별개의 것입니다. 즉, 지연손해금을 청구할 것인지, 변제제공하지 않고 토지를 계속 사용·수익할 것인지는 개인이 선택할 수 있는 문제이고, 원고는 관련 배당 절차에서 전자를 택하였음을 공공기관에 분명히 표시하였습니다. 이러한 사실은 제반 사정에 비추어도 명백한바, 자신이 지급받은 10억 원이 넘는 배당금을 부당이득으로 반환하면서까지 이에 비하여 훨씬 소액인 이 사건 지분의 사용·수익권을 행사하려는 자는 상정하기 어려울 것입니다.

원고가 제출한 이 사건 소장 역시 자신이 A에게 이행제공을 다 하였다는 사실을 진술하고 있다는 점에 비추어 원고는 위 배당 당시부터 현재까지 변제제공을 철회한 적이 없다는 점을 분명히 하고 있는 것으로 보입니다. 즉, 이 사건에서 원고는 A에게 변제 제공 사실을 통보했을 뿐 아니라, 집행법원에는 자신이 변제제공을 하였다고 주장하여 A를 이행지체에 빠뜨려 고액의 이율에 따른 지연이자를 배당받았고, 이러한 진술은 이 사건 소장에 이르기까지 변함이 없이 일관됩니다.

이러한 상황에서 원고가 자신이 변제제공을 하지 않았단 점을 전제로, 이 사건 지분을 사용·수익할 생각이었는데 이를 하지 못하였다며 손해배상청구를 하는 것은 부당합니다. 그럼에도 원심은 소 제기 전 원고의 일련의 행동을 간과한 채, 그동안의 진술과 모순되는 원고의 청구를 이미 배당절차가 종료된 A의 다른 채권자들에 대한 부당이득이 된다고만 판시하였습니다.

그러나 이미 종료된 배당절차에 있어 A의 다른 채권자들이 원고에게 부당이득반환청구를 할 가능성은 실질적으로 존재하지 않습니다. 따라서 원고가 집행법원에 이행제공을 했다고 주장한 것을 위법으로 볼 것이 아니라, 원고가 이행제공을 하고 있음에도 사용·수익권까지 중복으로 청구하고 있는 이 사건 청구를 이유 없다고 보는 것이 법률관계에 있어서도 훨씬 간명하고 합리적입니다. 하지만 원심은 원고가 국가기관에 대해 명확하게 표시한 위와 같은 의사를 분명한 근거 설시 없이 번복되었다고 보았습니다.

(라) 소결

손해배상청구에서 시가 상당액을 배상해주는 취지는, 토지 사용이 가능했으나 불법행위로 불가능해진 경우를 전제로 사용·수익이 가능했다면 얻을 수 있었던 예상액을 합리적 기준에 따라 배상하려는 것입니다. 그러나 이 사건과 같이 본인의 의사에 따라 토지를 사용하지 않기로 하고 이러한 태도를 철회한 적 없는 자가 손해배상을 청구하는 경우에는 위와 같은 배상액 기준 자체가 논의될 수 없습니다. 특히 원고는 이러한 주장을 위해 같은 사안에 대해 집행법원과 수소법원에 정반대의 진술을 하고 있습니다. 그럼에도 원심은 원고의 모순되는 진술을 단순히 기존 배당이 잘못된 것이라고만 보아 결과적으로 원고에게 이중의 이득을 얻게 하는 결과가 초래되었습니다. 이러한 상황이 손해배상의 기본 취지에 부합하지 않음은 명백합니다.

(5) 상고이유 2점 (불법행위 증명책임의 법리오해 또는 심리미진)

(가) 불법행위의 증명책임에 대한 판례의 태도

불법행위로 인한 손해배상청구권은 현실적으로 손해가 발생한 때에 성립하는 것이고(대법원 1992. 11. 27. 선고 92다29948 판결), 법원 공무원의 과실이 인정되었다 하더라도 원고가 채무자의 다른 재산에 대하여 강제집행을 하는 등 채권의 만족을 얻을 수 있는 사정이 있었다면, 특별한 사정이 없는 한 곧바로 손해가 현실적으로 발생하였다고 할 수 없다는 것이 판례의 태도입니다(대법원 2003. 4. 8. 선고 2000다53038 판결).

(나) 원심의 태도

원심은 판결이유 '2. 나. 2) 원고가 이 사건 토지를 사실상 사용·수익해 왔는지 여부'에서 원고가 손해가 발생하였다고 주장하는 기간 동안에도 이 사건 토지를 A에게 인도하지 않은 채 사실상 주차장으로 이용한 사실을 인정하였음에도, 이를 손해배상액 산정의 문제로 보지는 않고 단지 책임 제한 사유로 고려하였습니다.

(다) 원심 판결의 부당성

이 사건에서 원고는 무효의 등기가 경료됨에 따라 사용·수익하지 못한 금액 상당을 청구하고 있으면서도, 배당을 통해 자신의 채권 상당액을 회수하였으며 이 사건 토지를 자신의 친척에게 임대하여 주차장으로 사용함에 따른 수익을 얻었는바, 이는 자신이 직접 채권의 만족을 얻은 것이라고 할 것이고 원고의 이러한 행위에 불구하고 아직 더 배상할 손해가 남아있다는 점에 대해서는 원고가 증명하여야 합니다.

따라서 원고는 이 사건 부동산을 주차장으로 사용함에 따라 얻은 구체적 수익액 및 본래 이 사건 대지를 임대해주었을 때 얻은 수익액 등을 모두 증명하고 그 차이가 얼마나 생겼는지, 배당에 불구하고 아직도 부족한 금액은 얼마인지 등에 대하여 특정했어야 했는데, 원심은 원고가 이러한 자료를 전혀 제출하지 못하였음에 불구하고 만연히 원고의 손해액 전부를 인정하였으므로 손해산정 방법 및 증명책임의 법리를 오해한 위법이 있습니다.

　　(라) 소결

원고는 이 사건 손해를 통해 자신에게 얼마만큼의 재산상 손해가 발생하였는지 그 금액을 제대로 특정하지 못하고 있습니다. 사용·수익을 못했다고 주장한 기간 동안 자신이 이 사건 대지를 사용하였음이 명백하게 밝혀졌음에도 막연히 시가 상당액 전부만을 청구하고 있을 따름입니다. 이러한 사안의 경우 손해액의 증명이 없어 원고의 청구를 기각했어야 했을 것임에도, 원심은 그 심리를 다 하지 않고 만연히 불법행위책임을 인정한 위법이 있습니다.

　　(마) 결론

원고는 관련 사건의 배당절차에 참여하여 이 사건 지분을 사용·수익하지 않았다는 것을 전제로 지연이자를 배당받은 바 있습니다. 그 액수는 약 13억 원으로서 이 사건 청구 금액의 수배에 이르는 금액입니다. 한편, 원고는 이 사건에서 자신의 지분을 사용하지 못한 것은 전적으로 국가의 탓이라며 시가 상당액에 따른 배상을 구하고 있습니다. 이는 모순되는 진술입니다. 원고는 하나의 사실관계를 집행법원과 수소법원에 각 다르게 주장하여 최대한의 금전적 이득을 얻으려 하고 있습니다. 원심은 이러한 원고의 진술이 모순된다는 사실을 인정하였음에도 손해가 발생하였고 인과관계가 성립한다고 판시하였습니다. 그러나 신의칙에 반하는 주장을 법원이 받아들일 수는 없습니다. 이 사건 원고와 같이 사건의 유형에 따라 사실관계를 조작할 수 있게 허용한다면, 이는 손해배상책임의 기본 법리에 부합하지 않을 뿐 아니라 법치주의 이념에도 어긋나는 결과를 초래할 것입니다.

5. 법원에서 법인에 대한 송달을 잘못하여 손해를 입었다는 소송

가. 피고가 제출한 항소심 손해배상(집행) 준비서면

(1) 사실관계가 증명되었는지 여부

공동불법행위가 성립하려면 객관적으로 보아 행위자 각자의 고의 또는 과실에 기한 행위가 공동으로 행하여져 피해자에 대한 권리침해 및 손해 발생에 공통의 원인이 되었다고 인정되는 경우라야 할 것이므로, 공동불법행위를 이유로 손해배상책임을 인정하기 위하여는 먼저 행위자 각자의 고의 또는 과실에 기한 행위가 공동으로 행하여졌다는 점이 밝혀져야 합니다(대법원 2008. 4. 24. 선고 2007다44774 판결 등).

이 사건에 있어 원고는 소외 A의 고의에 의한 불법행위에 피고의 과실이 경합하여 공동불법행위가 성립한다고 주장하고 있습니다. 그렇다면 피고의 불법행위를 인정하기 위해서는 그 전제 대상인 A의 것이 우선적으로 인정되어야 합니다. 그런데 원고는 A가 송달절차에서 법원을 기망하였다는 주장을 하고 있음에도 A가 B에게 송달받지 못하게 하기 위한 목적으로 고의를 가지고 허위주소를 기입한 것인지 여부, 허위주소로 송달한 사실이 탄로 날 것에 대비해 이사불명을 사유로 송달을 받지 않은 것인지 여부, A의 동생인 C가 D를 사주하여 송달문서를 빼돌렸는지, A와 C는 서로 공모의 관계에 있었는지 여부 등에 대해 전혀 증명하지 못하고 있습니다.

특히, 2011. 6. 20. 결정되었음에도 원고가 항소심에 이르러서야 제출한 수원지방검찰청 2011년 형제○○○○○호 불기소 결정 역시 원고가 A, E

를 사기로 고소하였으나 각 혐의없음 처분을 받은 것에 불과합니다. 그 이유를 살펴보아도 고소인(원고)이 당시 약속어음을 직접 작성함에 있어 지급기일란에 '일람출급'이라고 직접 기재를 하였던 점, A는 이를 근거로 원고에게 전부신청을 하겠다고 말했다는 점, 원고가 이를 승낙했다는 점 등을 고려하여 A가 "즉시 법원에 채권추심 및 전부명령신청을 하여 공탁금을 수령한 행위만을 가지고 피의자가 고소인이나 법원을 기망하였다고 볼 근거가 없다"고 하고 있는 것인바, 사기 혐의가 인정되지 아니하여 기소도 되지 아니한 사건을 A의 불법행위에 대한 입증자료로 사용한다는 것은 납득이 가지 않습니다.

따라서 이 사건 공동불법행위의 전제에 해당하는 주된 가해자인 A 개인의 불법행위조차 완전히 증명되지 아니한 이 사건에서 피고에게 불법행위책임을 물을 수는 없고, 이를 전제로 하는 원고의 청구 역시 인정될 수 없습니다.

(2) 과실 인정 여부

(가) 담당 공무원이 송달 관련 규정을 위반한 것인지 여부

원고는 '송달사무처리의 효율화와 업무상 유의사항에 관한 예규'(재일 2003-9)에 따르면 법인에 대한 송달은 그 대표자의 주소지로 송달함이 원칙이라고 되어 있고, 법인의 주소지로 먼저 송달을 실시하였다가 송달불능 된 경우 법인의 대표자의 주소지로 송달을 실시하여야 한다고 되어 있다는 주장이나, 이는 원심에서 적법히 판시한 바와 같이 원칙적인 송달방법을 규정한 것에 불과하므로, 이 과정에서 채권자가 주소보정을 하였다면 그대로 적용된다 할 수 없습니다.

또한 원고는 대법원 1992. 2. 25. 선고 91다21176 판결 및 대법원 1997. 12. 9. 선고 97다31267 판결을 인용하며 법인인 소송당사자에게 소송행위

는 그 법인의 대표자에게 송달하는 것이 원칙이고, 법인의 영업소에 송달할 수도 있으나 그 경우 이사불명으로 송달불능 되었다면 대표자의 주소지로 소장 부본 등을 송달하여 보고 그 곳으로도 송달되지 않을 때에 주소 보정을 명하여야 한다는 주장이나, 위 판결은 모두 소송절차에서 문제된 것일 뿐이어서 이 사안에 적용될 수는 없습니다.

즉, 민사소송절차와 민사집행절차는 분리되는 것이고 전자는 심리의 공평·신중이 요청됨에 반하여 후자는 신속·확실한 실현과 채권자의 이익보호가 요청되는 등 그 특성 역시 현저히 달라 송달 규정 역시 그대로 적용될 수 없는 것인바, 예컨대 민사집행법 제255조는 이러한 취지를 반영하여 채무자가 있는 곳이 분명하지 아니한 때에는 통지하지 아니하도록 규정하고 있는 것입니다.

(나) 송달이 위법하다 하여 곧바로 과실을 인정할 수 있는지 여부

집행법원 직원의 송달 과정에서 어느 정도의 주의의무를 갖는지를 명백하게 규정한 판례는 없으나, 대량의 신청을 신속하게 처리하면서도 그 적법 여부를 검토해야 한다는 점에서 등기관과 유사한 지위에 있으므로 요구되는 주의의무의 정도 역시 비슷할 것으로 생각되며, 등기관의 과실 판단 기준에 대해 대법원 2005. 2. 25. 선고 2003다13048 판결 등은 "등기업무를 담당하는 평균적 등기관이 보통 갖추어야 할 통상의 주의의무만 기울였어도 제출 서면이 위조되었다는 것을 쉽게 알 수 있었음에도 이를 간과한 채 적법한 것으로 심사하여 등기신청을 각하하지 못한 경우에 그 과실을 인정할 수 있다"고 판시하여 제한적 태도를 취하고 있습니다(원심 역시 그 판시취지에 비추어 마찬가지로 본 듯 합니다).

또한 법령 해석에 여러 견해가 있어 관계 공무원이 그 나름대로 신중을 다하여 합리적인 근거를 찾아 그 중 어느 한 견해를 따라 직무를 집행하였으나 결과적으로 법령의 부당집행이 된 경우 이러한 경우에까지

공무원의 과실을 인정할 수는 없다는 것이 확고한 판례의 태도입니다(대법원 2010. 4. 29. 선고 2009다97925 판결, 대법원 2001. 3. 13. 선고 2000다20731 판결, 대법원 1999. 9. 17. 선고 96다53413 판결 등).

이 사건의 경우 위에서 살펴본 바와 같이 담당 공무원이 송달 업무를 처리함에 있어 '채권자에게 보정을 요구할 수 있는 경우'에 관해 직접적으로 적용될 수 있는 예규 및 선행 판례가 전혀 없었음을 알 수 있는바, 공무원은 이러한 사정에서 신속한 처리를 요구하는 집행절차의 특수성을 감안하고, 일반적인 업무 처리 방식에 맞추어 대표자의 주소지에 송달하지 않기로 판단한 것입니다. 그렇다면 가사 결과적으로 공무원의 송달이 위법하게 판단된다 하더라도 이를 곧바로 공무원의 과실로 보아 불법행위를 인정할 수는 없습니다.

이러한 경우 일률적으로 불법행위를 인정하면 예컨대, 원고가 제시한 대법원 1997. 12. 9. 선고 97다31267 판결은 원심이 법인에 대한 송달의 규정을 오해하여 파기·환송된 사건이었는데, 이러한 경우 법관 등에게 그 법리를 오해하였다는 이유로 손해배상책임을 물을 수 있다는 결론이 되어 부당함이 명백합니다. 마찬가지 취지에서 어떠한 행정처분이 후에 항고소송에서 취소되었다 하더라도 곧바로 공무원의 고의 또는 과실로 인한 것으로서 불법행위를 구성한다고 단정할 수는 없다는 것이 판례의 태도입니다(대법원 2000. 5. 12. 선고 99다70600 판결).

(3) 손해 발생 및 인과관계 여부

다수의 압류 및 채권양도가 있어 원고가 출급청구권을 행사할 수 있는 금액이 없다는 피고의 주장에 대해 원고는 원고의 채권이 제3자 등에게 양도, 전부되었던 것은 사실이나 최근 양도통지를 합의해제하는 등 받을 금액이 남아있어 현재는 공탁금 출급청구권이 있다고 주장하고 있습니다.

그런데 원고는 이 사건 공탁금출급청구권이 배당시점 부근에는 제3자에게 양도되고 전부명령 등이 경합되어 있어 남아있는 금액이 없었다는 사실을 자인하고 있으면서도, 이 사건 소송이 진행 중이던 2000. 0. 0.경에 이르러서야 양도 중 일부가 합의해제되었다는 주장을 하고 있는 것에 불과합니다. 위법행위가 있은 후 수년이 흐른 2000년에 있었던 해제를 '위법행위가 없었더라면 존재하였을 재산상태'라고 주장할 수는 없습니다.

즉, 원고는 부당이득반환청구나 공탁금 지급청구를 하는 것이 아니고 불법행위 손해배상청구를 하는 것이어서 그 청구액은 피고의 과실로 인해 발생한 손해에 한정된다 할 것인바, 원고의 주장은 배당의 송달 절차에 문제가 있었다는 주장에 불과하므로 설사 피고의 송달이 원고에게 도달하였다 하더라도 배당결정이 약간 늦춰지는 결과가 있었을 뿐이었다는 것임을 고려하면 2010. 10. 5. 내지 2011. 11. 7.에 있었던 압류 및 양도에 의해 모두 제3자가 배당받았을 것으로 보이고 그로부터 3년이 넘게 지난 후의 양도 해제를 손해액 산정의 근거로 할 수는 없습니다.

(4) 결어

원고는 ① A가 불법행위를 함에 있어, ② 피고 공무원의 과실이 경합하여, ③ A 등이 배당받은 금액을 손해로 주장하고 있습니다. 그러나 이 건은 ① 원고가 A를 사기로 고소하였으나 '피의자가 고소인이나 법원을 기망하였다고 볼 근거가 없다'는 이유로 불기소처분을 받았으며, ② 피고 공무원의 송달 역시 통상의 절차에 따른 것으로서 적법하고, 설사 사후적으로 적법하지 않다고 평가된다 하더라도 공무원에게 과실이 있다고 볼 수는 없으며, ③ A가 배당받은 금액이 곧바로 원고의 손해라고 볼 수도 없는 사건입니다. 원고의 항소를 기각하여 주시기 바랍니다.

6. 원고는 경매에 참여한 매수인인데 경매절차가 착오감정을 한 감정결과에 의한 경매절차였고 그로 인하여 원고가 청구취지와 같은 손해를 입었다고 주장

가. 소장

(1) 청구취지

(가) 피고는 원고에게 금 55,287,000원 및 이에 대하여 2010. 8. 18.부터 이 사건 소장부본 송달일까지는 연 5%의, 그 다음날부터 다 갚는 날까지는 연 20%의 비율에 의한 금원을 지급하라.
(나) 소송비용은 피고의 부담으로 한다.

(2) 청구원인

(가) 소외 000 소유이던 00도 00시 00동 646 전 0000㎡(이하 '이 사건 토지'라 한다)에 관하여, 피고 대한민국의 000지방법원은 2008. 7. 2.자 0000타경00000 결정으로 소외 000의 채권자 000농업협동조합의 신청을 받아들여 임의경매절차를 개시하였다(이하 '이 사건 경매절차'라 한다).
(나) 00감정평가법인 주식회사(이하 '감정평가법인'이라 한다)는 이 사건 경매절차에서 이 사건 토지의 시가에 관한 감정평가를 하였는데 2008. 8. 28. 작성한 감정평가서(이하 '이 사건 감정평가서'라 한다)에는 평가 대상 토지의 감정평가액이 274,950,000원으로, 평가 대상 토지의 현황이 '부정형의 토지로서 남동 하향의 완경사지를 이루고 있으며, 현황 묵전 상태'인 것으로 각 기재가 되어 있었다.
(다) 원고는 당시 전원주택 부지를 찾고 있던 중 이 사건 감정평가서에 기재된 토지의 현황을 보고 위 토지에 전원주택을 신축하면 좋을 것

같다는 판단하에 이 사건 토지를 매수하고자 결심하여 000지방법원에 2010. 7. 9. 이 사건 경매절차의 입찰기일에 최고가 167,100,000원으로 매수신고를 하였고 000지방법원이 2010. 7. 16.자로 원고에 대한 매각허가결정을 선고하자 원고는 2010. 8. 18. 매각대금 167,100,000원을 납부하고 이 사건 토지의 소유권을 취득하였다.

(라) 원고는 이 사건 토지에 대한 감정평가법인의 감정평가서에 의하여 이 사건 토지의 위치 및 현황을 파악할 수밖에 없었는데, 원고가 이 사건 토지에 대한 소유권이전등기를 경료하고 지적도의 등본을 발급받아 현황을 직접 조사를 해 본 결과, 이 사건 감정평가서의 토지현황의 설명 및 첨부사진은 이 사건 경매 목적물인 00동 000번지 토지가 아니라 000동 △△△번지 토지를 의미하는 것이었다. 실제 이 사건 토지의 위치는 남동측이 아니라 북서측이며 실제 현황은 묘 주위로서 잡초들이 무성한 곳으로 전원주택을 신축할 만한 곳이 전혀 아니었다.

(마) 원고는 감정평가법인의 이러한 잘못된 감정평가로 토지현황에 관한 착오를 일으켜 이 사건 토지를 매수하였다는 이유로 000지방법원에 매각허가결정의 취소신청을 제기하였고 000지방법원은 감정평가법인에게 이 사건 토지의 시가에 대해 재감정(평가금액 183,300,000원)을 하면서 이 사건 경매 목적물을 착오로 △△△번지로 감정평가서를 작성한 사실을 인정하였다. 결국 감정평가법인은 이 사건 토지에 대한 감정평가서를 작성하면서 고의 또는 과실로 다른 번지의 감정평가서를 작성하였다.

(바) 경매절차는 이해관계가 복잡하고 집행의 신속한 처리를 위하여 엄격한 절차가 요구되는바, 이러한 경매절차의 특성상 매각허가결정에 대한 취소사유는 엄격하게 제한되어 있다. 따라서, 일반적으로 토지의 현황에 대한 착오는 매매계약의 중요한 부분의 착오로서 토지의 현황을 잘못 파악하였다면 착오에 의하여 매매계약을 충분히 취소할 수 있는데, 경매절차에서는 매수인이 경매목적물의 현황에 관하여 착오를 일으켜 매수신고를 하고 매각허가결정을 받았다 하더라도 매

각허가결정에 의한 매매를 취소할 수 없다. 따라서 이러한 경매절차의 특성상 피고는 경매절차를 진행함에 있어서 경매목적물의 현황이 제대로 표시되고 있는지, 경매목적물의 현황 및 시가에 대하여 감정평가가 제대로 이루어지고 있는지를 관리·감독해야 될 의무가 있다.

(사) 이 사건에서 원고는 피고 대한민국이 이러한 관리·감독의무를 다하지 못하여 토지 현황에 관하여 착오를 일으켜 이 사건 토지를 매수하게 되었는바, 원고는 민법 제109조에 의하여 이 사건 매각허가결정에 의한 매매를 취소해 줄 것을 신청하였으나 피고는 이러한 사유는 매각허가결정에 대한 취소사유가 아니라며 이를 기각하였다. 결과적으로 원고는 착오로 매수한 이 사건 토지를 취소할 수가 없게 되었는데, 나아가 원고는 위에서 살핀 바와 같이 부당하게 높은 가격으로 이 사건 토지를 매수하게 된 손해도 발생하였다.

(아) 이 사건 토지에 대한 감정평가법인의 재평가결과에 의하면, 이 사건 토지의 실제 시가는 183,300,000원으로 감정평가법인이 이 사건 토지의 시가를 제대로 감정하였다면 183,300,000원의 금액을 기준으로 경매절차가 진행되고 낙찰가격이 형성되었을 것이다. 즉, 이 사건 경매절차가 274,950,000원의 평가금액 대비 167,100,000원의 낙찰가격이 형성된 비율을 고려하여 보았을 때, 처음부터 감정평가법인이 이 사건 토지의 시가를 183,300,000원으로 제대로 감정평가 하였다면 원고는 이 사건 토지를 111,813,000원으로 취득할 수 있었다. 결국, 원고는 감정평가법인의 위법한 감정평가로 인하여 이 사건 토지를 취득함에 있어서 55,287,000원(167,100,000-111,813,000원) 상당을 부당하게 지출하게 되는 손해를 입었다고 할 것이다.

(자) 만약, 피고가 감정평가법인이 경매목적물의 현황 및 시가에 대하여 감정평가를 제대로 하고 있는지를 적절히 관리·감독하였다면 토지의 잘못된 현황표시를 미연에 방지할 수 있었고 실제 시가를 기준으로 경매절차가 진행되어 위에서 살핀 바와 같이 원고는 이 사건 토지를 111,813,000원 상당으로 취득할 수 있었다고 할 것이다. 따라서 피고는 자신의 관리·감독의무 위반으로 인하여 원고에게 발생한

55,287,000원 상당의 손해를 배상할 의무가 있다.
(차) 이상에서 살핀 바와 같이 피고는 원고에게 손해배상금 55,287,000원 및 매각대금 납부일인 2010. 8. 18.부터 이 사건 소장부본 송달일까지는 민법이 정한 연 5%의 지연손해금을, 그 다음날부터 다 갚는 날까지 소송촉진등에관한특례법이 정한 연 20%의 비율에 의한 지연손해금을 지급할 의무가 있다.

나. 답변서

청구취지에 대한 답변 : 원고의 청구를 기각한다. 소송비용은 원고의 부담으로 한다.

(1) 청구원인에 대한 답변

(가) 원고의 주장사실은 원고가 경매에 참여하여 매수인이 되었는데 이 경매절차가 착오감정을 한 감정결과에 의한 경매절차였고 그로 인하여 원고가 청구취지와 같은 손해를 입었다고 주장하면서 원고는 경매절차를 진행한 피고에게 감정인의 감정평가를 적절히 관리·감독하지 못한 책임으로 청구취지와 같은 손해배상을 청구하고 있다.

(나) 원고의 주장사실이 모두 사실이라고 하더라도 원고는 국가배상에 의한 권리구제를 받을 수 없다. 재판에 대하여 따로 불복절차 또는 시정절차가 마련되어 있는 경우에는 재판의 결과로 불이익 내지 손해를 입었다고 여기는 사람은 그 절차에 따라 자신의 권리 내지 이익을 회복하도록 함이 법이 예정하는 바이므로, 불복에 의한 시정을 구할 수 없었던 것 자체가 법관이나 다른 공무원의 귀책사유로 인한 것이라거나 그와 같은 시정을 구할 수 없었던 부득이한 사정이 있었다는 등의 특별한 사정이 없는 한, 스스로 그와 같은 시정을 구하지 아니한 결과 권리 내지 이익을 회복하지 못한 사람은 원칙적으로 국가배상에 의한 권리구제를 받을 수 없다고 보아야 한다는 것이 판례

의 입장이다(대법원 2003. 7. 11. 선고 99다24218 판결 참조). 원고는 집행법원에 이미 매각허가결정에 의한 매매취소신청을 하였으나 경매허가결정에 대한 취소사유가 없는 것으로 확정이 되었고 위 경매절차 이외의 절차인 민사소송으로 원고는 국가배상에 의한 권리구제를 받을 수 없다.

(다) 국가의 감정평가법인에 대한 관리·감독책임에 관하여 살펴보면 국가가 경매를 위하여 토지 등의 감정평가를 전문가인 감정평가업자에게 의뢰하여야 하고, 이에 따른 감정평가 결과에 외견상으로도 발견할 수 있는 명백한 잘못이 있거나, 감정의 전제사실이 국가가 이미 알고 있는 사정과 명백한 잘못이 있거나, 감정의 전제사실이 국가가 이미 알고 있는 사정과 명백히 상이한 기초 사실에 근거하였음에도 이를 방치하였다는 등의 특별한 사정이 없는 한, 전문감정평가기관의 감정 결과를 신뢰하여 이를 최저매매가격으로 공시한 국가에 어떠한 과실이 있다고 할 수 없다(서울고법 2005. 1. 7. 선고 2004나53502 판결).

(라) 그런데 피고가 이 사건 토지의 최저매매가격을 공시할 때 그 내용이 원고가 주장하는 바와 같은 경매목적물인 00동 000번지 토지가 아니고 00동 △△△번지 토지의 감정평가였다는 사실을 알았거나 쉽게 알 수 있었음을 인정할 아무런 증거가 없을 뿐만 아니라, 감정평가법인의 감정 결과에 외견상 발견할 수 있는 명백한 잘못이 있다고 볼 수도 없다. 따라서 피고는 이 사건 토지의 최저매각 가격을 결정·공시함에 있어서 통상적으로 요구되는 주의의무를 다하지 아니한 과실이 없다. 위에서 살펴본 바와 같이 원고의 주장은 아무런 이유가 없으므로 원고의 청구를 기각하여 주기 바란다.

7. 원고는 집행력 있는 집행권원의 정본을 가진 채권자인데 경매 배당절차에서 배당이 되자, 채무자가 원고의 배당액에 대해 이의를제기함. 이런 경우 채무자는 1주일안에 청구이의소와 강지집행정지 결정을 경매계에 제출해야 되는데, 이 서류들을 제출하지 않았고 대신 배당이의소를 제기함. 따라서 배당이의는 취하간주되어 효력을 상실하였으므로 원고는 배당금 교부 청구 신청을 했으나 담당공무원이 배당이의소가 제기 되었다는 이유로 배당금 교부를 거부함.

가. 소장

(1) 청구취지

피고는 원고에게 금 234,536,224원 및 이에 대하여 2011. 12. 12.부터 이 사건 소장 부본 송달일까지는 연 5%, 그 다음날부터 완제일까지는 연 20%의 비율에 의한 금원을 지급하라.

(2) 청구원인

(가) 원고는 채무자인 소외 000에 대한 금 350,984,406원의 집행력 있는 판결정본에 기하여 위 000 소유의 00도 00시 00면 00리 598, 대 867㎡ 및 그 지상 건물(이하 '이 사건 부동산'이라 한다)에 대하여 00지방법원 0000타경00000호로 강제경매신청을 하였고, 위 부동산이 경락되어 위 법원에서 2011. 11. 22. 위 경락대금에 대한 배당을 실시하였는데 원고의 배당액이 금 234,536,224원으로 하여 배당표가 작성되었다.

(나) 그런데 채무자인 소외 위 000이 위 배당기일에 원고의 채권에 대하여 항소를 해 놓았다는 이유로 배당이의 신청을 함으로 인하여 위 법원에서는 원고에게 위 배당금을 지급하지 않았다. 원고는 집행력

있는 집행권원의 정본을 가진 채권자이므로 위 OOO은 위 배당기일에 원고의 배당액에 대하여 이의를 하였으면 민사집행법 제154조 제2항, 제3항에 의하여 그로부터 1주일 이내에 청구이의의 소를 제기하고, 위 판결에 대한 강제집행정지재판의 정본을 제출하여야 하며, 만약 이를 제출하지 아니한 때에는 위 배당이의가 취하된 것으로 간주된다. 그런데 위 OOO은 위 배당기일에 배당이의를 한 후 위 법 제154조의 규정에 따라 청구이의의 소를 제기하고, 신청인의 제1심판결에 대하여 집행정지결정재판을 위 경매법원에 제출하지 아니하고 배당이의의 소를 제기하였다. 따라서 위 OOO이 적법한 소를 제기하지 않았으므로 위 OOO이 한 배당이의는 취하된 것으로 간주되어 효력을 상실하였다. 그리하여 원고는 2011. 12. 12. 위 법원에 위 배당금의 지급을 청구하였으나 위 법원의 경매담당공무원은 위 OOO이 배당이의의 소를 제기하였다는 이유로 배당금의 지급을 거부하였다. 가집행선고가 붙은 제1심판결에 대하여 법원으로부터 집행정지도 받지 아니한 채 배당절차에서 이의를 한 사실만으로 배당금 지급이 정지된다는 것은 판결의 효력을 무력화시키는 것으로 있을 수 없는 일이며, 단순한 배당이의만으로 집행정지의 효력이 발생할 수 없음은 상식에 속하는 일인데 위 법원의 담당공무원은 위 OOO이 위 배당기일에 배당이의를 하고 배당이의의 소를 제기하였다는 이유로 위 배당금 지급을 거부하고 있다.

(다) 따라서 원고는 위 법원으로부터 위 배당금 및 이에 대하여 원고가 위 배당금에 대하여 배당금 지급청구를 한 2012. 12. 12.부터 이 사건 소장부본 송달일까지는 민법 소정의 연 5%, 그 다음날부터 완제일까지는 소송촉진등에관한특례법에 정해진 연 20%의 비율에 의한 지연손해금의 지급을 구하기 위하여 이 사건 청구에 이르렀다.

나. 답변서

청구취지에 대한 답변 : 원고의 청구를 기각한다. 소송비용은 원고의 부담으로 한다.

(1) 청구원인에 대한 답변

(가) 원고는 소외 채무자인 000에 대한 금 350,984,406원의 집행력 있는 판결정본에 기하여 위 000 소유의 00도 00시 00면 00리 598 대 867 m^2 및 그 지상건물에 대하여 00지방법원 0000타경00000호로 강제경매신청을 하였고, 위 부동산이 경락되어 위 법원에서 2011. 11. 22. 위 경락대금에 대한 배당을 실시하였는데 원고 배당액이 금 234,536,224원으로 하여 배당표가 작성되었다. 그런데 채무자인 위 000이 위 배당기일에 배당이의신청을 함으로 인하여 00지방법원에서는 원고에게 위 배당금을 지급하지 않았다.

(나) 원고는 집행력 있는 집행권원의 정본을 가진 채권자이므로 위 000은 위 배당기일에 원고의 배당액에 대하여 이의를 하였으면 민사집행법 제154조 제2항, 제3항에 의하여 그로부터 1주일 이내에 청구이의의 소를 제기하고, 위 판결에 대한 집행정지 재판의 정본을 제출하여야 한다. 그런데 위 000은 위 배당기일에 배당이의를 한 후 청구이의의 소를 제기하고, 신청인의 제1심판결에 대하여 집행정지결정 재판을 위 경매법원에 제출하지 아니하고 배당이의의 소를 제기하였다
따라서 위 000이 적법한 소를 제기하지 않았으므로 위 000이 한 배당이의는 취하된 것으로 간주되어 효력을 상실하였으므로, 원고는 2011. 12. 12. 00지방법원에 위 배당금의 지급을 청구하였으나 00지방법원의 담당공무원은 위 000이 배당이의의 소를 제기하였다는 이유로 배당금의 지급을 거부하였다.

(다) 원고가 00지방법원 000가합0000호 판결을 집행권원으로 하여 000 소유의 부동산에 대하여 강제경매신청을 하였고, 위 부동산이 경락되어 배당을 실시하였는데, 000은 주식회사 00(이하 '주식회사'라 한다)

의 배당금 전액에 대하여 이의를 하였다.
(라) 그 후 OOO은 배당이의의 소를 제기한 후 소제기 증명원을 제출하였고, 배당기일로부터 10일이 경과되는 배당금은 집행공탁해야 하므로 해당 경매계는 2011. 12. 16.자 배당금을 집행공탁하였다.
(마) 그 후 주식회사는 공탁된 배당금의 청구를 하였으며, 그 청구는 불허가 되었다(소장에는 경매담당공원이라고 표현되어 있지만, 이는 배당금이 공탁되기 이전에는 경매담당공무원에게, 공탁된 이후에는 공탁된 배당금 출급담당자에게 청구하도록 되어 있다).
(바) 주식회사는 그 처분에 대한 이의를 OO지방법원 0000타기0000호 집행에 관한 이의로 2011. 12. 15.자로 제출하였으며, 아직 그 결정이 없는 상태이다.
(사) 이 상황에서 공탁금출급 담당공무원은 0000타기0000호 결정을 기다리고 있다. 이 사건은 위 집행에 관한 이의 사건으로 해결되어야 할 것으로(인용, 불허 그에 따른 즉시항고), 위 배당금은 공탁되었으므로 위 처분의 결정을 따르는 것이 맞다고 사료된다.
(아) 주식회사와 채무자 OOO은 위 OO지방법원 0000가합00000호 판결에 대해 각 항소하여 OO고등법원에서 0000나00000호로 소송 중이며, OO지방법원에서는 배당이의의 소인 0000가합00000호로 소송 중이다.
따라서 원고의 청구를 모두 기각하여 주기 바란다.

8. 원고가 집행법원 담당공무원이 추가배당을 실시하지 아니하여 추가로 배당받지 못한 부분에 관하여 손해를 보았다고 소를 제기함

가. 원고가 제출한 소장

(1) 청구취지

피고는 원고에게 금 12,000,000원 및 이에 대하여 2009. 11. 13.부터 다 갚는 날까지 연 20%의 비율에 의한 금원을 지급하라.
소송비용은 피고의 부담으로 한다.

(2) 청구원인

(가) 원고 및 소외 김00, 전00, 정00등은 000지방법원 00지원 0000타경 00000 부동산강제경매사건에서 동순위로 배당된 각 채권자들이다.
(나) 채무자 음00 소유의 부동산에 대한 위 경매절차에서 집행법원은 2007. 11. 9. 매각대금에 대한 배당을 실시하였는데, 집행비용과 선순위채권자들에게 배당하고 남은 172,930,992원을 동일한 4순위자로서 가압류채권자인,
  ○ 소외 김00의 배당액 금 34,955,680원,
  ○ 원고의 배당액 금 77,679,288원,
  ○ 소외 전00의 배당액 금 46,607,572원,
  ○ 소외 정00의 배당액 금 13,688,452원으로 각 안분배당하는 것으로 배당표가 작성되었고, 위 배당표는 이의 없이 확정되었다.
(다) 위 (나)의 각 배당표의 배당액은 이의가 없거나 이의제기 후 배당이의 소의 취하 등으로 확정되었고, 집행법원은 소외 김00의 위 배당액 전부를 가압류채권자의 미확정채권액이라는 사유로 공탁하였다. 그런데 소외 김00에 대한 배당의 기초가 된 가압류결정은 2009. 8.

11. 취소되어 같은 해 9. 17. 확정되었다.
(라) 한편 김00은 채무자 음00을 상대로 0000지방법원 0000가단00000호로 약속어음 금청구의 소를 제기하였는데, 2008. 3. 19. 음00이 김00에게 2008. 4. 30.까지 2회에 나누어 40,000,000원을 지급하고, 나머지 김00의 채권은 포기하기로 하는 내용의 조정이 성립되었다.
(마) 원고 역시 음00을 상대로 0000지방법원 0000차000호로 투자금반환청구의 지급명령을 신청하여 2008. 1. 31. 음00으로 하여금 원고에게 300,000,000원을 지급하도록 하는 내용의 결정을 받았고 그 지급명령은 같은 해 2. 19. 확정되었으며, 전00 역시 음00을 상대로 제기한 소송(00고등법원 0000나00000 사해행위취소)에서 2008. 8. 14. 음00으로 하여금 전00에게 160,000,000원을 지급하도록 하되, 이 사건 경매절차에서 전00 앞으로 공탁된 46,607,572원 및 이자는 전00가 전액 출급할 수 있도록 하며, 이 경우 전00가 출급한 공탁금은 위 160,000,000원에서 공제하도록 하는 내용의 조정이 성립되었다.
(바) 김00은 2008. 6. 25. 집행법원에 위 조정조서를 기초로 배당금의 교부를 청구하였고, 집행법원은 같은 날 김00 앞으로 공탁되었던 이 사건 공탁금 전액 34,955,680원 및 이자를 지급하였다.
(사) 원고는 김00의 가압류결정이 위와 같이 취소되었고 그 이전의 본안소송에서도 가압류 청구금액의 일부만을 인용하는 내용의 조정조서가 작성되었음에도, 김00의 가압류 청구금액 전액이 유효함을 기초로 안분배당한 이 사건 공탁금 전액을 김00이 출급하여 김00이 부당이득을 취득하였다는 이유로, 김00을 상대로 0000지방법원 0000가단00000호로 부당이득반환 청구의 소를 제기하였는데, 김00은 원고의 주장을 모두 인정하면서도 자력이 없다는 이유로 형식상 일부 금원만의 지급을 명하는 형식으로의 조정안을 제안하여 결국 김00이 원고에게 2011. 2. 28.까지 12,000,000원을 지급하기로 하는 내용의 조정이 성립되었다.
(아) 위 인정사실에 의하면, 김00의 가압류 취소 전 생성된 김00의 집행권원상 채권액은 40,000,000원이고, 위 집행권원상의 채권(약속어음)

과 가압류채권(대여금)은 동일한 사실관계에서 파생한 것으로서 같은 채권이라 할 것이므로, 집행법원으로서는 김OO의 청구금액을 40,000,000원으로 하여 안분 배당한 금액만을 김OO에게 배당하고, 이 사건 공탁금 중 그와 같이 산정된 정당한 배당금을 초과한 나머지 부분은 원고를 포함한 나머지 채권자들에게 추가 배당하였어야 할 것인데, 김OO의 정당한 배당액 및 원고 등에 대한 추가 배당내역은 다음과 같다.

○ 김OO의 정당한 배당액 : 12,074,811원
○ 추가 배당 대상 금액 : 34,955,680-12,074,811원 = 22,880,869원
따라서 원고 등에 대한 추가 배당액은,
○ 원고 : 12,881,794원
○ 전OO : 7,729,077원
○ 정OO : 2,269,998원

(아) 결국 원고는 집행법원 담당공무원의 배당 잘못으로 추가 배당받았어야 할 12,881,794원을 배당받지 못하는 손해를 입었는데, 원고가 구하는 바에 따라 손해액은 12,000,000원이다.

(자) 김OO의 가압류 취소가 그 집행권원의 취득 및 배당금의 출급 이후라 할지라도 배당금의 교부청구 당시 김OO이 제출한 집행권원의 채권액이 원래의 가압류 청구금액에 미치지 못한 이상, 담당공무원으로서는 그 집행권원의 채권액을 기초로 안분한 배당금을 다시 계산하여 그 부분만을 교부하였어야 함에도 가압류의 청구금액 전체를 기초로 안분배당된 기존의 이 사건 공탁금 전액의 출급을 허용한 데에는 담당공무원의 과실이 있다.

(차) 그렇다면 국가인 피고는 공무원이 직무를 집행하면서 과실로 법령을 위반하여 손해를 입힌 원고에게 원고가 추가배당을 받았어야 할 금액의 범위 내에서 원고가 구하는 바에 따른 12,000,000원과 이에 대하여 이 사건 소장부본의 송달로써 그 지급을 구한 날임이 기록상 분명한 2009. 11. 13.부터 다 갚는 날까지 소송촉진등에관한특례법에서 정한 연 20%의 비율로 계산한 지연손해금을 지급할 의무가 있다.

나. 피고가 제출한 답변서

청구취지에 대한 답변 : 원고의 청구를 기각한다. 소송비용은 원고의 부담으로 한다.

(1) 청구원인에 대한 답변

(가) 가압류신청을 한 후 채권자가 본안의 소를 제기하고 이에 대하여 조정이 성립된 경우, 비록 그 조정의 내용이 채권자가 청구한 금원을 감축하여 일부를 지급하는 것이라 하더라도, 이로써 채권자가 그 가압류집행 후의 본안소송에서 감축된 부분에 관하여 패소 확정된 경우와 같이 볼 것은 아닌바, 그 이유는 조정이 쌍방의 이익 기타 제반 사정을 참작하여 이루어지는 것으로서, 반드시 청구채권의 존재 유무만을 판단한 것이라고 볼 수 없기 때문이다(대법원 2001. 9. 25. 선고 2001다39947 판결 참조).

(나) 이 사건 경매절차에서 김00 신청의 가압류결정(청구금액 : 1억 3,500만원)에 기초하여 김00에게 배당된 금액은 이 사건 공탁금인 34,955,680원인 사실, 김00은 음00을 상대로 약속어음금 1억 3,500만원의 지급을 구하는 소를 제기하였고 2008. 3. 19. 음00이 김00에게 4,000만원을 지급하는 것으로 이 사건 조정이 성립된 사실, 김00은 이 사건 조정조서를 기초로 이 사건 공탁금 전액을 집행법원으로부터 수령한 사실, 전00도 음00 등을 상대로 금원 지급 등을 구하는 소를 제기하였는데, 그 소송절차에서 음00은 전00에게 1억 6,000만원을 지급하되, 이 사건 경매절차에서 전00에게 공탁된 금원 및 이자를 전00가 전액 출급할 수 있도록 하고 이를 위 1억 6,000만원에서 공제하는 등의 내용으로 2008. 8. 14. 조정이 성립된 사실을 알 수 있다.

(다) 김00은 음00을 상대로 위 약속어음금 청구를 하면서 음00이 발행한 액면금 2억원의 약속어음을 증거로 제출하였고, 그 중 6,500만원을

변제받았다고 자인하여 1억 3,500만원을 청구한 사실, 전00는 변호사를 대리인으로 선임하여 음00 등을 상대로 위 금원 지급청구 등의 소를 제기하여 위와 같은 조정이 성립한 반면, 김00은 변호사 등 법률전문가의 조력없이 음00을 상대로 소를 제기하여 이 사건 조정이 성립되었다.

(라) 위 사실에서 법률전문가가 아닌 김00이 이 사건 공탁금을 전액 출급할 수 있는 수준에서 위와 같이 4,000만 원으로 이 사건 조정을 한 것으로 볼 여지도 있으므로, 이 사건 조정에 의하여 김00이 4,000만원을 초과하는 부분에 관하여 애당초 음00에게 약속어음금 채권을 가지지 아니하였던 것으로 확정되는 것은 아니라 할 것이고, 그렇다면 이 사건 조정에서 인정된 금액이 가압류 청구금액에 미달한다는 이유만으로 집행법원 담당공무원에게 이 사건 공탁금에 관하여 추가배당을 실시할 의무가 있었다고 단정하기 어려우며, 달리 김00이 음00에게 4,000만원을 초과하여서는 채권을 가지지 아니하였다는 증거가 없다. 따라서 이 사건 공탁금에 관하여 추가배당이 이루어졌어야 한다는 점을 전제로 한 원고의 청구는 이유가 없다.

(마) 가사 집행법원이 이 사건 공탁금을 원고 등 다른 채권자들에게 추가로 배당을 하였어야한다 하더라도, 불법행위로 인한 손해배상청구권은 현실적으로 손해가 발생한 때에 성립하는 것이고, 현실적으로 손해가 발생하였는지 여부는 사회통념에 비추어 객관적이고 합리적으로 판단하여야 하는 것인바, 집행법원의 담당공무원이 추가배당을 하였어야 함에도 이를 간과하여 다른 채권자가 추가로 배당을 받지 못하였다고 하더라도, 다른 채권자로서는 채무자의 다른 재산에 대하여 강제집행을 하거나, 배당절차에서 과다배당을 받게 된 자들을 상대로 부당이득반환청구를 함으로써 추가로 배당되었어야 할 부분에 관하여 채권의 만족을 얻을 수 있는 것이므로, 담당공무원의 위와 같은 잘못으로 말미암아 그 채권의 만족을 받는 것이 곤란해졌다는 등의 특별한 사정이 없는 한 다른 채권자가 추가로 배당을 받지 못하게 되었다는 사유만으로 다른 채권자에게 그 배당을 받지 못한

금액 상당의 손해가 현실적으로 발생하였다고 할 수 없고, 그러한 손해가 현실적으로 발생하였다는 점에 대하여는 피해자인 다른 채권자가 이를 증명하여야 한다(대법원 2004. 11. 26. 선고 2003다58959 판결 등 참조). 그런데 원고가 집행법원 담당공무원이 추가배당을 실시하지 아니하여 추가로 배당받지 못한 부분에 관하여 채권의 만족을 받는 것이 곤란해졌다고 인정할 만한 증거가 없다.

(바) 따라서 원고의 청구는 모두 이유가 없으므로 청구를 기각하여 주기 바란다.

9. **집행관이 경매목적 부동산 등기부상 소재지가 175-22 외 2필지로 표기되어 주민등록을 전입할 때 대부분 175-22를 대표필지로 하여 전입신고하고 있으며 집행관도 이와 같이 보아 175-22번지 내 전입자 없음을 확인하고 현황조사 보고를 하였으나 대항력있는 임차인있는 것으로 밝혀져 매수인이 입찰보증금 상당의 손해를 본 사례**

가. 손해배상(경매) 원고 소장

(1) 청구취지

피고는 원고에게 금 32,256,000원 및 위 금원에 대하여 판결 선고일로부터 완제일까지 연 20%의 돈을 지급하라.
소송비용은 피고의 부담으로 한다.

(2) 청구원인

(가) 원고는 0000지방법원 0000타경0000호 임의경매사건 절차에서, 입찰 당시 집행관 현황조사서 등에 의해 임차권이 매수인에 대해 대항력이 없다고 믿고 입찰하여 2011. 6. 7. 별지 목록 기재(별지 생략) 부

동산에 대한 매각허가결정을 받았다.

그 후 최고가매수인으로 선정된 후에만 열람할 수 있는 자세한 관련 입찰기록을 보고 나서야 임차인의 임차권이 대항력이 있다는 것을 알게 되었고, 이로 인해 예상치 못한 임대차보증금 250,000,000원을 떠안게 되는 문제가 발생하여 위 부동산의 취득을 포기할 수밖에 없었고 그 결과 입찰보증금을 몰수당하고 말았다.

(나) 이 사건 관련 경매사건에서 집행관 현황조사보고서에 주민등록전입에 관하여 '전입자 없음'으로 조사보고가 되었다. 이 사건 관련 경매사건의 집행관현황조사보고서에 따르면 '관할 동사무소에 주민등록 등재자를 조사한바 등재자 없음'이라고 기재되어 있다. 목적 부동산 등기부상 소재지가 175-22 외 2필지로 표기되어 주민등록을 전입할 때 대부분 175-22를 대표필지로 하여 전입신고하고 있으며 집행관도 이와 같이 보아 175-22번지 내 전입자 없음을 확인하고 현황조사를 한 것이다.

(다) 전체 경매기록 중 입찰 전에 볼 수 있는 매각물건명세서와 현황조사보고서에는 임대차의 권리 실체에 대하여 법원이 제공하는 사실관계인 부동산 점유에 관한 정보는 매우 빈약하고, 주로 주민등록 전입사항의 요소에 치중하고 있으므로 입찰자는 그 한정된 정보만으로 권리실체를 분석할 수밖에 없다. 주민등록 전입사항도 가변적일 수 있어 실제로 입찰자들은 입찰 당시 주민등록 전입자 여부와 전입일자를 동사무소에 스스로 확인하여, 그 때 전입자가 없다면 당초 매각물건명세서상에 주민등록 전입에 관한 기재가 있었다 하더라도 임차인이 권리신고 및 배당요구 후 전출했거나 불법한 전입으로 직권말소 등의 주민등록상 변동이 발생할 수 있으므로, 일반적으로 입찰자 입장에서는 매각물건명세서상 전입에 관한 기재는 확정적인 것으로 보지 않고 입찰에 임할 수밖에 없다.

2002년 7월 이후부터는 입찰기록 중 일부인 현황보고서와 감정평가서 및 매각물건명세서만을 입찰희망자에 대해 열람에 공하고 있는데, 이 중 매각물건명세서는 1쪽 분량의 권리관계와 점유관계를 요약한 표로서 서식 자체의 글자(주의사항 포함)외에 기재한 내용은 고작 한 줄 정도가 전부이다.

권리분석의 근거가 되는 권리신고서 등이 첨부된 매각물건명세서 일습을 입찰자들이 입찰 전에 보는 것을 허용하지 않아, 상당 부분 예기치 못한 권리부담을 안게 되는 경우가 있다. 이 사건 관련 경매사건 절차에서도 원고가 입찰일 전에 임차인의 권리신고서와 관련서류를 모두 볼 수 있었다면 사전에 권리신고서에 첨부된 주민등록표에 의해 임차인이 대표번지 외 2필지 중 1필지로 전입했다는 사실과 이로 인해 임차권이 대항력이 있다는 것을 알았을 것이다. 원고가 입찰일 전에 볼 수 있었던 한정된 서류만으로 판단할 때, 현황조사보고서에는 '관할 동사무소에 주민등록 등재를 조사한바 등재자 없음'이라고 되어 있는 반면, 매각물건명세서에는 현황조사서와의 차이에 대한 아무런 설명도 없이 주민등록 전입신고일자 란에 '2006. 2. 14'이라고 연월일만 7글자로 표시되어 있었다.

원고로서는 두 서류상 기재 내용의 차이에 대해 혹시 임차인이 동호수 착오 전입을 했거나 또는 법원에 권리신고를 필한 후라 상관없다고 생각해 주민등록을 전출했거나, 임차인의 가족이 아닌 사람이 주민등록을 전입했거나 등등 여러 가지 가능성을 생각하면서 2011. 5. 23.경 관할 동사무소에 '별지 목록 기재 부동산'의 전입세대 여부 확인을 신청하니 곧바로 담당자가 전입세대가 없다는 내용의 전입세대 열람내역을 교부해 주었다.

이에 원고는 법원의 현황조사보고서 내용과 동사무소의 확인내용이 일치하여 믿음과 함께 현황조사한 집행관이 그랬던 것처럼 전입의 변동에 관해 위의 어떤 경우에 해당하는지는 몰라도 현재 주민등록 전입자가 없음을 확신할 수밖에 없었다.

(라) 경매신청인도 현황조사보고서에는 '등재자 없음'으로 기재되어 있음에도 불구하고 매각물건명세서에는 전입날짜가 기재되어 있어, 마치 법원이 전입일을 인정한 것으로 입찰자들이 오인할 수 있다는 이유를 들어 두 서류의 차이에 대하여 어느 것이 오류이고 어느 것이 맞

는지와 그 근거를 명확히 밝혀달라는 요구서를 2009. 10. 5. 제출한 바 있다.

그 요구서에는 어느 한 쪽의 오류가 수억 원의 금전적 이득이나 손실과 직결되는 중요한 정보이므로 일반인이 판단하는데 혼동을 주지 않도록 그 진위와 자세한 근거를 특별히 적시하여 줄 것을 요청한 것이다. 경매신청인은 매각물건명세서상에 전입일자 기재가 되어있다 하더라도 혹 전입자 전입이 임차인의 가족이 아니거나 주민등록법령상 적법하지 않은 경우를 기대하며 구태여 요구서까지 제출했으나, 담당 경매계는 이에 대하여 어떠한 조치도 한 바 없이 서류제출 이전이나 이후나 기재 내용은 달라진 것이 없었다.

원고는 입찰을 한 후에만 확인할 수 있는 입찰기록철 전체를 보고나서야 경매신청인이 문제를 제기한 사실과 함께 권리신고서에 첨부된 00동 175-4로 전입신고된 주민등록표가 있음을 알았는데 입찰 전에 이를 미리 볼 수 있었더라면, 또는 매각물건명세서상에 '현황조사서의 주민등록 등재자 없음은 오류이며 대표필지 외 00동 175-4번지로 전입되었으므로 특별히 입찰시 주의를 요망함'이라는 설명만 있었더라도 누구나 이를 보고 오판하지 않았을 것이다.

(마) 원고도 집행관이 조사한 바와 같이 대표필지로 동사무소에 전입확인한 결과 '전입자 없음'으로 확인하여, 역시 전입 후 주민등록이 변동되었거나 현재는 전입자가 없다고 믿는 데에 집행관현황 조사결과의 영향을 받았다.

(바) 매각물건명세서 등은 일반인에게 그 현황과 권리관계를 공시함으로써 매수희망자가 입찰대상 물건에 필요한 정보를 정확하게 얻을 수 있게 하여 예측하지 못한 손해를 입는 것을 방지하고자 하는데 그 취지가 있다.

집행관의 현황조사서상 '전입자 없음'이라는 내용과 매각물건명세서의 기재 내용이 다른 경우 일반인이 오판하지 않도록 특별히 현황조사서의 기재는 오류가 있다든지 하는 자세한 설명과 대표필지 외 다른 지번으로 전입되어 일반인의 주의를 요한다는 충분한 안내가 필요함에도 두 서류상 차이에 대한 어떠한 설명도 없을 뿐 아니라 원고가 입찰 후에도 열람 가능한 기록철을 확인해 보고 나서야 알 수 있었던 사실 즉, 경매신청 채권자가 두 서류의 주민등록 전입에 관한 내용의 차이에 대해 명확한 부연설명을 요구하는 요구서가 접수된 바 있었음에도 이에 대해 아무런 조치가 되지 않은 일도 있어 매각물건명세서를 작성한 경매담당자는 원고에게 손해가 발생하게 한 책임이 있다.

또한 일반인의 경매 권리분석에 오류의 정보를 주지 않아야 할 책임이 있는 법원의 집행업무 수행자인 집행관의 현황조사도 그 과실책임을 면할 수 없다.

(사) 따라서 피고의 위와 같은 과실들로 인하여 원고가 예기치 못한 임차권의 부담으로 대금납부를 포기할 수밖에 없어 입찰보증금을 몰수당하여 발생한 손해금 32,256,000원을 원고에게 지급하여야 한다.

나. 피고 준비서면

(1) 준비서면

청구취지에 대한 답변 : 원고의 청구를 기각한다. 소송비용은 원고의 부담으로 한다.

(2) 청구원인에 대한 답변

(가) 원고 주장의 요지에 대하여

1) 원고는 0000지방법원 0000타경0000호 임의경매사건 절차에서, 입찰 당시 집행관 현황조사서 등에 의해 임차권이 매수인에 대해 대항력이 없다고 믿고 입찰하여 2011. 6. 7. 별지 목록 기재 부동산에 대하여 매각허가결정을 받았다.

2) 그 후 최고가매수인으로 선정된 후에만 열람할 수 있는 자세한 관련 입찰기록 일습을 보고 나서야 임차인의 임차권이 대항력이 있다는 것을 알게 되었고, 이로 인해 예상치 못한 임대차보증금 250,000,000원을 떠안게 되는 문제가 발생하여 소유권취득을 포기할 수밖에 없어 그 결과 입찰보증금을 몰수당하고 말았다.

3) 이 사건 관련 경매사건의 집행관 현황조사보고서에 따르면 '관할 동사무소에 주민등록 등재자를 조사한바 등재자 없음'이라고 기재되어 있는 반면 매각 물건명세서는 현황조사서와의 차이에 대해 아무 설명도 없이 주민등록 전입신고일자 란에 '2006. 2. 14.'이라고 연월일만 7글자로 표시되어 있었다.

4) 원고는 2011. 5. 23.경 관할 동사무소에 '별지 목록 기재 부동산'의 전입세대 여부 확인을 신청하니 곧바로 담당자가 전입세대 없다는 내용의 전입세대 열람내역을 교부해 주었다.

5) 이에 원고는 법원의 현황조사보고서 내용과 동사무소의 확인내용이 일치하여 믿음과 함께 현황조사한 집행관이 그랬던 것처럼 전입의 변동에 관해 어떤 경우에 해당하는지는 몰라도 현재 주민등록전입자가 없음을 확신할 수밖에 없었다.

6) 현황조사보고서에는 '등재자 없음'으로 기재되어 있음에도 불구하고 매각물건명세서에는 전입일자가 기재되어 있어, 경매신청인도 두 서류의 차이에 대해 어느 것이 오류이고, 어느 것이 맞는지와 그 근거를 명확히 밝혀달라는 요구서를 2009. 10. 5. 제출한 바 있다. 그러나 담당 경매계는 이에 대한 어떠한 조치도 한 바 없이 서류제출 이전이나 이후나 기재 내용은 달라진 것이 없었다.

7) 원고는 입찰을 한 후에만 확인할 수 있는 입찰기록철 전체를 보고 나서야 경매신청인의 문제제기 사실과 함께 권리신고서에 첨부된 00동 175-4로 전입신고된 주민등록표가 있음도 알았는데 입찰 전에 이를 미리 볼 수 있었다면, 또는 매각물건명세서상에 '현황조사서의 주민등록 등재자 없음은 오류이며 대표필지 외 00동 175-4번지로 전입되었으므로 특별히 입찰시 주의를 요망함'이라는 설명만 있었더라도 누구나 이

를 보고 오판하지 않았을 것이다.
8) 원고도 집행관이 조사한 바와 같이 대표필지로 동사무소에 전입확인한 결과 '전입자 없음'으로 확인하여, 역시 전입 후 주민등록이 변동되었거나 현재는 전입자가 없다고 믿는데 집행관 조사결과의 영향을 받았다.
9) 매각물건명세서 등은 일반인에게 그 현황과 권리관계를 공시함으로써 매수 희망자가 입찰대상 물건에 필요한 정보를 정확하게 얻을 수 있게 하여 예측하지 못한 손해를 입는 것을 방지하고자 하는데 그 취지가 있다.
10) 집행관의 현황조사서상 '전입자 없음'이라는 내용과 매각물건명세서의 기재 내용이 다른 경우 일반인이 오판하지 않도록 특별히 현황조사서의 기재는 오류가 있었다든지 하는 자세한 설명과 대표필지 외 다른 지번으로 전입되어 일반인의 주의를 요한다는 충분한 안내가 필요함에도 두 서류상 차이에 대한 어떠한 설명도 없었으므로 법원 경매 담당자는 그 기재가 충실하지 못하였으므로 원고에게 손해가 발생하게 한 책임이 있다.
11) 또한 일반인의 경매 권리분석에 오류의 정보를 주지 말아야 할 책임이 있는 법원의 집행업무 수행자인 집행관의 현황조사도 그 과실책임을 면할 수 없다.
12) 따라서 피고는 위와 같은 과실들로 인해, 그 결과 원고가 예기치 못한 임차권 부담으로 대금납부를 포기할 수밖에 없어 입찰보증금을 몰수당해 발생한 원고의 손해금 32,256,600원을 지급하여야 한다.

(나) 원고 주장의 부당성에 대하여

1) 경매에 있어서 현황조사서는 매각 대상 부동산의 현황에 대해 집행관이 조사하여 작성한 보고서에 불과한 것으로 경매의 매수인에게 해당 경매에 대한 참고 정보를 제공하기 위한 참고용 자료이다.
2) 따라서 매각물건명세서와 현황조사서 간에 기재가 다를 경우에는 매

각 물건명세서 기재를 우선시해야 하는 것은 당연하고, 해당 부동산에 대한 실체적 소유권을 취득하기 위한 조사 활동에 대한 책임은 전적으로 매수인에게 있다고 할 수 있으므로 매수인이 현황조사서에 기재되어 있는 내용만을 믿고서 매각물건명세서에 기재된 사실을 간과하였다면 그로 인한 손해에 대해서는 매수인이 책임을 지는 것이 마땅하다.

3) 이 사건의 경우 매각물건명세서에는 임차권에 대한 사항이 기재가 되어 있었음에도 불구하고, 원고가 이를 무시하고서 경매에 참여하여 매각허가 받은 것이므로, 소유권을 취득하지 못한 것은 원고 자신의 잘못에 의한 것이므로 이에 대해 원고가 책임을 지는 것은 당연하다고 해야 한다.

4) 원고는 이 사건 경매 담당공무원이 매각물건명세서와 현황조사서 사이에 기재가 다른 이유에 대해서 기재하지 않은 것을 위법한 행위라고 주장하고 있으나 이 사건 경매 담당공무원은 매각물건명세서에 분명히 임차권에 관한 사항을 정확히 기재하였다.

5) 또한 현황조사서 기재와 매각물건명세서의 기재가 다름에도 불구하고 경매 담당공무원이 매각물건명세서의 기재를 수정하지 않았다는 것은 매각물건명세의 기재가 정확하여 수정할 필요가 없다는 판단에 기한 것임은 너무도 당연한 것이다.

6) 매각물건명세서에 임차권 관련 사항을 정확히 기재한 이상 경매 담당공무원에게 현황조사서의 기재가 왜 매각물건명세서의 기재와 다른지에 대해서까지 기재를 해야 할 의무는 없음에도 불구하고, 원고는 담당공무원에게 그러한 의무가 있음을 전제로 하여 담당공무원이 위법한 행위를 하였다고 주장하는 것이므로 원고의 주장은 타당성이 없다.

7) 또한 원고는 이 사건 집행관의 현황조사서 작성이 위법하다고 주장하고 있으나 이 사건 집행관은 당해 부동산에 대해 동사무소에 확인을 하여 그 확인한 내용을 현황조사서에 기재한 것이고, 최선의 주의의무를 다하여 자신의 업무를 수행했던 것이므로 집행관의 업무행위가 위법하다고 할 수는 없다.

8) 더구나 현황조사서에는 임차인이 'OOO'로 기재되어 있고 임차보증금이 250,000,000원이라고 분명히 기재되어 있었으며, 다만 전입일자 및 확정일자가 미상인 것으로 기재되어 있고, '관할 동사무소에 주민등록 등재자를 조사한바 등재자 없음'이라고 기재하여 '등재자 없음'이라는 기재가 집행관 자신이 별도로 조사한 내용에 기초한 것이 아니라 동사무소에 확인한 바에 기초한 것임을 명백히 밝히고 있다. 그리고 주민등록 등재자를 조사함에 있어 관할 동사무소에 확인하는 것 외에 별다른 방법이 있는 것도 아니므로 집행관의 현황조사서 작성은 최선의 주의의무를 다한 것이고 어떠한 위법도 없다고 할 것이다.
9) 따라서 원고의 주장은 타당성이 없으므로 원고의 청구를 기각하여 주기 바란다.

제4장 소송서류 작성 모범양식

소송 수행에 있어서 필요한 대표적인 서류 작성 예는 다음과 같다.

1. 답변서

답 변 서

사 건   2012가합○○○○호 소유권확인
원 고   ○○○ 외 3인
피 고   대한민국

위 사건에 대하여 피고 대한민국 소송수행자는 다음과 같이 답변합니다.

청구취지에 대한 답변

1. 본안전 항변
   이 사건 소를 각하한다.
2. 본안에 대한 답변
   원고들의 청구를 기각한다.
3. 소송비용은 원고들의 부담으로 한다
라는 판결을 구합니다.

청구원인에 대한 답변

1. 본안전 항변
   원고는 관할등기소에 원고가 등기부상 명의인의 상속인임을 소명하여 상속등기 신청을 하고 등기신청이 거부되면 이의신청 등으로 다투어야 합니다.

2. 본안에 대한 답변
  설령 확인의 이익이 있다고 하더라도 원고의 생모와 이 사건 토지에 등기부상 명의인이 동일인임을 인정할 수 있는 자료가 부족합니다.

2012. 11.   .

피고 대한민국   소송수행자 ○○○ (인)

○○지방법원 제1민사부 귀중

2. 준비서면

준 비 서 면

사 건　　○○가합○○○○호 손해배상(기)
원 고　　○○○외 3인
피 고　　대한민국 외 1인

　위 사건에 관하여 피고 대한민국 소송수행자는 다음과 같이 변론을 준비합니다.

다　　음

1. 피고 대한민국의 면책
　가. 사건 발생당시 담당교도관은 취사장에서 수용자 30여명을 4개조로 나뉘어 취사조리 등의 작업을 하도록 하고(을제1호증의 1-사건당시 취사장약도 참조), 이들을 순회 감시감독 하며 부식창고 앞에서 작업하는 수용자를 지켜보며 계호근무에 임하고 있던 중 담당 근무자의 시선 밖의 장소에서 순간적 우발적으로 본건 사고가 발생하였습니다.
　나. 사고 당시 상황을 목격한 소외 ○○○과 ○○○의 진술에서도 순간적으로 본건 사고가 발생되었음을 말하고 있고(을제2호증-참고인 진술서 참조), 가해자인 피고 ○○○도 순 간적으로 말릴 수 없는 상황이었음을 진술하고 있습니다(을제3호증-가해자진술서 참조).
　다. 교도관은 수용자의 자살, 난동 등의 교정사고를 미연에 방지하기 위하여 수용자에게 준 수사항을 교육하고 있으며 작업의 시작전, 작업중, 작업종료후의 수시 신체검사를 통해 사고유발요인을 사전 적발키 위해 최선을 다하고 있으나, 본 건 사고는 전혀 예기치 못 한 순간적이고 우발적인 개인감정에 의한 사고로서 이를 교도관이 감시 감독 등의 주의 주의의무를 게을리 하였다고 볼 만한 아무런 증거가 없습니다.

2. 결론

위와 같은 사실을 종합하여 볼 때, 본 건 사고는 전적으로 사고 당사자에게 그 책임이 돌려져야 하고, 피고 대한민국에 대한 원고의 청구는 기각되어야 할 것입니다.

2012.   11.   .

피고   대한민국
소송수행자   법원사무관   ○○○ (인)

○○지방법원 ○○지원   제1민사부   귀중

3. 항소장

항 소 장

사　　　　건　　○○가합○○○　　손해배상(기)
원고(피항소인)　　○○○
　　　　　　　　　서울특별시 ○○구 ○○동 ○○번지
피고(항　소　인)　대한민국
　　　　　　　　　법률상 대표자 법무부장관 ○○○ 소송수행자 ○○○

위 사건에 관하여 ○○지방법원이 2012.○.○. 피고에게 패소판결을 선고하였으나, 피고는 이에 대하여 불복하므로 항소를 제기합니다.
(피고는 위 판결 정본을 2012.○.○. 송달받았습니다.)

원판결의 표시

1. 피고는 원고에게 1,000,000원 및 이에 대하여 2012.1.1.부터 2012.7.30.까지는 연 5푼의, 그 다음날부터 완제일까지는 연 2할 5푼의 각 비율에 의한 금원을 지급하라.
2. 소송비용은 피고의 부담으로 한다.
3. 제1항은 가집행할 수 있다.

항 소 취 지

1. 원판결을 취소한다.
2. 원고의 청구를 기각한다.
3. 소송비용은 제1, 2심 모두 원고의 부담으로 한다.
라는 판결을 구합니다.

항 소 이 유

추후 제출하고자 합니다.

첨 부 서 류

1. 소송수행자지정서   1통
2. 송달료 납부서   1통
3. 항소장 부본   3통

2012. 11. .

항소인(피고)   대한민국
소송수행자   ○○○ (인)

○○고등법원 귀중

※ 항소장은 제1심 법원에 제출하여야 하나, 말미에 항소심 법원을 기재하여야 한다.
※ 소송수행자지정서는 별도 제출 가능(이하 같음)

4. 상고장

상 고 장

사　　　　건　　○○나○○○　손해배상(기)
상 고 인(피고)　　대한민국
　　　　　　　　　법률상 대표자 법무부장관 ○○○
　　　　　　　　　소송수행자　○○○
피상고인(원고)　　○○○
　　　　　　　　　서울특별시 ○○구 ○○동 ○○번지

　위 사건에 관하여 서울고등법원이 2012.○.○. 선고한 판결에 대하여 불복하므로 상고를 제기합니다.
(상고인은 위 판결정본을 2012.○.○. 송달받았습니다.)

제2심 판결의 표시

1. 제1심 판결 중 피고에 대하여 원고 ○○○에게 금1,000,000원 및 이에 대한 2012.1.1.부터 완제일까지 연 2할 5푼의 비율에 해당하는 금원을 초과하여 지급을 명한 부분을 취소하고, 그 부분에 대한 원고의 청구를 기각한다.
2. 피고의 나머지 항소를 기각한다.
3. 소송비용은 제1, 2심을 통틀어 2등분하여 그 1은 원고의, 나머지는 피고의 부담으로 한다.

상 고 취 지

1. 원판결 중 피고 패소 부분을 취소한다.
2. 원고의 청구를 기각한다.
3. 소송비용은 모두 원고의 부담으로 한다.

라는 판결을 구합니다.

상 고 이 유

추후 제출하고자 합니다.

첨 부 서 류

1. 소송수행자지정서   1통
2. 송달료 납부서   1통
3. 상고장 부본   1통

2012. 11.   .

항소인 (피고)   대한민국
소송수행자   ○○○ (인)

대법원 귀중

5. 상고이유서

상 고 이 유 서

사　　　　건　　○○다○○○　　손해배상(기)
상 고 인(피고)　　대한민국
　　　　　　　　　법률상 대표자 법무부장관 ○○○
피상고인(원고)　　○○○
　　　　　　　　　서울특별시 ○○구 ○○동 ○○번지

위 사건에 관하여 상고인(피고)의 소송수행자는 다음과 같이 상고이유를 개진합니다.

다　음

1. 머리말
 원심판결은 채증법칙을 위반하고, 증거의 가치판단을 그르치거나 자의적으로 사실을 취사선택하고 잘못 판단하였으며, 입증책임의 소재에 관한 법리와 소송위임에 관한 법리를 오해하는 등 판결에 영향을 미친 위법사유가 있습니다.

2. 상고이유
 가. 제1점 : 원심판결을 채증법칙을 위반하고, 증거의 가치판단을 그르친 위법이 있습니다.
　　(1) 원심판결은 ……… 하다고 판단하였습니다.
　　(2) 원심판결의 위법
　　　　원심은 ………… 하다고 판단하였으나 그것은 다음에서 보는 바와 같이 사실을 오인하여 판　단을 그르친 것입니다.
　　(3) 결국 원심이 잘못 판단한 점을 바로 잡고, 합리적 이유도 없이

배척한 증거들에 의하면 ……….
나. 제2점 : 원심 판결은 입증책임의 소재에 관한 법리를 오해하여 판결한 위법이 있습니다.
  (1) ………………
  (2) ………………
다. 제3점 : 원심 판결은 ……… 에 관한 법리를 오해하여 판결에 영향을 미친 위법이 있습니다. 가사 원심이 인정한 바와 같이 ………… 하더라도 ………… 한 위법이 있습니다.

3. 맺는말
위와 같이 원심 판결은 위법이 있으므로 원심 판결을 파기 환송하여 주시기 바랍니다.

2012.   11.

상고인 (피고)   대한민국
소송수행자   ○○○ (인)

대법원   귀중

6. 상고이유에 대한 답변서

답 변 서

사　　건　　2012다○○○○호 소유권이전등기
원　　고　　○○○
　　　　　　(상 고 인)
피　　고　　대한민국
　　　　　　(피상고인)

위 사건에 관하여 피고 대한민국 소송수행자는 아래와 같이 답변합니다.

상고취지에 대한 답변

1. 원고의 상고를 기각한다.
2. 소송비용은 원고의 부담으로 한다.
라는 판결을 바랍니다.

상고이유에 대한 답변

　원고의 상고이유에 관한 주장은 상고심절차에관한특례법 제4조 제1항 각 호의 사유를 포함하지 아니한다고 인정되므로 심리불속행사유에 해당하여 판결로 상고를 기각하여야 한다.

2012. 11.　　.

피고 대한민국 소송수행자　○○○ (인)

대법원 제○부 귀중

7. 을호증 제출 및 목록

을호증 제출

사　건	○○가합○○○○호 손해배상(기)
원　고	○○○외 3인
피　고	대한민국 외 1인

　위 사건과 관련하여 피고 대한민국 소송수행자는 원고에 대한 수사기록 일체를 을제6호증으로 제출합니다.

첨 부 1. 을제6호증의 1 - 기록표지
　　　1. 을제6호증의 2 - 기록목록
　　　1. 을제6호증의 3 - 의견서
　　　1. 을제6호증의 4 - 범죄인지보고
　　　1. 을제6호증의 5 - 범죄경력조회

2012.　11.　　．

피고 대한민국 소송수행자
사무관　　○○○　(인)

○○지방법원 ○○지원　제1민사부　귀중

8. 서증인부서

사건 ○○가합○○○호

서 증 인 부 서

피고 대한민국 소송수행자는 갑호증에 대하여 다음과 같이 인부합니다.

서증번호	서 증 명	인 부 내 용
갑제1호증	판결문	각 성립인정 (입증취지부인)
갑제2호증	사실조회	
갑제3호증	기안용지	부지
갑제4호증	편지	부지
갑제5호증	배상결정통보	성립인정(이익으로 원용)
갑제6호증	판결문	성립인정(입증취지부인)
갑제7호증	출근부	부지
갑제8호증	소득자별근로소득원친징수부	부지
갑제9호증	사실조회에 대한 회신	성립인정(입증취지부인)
갑제10호증	신체감정서	부지

2012. 11.   .

피고 대한민국
소송수행자 ○○○ (인)

○○지방법원 제○민사부 귀중

9. 증인 반대신문사항

12가합○○○○호

증인 ○○○에 대한 반대신문사항

1. (주신문 제1항과 관련하여)
   증인은 본 사건 원고중의 한사람인 ○○○의 남편이지요?

2. (주신문 제2항과 관련하여)
   원고들은 언제부터 ○○면 ○○리 지선 공유수면에서 나잠업에 종사했나요?

3. (주신문 제4항과 관련하여)
   가. 사진영상 녹색(1)부분에는 상시로 많은 어선이 입출항 정박하고, 어획물을 양육하는 물양장구역이지요?
   나. 사진영상 (1)(2)부분은 항내로서 나잠어업을 할 경우, 어선의 정박 및 입출항으로 사고위험이 있어서 곤란한 장소로 생각되지요?
   다. 전국의 1종 어항중 항내에서 나잠어업을 하는 곳은 전혀 없음이 통례인데, 증인은 이를 알고 있나요?

4. (주신문 제4항 4번과 관련하여)
   증인이 원고들의 나잠어업구역이라고 말한 사진영상 녹색(1)(2)(3)부분은 ○○리 어촌계 소유 제1종 공동어장으로서 1998년도에 허가된 구역임을 알고 있습니까?

5. 기타

10. 변론기일 연기신청

변 론 기 일 연 기 신 청

사 건 ○○구○○○○호 손해배상(기)
원 고 ○○○
피 고 대한민국

 위 사건의 변론기일이 2012. 11. 30. 10:00로 지정된 바 있으나, 피고 소송수행자는 당일 지방출장이 예정되어 있어 위 기일에 출석할 수 없는 사정이오니 변론기일을 연기하여 주시기 바랍니다.

2012. 11.   .

피고 대한민국 소송수행자 사무관   ○○○ (인)

위 변경신청에 동의함.

원고 소송대리인 변호사 ○○○ (인)

○○법원 제○부 귀중

11. 변론기일 변경신청

변 론 기 일 변 경 신 청

사 건　　○○가합○○○○호 임원취임승인취소처분취소
원 고　　○○○ 외 3인
피 고　　대한민국

　위 사건에 관하여 변론기일을 2012. 11. 20. 10:00로 지정하였으나, 피고 소송수행자는 2012.11. 20.자 본 건 소송수행자로 지정되어 변론준비 관계로 부득이하오니 위 기일을 변경하여 주시기 바랍니다.

2012.　11.　 .　 .

피고　대한민국
소송수행자 법원사무관　○○○ (인)

위 변경신청에 동의함.

원고　소송대리인 변호사 ○○○ (인)

○○행정법원 제○부　귀중

12. 변론재개신청

변 론 재 개 신 청

사 건 　 ○○가합○○○○호 소유권이전등기
원 고 　 ○○○
피 고 　 대한민국

위 사건은 2012. 10. 30. 변론종결되었으나, 위 피고 소송수행자는 원고가 본건 토지를 소유의 의사로 점유한 것이 아니라는 점에 관한 증거를 발견하였으므로, 이를 제출하여 다툴 수 있도록 변론을 재개하여 주시기 바랍니다.

2012.   11.   .

피고   대한민국
소송수행자 법원사무관   ○○○ (인)

○○법원 제○부 귀중

13. 소송비용액확정결정신청

소송비용액확정결정신청

신 청 인 (피고)　　교육부장관
소송수행자　　○○○
피신청인 (원고)　　○○○

　위 당사자간 귀원 ○○구○○○호(대법원 ○○누○○○호) 구상금 교원임용거부처분취소등 청구 사건에 관하여 신청인은 아래와 같이 피신청인에게 소송비용액확정을 신청합니다.

신 청 취 지

피신청인의 신청인에 대한 소송비용은 금○○○원으로 확정한다.
라는 결정을 구합니다.

신 청 이 유

1. 신청인이 피고, 피신청인이 원고로 된 ○○고등법원 ○○구○○○호 구상금 청구사건에 관하여 귀 원에서 2011. 10. 20. 피고(신청인) 승소판결이 있었고, 원고(피신청인)가 위 판결에 대하여 항소, 상고하였으나 모두 기각되어 2012. 7. ○. 위 판결이 그대로 확정되었습니다.
2. 원고(피신청인)가 부담하여야 할 소송비용액을 별지 비용계산서와 같습니다.
3. 따라서 소송비용으로 금○○○원을 원고(피신청인)가 상환하는 재판을 민사소송법 제100조에 의하여 신청합니다.

첨 부 서 류

1. 판결문(고법 1, 대법원 1)   2통
2. 판결확정증명원   1통
3. 비용계산서   1통
4. 영수증   2통

2012.   11.   .

신청인 (피고) 교육부장관
소송수행자   ○○○   (인)

○○고등법원 제○특별부 귀중

14. 소송진행상황보고서

가. 소송 접수 및 판결선고 등 보고 (국소법시행규칙 별지 제32호 서식)

기 관 명

문서번호   -   2012. . .수신
○○검찰청 검사장   발신 ○ ○ ○ ○ (인)
참조
제목 소송사무 통보

다음 (국가/ 행정)소송사건의 (접수/진행/결과)을(를) 통보합니다

원고(피항소인)		피고 (항소인)	
사 건 명			
사 건 번 호	검찰청 사건번호	법원 및 사건번호	
		○○ 지방법원 호 ○○ 고등법원 호 대 법 원 호	
담당검사· 공익법무관		소송수행자 또는 대리인	
접 수 일 자	. . . 응소 제소	공동수행 해당사항 또는 소송물가액	
사 건 개 요			
소송진행상황			
선고일자 및 소 송 결 과		판결문 송달일자	
		결과조치(상소·확정)	
첨 부			

나. 변론 진행상황 보고 (국소법시행규칙 별지 제34호의2 서식)

<table>
<tr><td colspan="5" align="center"># 기   관   명
(전화번호 :   )</td></tr>
<tr><td colspan="5">문서번호   2012. 8. .
수   신   ○○검찰청 검사장   발   신 :   인
참   조
제   목   소송진행상황 통보</td></tr>
<tr><td>사건번호</td><td>법원
검찰</td><td>사 건 명</td><td colspan="2"></td></tr>
<tr><td>원   고</td><td></td><td>피   고</td><td colspan="2"></td></tr>
<tr><td>공익법무관</td><td></td><td>사건구분</td><td colspan="2">공동 · 지휘</td></tr>
<tr><td>소송수행자</td><td></td><td>전화·FAX</td><td colspan="2">전화 :   FAX :</td></tr>
<tr><td>변론기일</td><td>. . . (차)</td><td>다음기일</td><td colspan="2">☐ 선고
☐ 속행</td></tr>
<tr><td colspan="5" align="center">소   송   진   행   상   황</td></tr>
<tr><td colspan="2">구   분</td><td>출석여부 및 주장사항</td><td colspan="2">입 증 방 법</td></tr>
<tr><td colspan="2">원   고</td><td></td><td colspan="2"></td></tr>
<tr><td colspan="2">피   고</td><td></td><td colspan="2"></td></tr>
<tr><td colspan="2">재 판 부
지시사항</td><td colspan="3"></td></tr>
<tr><td colspan="2">차회진행
예정사항</td><td colspan="3"></td></tr>
<tr><td colspan="2">소송수행자
의   견</td><td colspan="3"></td></tr>
<tr><td colspan="2">첨   부</td><td colspan="3">☐ 답변서   ☐ 준비서면   ☐ 증거목록   ☐ 증인신문사항
☐ 증거신청서   ☐ 기타 (   )</td></tr>
</table>

15. 소 취하 부동의서

소 취 하 부 동 의 서

사　　건　　12가합○○○○호 소유권이전등기
원　　고　　○○○
피　　고　　대한민국

　위 사건에 관하여 피고는 2012. ○. ○. 원고가 제출한 소취하서 부본을 송달받았으나 원고의 소취하에 부동의합니다.

2012. 11.　　.

피고　대한민국
소송수행자　○○○ (인)

○○지방법원 제○민사부　귀중

16. 상소제기(포기) 의견서

사건번호	검 찰		사 건 명	
	법 원			
원 고			피 고	
선고일자		송달일자		불변기일	
소송수행자	행 정 청		공동소송수행 또는 소송지휘검사	
	검 찰 청			
사건 개요	
주요 쟁점	
관련 법령	
변 론 진행상황	
국가 또는 행정청 주장 사실	
상대방 주장 사실	
국가 또는 행정청 제출 증거 및 증거요지	

상대방제출 증거 및 증거요지	
판결주문 및 요지	
상소제기 (포기) 이유	

17. 상소제기(포기) 요약서

사건개요	쟁 점	판결요지	의 견

제5장 집행관은 공무원인가

제1절 집행관 법적 지위

1. 의의

가. 집행관의 법적지위

집행관은 법률이 정하는 바에 따라 재판의 집행, 서류의 송달, 그 밖에 법령에 따른 사무에 종사하는 독립된 단독제의 사법기관이다(법원조직법 제55조, 집행관법 제2조). 집행관은 자기의 판단과 책임 하에 독립적으로 국가의 권한을 행사하는 기관이고 법원 또는 법관의 단순한 보조기관이 아니다.(제요 집행 1 23)

나. 집행관이 적용받는 규정 및 의무

기관인 집행관을 구성하는 자연인인 집행관은 실질적 의미에 있어서 국가공무원이다. 따라서 집행관은 영리업무의 겸직금지와 그 밖의 겸직제한에 관한 국가공무원법 제64조, 법원공무원규칙 제88조의 적용을 받으며(행정예규 제270호), 집행관이 그 직무를 수행함에 있어 주의의무를 위배함으로써 손해를 가한 경우 국가는 그 피해자에게 국가배상법 제2조에 의하여 손해를 배상할 의무가 있다(대판 1966. 7. 26. 66다854, 대판 1968. 5. 7. 68다326).(제요 집행 1 23)

다. 집행관의 직무상 불법행위 성립 여부

판례는 집행관으로서 당연히 알아야 할 관계 법규를 알지 못하고 필요한 지식을 갖추지 못하거나 조사를 게을리하여 법규의 해석을 그르치는 등으로 인하여 타인에게 손해를 가하였다면 불법행위가 성립한다고 한다(대판 2003. 9. 26. 2001다52773).(제요 집행 1 23)

라. 집행관은 실질적 의미에 있어서의 국가공무원이다.

집행관은 법령이 정한 바에 따라 재판을 집행하고 소송에 관한 서류의 송달 기타의 사무를 처리하는 독립된 단독제의 사법기관(법원조직법 55조 2항)이다. 본조는 민사집행을 실시하는 원칙적인 집행기관이 집행관이라는 것을 규정하고 있다. 민사집행을 담당하는 국가의 기관으로서는 집행관 외에 집행법원(3조, 224조, 79조 등)과 수소법원(260조, 261조)이 있다.

집행관은 단독제의 국가기관이다. 집행관이 처리하는 사무는 대부분 사실적 처분을 동반하는 민사집행절차, 즉 유체동산의 압류(189조), 유체동산의 환가(199조), 동산·부동산의 인도(257조, 258조) 등 비교적 복잡하지 않은 것이고, 또한 집행의 현장에서 신속하게 의사결정을 하여 집행을 실시하여야 하기 때문에 합의제보다는 단독제가 바람직하다.

집행관은 독립한 기관으로서 각각 맡은 직무를 스스로 독립하여 집행하며, 상사의 지휘를 받지 아니하고 자기의 판단으로 필요한 조사를 하고 의사결정을 하여 권한을 행사한다. 따라서 집행관이 소속 지방법원장으로부터 행정상의 지휘감독을 받는다 해서 직무집행의 독립성이 저해되는 것은 아니다.

집행관은 실질적 의미에 있어서의 국가공무원이다.주1) 대판 1966. 7. 26. 66다854(집14-2, 민223). 따라서 집행관에 대하여는 국가공무원법 64조의 영리업무 및 겸직 금지에 관한 규정이 적용된다(1995. 12. 8. 대법원 행정예규 제270호). 다만, 집행관은 국가로부터 봉급을 받지 아니하고 처리한 사무에 관하여 일정액의 수수료를 받는다(법원조직법55 조 4항, 집행관법 19조).

2. 집행관의 임명과 감독 및 집행관사무소의 설치

가. 집행관 임명

집행관은 10년 이상 법원주사보·등기주사보·검찰주사보 또는 마약수사주사보 이상의 직급으로 근무하였던 사람 중에서 지방법원장이 임명하며 그 지방법원에 소속된다(법원조직법 제55조 제1항, 집행관법 제2조, 제3조, 행정예규 제597호).(제요 집행 1 23)

집행관의 정년은 61세이고, 임기는 4년으로 하되 연임할 수 없다(집행관법 제4조 제2항, 제3항).

나. 집행관사무소의 설치

집행관은 소속 지방법원 관할구역에서 지방법원장 또는 지원장이 지정한 곳에 사무소를 설치하여야 한다(집행관법 제8조 제1항).(제요 집행 1 24)

다. 감독

(1) 집행관은 소속 지방법원장에 의하여 사법행정상의 감독을 받는다.

집행관은 소속 지방법원장에 의하여 사법행정상의 감독을 받으며(집행관법 제7조 제1항), 지방법원 지원의 관할구역 안에 있는 집행관에 대하여는 지원장이 지방법원장의 명을 받아 감독한다(집행관법 제7조 제2항). (제요 집행 1 23, 24)

그러나 기관으로서의 집행관은 전술한 바와 같이 자기의 판단과 책임 하에 권한을 행사한다.(제요 집행 1 24)

한편, 집행관에 대한 구체적 감독사무를 직접 담당할 1인 또는 수인의 판사를 감독관으로 지방법원장이 지명하며, 감독관은 수시로 집행관의 직무집행을 감사하여야 하고, 그 감사를 위하여 집행관의 기록·장부 또는 그가 보관하는 금품에 대하여 조사하거나 그 조사를 위하여 이를 제출하게 하는 일, 집행관이 직무를 행하는 현장에 임하여 그 직무집행을 감찰하는 일 및 집행관에 대하여 일정한 사항을 지정하여 보고하게 하는 일을 할 수 있다(동법 7조 3, 4항).주2) 집행관규칙 제 6 조는 감독관의 업무감사에 관하여, 동규칙 제 7 조는 미제사건의 보고에 관하여, 동규칙 제 8 조는 피고소·고발의 보고의무에 관하여 규정하고 있다.

(2) 집행관이 형사사건으로 공소가 제기되면 지방법원장이 정직을 명할 수 있다.

집행관이 형사사건으로 공소가 제기되면 지방법원장이 정직을 명할 수 있다(동법 21조). 그리고 집행관이 사망·정직·면직 또는 구금된 때에는 지방법원장 또는 지원장은 직인, 장부 기타 직무에 관한 서류의 제출을 명하여야 하고, 집행관이 직무상 보관한 물품 및 서류의 보전에 필요한 명령을 하여야 한다(동법 22조). 집행관에게 집행관법이나 동법에 따른 명령, 규칙을 위반한 때 등 집행관법 제 23 조 1항 각호의 사유가 있을 때에는 소속 지방법원장이 견책·과태료·정직 또는 면직의 처분을 한다.

(3) 집행관 또는 그 친족은 그 집행관 또는 다른 집행관이 경매하는 물건이나 매각하는 물건을 매수하지 못한다.

집행관 또는 그 친족은 그 집행관 또는 다른 집행관이 경매하는 물건이나 매각하는 물건을 매수하지 못하고 이에 위반하면 5년 이하의 징역 또는 2,000만 원 이하의 벌금에 처하며(동법 15조, 26조 1항), 소정의 수수료를 초과하여 징수하거나 특별한 보수를 받아도 3년 이하의 징역 또는 1,000만 원 이하의 벌금에 처하도록 되어 있다(동법 19조 2항, 26조 2항).

3. 근무

집행관은 소속 지방법원 관할구역 안에서 지방법원장 또는 지원장이 지정한 곳에 사무소를 설치하여야 하고(집행관법 8조), 소속 지방법원 관할구역 안에 주거를 정하여야 한다(동법 12조).

지방법원의 지원 소재지에 집행관이 없는 경우에는 지방법원장은 그 관할구역 안의 집행관에게 지원 소재지에 출장소의 설치를 명하거나 지방법원 및 지원의 법원사무관등으로 하여금 집행관의 직무를 대행하게 할 수 있다(동법 11조 1항). 집행관이 정당한 이유가 있어서 그 직무를 행할 수 없다는 신고를 받은 지방법원장 또는 지원장은 그 직무의 집행을 다른 집행관이나 지명되어 있는 법원사무관등으로 하여금 하게 하여야 한다(동법 16조 3항).

집행관은 자기 책임 아래 집행관의 업무를 보조케 하기 위하여 소속 지방법원장의 허가를 받아 사무원을 둘 수 있는데(집행관규칙 21조), 이 사무원은 집행관직무대행자가 아니라 어디까지나 보조자에 불과하므로 이 사무원에게 집행관의 직무대행을 하게 하여서는 안 된다.

4. 수입

집행관은 봉급을 받지 아니하고 위임인으로부터 그 직무집행에 관한 수수료를 받으며 체당금의 변제를 받는다(법원조직법 55조 4항, 집행관법 19조 1항). 집행관의 수수료에 관한 사항은 집행관수수료규칙으로 정하고 있다. 집행관은 소정의 수수료를 초과하여 징수하거나 특별한 보수를 받지 못한다(집행관법 19조 2항). 집행관의 수수료는 그 사무처리에 관한 보수인 동시에 집행관의 생활보장을 위한 급여이기도 한다.

법원사무관등이 집행관의 직무를 행한 경우의 수수료는 국고수입으로 된다(동법 19조 3항). 집행관이 집행관법 제 5 조에서 들고 있는 직무, 즉 서류의 송달, 몰수물품의 매각, 영장의 집행 등 법원과 검찰청의 명령에 의하여 직무상 업무로서 처리하는 경우에는 체당금 이외에 수수료를 받지 못한다(동법 20조).

집행관은 사무소 안에 집행관의 수수료, 여비, 숙박료의 금액표를 누구나 잘 볼 수 있도록 게시하여야 한다(동법 10조).

5. 출장소의 설치와 집행관 직무의 대행

가. 지방법원의 지원 소재지에 집행관이 없는 경우

지방법원의 지원 소재지에 집행관이 없는 경우에는 지방법원장은 그 관할구역의 집행관에게 지원 소재지에 출장소를 설치하도록 명하거나 지방법원 및 지원의 법원서기관·법원사무관·등기사무관·법원주사·등기주사·법원주사보 또는 등기주사보(이하 '법원서기관 등'이라 한다)로 하여금 집행관의 직무를 대행하게 할 수 있다(집행관법 제11조 제1항).(제요 집행 1 24)

지방법원장은 지방법원 및 지원의 법원서기관 등으로 하여금 집행관의 직무를 대행하게 하는 경우에는 대행할 사람을 미리 지정하여야 한다(집행관법 제11조 제2항).(제요 집행 1 24)- 집행관이 질병, 제척 등 정당한 이유로 그 직무를 수행할 수 없을 때에 지방법원장 또는 지원장은 그 직무의 집행을 다른 집행관이나 대행자로 지정되어 있는 법원서기관 등에게 명하여야 한다(집행관법 제16조 제3항).(제요 집행 1 24)

나. 집행관의 직무를 대행하는 법원서기관 등의 지위

집행관의 직무를 행하는 법원서기관 등은 집행관의 직무에 관한 한 독립된 기관으로서의 지위를 누리며 상사의 지휘에 따라야 하는 것은 아니다.(제요 집행 1 24)

다. 법원서기관 등이 집행관의 직무를 대행하는 경우에 있어 수수료 등

　법원서기관 등이 집행관의 직무를 대행하는 경우에도 당사자는 집행관이 직무를 행하는 경우와 동일한 수수료(집행관수수료규칙 제2조 내지 제19조)와 비용(집행관수수료규칙 제20조)을 지급하여야 한다.(제요 집행 1 24)

　그러나 이들은 국가로부터 봉급을 받는 법원직원이므로 수수료는 모두 국고수입으로 한다(집행관법 제19조 제3항). 그리고 집행관수수료규칙 제20조의 비용 중 서기료는 국고수입으로 하나, 그 밖의 비용은 실비로서 세입세출외 현금출납의 대상으로 되어 집행관직무대행자는 이를 예납금으로부터 수시로 지출하여 직무집행에 충당할 수 있다.(제요 집행 1 24)

　집행관직무대행자가 직무집행상 여행을 하는 경우에는 '법원공무원 여비 규칙'에 의하여 여비, 숙박료 등을 지급받되, 그 액이 집행관수수료규칙 제22조의 기준에 미달할 때에는 이 기준에 의하여야 할 것이다.(제요 집행 1 24, 25)

라. 집행관수수료규칙 제25조의 예납 없이 직무를 집행하는 경우

　집행관수수료규칙 제25조의 예납 없이 직무를 집행하는 때(소송구조를 받는 경우)에는 모든 비용을 국가의 일반 세출예산에서 대납하여야 하는데, 이 비용에 상당하는 상환금은 국고의 수입으로 된다.(제요 집행 1 25)

6. 집행관의 제척

가. 제척사유

■ 집행관은 다음의 경우에는 그 직무집행에서 제척된다(집행관법 제13조).(제요 집행 1 25)
　자기 또는 배우자나 자기 또는 배우자의 4촌 이내의 혈족 또는 인척

이 당사자 또는 피해자이거나 당사자 또는 피해자와 공동권리자·공동의무자 또는 상환의무자인 관계가 있는 경우

자기 또는 배우자나 자기 또는 배우자의 4촌 이내의 혈족 또는 인척이 당사자, 피해자 또는 그 배우자의 친족인 경우(인척의 경우에는 혼인이 해소된 경우에도 또한 같다)

자기가 동일의 사건에 관하여 증인 또는 감정인이 되어 신문을 받았던 경우 또는 법률상 대리인이 될 권리가 있거나 있었던 경우

제척사유는 민사소송법 제 41 조 제 1호 내지 제 4호와 같은 취지가 규정되어 있다.

나. 제척사유가 있는 집행관이 한 압류나 그 밖의 집행행위의 효과

제척사유가 있는 집행관이 한 압류나 그 밖의 집행행위는 당연무효는 아니고 이해관계인의 집행에 관한 이의신청에 의하여 취소될 수 있음에 불과하다.(제요 집행 1 25)

송달의 시행에 관하여는 당연무효로 볼 것이나 집행행위, 예컨대 압류는 당연무효가 아니라 이해관계인의 이의에 의하여 취소할 수 있음에 지나지 않는다고 할 것이다.주9) 동지 강대성, 104; 박두환, 29; 방순원/김광년(하), 115.일본에서는 전부 무효라고 하는 견해[松岡, 執行要論(上), 와 취소할 수 있는 하자에 불과하다는 견해[日注解執行(1), 314]가 주장된다. 제척의 재판에 관한 민사소송법 제 42 조 의 규정은 집행관에 대하여도 준용된다고 해석할 것이다. 따라서 당사자는 제척사유가 있음을 내세워 그 집행관이 소속한 지방법원에 제척의 재판을 신청할 수 있다.

다. 집행관의 기피·회피

집행관에 있어서 기피나 회피의제도는 인정되지 않는다.(제요 집행 1 25)

7. 집행관에 대한 수수료 및 비용

가. 일반내용

집행관은 국가로부터 봉급을 받지 않고, 사인의 위임 또는 국가기관(법원, 검사)의 명령에 의하여 취급한 사건에 관하여 법정의 수수료를 받을 뿐이다(집행관법 제19조 제1항).(제요 집행 1 25)

다만, 법원 또는 검사의 명령에 의하여 서류와 물품의 송달, 영장의 집행 등의 사무를 처리하는 경우에는 체당금 외에 수수료를 받지 못한다(집행관법 제20조).(제요 집행 1 25, 26)

집행관은 정하여진 수수료를 초과하여 징수하거나 특별한 보수를 받지 못하며, 법원서기관 등이 집행관의 직무를 행한 경우의 수수료는 국고수입으로 한다(집행관법 제19조 제2항, 제3항). 집행관의 수수료는 집행관수수료규칙에 정하여져 있다.(제요 집행 1 26)

나. 법정의 제반비용 지급과 직무집행 일당 및 여비

(1) 관련규정

집행관은 서기료, 통신료, 공고료, 감정인 및 참여인의 일당·여비·감정료, 물건의 운반·보관·감수 및 보존비용, 집행관의 여비 및 숙박료 등 법정의 제반 비용을 지급받는다(집행관수수료규칙 제20조).(제요 집행 1 26)

집행관의 직무집행을 위한 일당 및 여비는 '법원공무원 여비 규칙' 중 5급 공무원과 동액으로 한다(집행관수수료규칙 제22조). 법원공무원 5급의 여비는 '법원공무원 여비 규칙' [별표 2]의 2호를 참조하면 된다.(제요 집행 1 26)

(2) 여비 지급 기준

집행관이 동일채권자의 위임에 의하여 같은 날 동일하거나 근접한 곳에서 2건 이상의 압류 등 집행행위를 한 경우의 여비는 1건에 해당하는 분만을 받는다.(제요 집행 1 26)

채권자를 달리하는 2건 이상의 압류 등 집행행위를 같은 날 같은 특별시, 광역시, 시, 군내에서 실시한 경우 그 장소가 근접하지 않은 때에는 사건마다 각각 여비를 받을 수 있을 것이나, 그 장소가 동일하거나 근접한 때에는 1건에 해당하는 분만의 여비를 받아야 하고, 이때 각 사건 당사자가 안분하여 그 여비를 부담한다(행정예규 제787호 제22조).(제요 집행 1 26)

다. 집행비용 등의 예납

(1) 관련규정 및 그 취지

집행관은 모든 사무를 담당함에 있어서 수수료 기타 비용의 계산액을 위임자에게 예납시킬 수 있고 예납하지 아니하는 때는 위임에 응하지 아니할 수 있다(집행관수수료규칙 제25조 제1항). 예납 제도는 집행관의 편의를 위한 것이므로, 집행관이 예납을 받지 않고 사무를 실시하여도 그로 인하여 발생하는 불이익을 집행관이 감수하는 한 무방하다.(제요 집행 1 26)

(2) 예납금액의 범위

예납하여야 할 금액은 사건의 종국에 이르기까지에 필요한 것으로 예정되는 수수료 등의 계산액이다.(제요 집행 1 26)

(3) 집행관이 사무를 개시한 후 예납금이 부족한 경우

집행위임시에 예납을 받을 것이나 집행관이 사무를 개시한 후 예납금이 부족한 때에는 추가예납을 시킬 수 있고 추납하지 아니하는 때에는 사무를 행하지 아니할 수 있다(집행관수수료규칙 제25조 제2항).(제요 집행 1 26)

(4) 집행비용 집행관이 계산한 경우 불복

(가) 불복

유체동산에 대한 집행에서 집행관이 계산한 집행비용액에 대하여 불복이 있으면 채권자 또는 채무자는 법원에 집행에 관한 이의신청을 할 수 있다(민사집행법 제16조). 이의신청을 할 수 있는 시기는 그 성질상 집행종료 후라도 무방하다고 할 것이다.(제요 집행 1 135, 136)

(나) 이의신청 서면작성 및 인지 첨부

이의신청은 서면에 의하며(민사집행규칙 제15조 제1항) 신청서에는 1,000원의 인지를 첨부하여야 한다(민사소송 등 인지법 제9조 제5항 4호, 재민 91-1).(제요 집행 1 136)

(다) 이의사유 인정 시 집행비용계산의 변경 또는 반환

이의가 이유 있다고 인정될 때에는 신청의 취지에 따라 집행비용계산의 변경 또는 반환을 명한다.(제요 집행 1 136)

8. 집행관의 관할

가. 토지관할 - 임명받은 지방법원 본원 또는 지원 관할구역<집행관법8, 집행관규칙4①본>

집행관의 토지관할은 다른 법령에 정하여져 있는 경우를 제외하고는 임명받은 지방법원 본원 또는 지원의 관할구역이다(집행관규칙 제4조 제1항 본문). 그러나 집행개시 후 법원의 관할구역이 변경된 경우에는 종전 법원 소속집행관이 집행을 속행한다(집행관규칙 제4조 제1항 단서). 이 경우의 감독법원은 그 집행관이 소속한 지방법원이다. 또 집행관은 동시에 집행할 여러 개의 물건이 동일 지방법원 관할구역 내인 본원과 지원 상호 간의 관할에 산재해 있는 경우에는 소속 지방법원장의 허가를 얻어 집행할 수 있다(집행관규칙 제4조 제2항). 관할을 위반한 집행관의 집행행위는 위법하나 집행에 관한 이의신청(민집 제16조 제1항)을 할 수 있을 뿐 당연무효로 되는 것은 아니다.(제요 집행 1 27, 28)

나. 집행에 관한 직무관할

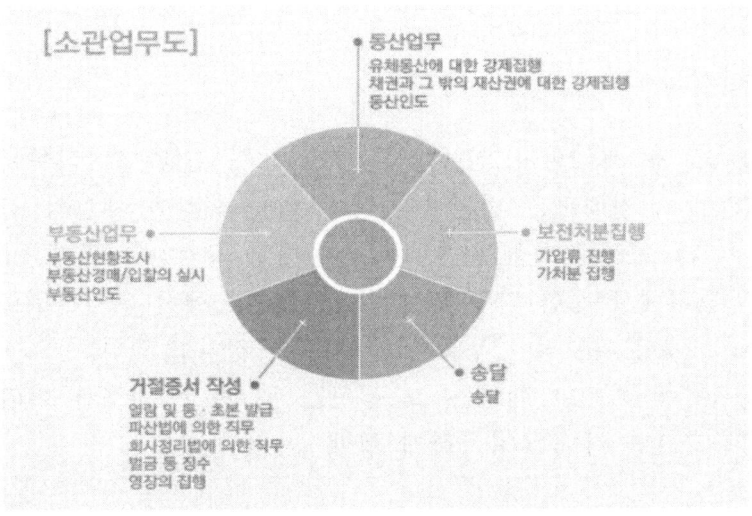

독립의 집행행위	▪ 유체동산에 대한 금전집행<189> ▪ 유체동산에 대한 가압류집행<296> ▪ 동산의 인도집행<257> ▪ 부동산·선박의 인도집행<258> - 명도소송 후 인도집행. ▪ 담보권의 실행 등을 위한 유체동산의 경매<272, 274> ▪ 인도단행가처분 등 일정한 내용의 가처분의 집행<301, 296, 305>
집행법원이 행하는 집행절차의 부수적 행위	▪ 지시증권상의 채권압류에 있어서 증권의 점유<233> ▪ 채권압류에서 채권증서의 취득<234②> ▪ 유체동산의 청구권에 대한 집행에서 목적물의 수령 및 현금화<243①, ③> ▪ 그 밖의 재산권에 대한 집행에서 매각명령의 집행<251①> ▪ 부동산의 강제경매, 강제관리, 임의경매에서 목적물의 현황조사<85, 163, 268, 274> ▪ 부동산, 선박, 자동차 등의 강제경매·임의경매에서 매각의 실시<107, 112, 172, 187, 268, 269, 270 274> ▪ 부동산 강제관리에서 관리인의 부동산 점유시 참여<166②> ▪ 매각부동산 인도명령의 집행<136⑥, 268, 274> ▪ 부동산경매에서 미등기건물의 조사

(1) 직무관할

법원조직법 제 55 조 제 2항과 집행관법 제 2 조는 집행관의 직무에 속하는 사무에 관하여, 집행관은 법률의 정하는 바에 의하여 재판의 집행, 서류의 송달 기타 법령에 의한 사무에 종사한다고 규정하고 있다. 그리고 집행관법은 법령에서 정한 직무 외에 동법 제 5 조에서 위임사무로서 3가지를, 제 6 조에서 의무적 사무로서 4가지를 규정하고 있다.

집행관이 직무관할에 위반한 때에는 그 행위는 무효이고 집행관 이외의 자가 집행관의 고유한 직무를 유효하게 행할 수 없다.

(가) 위임사무

1) 고지 및 최고(집행관법 5조 1호) : 당사자의 위임에 의한 사법상 법률관계에 관한 고지서 또는 최고서의 송부를 말한다. 이에 관한 수수료는 집행관수수료규칙 제 10 조에 정하고 있다.
2) 거절증서의 작성(집행관법 5조 3호) : 어음·수표의 거절증서를 작성하는 것이다(거절증서령 2조).

(나) 법원 및 검찰청의 명령에 의하여 처리하는 사무

1) 서류 및 물품의 송달(집행관법 6조 1호)
2) 벌금, 과료, 과태료, 추징 또는 공소에 관한 소송비용의 재판의 집행 및 몰수물의 매각(동법 6조 2호)
3) 영장의 집행(동법 6조 3호)
4) 그 밖에 직무상 하여야 할 사무(동법 6조 4호)
   ② 부동산·선박의 강제경매에 있어서의 매각기일의 실시(107조, 172조, 268조, 269조)주4) 대결 1962. 2. 1. 61바4(집10-1, 민290) : 경매법원이 경매기일을
   공고하고 이해관계인에게 기일을 통지한 후 경매기일을 실시한 이상 집행관에 대한 경매명령서에 판사의 서명만 있고 날인이 없다 하여 그 경매기일의 실시가 무효라고 할 수 없다. ③ 매각조건 변경을 위한 부동산·선박에 대한
   필요한 조사(111조 3항, 172조, 268조, 269조)④ 매각결정 부동산·선박에 대한
   인도명령의 집행(136조 6항, 172조, 268조, 269조)⑤ 자동차·건설기계에 대한 강제경매에서 인도명령·이전명령의 집행(규칙 113조 1항, 118조 1항, 130조, 197조, 198조)⑥ 강제관리의 관리인이 저항을 받을 때의 참여(166조 2항)⑦ 유체동산에 대한 강제집행(189조), 유체동산에 대한 담보권 실행을 위한 경매(272조).⑧ 지시증권에 의한 채권의 압류를 위

한 증권의 점유(233조)⑨ 채권증서의 인도집행(234조)⑩ 유체동산청구권 압류에
있어서의 목적 동산의 수령 및 환가(243조)⑪ 동산의 인도집행(257조) ⑫ 부동산·선박의 인도집행(258조)⑬ 유체동산에 대한 가압류 또는 가처분명령의 집행(296조, 301조)⑭ 파산재단에 속하는 재산의 봉인(채무자 회생 및 파산에 관한 법률 480조)

다. 법령에 의한 사무

민사집행법 기타 법령에 의하여 집행관이 처리할 사무로서 중요한 것은 다음과 같다.
(1) 송달 : 법원이 하는 서류의 송달(민사소송법 176조 1항, 형사소송법 65조)
(2) 민사집행 등의 실시
    ① 부동산·선박의 강제경매(담보권 실행을 위한 경매를 포함한다. 이하 같다), 강제관리에 있어서의 목적물의 현황조사(81조 3, 4항, 85조, 163조, 172조, 268조, 269조)

라. 법원의 재판으로 집행관이 처리하게 하는 사무

민사집행법의 규정에 의한 민사집행 기타 사법상 권리를 실현하거나 보전하기 위한 절차를 구성하는 물건의 보관, 관리, 환가 기타의 행위에 관한 사무로서 법원의 재판으로 집행관이 처리하도록 한 것이 있다. 이러한 사무는 집행관이 반드시 처리하여야 할 성질의 것은 아니다. 이에 속하는 것으로는 다음과 같은 것들이 있다.
① 경매부동산의 평가(97조)주5) 대결 1980. 1. 14. 79마334[공1980.3.1.(627), 12539]; 대결 1982. 12. 22. 82마750[공1983.3.1.(699), 336]은 집행관으로 하여금 경매목적물의 감정을 하게 할 수 있음을 명백히 밝히고 있다. ② 매각 후의 부동산의 관리(136조 2항)③ 집행관으로 하여금 하게 한 선박의 감

수·보존처분(178조)④ 부동산인도청구권의 압류에 있어서의 보관(244조 1항)⑤ 대체집행(260조 1항)⑥ 가처분명령에서 집행관으로 하여금 취급할 것으로 한 사무(305조 2항)2. 직무집행구역집행관은 다른 법령에 정하여져 있는 경우를 제외하고는 임명받은 지방법원 본원 또는 지원의 관할구역 외에서는 그 직무를 집행할 수 없다(집행관규칙 4조 1항 본문). 그러나 집행개시 후 법원의 관할구역이 변경된 경우에는 종전 법원 소속 집행관이 집행을 속행한다(동규칙 4조 1항 단서). 이것이 집행관의 직무집행구역이다.

대결 1964. 4. 13. 63마193(집12-1, 민30): 집행관은 소속 지방법원의 관할구역 내에 한하여 그 직무를 수행할 권한이 있을 뿐이고, 위 관할구역 밖에서는 그 직무를 수행할 권한이 없다 할 것이요, 이 직무권한은 법률에 의하여 규정되고 있는 것이므로 법원의 재판에 의하여 그 권한에 어떠한 이동도 초래될 수 없는 것이며, 법원이 그 재판 주문에서 집행관의 직무권한에 관한 사항을 포함하였다 하면 이는 법률상 불가능사항을 내용으로 하는 것으로서 그 효력을 발생할 수 없다.민사집행을 위임받은 집행관은 동시에 집행할 수 개의 물건이 동일 지방법원 관할구역 안인 본원과 지원 또는 지원 상호간의 관할에 산재해 있는 경우에는 소속 지방법원장의 허가를 얻어 이를 집행할 수 있다(동규칙 4조 2항). 따라서 집행관에게는 소속 지방법원본원 또는 지원의 각 관할구역이 그 직무집행구역이 되는 것이다. 한편 지방법원장은 소속 집행관을 정원에 불구하고 관내의 관할구역에 일정기간 파견근무하게 할 수 있다(동규칙 4조 3항). 직무집행구역 외에서의 집행행위는 집행관으로서 추상적으로 직무관할을 가지는 이상 관계인의 불복신청(16조 의 집행에 관한 이의)에 의하여 취소될 뿐이지 당연히 무효로 되지는 않는다고 볼 것이다.

마. 집행관 업무 처리 흐름

법원·검사명령	
집행관사무소	
서류와 물품의 송달	
집행관은 법원이나 검사의 명령에 의한 서류와 물품 송달의 사무	
재판의 집행 및 매각	
벌금, 과료, 추징, 또는 공소에 관한 소송비용의 재판의 집행 및 몰수물의 매각	
영장의 집행	
집행관은 법원이나 검사의 명령에 의한 영장의 집행을 할 의무가 있음	
기타 사무	
집행관은 매월 또는 분기별 소속 지방법원에 보고를 해야하는 등의 기타 사무	

채권자 위임	
집행관 사무소	
임의변제 최고	
집행관은 집행에 앞서 채무자에게 임의변제를 최고	
유체동산 압류	
집행관은 재판 결과의 보전을 위하여 채무자의 유체동산을 압류	
경 매	
집행관은 사무원을 동행하여 집행현장에서 경매를 실시	
거절증서 작성	
어음이나 수표의 지불 또는 인수를 거절 당하는 경우에 그 사실을 증명하기 위해 공정증서 작성	

바. 특칙 : 관할구역 밖에서의 압류

▣ 집행관규칙 제4조의 특칙

- 다음 세 가지 경우에 집행관은 관할구역 밖에서 압류할 수 있다. 이는 집행관규칙 제4조의 특칙에 해당한다.(제요 집행 3 164)
  - ● 집행관은 동시에 압류하고자하는 여러 개의 유체동산 가운데 일부가 관할구역 밖에 있는 경우
- 집행관은 동시에 압류하고자하는 여러 개의 유체동산 가운데 일부가 관할구역 밖에 있는 경우에는 관할구역밖의 유체동산에 대하여도 압류할 수 있다(민사집행규칙 제133조). 이 경우에는 소속 법원장의 허가 없이도 집행할 수 있다.(제요 집행 3 164)
- "동시에 압류한다."는 것은 같은 채무자에 대해 같은 기회에 압류를 실시하고 나아가 직무집행구역 안의 동산을 압류하는 것과 동시에 직무집행구역 밖에 있는 동산을 압류하는 경우를 말한다. 따라서 본래의 직무집행구역 안의 동산을 압류하지 않으면서 직무집행구역 밖에 있는 동산만을 압류하는 것은 그에 해당되지 아니한다.(제요 집행 3 164)
  - ● 집행관은 압류물의 채무자 또는 제3자 보관의 경우에도 특히 필요하다고 인정하는 경우
- 집행관은 압류물의 채무자 또는 제3자 보관의 경우에도 특히 필요하다고 인정하는 때에는 압류물보관자로 하여금 소속 법원의 관할구역 밖에서 압류물을 보관하게 할 수 있다(민사집행규칙 제135조). 원래 집행관은 압류한 유체동산을 그 직무집행구역 안에서 보관하는 것이 원칙이다.(제요 집행 3 164)
- 그런데 압류물의 특성상 그 보관에 특수한 설비를 요하는 경우(예를 들면, 대량의 냉동식품을 보관시키는 경우) 등, 직무집행구역 내에서 적당한 보관자를 발견할 수 없어서 곤란한 경우 혹은 직무집행구역 내로 이동하는 데 지나치게 많은 비용이 드는 경우에는 집행관은 압류물 보관자로 하여금 압류물을 직무집행구역 밖에서 보관하게 할 수 있다. 이 때에는 그 보관장소에서 압류물을 점검하고(민사집행규칙 제137조), 매

각할 동산을 열람시키고(민사집행규칙 제148조), 매수인에게 매각물을 인도(민사집행법 제205조 제2항)하게 된다.(제요 집행 3 164, 165)
- 위 규정에 따라 직무집행구역 밖에 보관된 압류물을 그 보관장소에서 매각하는 때에는 집행법원의 허가를 받아야 한다(민사집행규칙 제145조 제2항, 제151조 제3항).(제요 집행 3 165)
  - ● 집행관은 압류물이 관할구역 밖에 있게 된 경우에 이를 회수하기 위하여 필요한 경우
- 집행관은 압류물이 관할구역 밖에 있게 된 경우에 이를 회수하기 위하여 필요한 때에는 관할구역 밖에서 직무집행을 할 수 있다(민사집행규칙 제138조 제1항). 동산에 대한 압류는 집행관이 그 동산을 점유함으로써 개시되지만(민사집행법 제189조 제1항, 제191조), 동산이 압류된 후 절차진행 중에 압류한 물건이 집행관의 점유로부터 이탈하는 경우가 생기게 된다.(제요 집행 3 165)
- 이 경우 압류한 집행관은 동산을 계속해서 점유·보관할 직책을 가지고 있으므로 압류물이 제3자의 손에 넘어간 경우에는 그 물건을 되찾기 위하여 제3자에게 반환을 설득하는 등의 적절한 조치를 강구하여야 한다. 그 이외에도 집행관이 점유 중인 압류물을 채무자가 가지고 나간 경우, 집행관이 제3자에게 보관시킨 압류물을 스스로 보관할 필요가 있다고 인정하는 경우 등에도 집행관은 반환을 촉구하는 등 적절한 조치를 취하여야 한다.(제요 집행 3 165)
- 이와 같이 압류물이 압류한 집행관의 직무집행구역 밖에 있게 된 경우에 압류물을 회수하기 위하여 필요한 때에는 집행관은 관할구역 밖에서도 그 직무를 행할 수 있도록 하고 있는바, 위 조항이 집행관에게 아무리 멀리 떨어진 곳이라도 그곳까지 가서 압류물을 회수하여 올 의무를 부과하는 것은 아니다.(제요 집행 3 165)

9. 집행관 부동산 업무

가. 집행관 부동산업무

(1) 부동산현황조사

- 부동산현황조사(민사집행법 제85조, 제163조, 제268조, 제274조)
  법원은 매각개시결정을 한 뒤에 바로 집행관에게 부동산의 현상, 점유관계, 차임 또는 보증금의 액수, 그 밖의 현황에 관하여 조사하도록 명하게 되고, 부동산의 현황을 조사한 집행관은 정하여진 날까지 현황조사보고서를 법원에 제출하여야 합니다.

(2) 부동산매각/입찰의 실시

- 매각기일의 진행(민사집행법 제112조)
  집행관은 기일입찰 또는 호가매각의 방법에 의한 매각기일에는 매각물건명세서·현황조사보고서 및 평가서의 사본을 볼 수 있게 하고, 특별한 매각조건이 있는 때에는 이를 고지하며, 법원이 정한 매각방법에 따라 매수가격을 신고하도록 최고하여야 하는 등 부동산 매각 또는 입찰을 실시합니다.
- 선박, 자동차 등의 강제매각·담보권의 실행 등을 위한 매각에 관여(민사집행법 제172조, 제187조, 제269조, 제270조)
  선박이나 자동차의 강제매각·담보권의 실행 등을 위한 매각에 있어서도 부동산매각를 준용하여 집행관이 매각 또는 입찰을 실시하게 됩니다.

(3) 부동산 인도

- 부동산 등의 인도청구의 집행(민사집행법 제258조)

채무자가 부동산이나 선박을 인도하여야 할 때에는 집행관은 채무자로부터 점유를 빼앗아 출석한 채권자나 대리인에게 인도하여야 합니다.
- 경락부동산의 인도명령 집행(민사집행법 제136조, 제268조, 제274조)
매수인이 대금을 낸 뒤 6개월 이내에 법원에 신청하면 채무자·소유자 또는 부동산 점유자에 대하여 부동산을 매수인에게 인도하도록 명할 수 있으며, 채무자·소유자 또는 부동산 점유자가 인도명령에 따르지 아니할 때에는 매수인 등은 집행관에게 그 집행을 위임할 수 있습니다.

인도명령 결정기간

구분		결정기간	
채무자		산정일로부터 3일 이내 인도명령 결정	
소유자		산정일로부터 3일 이내 인도명령 결정	
임차인	대항력○	심문서 발송	배당 종결 후 3일 이내 결정
	대항력×	심문서 발송	심문 후 결정, 결정은 배당기일 이후
유치권자		심문기일 지정	심문 후 결정
기타 점유자		심문기일 지정	심문 후 결정

(4) 부동산 강제관리에 있어서 관리인의 부동산점유시의 참여(민사집행법 제166조 제2항)

강제관리가 개시된 부동산에 대하여 그 관리와 수익을 얻기 위하여 관리인은 부동산을 점유할 수 있으며, 이 경우 저항을 받으면 집행관에게 원조를 요구할 수 있습니다.

(5) 선박 또는 항공기에 대한 강제집행에 있어서 선박국적증서 또는 항공기 등록증명서 등의 수취 또는 인도집행(민사집행법 제175조, 민사집행규칙 제101조, 제106조)

선박에 대한 집행의 신청 전에 선박국적증서등을 받지 아니하면 집행이 매우 곤란할 염려가 있을 경우에는 법원은 신청에 따라 채무자에게 선박국적증서등을 집행관에게 인도하도록 명할 수 있습니다.
항공기의 집행에 대하여도 선박의 집행에 준하여 실시하게 됩니다.

(6) 자동차 또는 건설기계에 대한 강제매각신청 전의 자동차 또는 건설기계 인도명령집행(민사집행규칙 제113조, 제130조)

강제매각신청 전에 자동차를 집행관에게 인도하지 아니하면 강제집행이 매우 곤란할 염려가 있는 때에는 법원은 신청에 따라 채무자에게 자동차를 집행관에게 인도할 것을 명할 수 있습니다.

나. 집행관에 대한 미등기 조사명령

(1) 채권자가 건물의 지번·구조·면적을 증명하지 못한 때에는 채권자는 경매신청과 동시에 그 조사를 집행법원에 신청할 수 있고(법 81조 3항), 신청을 받은 집행법원은 집행관으로 하여금 미등기 건물의 구조

및 면적을 조사하게 하여야 한다(같은 조 4항). 집행관의 현황조사보고서 등을 통해 미등기 건물이 건축신고 또는 건축허가된 것과 사회통념상 동일하다고 인정되는 경우에만 강제집행이 허용되는데,[1][2] 실무상 건축주가 변경하는 경우나 수인인 경우에 누구를 얼마의 지분으로 경매개시결정촉탁할 것인지가 문제된다.

실무에서는 소유자가 누구인지를 증명하기 위해서 건축허가서나 건축신고필증을 첨부하고 있으나, 결국 소유자의 입증의 문제이고, 집행기관은 집행을 개시함에 있어 집행대상이 채무자에게 속하는지를 스스로 조사·판단하여야 한다.[3][4]

(2) 미등기건물조사명령은 경매신청일로부터 3일 안 (조사기간 2주 안)에

---

1) 법 제81조제1항제2호 단서의 규정에 따라 채권자가 제출한 서류 또는 제1항의 규정에 따라 집행관이 제출한 서면에 의하여 <u>강제경매신청을 한 건물의 지번·구조·면적이 건축허가 또는 건축신고된 것과 동일하다고 인정되지 아니하는 때에는 법원은 강제경매신청을 각하하여야 한다.</u>(민사집행규칙 42조 2항) ☞ 건물의 동일성 심사문제
2) 민사집행규칙 제218조는 보전처분의 집행에 관하여는 특별한 규정이 없으면 강제집행에 관한 규정을 준용하도록 규정하고 있는바, 위 규정들을 종합하여 보면, 완공되지 아니하여 보존등기가 경료되지 아니하였거나 사용승인되지 아니한 건물이라고 하더라도 채무자의 소유로서 건물로서의 실질과 외관을 갖추고 그의 지번·구조·면적 등이 건축허가 또는 건축신고의 내용과 사회통념상 동일하다고 인정되는 경우에는 보전처분의 대상으로 삼을 수 있다고 할 것이나, 그에 이르지 못한 경우에는 보전처분의 대상이 될 수 없는 것으로서 해당 미등기건물에 대한 보전처분신청은 각하되어야 할 것이다(대법원 2009. 5. 19.자 2009마406 결정). 가압류는 대법원 2011. 6. 2.자 2011마224 결정이 있음.
3) 대법원 2014. 6. 3.자 2013그336 결정[집행위임거부에관한이의][공2014하,1319] ; 미등기건물에는 소유권을 표상하는 외관적 징표로서 등기부가 존재하지 아니하므로, 집행관이 미등기건물에 대한 철거를 실시함에 있어서는 건축허가서나 공사도급계약서 등을 조사하여 철거대상 미등기건물이 채무자에게 속하는지를 판단하여야 할 것이고, 또한 대체집행의 기초가 된 집행권원에는 철거의무의 근거로서 철거대상 미등기건물에 대한 소유권 등이 채무자에게 있다고 판단한 이유가 기재되어 있기 마련이므로, 집행관으로서는 집행권원의 내용도 확인하여야 할 것이다.
4) 부동산등기실무[Ⅱ], 법원행정처, 2015, p215 ; 처분제한의 재판(예로는 경매개시결정, 가압류 처분금지가처분 등)을 신청한 채권자로 하여금 해당 건물이 채무자의 소유임을 증명할 서류를 제출하도록 하여 그 소유증명서면의 적격성 여부를 집행법원에서 판단하도록 하고 있다(법 81조 1항 2호 단서).

하여야 하고,(재민 91-5 참고) 조사를 위해 필요한 비용은 집행비용으로 하며, 집행관은 조사를 마친 때 그 비용의 내역을 바로 신고해야 한다. (재민 2004-3 제5조 제3항 참고). 이 비용은 집행개시 전 비용으로 원칙적으로 예납의 대상은 아니다. (실무제요 I 108 P 참고)
(3) 미등기건물 조사명령 처리
현황조사명령출력(JH253)에서 작성함=> 사건번호 입력=> 조회=> 조사체크=> 내용을 편집함

(가) 미등기건물 조사명령 기재례

미등기건물 조사명령

대전지방법원 소속 집행관 귀하

사　　건　20　타경　　　　부동산강제경매
채 권 자　○○○
채 무 자　○○○

　별지 기재 부동산에 대한 다음 사항을 조사하여 그 결과를 기재한 사실조사 보고서를 조속한 시일 내에 제출하여 주시기 바랍니다.(민사집행규칙 제42조 제1항에 규정된 다음 각호의 사항)

다　음

1. 사건의 표시
2. 조사의 일시·장소와 방법
3. 건물의 지번·구조·면적 (도면과 사진 첨부)
4. 조사한 건물의 지번·구조·면적이 건축허가 또는 건축신고를 증명하는

서류의 내용과 다른 때에는 그 취지와 구체적인 내역

2013. 02. 27.

사법보좌관 ㅇ ㅇ ㅇ

(나) 집행관에의 조사신청

채권자가 건물의 지번·구조·면적을 증명하지 못한때에는 채권자는 경매신청과 동시에 그 조사를 집행법원에 신청할 수 있고(「민사집행법」 제81조제3항),

신청을 받은 집행법원은 집행관으로 하여금 미등기건물의 구조 및 면적을 조사하게 하여야 한다(같은조 제4항).

법원의 집행관에 대한 조사명령은 성질상 결정으로 직무명령의 일종이다. 집행관은 위와 같은 조사를 위하여 건물에 출입할 수 있고, 채무자 또는 건물을 점유하는 제3자에게 질문하거나 문서를 제시하도록 요구할 수 있으며(「민사집행법」 제82조제1항),건물에 출입하기 위하여 필요한 때에는 잠긴 문을여는 등 적절한 처분을 할 수 있다(같은 조 제2항).

「민사집행법」 제81조제3항, 제4항의 규정에 따라 집행관이 건물을 조사한 때에는 △사건의 표시, △조사의 일시·장소와 방법, △건물의 지번·구조·면적,△조사한 건물의 지번·구조·면적이 건축허가 또는 건축신고를 증명하는 서류의 내용과 다른 때에는그 취지와 구체적인 내역에 건물의 도면과 사진을 붙여 정하여진 날까지 법원에 제출하여야 한다(「민사집행규칙」 제42조제1항).

3) 집행관의 조사보고서에 따른 법원의 조치 ① 미등기 건물이 건축허가 등과 동일하지 않은 경우 「민사집행법」 제81조제1항제2호 단서의 규정에 따라 채권자가 제출한 서류 또는 「민사집행규칙」 제42조제1항의 규정에 따라 집행관이 제출한 서면에 의하여 강제경매신청을 한 건물

이 건축허가 또는 건축신고 된 사항과 동일하다고 인정되지 아니하는 때에는 법원은 강제경매신청을 각하하여야 한다(「민사집행규정」 제42조 제2항).

따라서 미등기 건물이 건축신고 또는 건축허가된것과 사회통념상 동일하다고 인정되는 경우에만 강제집행이 허용되며, 이 경우 동일성 여부는 구체적인 사건에서 법원이 판단할 수밖에 없다.

법원은 집행관의 조사보고서에 의하여 미등기 건물이 건축허가서나 신고서와 동일성을 인정할 수 있을 정도로 축조되어 있으면, 촉탁에 의한 보존등기 후 경매절차를 진행하고 반대의 경우에는 경매절차를 기각하게 된다.

(다) 미등기건물의 건축허가상 건축주 명의가 변경된 경우

집행기관은 집행을 개시함에 있어 집행대상이 채무자에게 속하는지를 스스로 조사·판단하여야 하고, 이는 건물철거의 대체집행에서 수권결정에 기초하여 작위의 실시를 위임받은 집행관이 실제 철거를 실시하는 경우에도 마찬가지이다. 그런데 미등기건물에는 소유권을 표상하는 외관적 징표로서 등기부가 존재하지 아니하므로, 집행관이 미등기건물에 대한 철거를 실시함에 있어서는 건축허가서나 공사도급계약서 등을 조사하여 철거대상 미등기건물이 채무자에게 속하는지를 판단하여야 할 것이고, 또한 대체집행의 기초가 된 집행권원에는 철거의무의 근거로서 철거대상 미등기건물에 대한 소유권 등이 채무자에게 있다고 판단한 이유가 기재되어 있기 마련이므로, 집행관으로서는 집행권원의 내용도 확인하여야 할 것이다. 한편 미등기건물의 건축허가상 건축주 명의가 변경되었다고 하더라도, 변경시점에 이미 건물이 사회통념상 독립한 건물이라고 볼 수 있는 형태와 구조를 갖추고 있었다면 원래의 건축주가 건물의 소유권을 원시취득하고, 변경된 건축주 명의인은 소유자가 아니므로, 집행관이 변경된 현재의 건축주 명의인이 채무자와 다르다는 이유만으로 철거대상 미등기건물이 채무자에게 속하는 것이 아니라고 판단하여 철거를 실시하지 않왔다면, 이는 집행관이 지킬 집행절차를 위반하여 집행을 위임받기를 거부하거나 집행행위를 지체한 경우에 해당하여 채권자는 <u>집행에 관한 이의신청</u>으로 구제받을 수 있다(13ㄱ336).

10. 집행관 유체동산 집행

가. 집행관 유체동산에 대한 강제집행

(1) 유체동산에 대한 강제집행

(가) 채무자가 점유하고 있는 물건의 압류(민사집행법 제189조)

채무자가 점유하고 있는 유체동산의 압류는 집행관이 그 물건을 점유함으로써 합니다. 다만, 채권자의 승낙이 있거나 운반이 곤란한 때에는 봉인, 그 밖의 방법으로 압류물임을 명확히 하여 채무자에게 보관시킬 수 있습니다.

(나) 압류물의 보존(민사집행법 제198조)

압류물을 보존하기 위하여 필요한 때에는 집행관은 적당한 처분을 하여야 합니다.

(다) 보관압류물의 점검(민사집행규칙 제137조)

집행관은 채무자 또는 채권자나 제3자에게 압류물을 보관시킨 경우에 압류채권자 또는 채무자의 신청이 있거나 그 밖에 필요하다고 인정하는 때에는 압류물의 보관상황을 점검하여야 합니다.

(라) 압류물의 인도명령집행(민사집행법 제193조)

압류물을 제3자가 점유하게 된 경우에는 법원은 채권자의 신청에 따라 그 제3자에 대하여 그 물건을 집행관에게 인도하도록 명할 수 있습니다.

(마) 압류물의 매각(민사집행법 제199조)

집행관은 압류를 실시한 뒤 입찰 또는 호가매각의 방법으로 압류물을 매각하여야 합니다.

(바) 초과압류 등의 취소(민사집행규칙 제140조)

집행관은 압류 후에 그 압류가 집행권원에 적은 청구금액의 변제와 집행비용의 변상에 필요한 한도를 넘는 사실이 분명하게 된 때에는 넘는 한도에서 압류를 취소하여야 합니다.
집행관은 압류 후에 압류물의 매각대금으로 압류채권자의 채권에 우선하는 채권과 집행비용을 변제하면 남을 것이 없겠다고 인정하는 때에는 압류를 취소하여야 합니다.

(사) 어음 등의 제시 또는 지급청구(민사집행법 제212조)

집행관은 어음·수표 그 밖의 금전의 지급을 목적으로 하는 유가증권으로서 일정한 기간 안에 인수 또는 지급을 위한 제시 또는 지급의 청구를 필요로 하는 것을 압류하였을 경우에 그 기간이 개시되면 채무자에 갈음하여 필요한 행위를 하여야 합니다.

(아) 집행관의 매각대금 처리(민사집행규칙 제155조)

매각대금 또는 압류금전으로 각 채권자의 채권과 집행비용의 전부를 변제할 수 있는 경우에는 집행관은 채권자에게 채권액을 교부하고, 나머지가 있으면 채무자에게 교부하여야 합니다.

압류금전이나 매각대금으로 각 채권자의 채권과 집행비용의 전부를 변제할 수 없는 경우에는 집행관은 배당협의가 이루어진 때에는 그 협의에 따라 배당을 실시하여야 하고, 배당협의가 이루어지지 아니한 때에는 압류금전이나 매각대금을 공탁하여야 합니다.

  (자) 담보권 실행 등을 위한 유체동산의 매각 등(민사집행법 제271조,
      제272조, 제274조 제1항)

유체동산을 목적으로 하는 담보권 실행을 위한 매각는 채권자가 그 목적물을 제출하거나 그 목적물의 점유자가 압류를 승낙한 때에 개시하며, 유체동산에 대한 강제집행의 절차를 준용하게 됩니다.

유치권에 의한 매각와 민법·상법, 그 밖의 법률이 규정하는 바에 따른 매각도 담보권 실행 등을 위한 매각의 예에 따라 실시하게 됩니다.

나. 채권 및 그 밖의 재산권에 대한 강제집행

  (1) 채권압류에 있어서 채권증서의 취득(민사집행법 제234조 제2항)

채권자는 압류명령의 방법에 의하여 강제집행의 방법으로 그 증서를 인도받을 수 있습니다.

  (2) 유체동산의 청구권에 대한 집행에 있어서 목적물의 수령 및 환가(민사집행법
      제243조)

유체동산에 관한 청구권을 압류하는 경우에는 법원이 제3채무자에 대하여 그 동산을 채권자의 위임을 받은 집행관에게 인도하도록 명하며, 동산의 현금화에 대하여는 압류한 유체동산의 현금화에 관한 규정을 준용

하게 됩니다.

(3) 지시증권상의 채권의 압류에 있어서 증권의 점유(민사집행법 제233조)

어음·수표 그 밖에 배서로 이전할 수 있는 증권으로서 배서가 금지된 증권채권의 압류는 법원의 압류명령으로 집행관이 그 증권을 점유하여 집행을 하게 됩니다.

(4) 기타의 재산권에 대한 집행에 있어서 그 재산권의 매각 등의 방법에 의한 환가(민사집행법 제251조 제1항)

앞에서 규정한 재산권 외에 부동산을 목적으로 하지 아니한 재산권에 대한 강제집행에도 채권과 그 밖의 재산권에 대한 강제집행규정과 부동산의 일괄매각에 대한 규정을 준용하고 있습니다.

(5) 동산인도청구의 집행(민사집행법 제257조)

채무자가 특정한 동산이나 대체물의 일정한 수량을 인도하여야 할 때에는 집행관은 이를 채무자로부터 **빼앗아** 채권자에게 인도하여야 합니다.

다. 보존처분집행

(1) 가압류집행

(가) 동산 가압류 집행(민사집행법 제296조)

동산에 대한 가압류의 집행은 압류와 같은 원칙에 따라 하게 되며, 가압류한 금전이나 즉시 매각하지 아니하면 값이 크게 떨어질 염려가 있거나 그 보관에 지나치게 많은 비용이 드는 가압류물은 집행관이 매각하여 매각대금을 공탁하여야 하지만, 그 외의 경우에는 현금화할 수 없습니다.

(2) 가처분집행

(가) 명도단행가처분 등 일정한 내용의 가처분의 집행(민사집행법 제296조, 제301조, 제305조)

집행관이 행하는 일정한 가처분의 집행에도 가압류절차에 관한 규정을 준용하게 됩니다.

(3) 부동산 매각개시결정 후의 보전처분집행(민사집행규칙 제44조 제2항)

부동산을 점유하는 채무자·소유자 또는 부동산의 점유자로서 그 점유권원을 압류채권자·가압류채권자 등에 대하여 대항할 수 없는 사람이 부동산의 가격감소행위 등을 하는 경우에 특별한 사정이 있는 때에는, 법원은 압류채권자 또는 최고가매수신고인의 신청에 따라 매각허가결정이 있을 때까지 담보를 제공하게 하고 그 명령에 위반한 사람 또는 그 행위를 한 사람에 대하여 부동산의 점유를 풀고 집행관에게 보관하게 할 것을 명할 수 있습니다.

11. 집행관 기타 업무

가. 송달

(1) 서류의 송달(민사소송법 제176조)

소송서류의 송달은 우편 또는 집행관에 의하여 하게 됩니다.

(2) 집행권원인 공정증서정본 등의 송달(민사집행규칙 제22조)

채권자는 집행권원인 공정증서정본 등의 송달과 동시에 강제집행할 것을 위임하는 경우 또는 공증인법 규정에 따른 우편송달로는 그 목적을 달성할 수 없는 때에는 집행관에게 공정증서정본 등의 송달을 위임할 수 있습니다.

나. 거절증서 작성, 열람 및 등·초본 발급

(1) 어음 및 수표의 거절증서 작성(거절증서령 제2조)

어음 및 수표의 거절증서는 공증인 또는 집행관이 작성합니다.

(2) 집행기록등의 열람과 등·초본의 발급(집행관법시행규칙 제32조)

당사자나 이해관계를 소명한 제3자는 집행기록 기타 집행관이 직무상 작성하는 서류의 열람이나 등·초본의 교부 또는 집행관이 취급한 사무에 관한 증명서의 교부를 청구할 수 있습니다.

다. 회생 파산

(1) 파산법에 의한 직무

(가) 파산재단에 속하는 재산의 봉인 및 봉인의 제거(파산법 제176조)

파산관재인이 필요하다고 인정하는 때에는 법원서기관, 서기, 집행관 또는 공증인으로 하여금 파산재단에 속하는 재산에 봉인을 하게 할 수 있습니다.

(나) 파산관재인이 행하는 재산가액평가에 입회(파산법 제178조)

파산관재인은 법원서기관, 서기, 집행관 도는 공증인의 참여하에 파산재단에 속하는 모든 재산의 가액을 평가하여야 합니다.

(2) 회사정리법에 의한 직무

(가) 관리인이 회사의 장부 등을 검사함에 대한 원조(회사정리법 제98조의 2)관리인은 회사의 이사, 감사와 지배인 기타의 사용인에 대하여 회사의 업무 및 재산의 상태에 관하여 보고를 요구하며 회사의 장부, 서류, 금전 기타의 물건을 검사할 수 있으며, 관리인은 이러한 조사를 함에 있어 법원의 허가를 받아 집행관의 원조를 요구할 수 있습니다.

(나) 관리인이 행하는 재산가액평가에 입회(회사정리법 제177조)
관리인은 정리절차개시 후 지체없이 법원서기관이나 서기, 집행관 또는 공증인의 참여하에 회사에 속하는 모든 재산의 가액을 평가하여야 합니다.

12. 집행실시에 관한 일반적 절차

가. 집행위임

(1) 의의

집행관은 원칙적으로 당사자의 신청에 의하여 직무를 행하고 예외적으로 법원 및 검찰청의 명령에 의하여 사무를 처리한다(집행관법 5조, 6조). 집행관이 자발적으로 사무를 처리하는 일은 없다.

채권자는 그 관내의 집행관 중 누구에게라도 집행의 위임을 할 수 있고, 이와 같은 민사집행의 신청을 받은 집행관은 그 채권자와의 사이에서 그 사건을 처리할 직무상의 의무를 부담한다. 이러한 관계는 민법상의 위임과는 달리 집행개시를 구하는 신청이라고 볼 것이므로, 집행관이 행사하는 권한은 국가의 집행권능이고 위임자인 채권자는 이러한 권능을 가지고 있지 않으므로, 대리인이 본인의 권리를 행사하는 경우와 근본적으로 다르다. 집행관은 자기책임으로 권한을 행사하고 또 위임을 거절하거나 해제할 수 없을 뿐 아니라, 집행관이 집행위임이나 집행행위의 실시를 거부할 경우 기타 수수료에 관한 분쟁이 발생할 경우에는 민사집행법 제16조의 이의의 사유는 될지언정 소 제기의 원인이 되지 아니하고, 집행위임이 제일의 집행관으로부터 제이의 집행관에게 당연히 이전될 수 있다는 점(215조 2항) 등을 고려하면 집행관과 채권자와의 관계는 사법상 관계가 아님이 분명하다[강대성, 104; 박두환, 33; 방순원/김광년(하), 116; 이영섭(하), 38-39]. 법원에 대하여 소를 제기하거나 기타 신청을 한 경우의 당사자와 법원과의 관계처럼 공법상의 관계라고 할 수 있다.집행의 위임은 집행개시의 전제요건이다. 다만, 집행위임이 있더라도 집행을 개시하기 위해서는 다른 일정한 요건을 필요로 한다(39조, 40조 참조).

(2) 위임자의 능력

채권자는 집행권원이나 집행문에 당사자로 되어 있는 이상 당연히 당사자능력을 갖지만, 당사자능력 외에 소송능력도 있어야 적법하게 집행위임을 할 수 있다. 따라서 미성년자 및 한정치산자는 처분을 허락한 재산이나 허락을 받은 영업에 관한 경우(민법 6조 내지 8조) 이외에는 법정대리인에 의해서만 위임할 수 있고, 금치산자의 경우에는 법정대리인만이 위임할 수 있다.

집행위임은 판결절차 기타 이에 준하는 재판절차라고 보기 어렵기 때문에 변호사가 아니더라도 채권자의 임의대리인으로 되어 집행관에게 집행위임을 할 수 있다. 다만, 임의대리인을 통하여 집행을 위임하는 경우에는 임의대리인이 위임장 등 서면으로 그 대리권을 증명하여야 한다.

(3) 집행위임의 방식

집행관에 대한 민사집행의 위임은 곧 민사집행의 신청을 의미하므로 서면으로 하여야 한다(4조). 신청서에는 채권자 및 채무자의 주소, 성명과 집행의 목적을 명백히 하여야 한다.

집행관은 집행사건을 수임함에 있어 위임인으로 하여금 주민등록증을 제시케 하여 채권자 본인 또는 권한 있는 대리인인가의 여부를 확인하여야 하고, 채권자의 대리인인 변호사가 그 사무원으로 하여금 집행사건을 위임케 하는 경우에는 그 사무원임을 증명하는 신분증과 주민등록증을 제시케 하여 이를 확인하여야 한다. 집행관이 집행사건을 수임할 경우의 위임인의 확인 등(행정예규 제 495호). 집행관사무소의 실무상으로는 위임의 사실 및 사항을 명확히 하기 위하여 집행신청서에 집행력 있는 정본 및 위임장(대리인에 의하여 신청하는 경우)을 첨부하여 제출시키고 있고, 수수료 기타 비용의 예납을 받고 있다. 집행채권이 수인의 연대채권 또는 불가분채권인 경우에는 각 채권자가 채권 전액에 관하여 집행위임을 할 수 있으나, 가분채권인 경우에는 자기의 채권액에 관하여만 집행위임을 할 수 있다. 연대채무 또는 불가분채무의 경우에는 채권자는 각 채무자에 대하여 채권 전액의 집행위임을 할 수 있으나, 가분채무의 경우에는 각 채무자의 부담부분에 한하여 집행위임을 할 수 있다.

(4) 집행위임의 거절·해지

집행위임의 거절·해지집행관은 집행위임이 있으면 위임의 요건을 조사하여 형식적 요건이 구비되어 있는 한 정당한 사유(관할의 부존재, 제척사유의 존재, 비용의 미납 등) 없이 위임을 거절할 수 없다(집행관법 14조). 거절에 불복하는 자는 집행관 소속의 집행법원에 이의를 신청할 수 있다(16조 3항).집행의 실시는 채권자의 의사에 의존하는 것이므로 채권자는 언제든지 집행위임을 해지 또는 제한할 수 있다. 반면, 집행관은 정당한 사유 없이는 수임 후에 위임을 해지할 수 없다. 집행관은 명령 또는 위임을 한 자의 승낙이 있는 경우를 제외하고는 사건의 처리를 다른 집행관에게 위임하지 못한다(집행관규칙 16조).집행관이 정당한 사유로 그 직무를 행할 수 없을 때에는 위임을 한 본인에게 지체 없이 그 뜻을 통지하여야 한다(집행관법 16조 1항). 위임을 한 본인에게 통지할 수 없는 때 또는 급속한 처분을 요할 때에는 그 뜻을 지방법원장 또는 지원장에게 신고하여야 하고, 이 신고를 받은 지방법원장 또는 지원장은 그 직무의 집행을 다른 집행관이나 법원사무관 등에게 명하여야 한다(동조 2, 3항).

(5) 집행위임의 효과

집행관은 채권자로부터 적법한 위임을 받았을 때에는 자기의 판단과 책임 아래 독자적으로 그 권한을 행사하고 채권자의 지시에 따를 필요가 없으며, 집행에 관한 이의가 있어 법원의 재판이 있는 경우를 제외하고는 법원으로부터 구체적 사무처리에 관하여 지시를 받지도 않는다. 다만, 민사집행은 채권자를 위하여 하는 것이므로 압류의 범위, 절차의 진행에 있어 법규에 어긋나지 않는 한 채권자의 의사를 존중하여야 하는 것은 당연하다.

집행관은 집행실시에 있어 채권자의 대리인은 아니나, 채권자가 집행행위와 관련하여 집행관에게 대물변제의 수령, 화해, 기한의 유예, 반대이행의 제공 등을 위한 권한을 부여하는 것은 무방하다. 이 범위 안에서는 집행관은 채권자의 임의대리인이라고 볼 수 있다.집행관은 채권자의 피용자가 아니므로 집행관의 행위로 인하여 타인에게 손해를 주었다 하더라도 채권자가 그 선임감독상의 책임을 질 필요는 없다. 다만, 채권자가 자기의 고의 또는 과실에 의하여 집행관에게 부당한 신청을 하고 또 부당한 지시를 하여 집행이 실시됨으로써 타인에게 손해를 입힌 때에는 자기의 불법행위로서 책임을 진다. 집행관이 적법한 민사집행의 신청을 받은 때에는 특별수권이 없는 경우에도 채무자로부터 임의의 지급 기타 이행을 받고 그 영수증서를 작성·교부하며 채무자가 그 의무를 완전히 이행할 때에는 집행력 있는 정본을 채무자에게 교부할 권한이 있다(42조 1항).

채권자는 집행관의 법정권한 가운데 일부, 예컨대 채무자의 지급 기타 이행을 수령할 권한을 제한할 수 있지만, 집행관이 집행력 있는 정본을 소지하고 있는 이상 그 제한에 저촉되는 행위를 하더라도 채무자에 대하여 그 제한을 주장할 수 없다(43조 1항).

나. 비용예납

신청에 의하여 취급할 사무에 관한 집행관의 수수료 및 비용은 신청인이 부담한다. 그 지급을 확보하기 위하여 집행관은 수수료 기타 비용의 계산액을 위임자에게 예납시킬 수 있고, 예납하지 아니하는 때에는 위임에 응하지 아니할 수 있다(집행관수수료규칙 25조 1항 본문). 다만, 민사집행신청인이 소송상의 구조를 받는 자인 때에는 예납을 명할 수 없다(동조 1항 단서). 이 예납금은 집행관의 집행수수료, 물건의 보관비용, 증인·감정인의 일당과 여비, 통신료 등에 충당한다.

집행 도중에 예납액이 부족하게 되면 추가예납을 시킬 수 있다.

집행관은 각개의 사무를 완료하거나 또는 그 사무를 속행할 필요가 없게 된 후가 아니면 특별한 사유가 없는 한 그 사무에 대한 수수료를 받을 수 없고(동규칙 24조), 소정 수수료를 초과하여 받거나 특별한 보수를 받지 못한다(집행관법 19조 2항).

다. 직무의 집행

집행관은 독립한 기관으로서 자기의 판단과 책임 아래 그 권한을 행사함이 원칙이다. 집행관이 민사집행의 신청을 받은 때에는 바로 민사집행을 개시할 일시(신청일로부터 1주일 안의 날)를 정하여 신청인에게 통지하여야 한다. 다만, 신청인이 통지가 필요 없다는 취지의 신고를 한 때에는 그렇지 않다(규칙 3조). 다만, 법원은 법령에 의하거나 재판에 의하여 집행관에게 처리하도록 한 사무, 예컨대 부동산에 대한 강제경매에서의 현황조사(85조), 매각부동산의 관리인으로 선임된 경우의 관리방법(136조

2항) 등에 관하여는 필요한 지시를 할 수 있다. 집행관이 그 직무를 집행할 때에는 지방법원장이 교부한 신분증을 휴대하여야 하고(집행관법 17조 1항, 동규칙 15조), 당해 청구에 대하여 집행할 수 있는 권한과 자격이 있음을 수임시에 채권자로부터 교부받은 집행력 있는 정본으로 증명하여야 한다(43조 1항). 집행관은 집행하기 위하여 필요한 경우에는 채무자의 주거, 창고와 기타 장소를 수색하고 잠긴 문과 기구를 여는 등 적절한 조치를 할 수 있다(5조 1항). 이 때 저항을 받으면 집행관은 경찰이나 국군의 원조를 요청할 수 있다(5조 2항).집행관은 집행법원의 허가를 받아 공휴일이나 야간에도 집행행위를 할 수 있다(8조).

라. 집행실시에 대한 불복신청

집행관의 집행처분, 그밖에 집행관이 지킬 집행절차에 대하여 불복이 있거나(민사집행법 제16조 제1항), 집행관이 집행을 위임받기를 거부하거나 집행행위를 지체하는 경우 또는 집행관이 계산한 수수료에 대하여 다툼이 있는 경우(민사집행법 제16조 제3항)에 당사자 또는 이해관계인은 집행법원에 집행에 관한 이의신청을 할 수 있다.(제요 집행 1 45)

다만, 집행관이 독립한 집행기관으로서가 아니라 집행법원 또는 수소법원의 보조기관으로서 행동한 경우(예를 들어, 부동산매각기일의 실시, 경매부동산의 현황 조사 등)에는 그 처분에 대하여 직접 위 이의신청을 할 수 없다는 것이 통설이다.(제요 집행 1 45)

13. 집행관의 선관주의의무

유체동산의 압류는 집행관이 그 물건을 점유함으로써 하고, 채무자 등에게 압류물을 보관시킨 경우에도 압류물에 대한 집행관의 점유는 계속되는 것이므로 집행관은 선량한 관리자로서5) 압류물을 보존하여야 한다.

---

5) 불법행위에서의 과실{추상적 경과실(선량한 관리자의 주의의무)}
　*　불법행위의 성립요건으로서의 과실은 이른바 추상적 과실만이 문제되는 것이고

(제요 집행 3 175)6)

14. 집행관의 주의의무와 통지의무

보관인을 선임하여 압류물을 보관시킨 경우에도 집행관은 압류물이 멸실되거나 훼손되지 않도록 점검하는 등의 주의의무가 있고, 그 결과 압류물의 부족이나 손상이 있는 때에는 그 취지를 보관자가 아닌 채권자 또는 채무자에게 통지하여야 한다(민사소송비용규칙 제137조). 보관인은 집행관과의 계약상 정해진 작위 또는 부작위조치 이외에 그 보관물에 관하여 특별한 조치가 필요하다고 인정하는 때에는 그 취지를 집행관에게 통지하여야 할 것이다.(제요 집행 3 177)

15. 채권자의 손해배상책임

채권자도 집행관에게 압류물의 보존에 필요한 적당한 조치를 강구하도록 주의를 촉구할 의무가 있고, 이를 게을리한 때에는경우에 따라 채무자

　　이러한 과실은 사회평균인으로서의 주의의무를 위반한 경우를 가리키는 것이지만, 그러나 여기서의 '사회평균인'이라고 하는 것은 추상적인 일반인을 말하는 것이 아니라, 그때 그때의 구체적인 사례에 있어서의 보통인을 말하는 것이다 (대법원 2001. 1. 19. 선고 2000다12532 판결)
6) 집행과정에 관한 집행관의 책임
- 집행관이 그 직무를 수행함에 있어 주의의무를 위배함으로써 손해를 가한 경우 국가는 그 피해자에게 국가배상법상 손해배상의무가 있다. 집행관은 집행에 관한 법률전문가로서 집행의 근거로 삼는 법령에 대한 관계 법규나 필요한 지식을 충분히 갖출 것이 요구되므로 집행관으로서 당연히 알아야 할 관계 법규를 알지 못하고 필요한 지식을 갖추지 못하거나 조사를 게을리하여 법규의 해석을 그르치는 등으로 인하여 타인에게 손해를 가하였다면 불법행위가 성립한다.
- 집행의 보조자가 손해를 가한 경우에도 집행관의 과실로 보아 국가배상청구가 인정된다.
- 집행관이 대동한 측량회사 직원이 철거선을 잘못 표시하는 바람에 원고의 건물 중 일부가 초과로 철거되었다면, 국가가 원고에게 그 원상회복비용을 배상하여야 한다고 본 사례

에 대하여 손해배상책임을 지게 된다는 견해도 있다.(제요 집행 3 180)

16. 집행관 직무집행과 국가배상

가. 보존처분을 게을리한 경우

압류물의 보존을 위하여 집행관이 적당한 처분을 하는 것은 그 권한인 동시에 의무이다. 따라서 집행관이 압류물의 보존을 위한 처분을 게을리하여 채무자에게 손해가 발생된 때에는 집행관뿐만 아니라 국가도 손해배상책임을 질 수 있다.(제요 집행 3 180)

나. 집행관은 그 직무를 집행함에 있어 고의 또는 과실로 위법하게 채권자, 채무자 기타 제 3자에게 손해를 가한 때에는 국가가 이를 배상할 책임을 진다.

집행관은 민사집행에 관한 사무처리 등 국가의 공권력 행사를 담당하는 자이므로 그 직무를 집행함에 있어 고의 또는 과실로 위법하게 채권자, 채무자 기타 제 3자에게 손해를 가한 때에는 국가가 이를 배상할 책임을 진다(국가배상법 2 조 1항). 민사집행사무는 사권의 강제적 실현을 그 목적으로 하는 만큼 집행관의 직무집행을 둘러싸고 국가배상의 문제가 발생할 가능성이 항상 존재하고 있다.

그런데 1990. 1. 13. 개정 전의 구민사소송법 제 493 조는「집달리는 채권자의 위임에 의하여 하는 행위와 직무상의 의무의 위배로 인하여 채권자 기타의 관계인에 대하여 손해를 생기게 한 때에는 제 1차로 그 책임을 진다」고 규정하고 있었기 때문에 공무원의 직무상 불법행위에 관한 국가배상책임을 규정한 헌법 제 29 조 제 1항, 국가배상법 제 2 조 제 1항과의 관계를 둘러싸고 논란이 있었다. 학설은 문리대로 해석하여 집행관의 행위로 인하여 손해를 본 피해자는 우선 집행관에게 그 배상책임을 물어야 하고 집행관으로부터 만족을 얻지 못하면 비로소 국가가 배상책임을 지는 것으로 보았다. 그러나 판례 대판 1966. 7. 26. 66다854(집14-2, 민223); 대판 1968. 5. 7. 68다326(집16-2, 민4). 는 위 규정이 집행관의 직무상의 불법행위로 인한 국가배상법상의 국가의 손해배상책임을 배제하거나 또는 국가의 손해배상책임과 양립하지 않는다는 뜻을 규정한 취지로 해석할 수 없다고 판시함으로써, 결국 국가와 집행관에 대한 손해배상청구권의 선택적 행사를 인정하고 집행관이 제 1차로 책임을 진다는 동조의 의미를 부정하였다.이와 같이 위 규정의 해석을 둘러싸고 혼란이 생기자 1990. 1. 13. 구민사소송법을 개정하면서 위 493조를 삭제함으로써 해석상의 혼란을 없애고 민법과 국가배상법의 일반규정에 의하도록 하였다.주18) 법무부, 민사소송법 개정자료(1990), 262. 민사집행법도 마찬가지 입장을 취하고 있다.한편, 집행관직무대행자(집행관법 8조)나 집행관의 사무원이 집행관의 직무를 대행하거나 보조하는 과정에서 고의 또는 과실로 타인에게 손해를 가한 때에는 집행관의 이행보조자에 의한 행위로서 집행관 자신의 직무처리와 동일하게 보아야 할 것이다.7)

【판결요지】

가. 집달리는 강제집행을 함에 있어서 채무자의 재산에 필요 이상의 손해를 발생하지 않도록 할 주의의무가 있다.

나. 본조의 규정은 집달리의 불법행위로 인한 국가의 손해배상책임을 배제하거나 양립되지 않는다는 뜻을 규정한 취지로 해석할 수 없다.

다. 구 민사소송법(90.1.13. 법률 제4201호로 개정전) 제493조의 규정은 집달리의 직무상의 불법행위로 인한 국가의 손해배상책임을 배제하거나 그 책임과 양립되지 않는다는 뜻을 규정한 취지로 해석할 수 없다.

---

7) * 사용자책임(민법 제756조)에 있어서 피용자의 사무집행에 대한 관련성은 외형이론이 학설 및 판례 ⇒ 장교가 부대 명의의 법인카드를 무단 발급받아 '카드깡' 수법으로 돈을 챙겨 달아난 사건과 관련, 대법원이 국가의 배상책임을 인정했다. 재판부는 판결문에서 "정부구매카드 발급신청 권한이 있는 관서운영경비출납공무원의 자격이 엄격히 한정돼 있지 않는 점 등을 종합해 보면 부대 복지시설을 관리·운영하는 인사처장인 김모 전 소령의 법인카드 발급신청 및 사용한도 증액신청, 법인카드 사용행위는 외형상·객관적으로 국가의 사무집행행위 또는 그와 관련된 것이라고 볼 여지가 충분하다(대법원 2008. 2. 1. 선고 2006다33418 판결).

(출처 : 대법원 1966.7.26. 선고 66다854 판결【손해배상】[집14(2)민,223])

【판결요지】

[3] [다수의견] 공무원이 직무수행 중 불법행위로 타인에게 손해를 입힌 경우에 국가 등이 국가배상책임을 부담하는 외에 공무원 개인도 고의 또는 중과실이 있는 경우에는 불법행위로 인한 손해배상책임을 진다고 할 것이지만, 공무원에게 경과실뿐인 경우에는 공무원 개인은 손해배상책임을 부담하지 아니한다고 해석하는 것이 헌법 제29조 제1항 본문과 단서 및 국가배상법 제2조의 입법취지에 조화되는 올바른 해석이다. (출처 : 대법원 1996. 2. 15. 선고 95다38677 전원합의체 판결【손해배상(자)】[집44(1)민,165;공1996.3.15.(6),771])
(출처 : 한국사법행정학회 민사집행법(1) 제3판 / 제1조~제23조)

17. 집행관의 작위실시와 채무자의 거부행위에 대한 배제조치

집행관에 의하여 작위를 실시하는 경우에는 집행관은 그 직무집행을 위하여 채무자의 주거 등의 장소를 수색하거나, 잠근 문을 여는 등 적절한 조치를 할 수 있다(민사집행법 제5조 제1항).(제요 집행 3 582)

채무자가 이를 거부하는 것은 작위의 실시에 대한 저항에 해당하므로 작위내용의 범위에서 위력을 사용하여 이를 배제할 수 있고, 경찰 또는 국군의 원조를 요청할 수 있다(민사집행법 제5조 제2항).(제요 집행 3 582)

제2절　집행관 권한

Ⅰ. 집행관 권한을 증명하는 서면

1. 집행관은 집행력 있는 정본을 가지고 있으면 채무자와 제 3자에 대하여 강제집행을 하고 제 42 조에 규정된 행위를 할 수 있는 권한을 가지며, 채권자는 그에 대하여 위임의 흠이나 제한을 주장하지 못한다.
2. 집행관은 집행력 있는 정본을 가지고 있다가 관계인이 요청할 때에는 그 자격을 증명하기 위하여 이를 내보여야 한다.

Ⅱ. 채무자 및 제 3자에 대한 관계 (3자가 점유하고있는 물건에 압류)

집행관은 집행력 있는 정본을 가지고 있는 이상 강제집행을 실시할 수 있고 특별한 권한을 부여받지 아니한 경우에도 임의변제의 수령 등 권한을 행사할 수 있다. 집행력 있는 정본을 가지고 있어야 하는 이유는 집행정본이 채무자로 하여금 강제력의 행사를 수인하도록 하는 기본이 되기 때문이다. 그리고 집행관에게 당해 청구권에 관한 집행을 할 수 있는 권한이 있다는 것을 증명하기 위하여는 채권자로부터 교부받은 집행력 있는 정본을 가지고 있도록 하는 것이 가장 간명한 방법이다.

채무자가 아닌 제 3자에 대한 관계에서는 고유한 의미의 강제집행을 할 수 없다. 다만, 제 3자가 채무자에 대한 강제집행을 방해하는 경우에는 이를 배제하기 위하여 강제력을 사용할 수 있다. 또한 제 3자가 점유하고 있는 물건의 제출을 거부하지 않아 압류한 경우(191 조)와 같이 제 3자가 임의로 강제집행에 협력한 때에 한하여 집행을 할 수 있다. 제 3자는 원칙적으로 채무자를 대신하여 임의변제를 할 수 있고, 집행관은 이를 수령할 수 있다(42 조 해설 참조). 채권자는 외부관계, 즉 집행채무자와 제 3자에 대한 관계에서는 위임의 흠결이나 제한을 주장하지 못한다. 예를 들어 채권자가 채무자 또는 제 3자로부터의 임의변제를 수령할 수 있는 권한을 제한하였다 하더라도 이 제한은 집행관과의 관계에서는 효력이 있으나 채무자나 제 3자에 대하여 이를 주장할 수 없고, 또 무권대리인의 집행위임에 기초한 경우라도 채무자가 집행력 있는 정본을 가지고 있는 집행관에 대하여 한 변제는 유효하다. 이는 채무자의 지급을 완전하게 하기 위한 것이며 채권자가 그 제한의 실효를 거두기 위하여서는 스스로 집행에 참여할 필요가 있을 것이다.

Ⅲ. 집행관의 강제력 사용권

1. 집행관은 그 조사를 위하여 건물에 출입할 수 있고, 채무자 또는 건물을 점유하는 제 3자에게 질문하거나 문서를 제시하도록 요구할 수 있다(본조 1항). 건물에 출입하기 위하여 필요한 때에는 잠긴 문을 여는 등 적절한 처분을 할 수 있다(본조 제 2항).[8] 건물의 문이 잠겨져 있는 때에는 우선 채무자 또는 건물을 점유하는 제 3자에게 이를 열도록 할 것이고, 이에 불응한 때에는 집행관 스스로 또는 제 3자에게 명하여 실력으로 열어서 출입할 수 있다. 이때 자물쇠를 파손하지 않고서는 이를 열 수 없는 경우에는 필요한 한도에서 파손을 하더라도 불가피하다. 그러나 이러한 경우라도 채무자에게 가장 손해가 적은 방법을 선택하여야 할 것이다.
2. 경찰 또는 국군의 원조 요청조사를 하는데 저항을 받으면 집행관은 경찰 또는 국군의 원조를 요청할 수 있다(5조 2항).
    가. 경찰원조 의 요청[9].집행관이 집행에 관한 직무를 수행함에 있어 그 직무수행을 방해하는 채무자 또는 제 3자의 저항을 받을 우려가 있다고 예상할 만한 상당한 사유가 존재하여 그 저항을 배제하

---

[8] 집행관의 강제력 사용에도 영장주의가 적용되는지 여부에 관한 논의로는 장석조, "집행절차에 있어서의 채무자 보호", 재판자료(71), 150 참조.
[9] 민사집행법 제 5 조 제 2항에 의한 집행관의 경찰에 대한 원조요청시 업무처리요령(재민 99-1)

고 직무집행의 목적을 달성하기 위하여 경찰에 대한 원조요청을 할 필요가 있다고 판단되는 때에는 사전에 그 집행에 관한 직무의 수행장소를 관할하는 경찰서장에게 일정한 양식에 의하여 집행시 경찰의 원조가 필요한 사유를 통지하면서 원조를 요청할 수 있고, 다만, 관할 경찰서장에게 사유를 통지하면서 경찰의 원조를 요청할 수 있는 시간적 여유가 없을 정도로 긴급을 요하는 때에는 집행장소에서 가장 가까운 곳에 있는 파출소 등의 경찰관에게 구두로 직접 원조를 요청할 수 있으며, 집행관이 해상에서 집행에 관한 직무를 수행함에 있어 경찰에 대한 원조요청을 할 필요가 있다고 판단되는 때에는 가장 가까운 곳에 있는 해양경찰서장에게 원조요청을 할 수 있다.

나. 국군원조의 요청

국군의 원조는 집행법원에 신청하여야 한다(5조 3항). 집행법원은 집행관의 국군원조신청이 필요 없다고 인정하는 경우(저항을 배제할 필요가 없거나 경찰에 의한 원조로 손쉽게 저항이 배제될 수 있으리라고 생각되는 경우 등)에는 집행관의 신청을 기각한다. 집행관은 기각결정에 대하여 불복할 수 없으나, 집행채권자는 집행에 관한 이의신청을 통하여 불복할 수 있다.[10] 법원이 집행관의 신청을 받아들여 국군원조의 요청을 하는 때에는 사건의 표시, 채권자·채무자와 그 대리인의 표시, 원조를 요청한 집행관의 표시, 집행할 일시와 장소, 원조가 필요한 사유와 원조의 내용을 적은 서면을 법원장 또는 지원장과 법원행정처장을 거쳐 국방부장관에게 보내는 방법으로 한다(규칙 4조). (출처 : 한국사법행정학회 민사집행법(3) 제3판 / 제79조~제135조)

---

[10] 법원행정처, 집행규칙해설, 11.

제3절　집행관에 대한 원조 요구

1. 집행관 이외의 자로서 집행법원의 명령에 의하여 강제집행에 관한 직무를 행하는 사람으로 집행관에게 원조 요청

가. 근거 조문

제7조 (집행관에 대한 원조 요구) ① 집행관 외의 사람으로서 법원의 명령에 의하여 민사집행에 관한 직무를 행하는 사람은 그 신분 또는 자격을 증명하는문서를 지니고 있다가 관계인이 신청할 때에는 이를 내보여야 한다.
② 제1항의 사람이 그 직무를 집행하는 데 저항을 받으면 집행관에게 원조를 요구할 수 있다.
③ 제2항의 원조요구를 받은 집행관은 제 5 조 및 제 6 조에 규정된 권한을 행사할 수 있다.

2. 감정인, 보관인, 관리인 등이 집행관에게 원조 요청

가. 본조는 구민사소송규칙에 규정되어 있었던 내용을 그대로 민사집행법으로 옮겨 놓은 것이다. 집행관 이외의 자로서 집행법원의 명령에 의하여 강제집행에 관한 직무를 행하는 사람으로는 예컨대, 경매부동산의 감정인(97조), 강제관리의 관리인(166조), 부동산인도청구권의 압류에 있어서의 보관인(244조 1항) 등을 들 수 있다. 그 중 강제관리의 관리인의 경우에는 구민사소송법에 집행관의 참여를 구하는 규정이 있었으나(672조 2항), 감정인에 관하여는 그러한 규정이 없었고, 구민사소송규칙 제 102 조, 제 149 조 의 규정만이 감정인이 집행관의 원조를 구할 수 있는 근거가 되었다. 그런데 집행관의 원조를 받아 강

제력을 사용하는 것은 불가피하게 채무자 등의 재산권이나 주거의 자유를 침해하는 것이 될 수 있으므로, 대법원규칙에 이에 관한 규정을 두는 것보다는 법률에서 직접 규정하는 것이 더 바람직하다는 지적을 받아왔다.

이에 민사집행법은 구민사소송규칙 제 102 조를 민사집행법의 총칙규정으로 편입시켜 본조를 신설하였다.

나. 이들은 그 직무를 집행함에 있어 채무자나 그 밖의 이해관계인이 요구하면 그 신분이나 자격을 증명하는 문서(예컨대, 감정인 지정서 등)를 제시하여야 한다(본조 1항).

그리고 이들이 직무를 집행하는 데 저항을 받을 때에는 집행관에게 원조를 요구할 수 있고(본조 2항), 이 경우에 그 집행관은 제 5 조 및 제 6 조 의 권한을 행사할 수 있다(본조 3항). 예컨대, 감정인이 부동산의 평가를 위하여 출입하려는데 문이 잠긴 경우에는 집행관에게 요구하여 그 문을 열게 하고 출입할 수 있는 것이다.

다. 한편, 부동산 강제관리의 관리인의 경우, 구민사소송법 제 672 조 제 2항이 관리인이 저항을 받는 때에는 집행관을 참여하게 할 수 있도록 규정하고 있었던 것은 집행관에게 원조를 요구할 수 있다는 취지이므로, 민사집행법 제 166 조 제 2항 중 해당 부분의 표현을 이에 맞추어 수정하였다. (출처 : 한국사법행정학회 민사집행법(1) 제3판 / 제1조~제23조)

▣ 집행관(옛 집달관)은 누구

집행관(옛 집달관)은 누구

역할	주로 법원에 배치돼 서류와 물품의 송달 등 재판 집행 및 몰수물품의 회수 또는 매각, 영장 집행 등 사무 담당
임기 및 정년	4년(연임 불가), 61세
인원	인천지방법원 22명, 서울중앙지법 16명 등 전국 58개 지법과 지원에서 347명 근무
임명 절차	10년 이상 법원·등기·검찰·마약수사 주사보 이상의 직에 있던 자 중에서 지방법원장이 집행관자격심사위원회를 통해 임명
심사 규정	재직 중 근무성적 우선 고려, 직급과 서열, 연령의 적정성 등을 종합적으로 고려
보수	법원에서 지급되는 경매 수당, 지역마다 다르나 평균 월 800만~1,200만원 정도. 월 2,000만원 정도의 고수익을 올리는 경우도 있음.

제4절 집행관 기타 사례

사례 1 　집행관, 자주 고소 당하지만 90% 넘게 '면죄부'

법적으론 "문제 없다"지만 물리적 충돌 발생할 경우 세입자 등 피해 묵살 우려

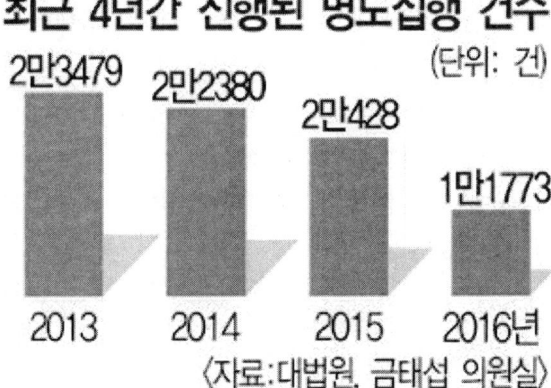

최근 4년간 진행된 명도집행 건수 (단위: 건)
2013: 2만3479
2014: 2만2380
2015: 2만428
2016년: 1만1773
〈자료:대법원, 금태섭 의원실〉

[철거사회 대한민국] 집행관, 자주 고소 당하지만 90% 넘게 '면죄부' 기사의 사진 강제 철거를 진행하는 집행관이 고소당하는 일도 빈번하다. 더불어민주당 금태섭 의원이 지난해 10월 대법원으로부터 제출받은 자료에 따르면 최근 3년간 집행관을 상대로 제기된 고소 또는 민사소송은 22건이다. '강제집행 도중 위력과시' '압류 과정에서 권리남용' '주거침입 등 권리남용' '집행 도중 대상 물건이 아닌 물건 손괴' 등의 이유로 2014년부터 22건의 고소 또는 민사소송이 제기됐다.

이 중 90% 이상이 '혐의 없음' 또는 '각하' 처리됐다. 법적으로는 문제가 없다는 판단이지만 강제 철거 과정에서 세입자나 철거민이 물리적 충돌로 피해를 입었을 때 이들의 목소리가 묵살될 수 있다는 우려가 나온다.

집행관은 법원의 위임을 받아 강제 철거를 하는 개인사업자다. 집행관은 집행을 보조할 수 있는 용역을 직접 고용할 수 있다. 개인사업자 신분이기 때문에 용역을 고용할 경우 직접 비용을 지불해야 한다. 이 때문에 물리적 충돌이 발생하더라도 무리하게 집행을 완료하려 한다는 지적이 제기됐다.

인덕마을 강제 철거 당시 상가 세입자들이 용역 직원과 대치하다 부상한 것과 관련해 임종헌 법원행정처 차장은 지난해 10월 "서울북부지법 판사인 감독관이 제 역할을 다하지 못했다"며 사과했다. 세입자들은 "강제 집행을 진행하던 서울북부지법 소속 집행관 A씨와 경찰은 용역 직원들이 폭력을 행사해도 아무런 조치를 취하지 않았다"고 주장했다.

서울시의 강제 철거 예방 종합대책에는 불가피한 강제 철거가 있을 경우 감독 공무원을 현장에 입회토록 명시하고 있다. 그러나 이는 집행관이 아닌 조합 측에서 고용한 불법 용역을 단속하기 위한 장치다.

금 의원은 "현재 대부분 집행관이 법원과 검찰 퇴직공무원 출신임에도 불구하고 강제 철거 과정에서 주민을 상대로 한 폭력 행사가 반복되고 있다"며 "강제 철거 과정에서 집행관의 역할과 책임을 분명히 규정하는 등 제도를 개선할 필요가 있다"고 말했다.

[출처] – 국민일보

제6장 국가소송수행요령

1. 국가소송의 의의와 소송 지휘체계

가. 국가소송의 의의

 국가소송이란 「국가를 당사자 또는 참가인으로 하는 소송」을 말한다.[1]
 국가소송에서 국가의 법률상 대표자는 법무부장관이다. 법무부장관은 국가소송에 관하여 검찰총장·고등검찰청검사장 또는 지방검찰청검사장에게 소송수행자 지정 및 소송지휘 등 그 권한의 일부를 위임하고 있다. [2]

나. 국가소송의 절차

(1) 국가원고 사건은 검찰청의 소송지휘에 의하여 소를 제기한다.
(2) 국가피고 사건은 상대방의 소장부본이 관할 검찰청에 송달되면 검찰청에서 소관행정청의 장에게 소송수행자 추천 의뢰를 하고 추천되어 지정된 소송수행자에게 응소지휘를 하게 되고 소송수행자는 그에 따라 소송을 수행한다.

다. 소송 지휘체계

(1) 소송수행자로 지정된 자는 지정권자인 검찰청의 장의 지휘를 받아 소송을 수행하도록 되어 있는 바, 실무상 송무담당 검사 또는 공익법무관의 지휘를 받는다. 사전지휘를 요하는 사항을 제외하고는 일반적으

---

[1] 국가를당사자로하는소송에관한법률(이하 "국소법"이라 함) 제1조
[2] 국소법 제13조 동 시행령 제2조

로 소송진행상황보고에 의하여 사후보고하고 그때마다 지휘를 받는다. 소송수행자는 응소지휘 및 소송수행자지정서 송부시 첨부된 <소송수행자에 대한 지시사항>을 준수 하여야 한다.

(2) 사전 지휘 사항

사전에 검찰청의 지휘를 받아야 하는 소송행위로는,
- 소(반소)의 제기 및 취하
- 상소의 제기·포기 및 취하
- 화해, 조정, 청구의 포기 및 인락
- 청구의 변경
- 강제조정결정에 대한 이의의 제기·포기·취하
- 상대방의 소 취하에 대한 동의
- 소송대리인의 선임 및 해임
- 가압류·가처분의 신청
- 이송신청
- 소송참가 및 탈퇴 등이 있는 바,

  검찰청의 사전 지휘없이 위와 같은 소송행위를 한 경우 징계까지 받을 수 있으니 주의하여야 한다.

라. 소송행위의 승인권자

(1) 소송물의 가액 즉, 소가가 큰 사건은 해당사건의 소송행위를 함에 있어서 승인권자의 승인을 받아야 하므로, 각 소송수행청은 아래와 같은 승인권자를 수신자로 하여 관할 검찰청에 소송행위의 사전승인을 요청하여야 한다(국가를당사자로하는소송에관한법률시행령 제3조 , 동법 시행규칙 제11조).
 - 소가 2억원 이상 5억원 미만 : 고등검찰청 검사장
 - 소가 5억원 이상 10억원 미만 : 검찰총장
 - 소가 10억원 이상 : 법무부장관

(2) 불변(법정)기간이 적용되는 소송행위 승인사항에 관하여는 위 승인절

차를 고려하여 관할 검찰청에 가급적 기간 만료 5일 전까지 승인요청을 하여야 한다.

마. 소송수행자의 지정 및 변경

(1) 소송수행자의 의의

- 소송수행자는 국가를 당사자 또는 참가인으로 하는 소송에 있어서 법무부장관 또는 권한위임을 받은 각급 검찰청의 장에 의하여 지정되어 국가소송을 수행하는 국가의 소송대리인을 말하며 국가지정대리인이라고도 불린다(국가를당사자로하는소송에관한법률 제3조 제1항, 제2항 , 동법 시행령 제5조).
- 법무부장관 또는 법무부장관으로부터 소송수행자 지정 및 소송지휘권을 위임받은 각급 검찰청의 장은 검사 또는 공익법무관을 소송수행자로 지정하여 국가소송을 수행하게 할 수 있다. 그러나 실무상으로는 소관 행정청이 당해 사안을 잘 알고 있고 실질적인 이해관계자이므로, 소관 행정청의 직원을 소송수행자로 지정하여 검사 또는 공익법무관과 공동으로 혹은 검사 또는 공익법무관의 지휘를 받아 단독으로 소송을 수행하는 경우가 많다(국가를당사자로하는소송에관한법률 시행령 제5조).

(2) 소송수행자의 지정

- 관할 검찰청의 검사장은 법무부 직원, 검사, 공익법무관을 지정하여 국가소송을 수행하게 할 수 있으며, 행정청이 소관 또는 감독하는 사무에 관한 국가소송에 있어서 행정청의 장이 추천하는 당해 행정청의 직원을 소송수행자로 지정하여 국가소송을 수행하게 할 수 있다(국가를당사자로하는소송에관한법률 제3조).
- 소가 5천만원 미만의 민사사건은 소관 행정청 직원이 단독으로 소송

수행할 수 있고(국가를당사자로하는소송에관한법률 시행령 제5조 제2항 , 동법 시행규칙 제11조 제5항), 소가 5천만원 이상의 민사사건은 검사 또는 공익법무관과 소관 행정청의 직원이 공동으로 소송수행할 수 있다(동법 시행령 제5조 제1항). 위 규정에도 불구하고 실제 소가가 5천만원 이상이다 하더라도 중요 사건이 아닌 한 서울고등법원 소송수행자가 지정되어 소송수행을 하고 있다.

(3) 소송수행자의 변경

- 소송수행자로 지정된 행정청의 직원이 소송수행 도중 인사이동 등으로 인하여 그 업무를 수행할 수 없게 된 사유가 있는 경우에는 당해 행정청의 장은 관할 검찰청 검사장에게 그 지정된 자를 해임하고 다른 직원을 소송수행자로 새로 지정하여 줄 것을 요청하여야 한다.
- 소송수행자가 변경된 경우 전임 소송수행자 해임서 및 신임 소송수행자 지정서가 법원에 제출되기 전까지는 소송수행자가 완전히 변경되었다고 볼 수 없으므로 전임자가 소송수행의 책임을 다하여 그 과정에서 불변기간을 도과하는 등의 소송해태 사례가 발생하지 않도록 유의하여야 한다.

(4) 소송지휘 검찰청과의 연락

- 소송수행자는 소송진행과 관련한 공문을 팩스나 우편, 전자문서로 발송하여야 하고, 특히 사전지휘를 요하는 사항이나 법원에 제출할 서류 등은 사전에 인편이나 전화, 팩스, 이메일 등을 통하여 지휘 및 검토를 요청하여야 한다.
- 특히 정부시책 또는 국고에 중대한 영향을 미칠 우려가 있는 사건이나 사회의 이목을 끌만한 사건, 그밖에 긴급을 요하는 사건 등은 직접 검찰청을 방문하여 지휘를 받음이 바람직하다.

2. 소(訴) 제기 및 보전처분

가. 소 제기

(1) 소 제기 지휘요청

소관 행정청에서 소 제기가 필요하다고 판단한 경우에는 관할 검찰청의 장에게 소제기 지휘요청을 하여 그 지휘를 받아야 한다. 증거자료 수집 등 검토 후 소장 초안을 작성하고 필요한 경우 보전처분신청서 초안도 함께 작성한다.

(2) 소제기 지휘

관할 검찰청은 소장 및 보전처분신청서 초안을 검토한 후 소 제기 및 보전처분신청 여부를 결정·지휘한다.

(3) 소장 등 제출

소장 및 가압류신청서 등을 완성하여 법원에 제출한다. 소장에 첨부할 서류는 소가 산정에 필요한 서면(예 : 개별공시지가확인서, 토지대장, 건축물과세대장), 소송수행자지정서, 소장 부본, 송달료납부서 등이 있다.

(4) 관할 검찰청 및 법원

소제기 지휘를 담당할 검찰청은 "민사소송규칙"의 규정에 따른 관할 법원에 대응하는 검찰청이다. 고등검찰청 소재지(예 : 서울, 대전, 대구, 부산, 광주)에서는 각 고등검찰청이 제1심, 제2심, 제3심 소송 전부를 지휘하고, 고등검찰청 소재지 외(예 : 인천, 수원, 춘천, 청주, 울산, 창원, 전주, 제주)에서는 그 지방검찰청이 제1심 소송만을 지휘한다.

관할 법원은 원칙적으로 피고 주소지의 법원이 되고, 그 밖에 의무이행지, 어음수표지급지, 불법행위지, 계쟁부동산소재지 등의 법원을 관할법원으로 삼을 수 있다.

나. 보전처분

(1) 가압류 · 가처분

가압류란 금전채권(예: 대여금채권)이나 금전으로 환산할 수 있는 채권에 대하여 동산 또는 부동산에 대한 강제집행을 보전하기 위하여 미리 채무자 소유 재산의 처분권을 박탈하는 내용의 조치를 말한다. 3)

가처분이란 금전채권 이외의 권리(예: 소유권이전등기청구권) 또는 법률관계에 관하여 장래 확정판결의 집행을 보전하기 위한 조치 4)로서, 계쟁물에 관한 가처분(예: 부동산처분금지가처분)과 임시의 지위를 정하는 가처분(예: 건물의 명도 등을 명하는 가처분)이 있다.

(2) 보전처분 절차

- 가압류신청서 또는 가처분신청서 작성
- 관할법원 : 가처분의 관할법원은 본안의 관할법원 뿐이나, 가압류의 관할법원은 본안의 관할법원이나 가압류할 물건의 소재지 지방법원이다.
- 집행 : 가압류 또는 가처분에 대한 재판의 집행은 재판의 선고나 송달 있은 날로부터 14일을 도과한 때에는 하지 못한다.5) 부동산 또는 지명채권가압류의 집행은 발령(집행)법원이 등기촉탁 또는 제3채무자에 대한 재판서 정본송달로써 이루어지나, 저당권부채권가압류의 집행은 법원에 대한 가압류기입등기촉탁신청이 추가로 필요하다. 부동산점유

---

3) 민사집행법(이하 '민집법'이라고 한다) 제276조
4) 민집법 제300조
5) 민집법 제292조, 제301조

이전금지가처분은 집행관에 대한 집행위임으로써, 부동산처분금지가처분은 발령(집행)법원의 등기촉탁으로써 이루어진다.

다. 반소

 피고는 소송절차를 현저하게 지연시키지 않는 한 사실심 변론종결시까지 원고를 상대로 본소의 청구 또는 방어방법과 견련관계(견련관계)[6]를 가지는 청구에 관하여 본 소의 소송절차에 병합하여 반소를 제기할 수 있다. 예를 들면 원고가 국가의 도로 무단점유를 원인으로 부당이득반환청구의 소를 제기한 경우에 방어방법으로 시효취득 항변을 할 수도 있지만, 승소가능성이 있다면 시효취득을 원인으로 한 소유권이전등기청구의 반소를 제기할 수 있다.

라. 지급명령 신청

 금전 기타 대체물이나 유가증권의 일정한 수량의 지급을 목적으로 하는 청구에 대하여는 채무자의 주소지 관할 지방법원에 지급명령을 신청할 수 있는 바, [7]검찰청의 지휘를 받아야 한다. 채무자가 지급명령이 송달된 날로부터 2주일 내에 이의신청을 하지 않으면 지급명령이 확정되어 집행력이 생기고, 이의신청을 하면 소송으로 이행된다.

3. 응소

가. 응소 지휘

---

[6] 본소청구와 반소청구와의 견련이라 함은 양자가 소송물 혹은 그 대상이나 발생원인에 있어서 공통성(법률상·사실상)이 있다는 것을 뜻하고, 본소의 방어방법과 견련관계라 함은 반소청구가 본소청구의 항변사유와 대상이나 발생원인에 있어서 사실상 또는 법률상 공통성이 있는 경우를 뜻한다(관련조문 : 민소법 제269조 제1항).
[7] "민사소송규칙"(이하 "민소법"이라 함) 제462조 내지 474조

검찰청은 소송수행자를 지정함과 동시에 응소지휘를 한다. 응소는 소장에 대응하는 답변서를 작성하여 법원에 제출하고 변론기일에 출석하여 변론하는 것을 말한다.

나. 답변서 작성 제출

답변서는 피고가 소장에 대응하는 내용을 기재하여 최초로 제출하는 서면이다. 8)

주6) 본소청구와 반소청구와의 견련이라 함은 양자가 소송물 혹은 그 대상이나 발생
    원인에 있어서

다. 최초 변론기일 출석

소송수행자는 답변서를 제출하고 변론기일에 출석하여야 한다.
만약 피고 소송수행자가 공시송달에 의하지 아니한 적법한 소환을 받고도 변론기일에 출석하지 아니하고, 답변서 등 준비서면을 제출하지 아니하는 경우에는 원고의 주장사실을 전부 자백한 것으로 간주된다. 9)

4. 소송참가 및 소송 고지

가. 독립당사자 참가

타인간의 소송계속 중에 원·피고 쌍방을 상대방으로 하여 원·피고간의 청구와 관련된 자기의 청구에 대하여 함께 심판을 구하기 위하여 그 소송절차에 참가함을 말한다. 10)소송 목적의 전부나 일부가 자기의 권리임

---

8) 제2장 1. 답변서 작성례 참조
9) 민소법 제150조제1항 - 의제자백
10) 민소법 제79조

을 주장하는 '권리주장참가'(예 : 원고가 소유권에 기하여 피고에게 건물 명도를 청구함에 대하여, 제3자가 원고에게 소유권의 확인을 구하고, 피고에게 임대료를 청구하는 경우)와 제3자가 소송의 결과에 의하여 권리의 침해를 받을 것을 주장하는 '사해(詐害)방지참가' 11)로 나뉜다.

사실상 소 제기와 같은 것이므로 소 제기에 준하여 관할 검찰청의 지휘를 받아야 한다

나. 보조참가

타인간의 소송계속 중 소송의 결과에 관하여 이해관계 있는 제3자가 당사자 일방의 승소를 보조해주기 위하여 그 소송에 참가하는 것을 말한다.

보조참가인에게는 피참가인이 패소하고 난 뒤에 피참가인이 참가인에 대해 소송을 하는 경우 그에 대한 관계에서 참가인은 판결의 내용이 부당하다고 주장할 수 없는 '참가적 효력' 12)이 미친다.

관할 검찰청의 지휘를 받아야 하고, 국가에 불리한 참가적 효력이 미치지 않도록 적극적인 소송행위를 하여야 한다.

다. 소송 고지

소송계속 중에 당사자가 소송참가를 할 이해관계 있는 제3자에 대하여 소송계속의 사실을 통지함으로써 고지자가 패소한 경우에는 피고지자에게 소송고지에 의하여 참가할 수 있었을 때에 참가한 것과 마찬가지로 참가적 효력을 받도록 하는 것을 말한다. 13)예를 들어, 국가와 제3자의 공동불법행위 책임이 있음에도 원고가 국가만을 피고로 삼은 경우에 그 제3자에 대하여 소송고지를 해두면 국가패소 후 구상권을 행사할 때 별도의 재판절차를 거칠 필요가 없어진다.

---

11) 민소법 제79조 제1항 후단
12) 민소법 제77조
13) 민소법 제84조 내지 제86조   주15) 민소법 제268조 제1항, 제2항, 제3항

소송고지를 받은 경우에는 즉시 관할 검찰청에 보고하여 그 지휘를 받도록 하고 보조참가 여부를 적극적으로 검토한다.

5. 변론기일출석 및 변론

가. 변론 요령

변론은 구두변론이 원칙이나, 실무상 서면변론의 형태로 운영된다. 법정에서는 말을 많이 할 필요가 없다. 법정에서 하는 말은 그대로 소송행위로 받아들여지기 때문에 꼭 필요한 말만 신중을 기하여 하도록 한다. 소송수행자가 잘 모르는 질문에 대하여는 "검토 후 다음 기일에 답변하겠다."고 하는 것이 좋다.

나. 쌍불 취하

당사자 쌍방이 변론기일에 2회 불출석하거나, 출석하여도 변론하지 아니한 때에는 1월내에 기일지정 신청을 하지 아니하면 소의 취하가 있는 것으로 본다.

국가피고 사건에서 원고가 2회 불출석하고 국가소송수행자는 출석한 경우에 법원은 국가소송수행자가 변론하지 않은 것으로 변론조서에 기재하게 되는데, 그 경우에 1월내에 기일지정 신청을 하여 소송을 계속 유지할 것인지 여부에 관하여 반드시 검찰청의 지휘를 받아야 한다.

※ 변론기일 소환장을 송달받고 2회이상 출석하지 않을 경우 쌍불 항소취하 간주(국가항소 사건) 또는 의제자백(국가피항소 사건)의 불이익을 받게 되므로, 부득이한 경우는 변론기일 연기신청을 하여 기일연기를 하여야 하고, 또 연기신청를 한다 하여도 법원에서 반드시 받아주는 것은 아니므로 이 점 유의 하여야 한다.

6. 주장 및 입증

가. 주장책임 및 입증책임

 변론주의하에서 법원은 당사자가 변론에서 주장하지 아니한 주요사실을 판결의 기초로 삼을 수 없는 바, 이처럼 어느 사실을 주장하지 아니함으로써 당사자가 입는 불이익을 주장책임이라 한다.
 입증책임이란 소송상 어느 사실의 존부가 확정되지 않을 때에 법원이 당해 사실이 존재하지 않는 것으로 취급하고 법률판단하게 됨으로써 당사자 일방이 받게 되는 불이익을 말한다. 예를 들어, 공무원의 불법행위를 원인으로 국가를 상대로 손해배상 청구의 소를 제기한 경우에 원고가 공무원의 불법행위, 직무관련성, 손해 등을 입증하지 못하면 패소판결을 받게 되는데, 여기서 위 요건사실에 대한 입증책임이 원고에게 있다고 한다.

나. 주장 및 답변

(1) 주장

당사자는 법률상 주장 또는 사실상의 주장을 할 수 있다.

(2) 주장에 대한 답변

 상대방의 주장에 대하여 부인, 부지(부인으로 추정됨), 자백, 침묵(변론의 전취지로 보아 다툰 것으로 인정될 경우를 제외하고는 자백한 것으로 간주됨), 항변할 수 있다.

(3) 항변

 '본안전 항변'이란 원고가 제기한 소에 소송요건의 흠결이 있어 부적법하다는 피고의 주장이다(예：국가를 상대로 한 손해배상청구소송에서 국가배상심의를 거치지 않아부적법하다는 항변).

'본안의 항변'이란 원고의 주장사실이 진실임을 전제로 하여 이와 양립 가능한 별개의 사항에 대한 피고의 사실상의 진술을 말한다(예：점유취득시효를 원인으로 하는 소유권이전등기청구소송에서 피고가 원고의 20년간 점유사실을 인정하면서 타주점유 항변 또는 시효이익포기 항변하는 경우).

다. 증거의 신청

(1) 의의

변론주의하에서 입증활동은 법원에 대한 증거조사의 신청 및 증거제출 등으로 이루어진다. 증거조사방법으로서 서증, 증인신문, 감정, 검증, 당사자 신문 등이 있다.

(2) 서증

(가) 의의

문서를 열람하여 그에 기재된 의미내용을 증거자료로 하기 위한 증거조사를 뜻하기도 하고, 문서의 의미내용이 증거자료가 되는 증거방법을 뜻하기도 한다.

(나) 서증신청 방법

① **소지문서의 제출**

제출은 변론기일에서 현실로 할 것을 요하며, 통상 준비서면에는 입증

방법에 관하여 호증번호와 문서명을 설시만 해놓고, 각 호증은 변론기일에 참석하여 제출한다.

② 문서제출명령 신청

상대방 또는 제3자에게 문서제출의무가 있는 경우 그가 소지하고 있는 문서에 관하여 문서제출명령 신청을 할 수 있다. 14)

법원은 당사자가 문서제출명령에 응하지 아니한 때에는 문서에 관한 상대방의 주장을 진실한 것으로 인정할 수 있고, 제3자가 문서제출명령에 응하지 아니한 때에는 결정으로 50만원 이하의 과태료를 부과할 수 있다. 15)

③ 문서송부촉탁 신청

거증자는 문서제출의무의 유무에 불구하고 문서소지자에게 그 문서의 송부를 촉탁할 것을 신청할 수 있다. 실무상 주로 관공서 또는 법인이 보관하는 문서에 대해 많이 이용된다.

법원이 문서송부촉탁을 한 경우 촉탁을 받은 소지자가 불응하더라도 그에 대한 제재규정은 없다. 송부된 문서는 당연히 그 사건의 증거자료로 되는 것이 아니고 신청인이 그 중에서 필요한 것을 서증으로 제출할 수 있다.

④ 서증조사(법원 외의 서증조사) 신청

제3자가 소지하는 문서에 대해 문서제출명령이나 문서송부촉탁에 의하여 서증으로 신청할 수 없는 때에 법원은 그 문서가 소재하는 장소에서 서증의 신청을 받아 조사할 수 있다. 16)

---

14) 민소법 제343조
15) 민소법 제349조, 제351조

(다) 서증의 제출방법과 시기

서증은 사본을 제출하여도 무방하다. 통상 '원본과 상위없음 ○○○ (인)'이라고 표시한다.

원고 제출의 서증은 '갑', 피고 제출의 서증은 '을', 당사자참가인 제출의 서증은 '병'이라는 부호를 붙인다(예 : 갑제1호증 - 판결문 사본).

1) 표지와 내용으로 구성된 서증은 그 출처를 알 수 있도록 표지, 내용 및 출처 부분을 함께 제출해야 한다.
판결문이나 등기부등본과 같은 단일 문서는 그 전부를 제출해야 함이 원칙이다. 그러나 책자일 경우에는 표지, 목차, 그 발행연도 부분, 내용 중 입증취지에 관계되는 부분만을 발췌하여 제출하면 된다.
원고가 제출한 서증은 피고가 이를 중복하여 제출할 필요는 없다. 또한 항소심에서는 1심에서 제출한 서증을 중복하여 제출하여서 안 된다.
2) 피고측의 서증은 가급적 제1회 기일 이전에 제출하여야 한다. 그러나 그 후라도 원고의 주장을 보아가며 추가할 필요가 있는 서증은 제출한다.
서증은 법원용과 상대방용 사본을 따로 만들어서 제출해야 하고, 재판부의 요구가 있으면 그 원본을 법원에 제출해야 한다. 상대방용 서증 부본은 기일 전에 미리 상대방에게 송부함으로써 최초기일 이전에 인부를 받을 수 있도록 하여야 한다.

(라) 서증의 인부

① 의의

상대방이 제출한 문서가 작성명의인의 의사에 의하여 작성된 것인지, 즉 문서가 형식적 증거력이 있는지에 대하여 진술하는 절차를 의미하는

---
16) 민소법 제297조

것으로서, 그 문서의 기재내용이 진실한지 여부, 즉 실질적 증거력을 문제삼는 절차는 아니다.

② 방법

기본적으로 「성립인정」,「부인」,「부지」의 세 가지 방법으로 하고 성립인정하는 경우에 "입증취지 부인", "이익으로 원용" 등을 부기하기도 한다.

특히 사문서에 대한 인부는 신중을 기하여야 한다. 왜냐하면, 문서의 성립에 관한 자백을 취소하려면 주요사실의 자백취소와 동일하게 문서의 성립을 인정한 것이 진실에 반하고 착오에 의한 것임을 입증하여야 하기 때문이다.17)

③ 공문서의 경우

공문서는 진정성립이 추정된다. 18)따라서 위조되었음을 인정할 만한 증거가 없는 한 그 진정성립을 인정함이 타당하다.

④ 사문서의 경우

사문서에 대하여 서증의 인부를 '부인' 또는 '부지'라고 한 경우, 서증을 제출한 사람이 그 진정성립을 입증하여야 한다.

⑤ 공사병존 문서

사문서에 공무원이 직무상 일정한 사항을 기입하여 준 문서를 말하는 것(예:공증인가합동법률사무소에서 인증한 사서증서, 내용증명우편에 의

---

17) 대법원 1967.4.4선고, 67다225판결 , 민소법 제261조
18) 민소법 제356조

한 통지서)으로 공문서 부분의 진정성립으로 사문서 부분의 진정성립은 추정되지 않는다. 따라서 '공성부분 성립인정, 사문서부분 부지' 등의 방법으로 인부를 한다.

(3) 증인신문

(가) 증인의 의의

소송에 있어서 오관의 작용에 의하여 자기가 직접 보고 듣고 경험한 바 있는 과거의 어떠한 사실이나 상태에 관하여 보고적 진술을 할 사람으로서 당사자나 법정대리인이 아닌 제3자를 말한다.

(나) 증인신문의 신청절차

일반적으로 변론기일에 구술로 한다(예 : "○○○를 증인으로 신청합니다.").
재판장이 소송수행자에게 입증취지 등을 확인한 후 증인을 채택하게 되면, 소송수행자는 증인신문기일 10일전까지 증인신문사항을 기재한 서면 4통(상대방 당사자가 2인 이상인 때에는 그 수에 3을 더한 통수)을 법원에 제출하여야 한다(위 4통은 기록에 첨부, 참여서기용, 증인 및 상대방용임).

(다) 증인신문의 순서

증인을 신청한 당사자가 하는 주신문 → 상대방의 반대신문 → 재주신문 → 재판장의 허가를 얻어서 재반대신문, 재재주신문의 순서로 한다.

(라) 증인신문의 제한

당사자의 증인신문이 중복된 때, 쟁점과 관계없는 때 및 기타 필요한 사정이 있는 때에 법원은 신문을 제한할 수 있다. 그 이외에 증명할 사항과 관련없는 내용에 대한 주신문, 주신문과 관련된 사항 및 증인의 신빙성에 관한 사항 이외의 내용에 대한 반대신문, 구체성이나 개별성이 없는 신문, 유도신문, 증인을 모욕하는 신문, 의견이나 추측의 진술을 구하는 신문 등은 법원이 직권 또는 당사자의 신청에 의하여 제한할 수 있다. [19]

(마) 반대신문

① 반대신문권

상대방에게는 반대신문권이 부여되어 있으므로 거증자가 증인신문사항서를 늦게 제출함으로써 상대방이 반대신문의 준비가 불가능하게 된 경우에는 상대방은 이를 내세워 증인신문의 실시를 저지할 수 있다.

② 신문범위

우리나라는 제한적 반대신문의 원칙을 채택하고 있어 원칙적으로 주신문에 나타난 사항 및 이와 관련된 사항, 증언의 신빙성 내지 증인의 신용성에 관한 사항에 한해서만
반대신문이 가능하다. [20] 다만 주신문자나 재판장의 제지가 없으면 위 범위를 벗어날 수도 있다.

③ 반대신문사항의 작성

상대방의 증인신문사항을 검토한 다음 반대신문사항을 기재한 서면 4통을 준비하고, 법정에서 증인반대신문시 그 중 2통을 재판부에 제출하도

---

[19] 민소규칙 제91조, 제95조
[20] 민소규칙 제92조

록 한다. 주신문사항이 법원에 제출되더라도 법원이 이를 통지해주지 않는 경우가 많으므로 법원에 수시로 확인하여 주신문사항이 접수되면 즉시 교부받아 반대신문사항을 작성한다.

(4) 감정

  (가) 의의

 법관의 지식과 경험을 보충시켜 주기 위하여 특별한 지식, 경험을 가진 제3자로부터 그 학문적 지식에 기하여 법규, 관습, 경험법칙의 존부 및 그것들을 준용하여 얻은 판단의 결과를 보고하게 하는 증거방법이다(예：신체감정, 문서에 대한 필적·인영감정). 감정에는 비용이 많이 소요되므로 감정신청은 신중을 기하여야 한다.

  (나) 감정절차

 증인신문절차에 준한다. 신청에 의하여 행하는 것이 원칙이지만, 직권으로 감정을 명할 수도 있다. 신청시에 감정인을 지정할 필요가 없으며, 설사 감정신청서에 감정인을 지정하여 표시하여도 법원에 추천하는 이상의 의미는 없다.
 감정의견의 보고는 일반적으로 기일 외에서 감정서를 제출하는 것이 통례이다.

  (다) 감정결과

 감정결과를 재판의 자료로 하기 위하여 실무상 당사자가 '감정의 결과를 원용한다'는 진술을 하지만, 수소법원에 의하여 감정결과가 법정에 현출된 이상 당사자가 이를 원용하지 않는다는 진술을 하여도 증거자료로 할 수 있다.

(5) 검증

(가) 의의

법관이 오관의 작용에 의하여 직접적으로 사물의 성상, 현상을 검사하여 그 결과를 증거자료로 하는 증거조사방법을 말한다(예 : 교통사고로 인한 손해배상청구사건에서 사고현장 검증).

(나) 검증의 절차

원칙적으로 당사자의 신청에 의하고, 신청의 방식에 관하여 서증의 신청에 관한 규정이 준용된다.

(6) 당사자 신문

당사자 본인을 신문하는 증거조사방법으로서 다른 증거방법에 의하여 법원이 심증을 얻지 못하는 경우에 한하여 직권 또는 당사자의 신청에 의하여 할 수 있다.
대법원 판례는 당사자 신문결과는 보충적 증거력만을 가지는 것일 뿐 단독적으로는 독립적 증거력이 없다고 판시하고 있다.

7. 답변서 및 준비서면의 작성·제출

가. 의의

(1) 답변서

원고의 소제기에 대하여 피고의 답변을 기재한 최초의 준비서면이다.

(2) 준비서면

 당사자가 변론에서 진술하고자 하는 사항을 미리 기재하여 법원에 제출하는 서면, 즉 변론의 준비를 위한 서면이다. 재판은 구두변론주의가 원칙이나, 그로 인한 비능률을 방지하기 위하여 변론기일전에 미리 당사자로 하여금 변론에서 주장하고자 하는 내용을 준비서면에 기재하여 법원에 제출하게 하고 그것을 상대방에게 송달하도록 하는 **제도**이다.
 '준비서면'은 변론기일에서 진술하여야만 비로소 소송자료가 된다. 실무상 "○년○월○일자 준비서면을 진술합니다"라고 하는 것이 원칙이나, 통상 재판장이 "피고, ○년○월○일자 준비서면을 진술하고"라고 하면, 소송수행자는 그냥 "예"라고 하면 된다.

나. 제출방법

 답변서는 최초변론기일전까지, 준비서면은 변론기일전까지 제출하여야 하고, 상대방 수만큼의 부본을 첨부하여 제출한다. 소송대리인이 1인이면 부본은 1통으로 족하다.
 보통 답변서 및 준비서면은 변론기일 1주일전에 법원에 접수하도록 하고, 늦어도 하루전에는 법원에 접수시키도록 한다. 불가피한 사정으로 변론기일 당일에 가지고 가는 경우에도 반드시 법원 접수처에서 접수인을 찍어서 재판부에 제출하도록 한다.

다. 제출효과

(1) 변론기일에 피고가 출석하지 아니하더라도 답변서나 준비서면을 제출하여 두면, 출석한 원고에게 변론을 명할 때에 그 기재사항을 진술한 것으로 간주하게 된다.
(2) 피고가 답변서 기타 준비서면을 제출하지 아니하고 기일에 출석하지 아니하면 의제자백으로 처리된다. [21]

---

21) 민소법 제150조

(3) 본안에 관한 답변서나 준비서면이 제출된 후 원고가 소를 취하하고자 하는 때에는 피고의 동의를 얻어야 한다. 22)

라. 기재사항

(1) 실질적 기재사항

(가) 먼저 소송의 적법요건, 즉 행정심판이 필요적 전치인 사건의 경우 행정심판을 거쳤는지, 원고나 피고의 당사자적격 유무, 제소기간 준수, 소의 이익 등을 검토하여 이에 대한 흠결이 있으면 그 내용을 구체적으로 기재한다. 물론 그러한 사항에 대하여 위법이 없으면 이를 기재할 필요가 없다.

(나) 그다음 소장 기재의 원고 주장에 대한 구체적이고 실질적인 답변을 기재해야 한다. 조세, 부담금, 과징금 등의 부과처분에 관한 사건에서는 그 부과경위와 계산의 근거를 명백히 밝혀야 한다. 그와 관련하여 결정결의서 등과 같은 근거자료를 누락하지 않도록 유의하여야 한다. 특히 처분서 등이 제출되지 아니한 경우에는 처분서 또는 이와 유사한 관련 자료를 제출할 필요가 있다. 원고의 주장을 전부 부인한다는 식으로 또는 원고의 주장, 입증을 보아가며 차후 답변하겠다는 식으로 형식적인 답변서를 작성하여서는 아니 된다.

(다) 원고의 전력이 처분의 정당성을 인정하는 자료가 되는 사건의 경우에는 반드시 과거 법령 위반으로 인하여 제재나 처벌을 받은 전력에 관한 주장을 하고 이에 관한 자료를 첨부하여야 한다.

(라) 관련 행정법령이 복잡하거나 변천이 많았던 경우에는 당해 사건에 적용할 법령의 내용을 기재하고, 특히 예규, 통첩, 조례 등은 법원에 비치되어 있지 아니한 경우가 보통이므로 그 내용을 복사하여 서증 또는 참고자료로 제출한다.

---

22) 민소법 제266조 제2항

(마) 최초의 답변서를 제출한 이후에도 원고의 주장을 보아가며 필요할 경우 이에 상응하는 준비서면을 제출하여야 한다.

(2) 형식적 기재사항

(가) 답변서 또는 준비서면에는 소송수행자 중 주소송수행자, 대표전화 및 주소송수행자에 [54] 대한 직통전화번호, FAX번호를 기재해야 한다. 이는 법원과의 업무연락 및 상대방과의 상호송달의 편의를 위하여 반드시 필요한 것이다. 제출된 답변서 내용이 미진하거나 불명확한 경우에는 재판장이 FAX로 그 보정을 명하게 된다.

(나) 준비서면, 답변서를 비롯하여 법원에 제출하는 서류에는 쪽번호를 매기고 작성자가 각 장 사이에 간인을 함과 아울러 문서의 말미에 기명날인을 해야 하는데, 이를 누락하는 예가 많다. (1) 답변서에는 원고의 청구에 대하여 「청구취지에 대한 답변」 및 「청구원인에 대한 답변」을 기재한다. 준비서면에서는 원고의 주장 및 입증방법을 반박하고, 피고에게 유리한 내용을 기재한다.
원고의 청구원인 사실에 대한 피고의 답변방식은 자백, 부인, 부지, 침묵 등 네 가지가 있다.

(3) 부인과 항변

(가) 부인

상대방이 주장하는 요건사실의 존재를 부정하는 내용의 사실상의 진술을 말하며, 부인의 경우 요건사실은 주장하는 상대방이 입증해야 한다 (예 : 점유취득시효를 원인으로 한 소유권이전등기청구소송에서 피고가 원고의 20년간 점유사실을 부인하는 경우에 20년간 점유사실은 원고가 입증해야 함).

(나) 항변

① 원고의 청구를 배척하기 위하여 원고주장 사실이 진실임을 전제로 하여 이와 양립가능한 별개의 사항에 대하여 피고가 하는 사실상의 진술을 말한다. 피고가 항변한 경우 피고에게 주장입증 책임이 있다(예: 원고의 점유취득시효주장에 대하여 피고가 타주점유 항변을 하는 경우, 피고는 타주점유에 관하여 주장입증하여야 함).
② 항변의 종류로는 반대규정의 성질에 의하여 (ⅰ) 권리장애사실(권리의 발생을 애당초부터 방해하는 권리장애규정의 요건사실 - 예: 무효사유), (ⅱ) 권리멸각(멸각)사실(일단 발생한 권리를 소멸시키는 권리멸각규정의 요건사실-예: 변제, 공탁, 해제, 해지) (ⅲ) 권리저지사실(이미 발생한 권리의 행사를 저지시키는 권리저지규정의 요건사실-예: 동시이행항변권, 기한의 유예)이 있다.
③ 본안전 항변
원고가 제기한 소에 소송요건의 흠결이 있어 소가 부적법하다는 피고의 주장이다.

(4) 사실상의 주장과 법률상의 주장

준비서면의 기재사항 중 공격 또는 방어방법에 관한 주장이 실질적 내용에 해당한다. 공격방어방법으로서 주요한 것으로 사실상의 주장과 법률상의 주장이 있다.

사실상의 주장은 청구를 이유 있도록 뒷받침할 사실과 항변사실에 관한 것으로 요건사실에 관한 주장이 대부분이다. 법률상의 주장은 구체적인 권리관계의 존부에 관한 자기의 판단을 진술하는 것을 말하고(예: 피고에게 손해배상의무가 있다는 등의 진술), 법원은 이에 구속되지 않으나, 경우에 따라서는 사실상의 진술이 포함되어 재판상 자백이 될 수 있으므로 신중을 기해야 한다.

마. 서증 및 참고자료 등의 첨부

(1) 답변서에는 처분의 적법성을 뒷받침할 만한 서증, 참고자료 등을 첨부하여 제출하여야 한다. 행정심판 절차에 제출되었던 자료는 그대로 제출하면 될 것이다.
(2) 만약 사실조회, 검증, 감정, 문서등본 송부촉탁 등을 신청할 계획이 있으면 답변서와 함께 제출하는 것이 좋다. 도시계획 관련 사건의 경우에는 현장검증도 유용한 증거방법이 되고 있다.

8. 소송진행상황보고서 작성

가. 개설

소송수행자는 변론기일 전에 공격방어를 위한 변론대책을 관할 검찰청의 송무담당 검사나 공익법무관과 상의하고 그 지휘를 받아 소송을 수행하며, 매 변론기일마다 소송진행상황을 기재하고 상대방으로부터 제출받은 준비서면 등을 첨부한 소송진행상황보고서를 작성하여 관할 검찰청에 공문으로 보고하여야 한다.

나. 작성방법

국소법시행규칙 [별지 제34호의2 서식]에 따른다.

다. 유의사항

(1) 소송수행자가 법원에 제출한 서류 및 상대방으로부터 제출받은 서류 일체를 소송진행상황보고서에 첨부하여 보고하여야 하고, 특히 증거서류를 빠짐없이 첨부하도록 한다.
(2) 변론기일에 상대방이 구두로 소 취하한 경우, 만일 판사가 동의여부

를 물으면 소송수행자는 "검찰청의 지휘를 받아서 결정하겠습니다"라고 말하고, 소송진행상황보고와 함께 그 변론조서 사본을 첨부하여 소 취하 동의여부 지휘품신을 관할 검찰청에 공문으로 보낸다.

9. 소송의 종료 및 관련 조치사항

가. 의의

소의 제기에 의해 시작된 소송은 법원의 종국판결이나 소의 취하, 재판상 화해, 청구의 포기·인락 등에 의하여 종료된다.

나. 판결선고

(1) 소송진행상황보고

소송수행자는 판결선고기일에 참석하여 그 결과를 확인한 후 소송진행상황보고로 검찰청에 보고한다.

(2) 국가승소의 경우

소송수행자는 판결문 정본을 송달받으면 그 사본을 첨부하여 검찰청에 보고하고, 송달후 2주일이 지나면 원심법원에 판결 확정여부를 확인한 후 판결이 확정된 경우 '판결확정증명원'을 교부받아 '소송종결보고'를 하여야 한다.

상대방이 항소를 제기한 경우 원심법원으로부터 '항소제기증명원'을 교부받아 검찰청에 송부하고, 부대항소(부대항소) [23]여부를 검토하여야 한다.

---

[23] 민소법 제403조, 피항소인이 항소인의 항소에 의하여 개시된 항소심 절차에 편승하여 자기에게 유리하게 항소심판의 범위를 확장시키는 신청을 말한다.

(3) 국가패소의 경우

(가) 상소여부 결정 및 상소 제기

① 패소판결문을 송달받은 경우 판결문 정본에 송달일자, 불변기간 만료일 등이 기재된 고무인 을 날인하여 소정사항을 기재한 후 소송결과 보고를 해야 할 뿐만 아니라, 상소 제기 또는 포기여부에 대하여 관할 검찰청의 검사장에게 지휘품신을 하여야 하는데, 상소제기 기간은 '판결문을 송달받은 날로부터 2주일 이내'이므로 늦어도 상소제기 기간 만료 7일 전까지 관할 검찰청에 도착되도록 하는 것이 좋다. 지휘품신은 소송수행자가 직접 관계서류를 지참하고 담당 검사 또는 공익법무관과 법률적 관점을 상의하는 것이 바람직하다. 이 때 지휘품신서에는 상소제기(포기)의견서, 상소제기(포기)요약서 및 패소원인분석표 및 판결문 사본 2부를 첨부하여야 한다. 행정소송의 경우도 같다.

판결문은 흔히 검찰청에 송달된 후에 소송수행청으로 보내지는데, 이 경우 상소제기 기간의 기산일은 검찰청에 송달된 날임을 주의하여야 한다. 또한 변호사가 선임된 경우에는 변호사에게 판결문이 송달된 날이, 검찰청을 거치지 않고 소송수행청에 바로 송달된 경우에는 수행청에 송달된 날이 항소기간의 기산일이 됨을 특히 유의하여야 한다. 따라서 판결문이 소송수행청으로 바로 송달되어 문서 접수과에서 접수한 후 소송수행자 또는 사건관련 주무과에 판결문이 전달된 경우 문서 접수과에서 접수한 날이 기산일이 되는 것이지, 소송수행자 또는 사건관련 주무과에서 판결문을 수령한 날이 기산일의 기준이 되는 것이 아니다.

② 검찰청의 상소제기 지휘가 있는 경우 판결문을 송달받은 날로부터 2주일 내에 소송수행자지정서, 송달료납부서 등을 첨부하여 항소(상고)장을 판결을 선고한 법원에 제출하여야 하는데, 특히 상소제기 기간은 불변기간이므로 이를 도과하지 않도록 유의하여야 한다.

(나) 가집행선고부 판결 선고시

① 가집행 선고를 받은 자가 가집행선고금의 지급을 청구하는 경우에는 특별한 사정이 없는 한 가집행을 면하기 위해 이를 지급하여야 한다. 24)
② 가집행선고부 판결이 부당하여 상소심에서 번복될 만한 사정이 있다고 판단될 때에는 민사집행법 제49조 내지 제50조 의 규정에 의한 가집행정지신청제도를 적극 활용한다.

다. 소 취하

(1) 의의

원고가 제기한 소의 전부 또는 일부를 철회하는 법원에 대한 단독적 소송행위이다.

소가 취하되면 처음부터 소송계속이 없었던 것으로 되고, 본안에 대한 종국판결이 있은 후 소를 취하하면 동일한 소를 제기하지 못한다. 25)

(2) 국가 원고 사건의 경우

소송수행자가 소 취하를 하고자 하는 경우 사전에 반드시 검찰청의 승인 또는 지휘를 받아야 한다.

(3) 국가피고 사건의 경우

소송수행자가 소 취하서를 송달받거나 기일에 출석하여 소 취하 있음을 안 날로부터 2주일 내에 이의를 하지 않으면 소 취하에 동의한 것으

---

24) 국가를당사자로하는소송업무처리지침(법무부예규) 제7조의2 제1항
25) 민소법 제269조

로 보게 된다. 따라서 소 취하 사실을 알게 되면 신속히 소 취하 동의여부에 대한 의견을 붙여 검찰청에 지휘를 요청하고, 검찰의 소 취하 부동의 지휘가 있는 경우에는 법정기간내에 '소 취하부동의서'를 법원에 제출한 후 법원으로부터 '소 취하부동의증명원'을 발급받아 검찰청에 송부하며, 소 취하동의 지휘가 있는 경우에는 소송종결보고를 하여야 한다.

(4) 부동의 사유

상대방의 소 취하에 대하여 부동의 하는 경우
(가) 상대방이 소 취하한 후 다시 제소할 가능성이 있는 경우(예 : 제1심 법원을 변경하기 위한 경우)
(나) 재판진행 중 국가승소가능성이 있어 확정판결을 받을 필요가 있는 경우
(다) 유사한 다른 사건에 대하여 해당 사건이 영향을 미칠 우려가 있는 경우
(라) 상대방이 여러 개의 소송을 제기한 후 그 일부에 대해서만 소 취하하는 경우 등을 예로 들 수 있다.

라. 소송상 화해, 조정

(1) 소송상 화해

소송계속 중 당사자 쌍방이 소송물인 권리관계의 주장을 서로 양보하여 소송을 종료 시키기로 하는 기일에 있어서의 합의이며, 화해조서는 확정판결과 동일한 효력[26]이 있으므로 소송수행자가 화해를 하기 위해서는 반드시 사전에 검찰청의 승인 또는 지휘를 받아야 한다.

---

26) 민소법 제220조

(2) 조정

① 법관이나 조정위원회가 분쟁관계인 사이에 개입하여 당사자간의 분쟁을 화해로 이끄는 절차를 말하며 조정조서가 작성되면 재판상의 화해와 동일한 효력을 가진다. [27]

② 임의조정

당사자의 합의를 전제로 조정위원회가 개입하여 진행하는 것으로 소송수행자는 조정기일전에 반드시 검찰청의 사전승인 또는 지휘를 받아야 한다.

③ 강제조정

법관이 직권으로 당사자의 이익 기타 모든 사정을 고려하여 사건의 공평한 해결을 위하여 내리는 '조정에 갈음하는 결정'을 말하며, 조정정본이 송달된 날로부터 2주일 이내에 이의를 신청하지 않으면 재판상 화해와 동일한 효력이 있게 된다. [28]

따라서 소송수행자는 조서정본이 송달되면 즉시 이의신청여부에 관한 의견서와 조정조서 정본을 검찰청에 송부하여 검찰청의 지휘를 받도록 한다.

마. 청구의 포기·인락

청구의 포기란 원고가 자기의 청구가 이유 없음을 자인하는 법원에 대한 일방적 의사표시이고, 청구의 인락이란 피고가 원고의 청구가 이유 있음을 자인하는 법원에 대한 일방적 의사표시이며, 반드시 사전에 검찰청의 승인 또는 지휘를 받아야 한다.

---

[27] 민사조정법 제29조
[28] 민사조정법 제30조, 제34조

10. 불변(법정)기간

불변기간은 대체로 재판에 대한 불복신청기간 으로서 이를 도과하면 예외적으로 추완이 허용되는 경우 29)를 제외하고는 원칙적으로 재판에 대하여 더 이상 불복할 수 없게 되므로 동 기간을 도과하지 않도록 유의하여야 한다.
각종 불변기간 및 법정기간은 다음과 같다.

순번	업 무 명	처 리 기 간	근거법조항	비 고
1	상소제기	판결문 송달일로부터 2주일	민소법 제366조, 제395조	불변기간
2	즉시·특별항고	재판고지일로부터 1주일	민소법 제414조, 제420조	〃
3	재심의 소 제기	재심의 사유를 안 날로부터 30일, 판결확정후 5년	민소법 제426조	30일은 불변기간, 5년은 법정기간
4	제소전 화해 불성립시의 제소신청	조서등본 송달일로부터 2주일	민소법 제358조	불변기간
5	제권판결에 대한 불복제소	제권판결있음을 안 날로부터 1월, 제권판결선고일로부터 3년	민소법 제462조	1월은 불변기간 3년은 법정기간
6	조정결정에 대한 이의 신청	조정조서정본 송달일로부터 2주일	민사조정법 제34조	불변기간
7	배당이의의 소	배당기일로부터 7일의 기간내	민소법 제592조	법정기간
8	정리채권 확정의 소	권리의 조사가 있은 날로부터 1월	회사정리법 제147조	〃
9	소 취하 부동의	소 취하서 송달일로부터 2주일	민소법 제239조	〃

---

29) 민소법 제172조

10	상고이유서 제출	소송기록접수 통지일로부터 20일	민소법 제397조	〃
11	상고이유에 대한 답변서 제출	상고이유서 송달일로부터 10일	민소법 제398조	〃
12	2회 불출석후 기일지정 신청	최종변론일로부터 1월	민소법 제241조	〃
13	지급명령에 대한 이의 신청	지급명령 송달일로부터 2주일	민소법 제437조	〃
14	소액사건 준비명령에 대한 답변서 제출	소장송달을 받은 날로부터 10일	소액사건심판법제6조 제2항	〃
15	채권자취소의 소	취소원인을 안 날로부터 1년 법률행위있은 날로부터 5년	민법 제406조	〃

※ 기간 계산방법

기간의 계산은 민법의 규정에 의한다.30)기간을 일·주·월 또는 년으로 정한 때에는 기간이 오전 영시로부터 시작하는 때를 제외하고는 그 초일의 익일부터 기산한다(민법 제157조). 따라서 항소기간(민소법 제366조 제1항)은 판결문이 송달된 날의 익일부터 기산한다. 그리고 기간은 기간말일의 종료로 만료된다(민법 제159조).

예) 8월10일에 판결정본을 송달받았을 경우 항소기간은 8월 11일을 기산일로 하여 2주일이 종료되는 8월 24일이 된다. 다만, 기간의 말일이 일요일 기타 일반의 휴일에 해당한 때에는 기간은 그 익일로 만료된다(민법 제161조 , 민소법 제157조 제2항).

---

30) 민소법 제170조 제1항

11. 상소심 소송수행

가. 항소심

(1) 항소 제기

  검찰청으로부터 항소제기 지휘를 받으면 판결정본을 송달받은 날로부터 2주일 이내에 항소장 을 판결선고 법원에 제출한 다음 항소제기증명서를 발부받아서 항소제기 보고를 하여야 한다.

(2) 항소심 수행방법

  항소심은 제1심 재판의 연속이며, 제1심 재판과 동일하게 수행하면 된다. 다만 심급대리의 원칙에 따라 소송수행자를 재지정하여야 한다.

나. 상고심

(1) 상고 제기

  상고장을 원심법원에 제출하여야 하며, 그 양식은 위 항소장 중 항소취지 부분을 '상고취지'로 고치고「원판결을 파기하고 이 사건을 ○○법원으로 환송한다. 라는 판결을 구합니다」라고 하며, 말미에 「대법원 귀중」으로 기재하면 된다.

(2) 수행방법

  상고심은 법률심이므로 소송수행자로서는 상고이유서 또는 답변서를 작성하여 제출하여야 한다. 원칙적으로 대검찰청이 소송지휘기관이나, 고등검찰청에 계속 수행지시를 내리면 그 지시를 받은 고등검찰청에서 소송지휘를 하게 되고 소송수행자는 고등검찰청에 소송상황보고 등을 하면 된다.

특히 상고이유서를 추후 제출하기로 한 경우, 대법원으로부터 소송기록 접수 통지를 받은 날부터 20일 이내에 '상고이유서'를 제출하여야 함을 유의하여야 한다. 만약 위 기일 내에 상고이유서도 제출하지 않고, 상고장에도 상고이유를 기재하지 않았을 때에는 상고기각 판결을 받게 된다.[31]

12. 사건 확정시 조치사항

가. 의의

사건이 확정된 경우 소송수행자는 검찰청의 지휘를 받아 채무명의 내용에 따른 임의변제 독촉 등 필요한 조치를 취하는 것을 비롯하여 강제집행절차의 진행, 소송비용회수, 소송비용정산 및 구상권 행사 등의 조치를 취하여야 한다.

나. 채무명의를 이첩받은 경우 조치사항

국가원고 사건에서 국가승소 판결이 확정된 경우 제1심 대응 검찰청의 검사장은 채무명의를 소관 행정청의 장에게 이첩하게 되고, 이때 소관 행정청의 소송수행자는 채무명의의 내용이 소유권이전 등기절차 이행판결일 경우에는 관할 등기소에 등기신청을 하여야 하며, 채무명의의 내용이 금원지급 판결일 경우에는 채무자에게 임의변제를 독촉하고, 채무자가 임의변제하지 않을 경우 검찰청에 강제집행을 요청하여 검찰의 지휘에 따라 강제집행에 필요한 절차를 진행하여야 한다.

---

31) 민소법 제427조

다. 소송비용회수와 관련된 조치사항

(1) 국가승소 사건의 경우(행정소송 사건의 경우도 같다) 회수되는 소송비용은 실질적으로 지출한 송달료, 검증료, 감정료 및 변호사 비용 등이 있다.
(2) 소송비용액확정결정 신청
    판결 주문에는 소송비용의 부담비율만을 정하고 있으므로 소송비용의 구체적 액수를 정하기 위하여는 재판이 확정된 뒤에 제1심 수소법원에 '소송비용액확정결정' 신청을 하여야 하고, 이때 법원에 소송대리인(변호사)의 보수 등 비용계산서 및 상대방에게 송달하여야 할 계산서 등본과 비용액의 소명에 필요한 서면을 제출하여야 한다.
(3) 검찰청으로부터 소송비용 회수지시를 받은 소송수행자는 상대방에게 소송비용 임의변제를 최고하고, 이에 불응할 경우 법원의 소송비용액확정결정을 채무명의로 하여 강제집행 절차에 의하여 소송비용을 회수하면 된다.

라. 구상권 행사와 관련된 조치사항

(1) 공무원의 직무상 불법행위로 인해 국가가 손해배상을 한 경우, 국가는 그 공무원에게 고의나 중대한 과실이 있으면 배상금을 구상할 수 있다. 32)
(2) 국가패소 판결이 확정되면 검찰청은 소관 행정청의 장에게 구상권 행사 여부에 대한 의견조회를 하는 바, 이 때 소송수행자는 가해공무원의 고의·중과실 유무, 집행가능성 등을 면밀히 검토하여 구상권 행사의 당부에 관한 의견을 적시하여 검찰청에 제출하여야 한다.
(3) 검찰청에서 구상권 행사가 결정되면 소관 행정청의 장은 피구상자에게 임의변제를 최고하고, 이에 불응하면 검찰청의 지휘를 받아 구상

---

32) 국가배상법 제2조 제2항

제6장 국가소송수행요령   421

금청구 소송 등을 제기하여야 한다.

13. 재심

가. 확정된 종국판결에 대하여 당사자의 신청에 의하여 새로이 심판하는 절차로서 재심사유는 "민사소송규칙" 제451조 에 제한적으로 열거하고 있다.
나. 패소확정된 사건에 있어서도 문서위조, 위증 등 가벌행위를 이유로 재심을 제기할 필요성이 있는 때에는 즉시 관할 검찰청의 지휘를 받아 재심의 소를 제기함으로써 불변기간을 도과하는 일이 없도록 주의하여야 한다.

14. 법정예절 및 기타 주의사항

가. 법정과 준비절차실에서는 재판장이나 수명법관의 소송지휘에 따라야 하고 예절을 지켜야 한다. 재판부는 물론 상대방에게도 공손하게 대하여야 하고, 재판장의 허락없이 함부로 상대방의 진술 또는 신문 도중에 끼어들어서는 아니 된다.
나. 법정에서는 휴대용 전화기나 무선호출기를 꺼놓아야 하고, 잡담을 하여서는 아니 된다.
 소송수행자 상호간의 이야기도 아무리 작은 소리로 이야기하더라도 되도록이면 법정 밖에 나가서 하는 것이 좋다. 실제 법정에서 작은 소리로 소송수행자 상호간에 이야기하다 법정의 경위에게 경고를 받고 재판장에게 좋지 않은 인상을 심어주는 경우가 많이 있다. 너무 화려하거나 난잡한 복장이나 신발을 착용하여서도 안된다. 법정에서는 물론 현장검증시 재판부와 상대방의 면전에서 껌을 씹거나 담배를 피우는 일은 절대로 삼가야 한다.
다. 소송수행자가 담당 재판부의 참여사무관이나 주임에게 찾아가거나 전화로 소송절차에 관한 문의를 하는 것은 권장할 일이다. 그러나 참여사무관에게 지나치게 여러 차례 전화를 하게 되면 변론조서 작성업무에 지장을 줄 수 있기 때문에 되도록 용건을 간단히 정리하여 전화하는 것이 좋다.

라. 소송의 내용이 지나치게 전문적인 방향으로 발전하여 소송수행자의 실력으로 감당하기에 힘들 경우에는 검찰청의 지휘를 받거나 소송대리인을 선임하도록 조치해야 한다. 소송대리인을 선임할 경우에는 그 동안 법원과 상대방으로부터 받은 소장 부본, 갑호증 부본, 준비명령 정본, 기일소환장 등 모든 서류를 일괄 전달해야 한다.

제7장 법원행정처 소송수행보고

 소송수행자는 법원이 소관하는 국가소송 및 행정소송에 관하여는 소송수행보고예규 1)에 의하여 법원행정처장(기획제2심의관)에게 전자문서로 보고하여야 한다.

1. 소송수행보고의 시기

소송수행보고의 시기는 다음과 같다.

가. 국가소송

(1) 소가 제기된 때(참가한 때를 포함) : 소 제기(참가) 내용
(2) 해당소송이 종료된 때 : 종국판결 내용(판결 외의 사유로 종국된 때에는 그 내용), 당사자의 상소 여부 또는 확정 여부. 다만, 국가패소판결 선고시(일부 패소도 포함)에는 국가의 상소 여부에 대한 의견을 포함하여 선고 즉시 보고한 후 상소제기 여부 및 확정 여부를 추후 보고
(3) 국가패소판결이 확정된 경우(일부 패소도 포함) 구상권 행사 여부에 대하여 소관 검찰청으로부터 지휘를 받은 때 : 구상권 행사 여부 및 내용

나. 행정소송

(1) 소가 제기된 때(참가한 때를 포함) : 소 제기(참가) 내용
(2) 해당소송이 종료된 때 : 종국판결 내용(판결 외의 사유로 종국된 때에는 그 내용), 당사자의 상소 여부 또는 확정 여부. 다만, 행정청패소판

---
1) 대법원 행정예규 제898호

결 선고시(일부 패소도 포함)에는 행정청의 상소 여부에 대한 의견을 포함하여 선고 즉시 보고한 후 상소제기 여부 및 확정 여부를 추후 보고

다. 첨부서류

(1) 소송수행 보고시 첨부할 서류(원본 또는 사본)는 다음과 같으며, 증거방법은 첨부하지 아니한다.
(2) 국가소송 : 소장(상소장), 판결문 화해조서 취하서 확정증명원(코트넷 사건검색 출력화면 등) 등 소송종료를 확인할 수 있는 서면
(3) 행정소송 : 제(2)호의 서류

2. 보고방법

가. 소송수행자가 속한 각급 법원(지원)장(「소송수행전담팀 설치 및 운영 등에 관한 예규」 제3조제1항 각 호에 따른 국가소송 및 행정소송의 경우 서울고등법원장을 말한다. 이하 이 조에서 같다)은 국가소송 및 행정소송의 진행상황을 별지 제1호 서식에 의하여 법원행정처장(기획제2심의관)에게 전자문서로 보고하여야 한다.

나. 각급 법원(지원)장은 해당 법원(지원)에서 수행한 국가소송 및 행정소송의 반기 현황을 매년 6월, 12월의 각 말일을 기준으로 별지 제2호 서식에 의하여 법원행정처장(기획제2심의관)에게 전자문서로 보고하되, 작성기준일로부터 10일 이내에 도착 되도록 하여야 한다. (출처: 소송수행보고예규 행정예규 제915호 2011. 12. 22 개정)

제8장 법정에서 재판 진행 절차

1. 법정의 구조

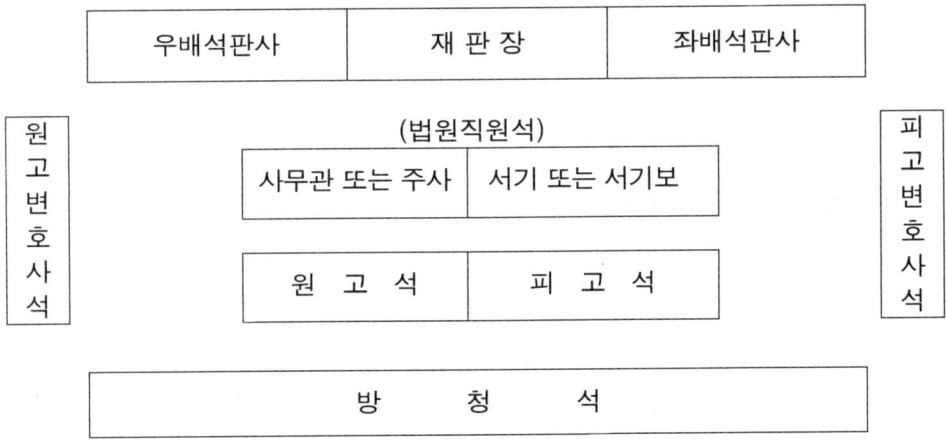

소송수행자는 방청석의 앞쪽에 앉는 것이 보통이나, 소송수행자가 많거나 대기하는 변호사가 많을 경우 변호사들이 앞좌석에 앉는 경우도 있어 방청석의 뒷쪽에 앉는 경우도 많다.

2. 사건의 호명

상대방의 소송대리인이 있는 경우에는 소송대리인 스스로가 소송수행자를 확인하고 사건을 호명하며 앞으로 나가는 경우가 대부분이므로 소송대리인이 사건번호를 부르며 변론석에 설 때는 위 그림상의 원·피고석 중 오른쪽으로(대개 '피고'라는 명패가 테이블 위에 있음) 나가면 되고, 필요한 경우 법정의 소송대리인석에서 미리 상대방 대리인을 확인하면 상대방 대리인이 소송을 빨리 진행할 수 있어 좋다.

변론석에 나가면 재판부에서 누군지를 묻는 경우도 있지만 그 전에 "소송수행자 ○○○입니다"라고 자신의 신분을 밝히는 것이 좋다. 소송수행자가 3인 정도의 다수로 지정되기 때문에 법원에서는 누가 출석하였는지를 확인하여야 하기 때문에 이를 밝히는 것이 좋다. 드문 경우지만 법원의 재판장 중에는 실제 본인인지 여부를 확인하는 경우도 있으므로 반드시 신분증을 가지고 가야 한다.

원고측에 소송대리인이 선임되지 않은 경우에는 보통의 경우 변호사가 선임된 사건이 처리된 뒤에 재판장의 호명이 있으면 위와 같은 방식으로 하면 된다.

3. 소장 및 답변서의 진술

제1회 변론기일의 시작은 소장과 답변서의 진술로 시작되는데, 재판장이 "변론하시지요"라고 하면 원고가 "소장을 진술합니다" 라고 하면, 피고가 "답변서 진술합니다"라고 대답하는 것이 원칙이나, 실제로는 재판장이 "원고는 소장을 진술하고, 피고는 답변서를 진술하지요?"하고 묻고, 원·피고가 "예"라고 답변하는 경우가 많다.

4. 상대방의 준비서면 진술

간혹 제1회 변론기일 이전에 상대방이 행정청의 답변서에 대하여 준비서면을 제출하는 경우가 있다. 이 경우 법원에서 송달이 제1회 변론기일 이전에 되는 경우도 있지만 되지 않는 경우가 대부분이고 당해 법정에서 직접 받아보는 경우도 많다.

5. 증거의 제출과 '서증 인부'

제1회 변론기일에는 보통 원고가 서증(문서로 된 증거)을 제출하고, 피고는 그 다음기일에 원고의 서면을 보아 그 중 동일한 서증은 이를 원용하면 되므로 별도 제출하지 않고 그 외의 서증은 다음 변론기일에 제출하는 경우도 있으나, 행정소송의 주류를 이루고 있는 취소소송에서는 행정청의 적극적 처분에 대한 처분권한의 주장 및 입증책임은 피고측에 있으므로 제1회 변론기일에서 피고가 적극적으로 제출하는 경우가 상당히 많다. 제1회 변론기일에 제출하지 않더라도 법원에서 입증할 것을 촉구하는 경우가 많으므로 미리 준비하여 제출할 수 있도록 하여야 한다.

상대방이 제출한 서증에 대하여는 진정성립(작성명의자가 작성한 것인지 여부)과 입증자료로서 적합한지(당해 서증의 기재가 진실하고 입증과 관련된 사항인지 여부)에 대한 인부를 하여야 하는데, 상대방이 제1회 변론기일에 증거를 제출한 경우에는 다음 변론기일에 인부하겠다고 재판장에게 답변하면 되지만, 상대방이 미리 증거를 제출한 경우에는 제1회 변론기일에 서증 인부에 대한 준비를 하고 가야 한다. 증거 및 서증의 인부에 관한 자세한 내용은 별도로 다루기로 하겠다.

6. 재판장 및 상대방의 석명 요구 및 입증 촉구

보통 제1회 변론기일에는 소장과 답변서가 제출되어 있으므로 쟁점사항이 어느 정도 정리된 경우가 많으므로 재판장이 쟁점에 관하여 석명을 요구하는 경우가 있다. 또한 원고나 원고의 소송대리인도 일정한 사항에 대하여 석명을 촉구하는 경우가 있다. 이 때 재판장의 석명요구사항은 보통 행정소송의 승패를 좌우하는 쟁점이 되는 경우가 많으며, 소송수행자의 재판장의 석명에 대한 진술은 사실에 대한 자백으로서 나중에 사실과 다른 진술이었다고 하더라도, 명백한 착오에 기한 것이 아니면 취소하기 어려우므로 신중히 답변하여야 한다. 특히 자신이 직접 처분한 사항이 아닌 경우에는 "담당자에게 문의한 후 다음 변론기일에 이를 진술하겠다"고 답변하여야 한다. 실제로 재판장이 석명을 구하는 사항은 처분의 절차 등과 관련된 사항이 많으므로 처분의 실제 담당자를 소송수행자로 지정하여 함께 변론기일에 출석하는 것이 좋다.

7. 다음 변론기일

제1회 변론기일로 소송이 종결되는 경우도 있으나 대부분의 소송은 3~4회 정도의 변론기일을 거쳐 변론을 종결하고 선고하는 것이 일반적이므로, 제1회 변론기일의 끝에는 보통 재판장이 변론속행과 함께 다음 기일을 고지한다. 보통 2주 정도의 기간을 두고 다음 기일이 잡히는데 당해 기일에 출석이 곤란한 사유가 있거나 준비를 위하여 시간이 더 필요한 경우에는 재판장에게 즉시 이유를 고지하고 기일을 다른 일자로 하여줄 것을 신청하면 된다.

8. 준비절차기일

행정재판을 담당하는 법원 중 서울행정법원은 집중심리방식을 전면 실시하고 있으며, 다른 법원도 이를 실시하는 경우가 많다. 집중심리라 함은 사건의 변론을 소수의 기일에 집중하여 실시함으로써 무익한 기일 개시, 무익한 공방과 입증, 무익한 판단을 배제하기 위한 재판운용 방식을 말한다.

재판장과 주심판사는 소장검토 결과 또는 재판의 진행 도중 쌍방의 사실상 또는 법률상의 주장이나 증거가 복잡하고 확인할 사항이 많을 경우, 또는 당사자와의 대화가 필요하다고 생각되는 사건은 쟁점 및 증거정리를 위한 준비절차를 개시하여 준비절차기일을 지정, 소환한다.

준비절차는 수명법관이 평상복 차림으로 '준비절차실'이라는 법정과는 다른 별도의 방에서 비교적 자유로이 회의식으로 진행하고, 수명법관으로는 보통 주심판사를 지정하게 되나 재판장이 수명법관을 겸하고 배석판사들이 참여하기도 한다. 그 밖에는 앞서 설명한 제1회 변론기일과 다를 것이 별로 없다. 대화와 확인과정을 거쳐 쟁점과 증거관계가 모두 정리되면 준비절차를 종결하고 사건을 변론에 회부하게 되는데, <u>원칙적으로 준비절차에서 제출하지 아니한 주장이나 증거는 변론에 상정할 수 없도록 되어 있으므로 준비절차에서는 일반 변론기일과 마찬가지로 준비를 하고 참석하는 것이 좋다.</u>

재판장이나 수명법관은 기일전 준비명령으로 당사자에게 변론준비를 촉구하는 일이 많은데 당사자가 제출한 소장이나 답변서의 내용에 미진한 사항이 있으면 그 보정을 명하기도 하고, 주장의 정리 또는 증거제출의 촉구를 하고 싶을 때 바로 준비명령이나 석명준비명령을 내리는 수가 많다. 이러한 준비명령에는 그 이행기한을 정하고 불이행시 그 이행을 촉구하기도 하므로 소송수행자로서는 이러한 준비명령을 충분히 읽어보고 이를 따르는 것이 좋다.

9. 검찰청에의 보고

<u>구두의 변론이 있었을 때는 3일 이내에 그 요지를 정리하여 관할 검찰청에 보고</u>하여야 한다.

10. 변론기일에서 재판 절차

가. 제1회 변론기일 이외의 변론기일 및 변론의 종결

(1) 제1회 변론기일 이외의 변론기일

제1회 변론기일 이외의 변론기일에서는 제1회 변론기일에서 제출한 소장과 답변서에서 밝힌 주장을 바탕으로 원고와 피고가 자신의 주장을 강화하고, 상대방의 주장을 배척하는 증거를 제출하며. 제1회 변론기일과 거의 같은 방식으로 진행되고, 다만 준비서면의 제출, 그리고 증거의 조사의 점에서 차이가 나므로 그 차이점에 대해서만 집중적으로 설명하기로 한다.

(2) 준비서면

준비서면이란 당사자가 변론에서 진술하고자 하는 사항을 미리 기재하여 법원에 제출하는 서면을 말하고, 준비서면에 해당하는가 여부는 그 내용에 의해 정해지며 실제 법적 지식이 없는 원고 중에는 탄원서라는 제목으로 자신이 진술하고자 하는 내용을 기재하여 제출하기도 한다. 준비서면은 변론의 예고에 그치는 것이기 때문에 이를 법원에 제출하였다고 하여 소송의 자료가 될 수 없으며 소송의 자료가 되기 위하여는 이를 변론에서 진술할 필요가 있다. 보통 "○월 ○일자 준비서면을 진술합니다"하고 제출자가 말하는 경우도 있으나, 재판장이 "원고 ○월 ○일자 준비서면, 피고 ○월 ○일자 준비서면 각 진술하고"하는 방식으로 재판을 신속히 진행하는 것이 일반적이다.

준비서면에는 법원과 상대방의 석명에 대한 답변, 또는 상대방에 대한 석명사항을 기재하는 "석명에 관한 준비서면", 상대방의 주장에 대한 인정 및 부정, 상대방의 주장을 공격하고 자신의 주장에 대한 상대방의 공격에 대해 방어하는 주장과 이를 뒷받침하는 판례, 학설, 그리고 이에 부합하는 증거를 기재하는 "상대방의 주장에 대한 인부와 공격·방어방법에 대한 준비서면", 자신의 주장이 정당하다는 것을 설득하기 위한 여러 가지 사실들을 주장하는 "사정진술에 대한 준비서면", 변론을 종결할 때 지금까지 답변서, 준비서면, 법정 구두진술에서 진술한 사실상, 법률상의 주장 및 상대방 주장에 대한 공격을 종합하는 "최종 준비서면"으로 나누어진다.

제8장 법정에서 재판 진행 절차 431

하지만 실제에 있어서는 이러한 한 가지 목적으로 준비서면을 내는 경우는 거의 없고, 위에서 언급한 여러 가지 목적을 종합적으로 가진 준비서면을 내는 것이 보통이다.

(3) 주장 및 입증책임

'주장책임'이라 함은 권리의 발생·소멸이라는 법률효과의 판단에 필요한 요건사실 내지 주요사실을 주장하지 않으면 유리한 법률효과의 발생이 인정되지 않을 위험 또는 불이익을 말하고, '입증책임'이라 함은 당사자가 자기에게 유리한 사실의 존재와 진실을 증명하거나 자료를 제출하지 아니하면 자기의 주장사실이 없는 것으로 처리되는 위험 또는 불이익을 말한다. 행정소송, 특히 행정청이 피고가 되는 취소소송에서는 <u>적극적인 처분(조세부과, 취소, 정지 등 현상태의 변경을 가져오는 처분)에 대한 취소소송인 경우는 처분권한의 행사의 적법·타당성에 대하여 행정청이, 거부처분에 대한 취소소송인 경우는 원고가 각각 주장 및 입증책임을 지게 된다.</u>

취소소송에서 원고는 행정심판 절차에서 주장하지 아니한 공격방어방법이라고 하더라도 소송절차에서 주장할 수 있는데 반해, <u>피고 행정청은 당초의 처분사유와 기본적 사실관계가 동일한 한도 내에서만 새로운 처분사유를 추가·변경하여 처분사유로 주장할 수 있으므로</u>(대법원 1989. 12. 9 선고. 88누9299 판결), 처분의 적법·타당함을 주장함에 있어서는 처분의 이유를 잘 살피고 이와 관련하여 그 주장을 전개하여야 한다.

(4) 증인의 신청 및 신문

　　(가) 증인신청서의 제출

① 사실관계 입증을 위하여 신청할 피고측 증인이 있으면 보통 변론기일

에서 "○○○씨를 증인으로 신청하고자 합니다, 입증취지는 …입니다"라고 하여 재판장의 허가를 받고 그 후 증인신청서를 제출하는 방식을 취하는 것이 보통이다. 하지만, 집중심리제를 채택한 서울행정법원이나 일부 법원에서는 아직 채택여부가 정해지지 아니한 상태라도 아래의 요령에 따라 증인신청서와 신문사항을 작성하여 기일 전에 미리 제출하고 준비절차 종결일이나 사전에 팩스나 전화로 허가하는 경우도 있다. <u>증인신문사항은</u> 보통 법원에 원본 겸 재판장용, 주심판사용, 사무관용, 속기타자원용, 상대방용의 <u>5부를 제출하여야</u> 한다.

② 원고의 반대신문 준비를 위하여 피고측 증인의 주신문사항은 넉넉한 기간을 두고 미리 상대방에게 송부해야 한다. 증인신문기일 바로 직전에 증인 신청서와 증인신문사항을 제출한 경우에는 증인에게 소환장이 송달되지 아니하여 증인신문기일에 재판이 진행되지 아니하는 경우가 많고, 제출된 증인신문사항을 예고 없이 변경할 경우나 주신문사항을 미리 원고에게 전달하지 아니한 경우에는 원고나 원고의 소송대리인이 반대신문준비를 위하여 기일을 따로 잡을 것을 요청하는 경우가 많으므로 증인신청서를 미리 제출하여야 하며, 주신문사항에 변경 등이 있을 때에는 상대방에게 FAX 등을 이용하여 바로 건네주는 것이 좋다.

(나) 신청서 표지의 기재사항

증인신청서의 표지에는 ①사건번호, ②당사자의 성명, ③증인의 인적사항(증인의 성명, 주소, 전화번호 등: 주소는 통·반까지, 아파트나 연립주택의 경우는 동, 호수까지), ④증인신문사항, ⑤작성 연월일을 기재하고, ⑥증인신청인이 기명 날인하여야 한다.

(다) 신문사항의 작성요령

① 증인신청서의 별지에 그 증인에게 신문할 신문사항을 구체적으로 간

결하게 기재하여야 한다. 신문사항은 되도록 쟁점사항에 관하여만 작성하고, 집중심리제를 채택한 법원에서는 재판장이 신문사항의 길이를 보고 신문에 필요한 시간을 계산하여 시차제 기일지정을 하고 있으므로 이를 위하여 증인신청서는 반드시 준비절차종결 이전에 제출해야 한다.
② 증인신문사항의 첫머리에는 그 증인에 의하여 증명할 요증사실 및 그 사항과 증인과의 관련성을 명시하여야 한다. 증인의 신빙성을 엿보기 위한 것으로 피고가 묻지 않을 경우 상대방이나 법원에서 묻기 때문에 명시하는 것이 좋다.
③ 증인신문사항은 짧은 질문에 대하여 증인이 자신의 체험을 서술식으로 진술할 수 있도록 쟁점 중심으로 작성하여야 한다. 문답이 단문단답형 또는 단문장답형으로 이루어지도록 하고 장문단답형은 피하는 것이 좋다.
④ 유도신문, 의견이나 추측을 묻는 신문, 증명할 사항과 관련이 없는 신문, 중복되는 신문, 한꺼번에 여러 사항을 신문하는 복합신문, 증인을 모욕하거나 곤혹스럽게 하는 신문 등은 제한 또는 금지된다.

(라) 증인신문의 방식

증인은 신청한 당사자가 먼저 주신문을 하고, 그 다음에 반대당사자가 반대신문을 하는 순서로 진행한다. 재판장은 필요시 언제든지 모두신문이나 개입신문을 할 수 있다. 주신문은 원칙적으로 신문사항에 기재된 대로 신문을 하고, 반대신문은 주신문의 애매·모호·모순되는 점을 명확히 하거나, 증인 또는 증언의 신빙성을 탄핵하기 위하여 필요한 사항만을 신문하여야 한다. 주신문에 포함되지 아니한 사항을 신문하고자 할 때에 그 질문할 사항이 기존 증인신청서에 적힌 사항과 거의 같고 다만 1, 2항의 추가에 그칠 경우에는 바로 재판장에게 양해를 구하고 추가하여 질문할 수 있지만, 증인신청서에 적힌 것과 완전히 다른 새로운 사항일 경우에는 그 증인을 새로이 신청하여 주신문을 하여야 하고 반대신문을 하여서는 아니된다. 또한 상대방의 반대신문에서 밝혀진 사실 중 한 두 가지는 그 자리에서 반박할 필요가 있는 경우가 대부분이므로 상대방 반대신문에서 밝혀진 사실들을 잘 메모하고 있다가 재판장의 양해를 구하여 한 두 가지 정도 반대신문과 관련한 주신문을 하는 것도 필요하다.

종래 법원이 증인신문조서를 작성할 때 증인신청서에 기재된 사항에 표시를 하여 두었다가 이를 정리하는 방식으로 작성했기 때문에 신청서에 기재된 사항이 아니면 이를 신문하기가 어려웠으나, 최근에는 서울행정법원 등에서는 당사자의 신청이 없더라도 모든 증인의 증언을 녹음과 동시에 즉석에서 속기타자로 녹취하여 증인신문조서를 작성하고 있기 때문에 필요할 경우 신문사항에 포함되지 아니한 것을 신문하여도 증인신문조서의 작성에는 문제가 없으므로 이러한 법원인 경우에는 신청서에 기재된 사항 이외의 사항을 신문하여도 문제가 되지 않는 것이 보통이다. 다만 상대방의 반대신문권 보장 등을 위하여 증인신문사항에 기재된 사항에서 크게 변경되지 않는 범위내에서 이를 묻는 것이 좋다.

(마) 증인여비의 예납

증인신청을 함에 있어서는 그 신청서 접수와 아울러 그 증인의 왕복에 필요한 증인여비를 법원에서 지정한 은행에 예납하여야 한다. 증인여비를 예납하지 아니한 증인은 법원에서 소환할 수 없고, 따라서 증인신문이 진행되지 못하는 경우가 많다. 하지만 행정소송의 행정청의 증인으로 나오는 사람들은 같은 부처 내에 근무하는 공무원인 경우가 많고 이 경우 그 증인은 당사자가 대동하여 신문할 수 있으므로 아예 처음부터 증인 신청서에 "대동증인"이라고 표시하는 것이 좋으며, 이러한 경우 증인여비는 지급되지 않는다. 증인여비 예납에 관한 구체적 절차는 담당 법원직원으로부터 안내를 받으면 된다.

(바) 반대신문사항의 제출

실제 행정소송에서 행정청은 주신문을 하는 경우보다 반대신문을 하는 경우가 훨씬 많다. 행정청의 행정행위 행사권한 등 주장·입증이 필요한 사항은 법령이나 내부 규칙, 서류 등 공문서로 입증이 가능한 반면 원고측이 주장하는 사항들인 처분의 구체적 타당성 등은 증인의 증언을 통하여 증명하는 경우가 많기 때문이다.

따라서 소송수행자는 원고측 증인의 주신문사항을 검토한 후 반대신문이 필요할 경우에는 신문사항을 미리 작성하여 재판 당일까지 법원에 제출해야 하는데, 보통 반대신문은 주신문에 비해 간단한 경우가 많기 때문에 재판당일 제출하여도 무방하다. 또 극히 간단한 반대신문만을 할 경우(한 두 가지 사항만을 간단하게 물을 때)에는 따로 신문사항을 제출하지 아니하고 반대신문을 하면 된다. 반대신문사항도 5부를 제출한다. 주신문은 법원에서 송달하도록 되어 있으나 법원에서 송달이 늦어지거나 전달이 안되어 재판당일 받더라도 법원에 따라서는 이를 그대로 진행하는 곳이 상당히 있으므로 상대방이 증인을 신청하여 법원에서 받아들여졌을 경우에는 상대방에게 소송대리인이 있는 경우에는 변론기일 1주일 전쯤에 상대방 소송대리인과 연락하여 FAX를 통하여 이를 받고 소송대리인이 없는 경우에는 법원이나 원고측에 연락해 FAX에 의한 전송을 요구하여 이를 받은 다음 반대신문사항을 만들면 된다.

(5) 사실조회의 신청

(가) 신청서의 제출

사실조회란 법원이 공무소, 학교, 회사 등의 공사의 단체에 대하여 특정사항의 사실에 관한 보고를 구하게 하는 절차로서 민사소송법 제266조에는 조사의 촉탁이라고 규정하고 있고 소송실무에서는 사실조회라는 명칭을 사용하고 있다.

사실조회 신청을 할 경우에는 신청서 원본과 함께 조회사항을 A4용지에 타자하여 부본 2부를 추가하여 제출하면 조회서에 별지로 이를 그대로 첨부하게 되어 신속한 업무처리에 도움이 되고 법원직원들도 이를 선호하고 있으므로 조회사항을 신청서에 함께 기재하지 말고 별도의 용지에 따로 만들어 주는 것이 좋다. 특히 산재사건과 같이 1건에 통상 조회할 곳이 5곳 이상인 경우에는 법원에서 이를 새로 타자하게 되면 행정과의 업무가 폭주하게 되는 부담이 있어 법원에 따라서는 이를 따로 하여 줄 것을 요구하는 곳도 많다. 그러나 행정청이 피고인 행정소송의 경우 타정부기관이라든지, 다른 지방자치단체가 알고 있는 특정사실이 문제될 경우에는 재판부에 따라서는 사실조회보다는 피고 소송수행자에게 직접 조회하여 답변할 것을 요구하는 경우도 많다. 법원의 사실조회에 걸리는 시간에 비하여 행정기관간 상호 공문의 전달을 통한 사실조회가 훨씬 **빠**른 경우가 많기 때문이다.

(나) 결과의 원용

사실조회 회보가 도착한 경우 법원에서는 보통 변론기일에 사실조회가 도착하였음을 알리면서 이를 원용할지 여부를 묻게 된다. 사실조회 회보가 도착한 경우 법원에서는 그 도착사실을 신청인에게 전화 등으로 고지하고 있으나, 실제로는 고지가 제대로 이루어지지 않는 경우가 대부분이므로 사실조회를 신청하였을 때에는 다음 변론기일 이전에 사실조회의 도착 여부를 법원의 담당재판부 직원에게 문의하여 미리 확인하고, 부본을 수령한 다음 그 내용을 미리 확인하는 것이 좋다. 사실조회 결과를 확인한 뒤에는 이것이 행정청에 이익이 될 경우에는 이를 변론기일에서 구두나 준비서면의 제출 등으로 이를 원용하여야 한다.

만약 사실조회 회보 결과에 의문이 있거나 사실조회한 사항 중 핵심사항이 빠졌을 때는 사실조회를 원용하지 말고 그 이유를 재판장에게 고지한 뒤 다시 사실조회를 신청하고 다시 온 사실조회 회보의 내용을 보고 원용하면 된다.

(6) 검증·감정의 신청

(가) 검증·감정신청서의 제출

법관이 그 오관의 작용에 의하여 직접적으로 사물의 성상, 현상을 검사하여 그 결과를 증거자료로 하는 증거조사를 검증이라 하고, 특별한 학식, 경험을 가진 전문가의 판단을 소송상 보고시켜, 법관의 판단능력을 보충하는 증거조사를 감정이라 한다.

검증은 실제로 변상금부과처분취소청구 소송이나 건축물 허가 등 관련 소송에서 실제 토지를 점유하고 있는 현황이나 가옥의 상황 등을 재판부가 직접 현장에 나가 오관에 의하여 확인하는 것을 말하고, 감정은 주로 요양불승인처분 취소소송 등에서 노동능력의 상실정도를 법원이 지정하는 병원에서 전문의가 측정하거나 변상금부과처분취소청구 소송에서는 점유토지의 지적도상 위치 및 면적을 감정평가사에게 의뢰하여 명확히 하는 것을 실례로 들 수 있다. 실제에 있어서 검증만을 따로 신청하는 경우는 드물며 검증과 감정이 같이 신청되는 경우가 많다. 행정소송에서 검증 및 감정의 신청은 보통 원고가 신청하는 것이 일반적이고 피고 행정청이 이를 신청하는 경우는 드물다고 할 것이다.

검증을 신청할 때는 검증하고자 하는 대상과 확인할 사항을 기재한 신청서를 제출하고, 검증현장에서 주장할 사항도 미리 준비하여 제출하면 검증에서 작성되는 검증조서에 그대로 등재할 수 있다. 따라서 위 문건도 원본 겸 재판장용, 상대방용, 주심판사용, 사무관용의 4부를 제출하여야 한다.

감정의 경우는 사실조회와 마찬가지로 별지에 감정할 사항을 작성하여 부본 2부와 함께 제출하면 된다.

(나) 검증료·감정료의 예납

검증은 대부분이 법원 이외의 지역에 법관의 출장이 필요하기 때문에 검증을 신청한 쪽에서 출장여비를 예납하여야 하고, 감정의 경우는 감정신청에 따른 감정료를 예납하여야 한다. 출장여비나 감정료의 예납과 관련된 자세한 사항은 이를 담당하고 있는 법원직원에게 문의하면 된다. 가장 흔한 산재사건의 경우를 예로 들면, 원고의 신체감정신청을 할 경우에는 감정료를 감정신청서와 함께 납부해야 한다. 특별한 사정이 없는 한 신체감정료는 15만원, 서면에 의한 일반감정료는 10만원이다. 쌍방이 감정을 신청할 경우에는 위 금액 중 각자 50%씩 납부하여도 무방하다.

(다) 결과의 원용

감정결과가 도착되면 이를 이익으로 원용할 것인지 여부를 변론기일에서 진술하여야 한다.
검증결과는 이를 반드시 변론기일에서 원용할 필요는 없으나, 검증조서가 작성되면 이를 검토하여 피고 행정청에 이익이 되는 사유가 있으면 적극적으로 준비서면에 원용하는 등의 노력이 필요하다.

(라) 재감정 신청에 대하여

실제로 행정청에서 감정신청을 하는 경우는 드물며, 상대방의 감정신청의 결과가 행정청에 불리하게 되어 있을 때 재감정 신청을 하여야 할 필요가 있으므로 상대방의 감정결과가 도착하면 확인한 후 이의가 있을 때는 재판부에 재감정 신청을 하여야 한다.

(7) 문서등본 송부촉탁, 문서제출명령

(가) 증거가 될 문서의 소지자가 그 제출의무를 부담하고 있는 경우에 그 문서를 소지한 상대방 또는 제3자에게 그 문서를 제출하도록 명령하는 것을 문서제출명령이라 하며, 제출의무가 없는 문서소지자에게 그 문서의 임의 제출을 구하기 위하여 하는 서증신청 방법을 문서송부촉탁이라고 한다. 실제 행정소송에서는 행정청이 가지고 있는 문서에 대하여 필요할 때에는 제출명령보다는 재판장이 이를 증거로 제출하여 줄 것을 요구하는 경우가 많다. 이 경우 특별히 제출할 수 없는 사정이 있지 아니하면 법원에 제출하도록 하고, 피고에게 유리한 증거인 경우에는 반드시 을호증 번호를 기재하여 제출하는 것이 좋다.

문서송부촉탁은 재판문서나 수사기록의 등본을 증거로 제출해야 할 경우에 재판부에 사건명, 사건번호, 피고인 또는 피의자명, 기록보관 기관명을 기재하여 그 등본 송부촉탁 신청을 한 다음 재판부의 증거결정과 함께 송부촉탁이 이루어지면 기록이 보관되어 있는 법원이나 검찰청의 해당 부서로 찾아가서 복사비용 등을 납부하고 필요한 부분의 등본을 발급받을 수 있다. 무엇을 복사해야 할지 잘 모를 경우에는 문서전체를 복사하여 제출하게 되면 재판장이 필요한 부분을 취사선택할 수도 있다.

(나) 송부촉탁, 문서제출명령에 의하여 재판부로 제출된 문서 또는 사실상 교부받아온 문서를 증거로 제출하기 위하여는 상대방용을 복사하여 법원용과 함께 제출해야 증거로 거시된다. 이 문서에 대하여도 서증번호를 매겨야 한다.

(8) 그 외의 증거 조사방법

(가) 증거 보전신청

증거 보전신청은 소송이 아직 법원에 계속되기 이전이나 계속 중이라도 증거조사를 할 정도로 소가 진행되지 않고 있을 때 본안절차와는 별도로 법원에 신청하여 미리 그 증거를 조사하여 두는 제도이다. 주로 증인이 사망 또는 해외이주 등의 사유가 있을 때에 하나, 행정소송에 증거 보전신청을 하는 경우는 거의 없으므로 크게 신경을 쓰지 않아도 될 것이다.

(나) 당사자 신문

당사자본인 신문은 서증, 증인신문 등 다른 증거방법에 의하여 법원이 심증을 얻지 못한 경우에 한해 직권 또는 당사자의 신청에 의하여 허용되는 보충적 증거조사방법으로 행정소송에서는 원고에게 소송대리인이 선임되어 있는 경우 최후의 방법으로 시도되는 경우가 있으므로 소송수행자는 증인신문의 경우와 같이 반대신문사항을 작성하여 반대신문을 하면 된다.

(9) 변론의 종결

통상 실무에서는 '결심'이라고 부르며, 당사자의 변론행위 즉, 주장 및 입증행위를 종결하는 것을 말한다. 일반적인 경우 재판장이 원고나 소송수행자에게 "더 이상 제출할 주장이나 증거가 없느냐?"고 물은 뒤 당사자들이 "더 이상 제출할 증거나 주장이 없다."고 하면 변론을 종결하고 판결선고 기일을 고지한다. 변론이 종결되면 더 이상 주장이나 증거를 제출하지 못하므로 변론이 종결된 뒤 판결선고기일 전에 새로운 증거나 주장사유를 발견한 때에는 바로 변론재개의 신청을 하여야 한다. 변론재개의 신청이 있다고 반드시 법원이 변론을 재개하는 결정을 하는 것은 아니므로 변론재개 신청을 할 때에는 주장사실을 요약하는 준비서면이나 증거를 첨부하여 제출하여야 한다.

(10) 검찰청에의 보고

소송 탈퇴, 상소 제기, 상소의 포기, 취하, 상소를 제기하지 아니하는 취지의 합의, 소 취하의 동의와 같은 사안은 반드시 사전에 보고하여 특별한 수임이나 지시를 받아야 하고, 제3자가 소송에 참가할 때에는 3일 이내에 참가의 취지, 이유를 기재하여 서면으로 보고하여야 하며, 준비서면, 항소 및 상고이유서를 제출하였거나 송달되었을 때는 3일 이내에 사본을 첨부하여 보고하여야 하고, 구두변론시에는 3일 이내에 그 요지를 정리하여 보고하여야 한다.

소송수행자는 변론기일에 출석하여 소송을 수행한 때에는 매 변론기일의 진행상황을 당해 검찰청의 검사장에게 보고하여야 하는데, 보고요령은 소송수행자가 변론을 마친 후 직접 당해 검찰청의 소송사무과 또는 송무계에 들러 비치해 둔 "변론기일부" 및 사건 기록에 편철되어 있는 "소송진행상황표"에 진행상황을 기재하여야 하고, 소송대리인이 선임되어 있는 경우에도 소송수행자는 변론기일에 출석하여 소송진행상황을 파악하고 보고하여야 한다. 원고측이 제출하는 소송자료에 대하여도 이를 사본하여 보고하여야 한다.

11. 소송의 종료

가. 소의 취하

행정소송에 있어서도 소 취하, 쌍불취하 간주(원고가 변론기일에 2회 불출석하고 피고가 변론을 하지 아니한 경우 취하로 간주되는 제도)가 인정되므로 소의 취하, 쌍불취하로 소송이 종결되는 경우가 많다. 피고가 본안에 관한 준비서면을 제출하거나 준비절차에서 진술하기 전에는 피고의 동의를 얻지 않아도 소 취하를 할 수 있다. 하지만 그 후에는 피고의 동의를 얻어야 하고 소송수행자는 동의여부에 대하여 앞에서 살펴본 바와 같이 검사의 지휘를 받아야 한다. 원고의 소 취하서 부본을 송달받은 후 또는 원고가 변론기일에서 소를 취하한 후 2주일내에 이의를 하지 않으면 소 취하에 동의한 것으로 간주되므로 동의를 하지 않을 것이라면 즉시 소 취하 동의여부에 대한 검찰청의 지휘를 받아야 한다.

다만, 행정소송에 있어서 소 취하 동의에는 검찰청의 지휘를 요하지 않는 경우도 있으므로 소 취하 동의에 관한 사항은 관할 검찰청에 문의하여 보는 것이 좋다. 예를 들어, 처분청이 원처분을 직권으로 취하하는 경우, 행정심판에서 인용재결로 원처분을 취소한 경우, 제소기간 도과후 소 취하한 경우에는 소송수행자가 검찰청의 지휘를 받지 아니하고 소취하에 동의할 수 있다.

나. 판결

(1)「각하(却下)」판결

소송의 적부에 관한 판결로서 요건심리의 결과 당해 행정소송이 부적법한 것이라 하여 각하하는 판결을 말한다.

(2)「기각(棄却)」판결

원고의 청구가 이유없다고 하여 배척하는 판결을 말한다.

(3)「인용(認容)」판결

원고의 청구가 이유 있다고 하여 인용하는 판결을 말한다.

(4) 기속력

처분을 취소하는 확정판결은 그 사건에 관하여 당사자인 행정청과 그 밖의 관계행정청을 기속하는데(행정소송법 제30조), 기속력의 의미는 동일한 사실관계하에서 동일한 당사자에 대하여 동일한 내용의 처분을 반복하여서는 아니 되며, 사실심 변론종결전의 사유로 다시 동일한 처분을 하면 그 처분은 하자가 중대하고 명백한 것이어서 당연 무효가 된다(대법원 1990. 12. 11 선고. 90누3560 판결). 다만 행정처분의 절차 또는 형식의 위법으로 인한 취소판결이 확정되면 그 확정판결의 기판력은 거기에 적시된 절차 및 형식의 위법사유에 한하여 미치는 것이므로 행정관청은 그 위법사유를 보완하여 다시 새로운 행정처분을 할 수 있다. 과세의 절차나 형식에 위법이 있어(예: 과세고지절차에 문제점이 있는 경우) 과세처분이 취소된 경우와 같이 형식·절차에 위법이 있는 경우에는 위법사유를 보완하여 종전의 과세처분과 별개인 새로운 과세처분을 할 수 있다.

다. 판결 선고 후 조치

(1) 재판결과 보고

행정청의 장이 판결문을 송달받았을 때에는 국소법시행규칙 별지 제32호 서식에 첨부하여 관할 검찰청의 검사장에게 보고하여야 한다.[1]

(2) 행정청 승소시

판결문을 송달받은 날로부터 14일 경과시 소송수행자가 법원에 문의하여 보면 원고의 상소여부를 알 수 있다. 원고가 상소를 하였으면 법원으로부터 상소제기증명을 발급받아 위 제32호서식에 첨부하여 관할 검찰청

---

1) 국소법 제6조제1항, 동시행령 제10조, 동시행규칙 제18조

에 보고하여야 한다. 원고가 상소를 하지 않았으면 판결확정증명을 받아 검찰청에 이를 보고하면 된다.

(3) 행정청 패소시

행정청의 장이 판결문을 송달받은 때에는 소 제기 또는 포기여부에 대하여 관할 검찰청 검사장에게 지휘품신을 하여야 하는데, 상소제기 기간은 '판결문을 송달받은 날로부터 2주일 이내'이므로 늦어도 상소제기 기간 만료 7일 전까지 관할 검찰청에 도착되도록 하는 것이 좋다.

여기서 한가지 주의할 것은 판결문의 송달이 주로 각 기관의 문서 접수처에서 이루어지고 있어 실제로 소송수행자가 아닌 엉뚱한 곳에 전달되는 경우가 빈번하므로 판결선고 후 3주 후에도 판결문이 송달되지 않으면 법원에 문의하여 송달여부를 확인하는 것이 좋다.

지휘품신은 소송수행자가 직접 관계서류를 지참하고 담당검사 또는 공익법무관과 법률적 관점을 상의하는 것이 바람직하다. 지휘품신서에는 국가소송의 경우와 마찬가지로 상소제기(포기)의견서, 상소제기(포기)요약서, 패소원인분석표 및 판결문 사본 2부를 첨부하여야 한다.

검찰청의 상소제기 지휘가 있는 경우 판결문을 송달받은 날로부터 2주일 내에 소송수행자지정서, 송달료납부서 등을 첨부하여 항소(상고)장을 판결을 선고한 법원에 제출하여야 하는데, 특히 상소제기 기간은 불변기간이므로 이를 도과하지 않도록 유의하여야 한다.

(4) 항소심에서의 절차

항소심도 사실심의 성격을 가지고 있으므로 앞에서 설명한 모든 절차가 그대로 반복되고 적용된다. 다만 항소심은 제1심 판결후에 그 판결의 위법을 다투는 소송이므로 주로 논의가 제1심 판결의 사실인정과 법률적용에 어떠한 문제점이 있는가에 집중된다.

(5) 상고심에서의 절차

항소심이 종결되면 앞에서 본 절차에 의해 상고를 제기하게 된다. 대법원으로부터 소송기록접수 통지서가 송달되면 20일 이내에 상고이유서를 작성하여 대법원에 제출하여야 한다. 상고이유서를 기간 내에 제출하지 아니하면 변론없이 기각되므로[2] 주의하여야 한다.

상고심에서의 절차는 제1심이나 항소심과 달리 구두의 변론없이 상고이유서에 의해서만 서면으로 심리하므로 적법한 상고제기이유(민소법 제393조, 제394조, 상고심절차에관한특례법 제4조)를 상고이유서에 자세하게 기재하여야 한다. 그리고 상대방이 답변서를 제출한 경우에는 이를 검토한 후 보충상고이유서를 작성하여 제출하는 것이 좋다.

12. 답변서 및 준비서면 기재요령

가. 실질적 기재사항

(1) 행정소송은 현재 임의적 전치주의로 되어 있어 행정심판의 중요성이 감소되었으나, 최초의 답변서에는 전심절차인 행정심판의 진행과정에 관하여 우선적으로 기재하여야 한다. 전심절차를 거칠 필요가 없는 사건의 경우에는 그럴 필요가 없다. 그 뒤 원고의 적격여부, 피고의 적격여부, 제소기간 도과와 같은 소송요건도 우선적으로 검토한다.

(2) 그 다음 소장 기재의 원고 주장에 대한 구체적이고 실질적인 답변을 기재해야 한다. 조세, 부담금, 과징금 등의 부과처분에 관한 사건에서는 그 부과경위와 계산의 근거를 명백히 하여야 한다. 행정심판을 거

---

[2] 민소법 제399조

친 후 원고가 재결서에 나타나지 아니한 새로운 사항을 주장하고 있을 경우에는 반드시 이에 대한 의견을 표명해야 한다. 원고의 주장을 전부 부인한다는 식으로 또는 원고의 주장, 입증을 보아가며 차후 답변하겠다는 식으로 형식적인 답변서를 작성하여서는 아니 된다.
(3) 원고의 전력이 처분의 정당성을 인정하는 자료가 되는 사건의 경우에는 반드시 과거 법령위반으로 인하여 제재나 처벌을 받은 전력에 관한 주장을 하고 이에 관한 자료를 첨부하여야 한다.
(4) 관련 행정법령이 복잡하거나 변천이 많았던 경우에는 당해 사건에 적용할 법령의 내용을 기재하고, 특히 예규, 통첩, 조례 등은 법원에 비치되어 있지 아니한 경우가 보통이므로 그 내용을 복사하여 서증 또는 참고자료로 제출한다.
(5) 최초의 답변서를 제출한 이후에도 원고의 주장을 보아가며 필요할 경우 이에 상응하는 준비서면을 제출하여야 한다.

나. 형식적 기재사항

(1) 답변서 또는 준비서면에는 소송수행자 중 주소송수행자, 대표전화 및 주소송수행자에 대한 직통전화번호, FAX번호를 기재해야 한다. 이는 법원과의 업무연락 및 상대방과의 상호송달의 편의를 위하여 반드시 필요한 것이다. 제출된 답변서 내용이 미진하거나 불명확한 경우에는 재판장이 FAX로 그 보정을 명하게 된다.
(2) 준비서면, 답변서를 비롯 법원에 제출하는 서류에는 쪽번호를 매기고 작성자가 각 장 사이에 간인을 함과 아울러 문서의 말미에 기명날인을 해야 하는데, 이를 누락하는 예가 많다.

다. 서증 및 참고자료 등의 첨부

(1) 답변서에는 처분의 적법성을 뒷받침할 만한 서증, 참고자료 등을 첨부하여 제출하여야 한다. 행정심판 절차에 제출되었던 자료는 그대로

제출하면 될 것이다.
(2) 만약 사실조회, 검증, 감정, 문서등본 송부촉탁 등을 신청할 계획이 있으면 답변서와 함께 제출하는 것이 좋다. 도시계획관련 사건의 경우에는 현장검증이 유용한 증거방법이 되고 있다.

13. 서증의 제출 및 인부

가. 서증의 개념

서증은 사실에 관한 주장을 뒷받침하기 위하여 제출하는 증거를 말한다. 따라서 당해 사건에 관한 자신의 주장을 담은 준비서면은 서증으로 제출하여서는 아니 된다. 그러나 다른 사건에서 또는 제소 전에 교환된 문서는 증거로 제출될 수 있다.

법령이나 판례는 원칙적으로 증거로 될 수 없으므로 법령이나 판례의 사본에 서증번호를 붙여서 제출해서는 아니 된다. 이들 문서는 '참고자료'로 제출하면 된다. 그러나 널리 알려지지 아니한 규정, 통첩, 예규, 조례와 같은 것은 증거로 제출하는 수도 있다.

나. 제출방법과 시기

(1) 표지와 내용으로 구성되어 있는 서증은 그 출처를 알 수 있도록 표지, 내용 및 출처부분을 함께 제출해야 한다.
판결문이나 등기부등본과 같은 단일 문서는 그 전부를 제출해야 하고 필요한 일부분만을 제출하여서는 아니 된다. 그러나 책자일 경우에는 표지, 목차, 그 발행연도 부분, 내용 중 입증취지에 관계되는 부분만을 발췌하여 제출하면 된다.
원고가 제출한 서증은 피고가 이를 중복하여 제출할 필요는 없다.
(2) 피고측의 서증은 가급적이면 제1회 기일 이전에 제출하여야 한다. 그러나 그 후라도 원고의 주장을 보아가며 추가할 필요가 있는 서증은

다시 제출한다.

서증은 법원용과 상대방용 사본을 따로 만들어서 제출해야 하고, 재판부의 요구가 있으면 그 원본을 법원에 제출해야 한다. 상대방용 서증 부본은 기일 전에 미리 상대방에게 송부함으로써 최초기일 이전에 인부를 받을 수 있도록 하여야 한다.

다. 번호 부여

(1) 서증에는 일련번호를 붙여서 제출하는 것이 관행으로 되어 있고 이 서증번호는 판결에서 그대로 인용된다. 원고가 제출하는 것은 '갑호증'으로, 피고가 제출하는 것은 '을호증'으로, 독립당사자참가인이 제출하는 것은 '병호증'으로 표시한다. 따라서 원고의 서증은 갑제1호증, 갑제2호증, 갑제3호증의 1, 2 등으로, 피고의 서증은 을제1호증, 을제2호증의 1, 2, 을제3호증의 1, 2, 3 등으로 표시한다.

(2) 번호는 대개 작성된 시간적인 순서에 따라 먼저 작성된 것부터 시작하여 번호를 붙이면 된다.

주의할 것은 수사기록이나 징계기록과 같이 작성인이 다르거나 작성일을 달리 하여 작성된 다수 문서로 구성된 서류다발에는 표지, 목록, 의견서 등을 순서대로 예컨대 을제1호증의 1, 2, 3, …과 같은 가지번호를 붙여야 하고, 서류전체에 을제1호증과 같은 단일한 서증번호를 메겨서는 아니된다.

그리고 형사재판기록, 수사기록, 민사재판기록과 같이 성질이 다른 문서다발을 제출할 경우에는 다발마다 별개의 호증번호를 붙인다. 예컨대, 형사기록에는 을제1호증의 1, 2, 3. …, 수사기록에는 을제2호증의 1, 2, 3. …, 민사기록에는 을제3호증의 1, 2, 3.… 등으로 하면 된다. 물론 중복되는 문서는 한번만 제출하면 된다.

한편 약식명령의 앞장과 그 뒷장인 공소사실 또는 한권의 책자와 같이 비록 여러 장으로 구성되어 있어도 단일의 문서인 경우에는 원칙적으로 하나의 번호만 매기고 그 쪽마다 가지번호를 달리 매겨서는 아니된다.

라. 서증 인부

(1) 의의와 방식

(가) 상대방이 제출한 서증에 대하여는 인부(의견진술)를 하여야 한다. 피고가 그 성립의 진정을 인정하는 원고제출의 문서는 특별한 사정이 없는 한 법원에서 그 내용을 믿고 판단의 자료로 사용한다. 상대방이 부지나 부인으로 다투는 서증은 그 제출자가 진정성립을 인정할 증인 등 다른 자료를 제출하지 아니하면 증거능력이 없어 이를 증거로 쓸 수 없다.

(나) 그 인부의 방식은 예컨대, 갑제1호증은 '성립인정', 갑제2호증은 '부지'라는 등으로 하고, 나아가 인영부분은 인정하나 위조, 변조되었다는 등의 증거항변을 하면 된다. 또 성립은 인정하나 그 기재 중 일부는 원고나 제3자에 의하여 함부로 기입된 것이라고 인부할 수도 있다.

(2) 인부의 내용

서증의 인부내용은 다음과 같이 한다.

(가) 상대방 제출의 문서가 위조된 것이 아니고 그 작성 명의인에 의하여 진정하게 작성된 것이라고 인정할 때는 '성립인정(成立認定)'이라 하고, 다만 원고 주장의 의도로 작성된 것이 아니라고 할 때는 '성립인정, 입증취지 부인'이라고 한다.

(나) 그 문서의 진정성립 여부를 자신이 알 수 없을 때는 '부지(不知)',

(다) 위조, 변조되어 진정하게 성립된 것이 아니라고 생각할 때는 '부인(否認)',

(라) 문서의 성립여부는 모르겠으나 그 곳에 찍힌 도장의 인영은 그 작성

명의인의 것이 맞다고 생각할 때는 '인영(印影)부분 인정',
(마) 공문서와 사문서가 결합되어 있는 문서 중 공문서 부분의 성립만 인정할 때는 '공성(公成)부분만 인정'한다고 진술한다.

(3) 인부서의 제출

(가) 변론기일 또는 준비절차기일 이전에 원고측의 서증 부본을 수령한 경우에는 기일 전에 답변서와 함께 이에 대한 인부내용을 서면(인부서)으로 작성하여 미리 법원에 제출하고 원고측에게도 전달하여야 한다. 이로써 절차진행이 신속하게 이루어지고 기록상의 증거인부난에도 잘못 등재될 가능성을 방지할 수 있어서 좋다.
 인부서는 작성 서식이 따로 없다. 서면의 왼쪽에 갑호증의 번호를 순서대로 나열하고, 그 오른쪽에 인부의 내용을 타자하여 제출하면 된다.
(나) 그러나 소송수행자가 서증에 번호 붙이기, 서증 목록 작성하기, 서증 인부표 작성하기에 익숙하지 아니한 경우에는 이를 서면으로 하지 아니하여도 무방하다. 준비절차기일이나 변론기일에 수명법관이나 재판장의 도움을 받아 법정에서 구두로 하면 되나, 이는 시간이 많이 소요되어 시차제 절차 진행에 차질을 초래할 원인으로 될 우려가 있다.

14. 집행정지 사건의 수행

가. 법원은 당사자의 신청 또는 직권으로 당해 행정처분의 집행이나 효력을 제1심 판결선고시까지 임시적으로 정지시키는 가처분 결정을 하게 된다. 그 후 원고 승소의 판결을 선고할 경우에는 직권으로 제2심 판결선고시까지의 정지결정을 직권으로 하게 된다.
나. 정지신청서가 제출되면 서울행정법원 등에서는 행정과에서 참여사무관 명의로 피신청인에 대하여 답변서 제출을 촉구하는 안내문을 신

청서 부본과 함께 기계적으로 발송하고 있고, 거기에는 5일 이내에 답변서를 제출하도록 기재되어 있다. 재판부로서는 대개 처분청의 답변서를 접수한 후 이를 검토하거나, 심문기일을 지정하여 쌍방의 의견을 들은 다음, 위와 같은 가처분 결정을 하고 있다. 이에 대비하여 신청사건의 답변서는 신속히 작성하여 FAX 등으로 제출할 필요가 있다. 실제 답변서가 제출되기 전에도 결정 등이 나는 경우도 있다. 또 단기 영업정지 처분에 대하여 그 효력개시일에 임박하여 또는 개시 후에 취소소송을 제기한 경우와 같이 시간이 촉박할 경우에는, 주심판사가 처분청의 주무자에게 전화로 내용을 물어보고 필요문서를 FAX로 본 다음 위와 같은 결정을 하기도 한다.

그러나 법원에서 심문기일 통지를 하였더니 행정청에서 그 기일 이전에 철거집행을 완료해버려서 원고의 본안판결을 받아 볼 기회조차 박탈해 버린 사례가 있었던 경우도 있어, 예외적으로 피고측의 의사를 확인하기 위한 절차를 거침이 없이 원고 제출의 서류만 보고서 바로 정지결정을 하는 일도 있다.

다. 위 결정문에는 특별한 사정이 없는 한 이유를 기재하지 아니한다. 이에 불복할 경우에는 '즉시항고'[3]를 하여야 한다. 즉시항고기간(결정서 송달일로부터 1주일)내에 즉시항고장을 제출하지 못하여 즉시항고장이 각하된 사례도 있다. 즉시항고장이 접수될 경우에는 고등법원으로 기록을 송부할 때 원심 재판부의 의견을 붙여서 보내게 된다. 소송수행자로서는 위 의견서를 보고 결정이유를 알 수도 있을 것이다.

---

3) '항고'란 판결 이외의 재판인 결정·명령에 대한 불복제도로서, 하급법원의 결정 또는 재판장의 명령에 대하여 불복당사자가 상급법원에 그 취소 또는 변경을 구하는 신청제도이다.
항고에는 즉시항고 이외에 보통항고(항고제기의 기간에 제한이 없는 항고로서, 항고의 이익이 있는 한 어느 때나 제기할 수 있고, 민사소송법상 즉시항고라고 규정된 이외의 모든 항고가 이에 해당한다. 그러나 보통항고에는 집행정지의 효력이 없다), 준항고, 재항고, 특별항고 등이 있는데, 실무적으로 자주 접하는 경우는 즉시항고이다. 즉시항고는 1주일의 불변기간 안에 제기하여야 하며, 이 기간을 도과하면 원재판은 확정된다. 즉시항고에는 집행정지의 효력이 있다(민소법 제417조).

15. 법원행정처 소송수행보고

소송수행자는 법원이 소관하는 국가소송 및 행정소송에 관하여는 소송수행보고예규[4])에 의하여 법원행정처장(기획제2심의관)에게 전자문서로 보고하여야 한다.

가. 소송수행보고의 시기

소송수행보고의 시기는 다음과 같다.

(1) 국가소송

(가) 소가 제기된 때(참가한 때를 포함) : 소 제기(참가) 내용
(나) 해당소송이 종료된 때 : 종국판결 내용(판결 외의 사유로 종국된 때에는 그 내용), 당사자의 상소 여부 또는 확정 여부. 다만, 국가패소판결 선고시(일부 패소도 포함)에는 국가의 상소 여부에 대한 의견을 포함하여 선고 즉시 보고한 후 상소제기 여부 및 확정 여부를 추후 보고
(다) 국가패소판결이 확정된 경우(일부 패소도 포함) 구상권 행사 여부에 대하여 소관 검찰청으로부터 지휘를 받은 때 : 구상권 행사 여부 및 내용

(2) 행정소송

(가) 소가 제기된 때(참가한 때를 포함) : 소 제기(참가) 내용
(나) 해당소송이 종료된 때 : 종국판결 내용(판결 외의 사유로 종국된 때에는 그 내용), 당사자의 상소 여부 또는 확정 여부. 다만, 행정청패

---

4) 대법원 행정예규 제898호

소판결 선고시(일부 패소도 포함)에는 행정청의 상소 여부에 대한 의견을 포함하여 선고 즉시 보고한 후 상소제기 여부 및 확정 여부를 추후 보고

(3) 첨부서류

(가) 소송수행 보고시 첨부할 서류(원본 또는 사본)는 다음과 같으며, 증거방법은 첨부하지 아니한다.
(나) 국가소송 : 소장(상소장), 판결문 화해조서 취하서 확정증명원(코트넷 사건검색 출력화면 등) 등 소송종료를 확인할 수 있는 서면
(다) 행정소송 : 제(2)호의 서류

16. 보고방법

가. 소송수행자가 속한 각급 법원(지원)장(「소송수행전담팀 설치 및 운영 등에 관한 예규」 제3조제1항 각 호에 따른 국가소송 및 행정소송의 경우 서울고등법원장을 말한다. 이하 이 조에서 같다)은 국가소송 및 행정소송의 진행상황을 별지 제1호 서식에 의하여 법원행정처장(기획제2심의관)에게 전자문서로 보고하여야 한다.
나. 각급 법원(지원)장은 해당 법원(지원)에서 수행한 국가소송 및 행정소송의 반기 현황을 매년 6월, 12월의 각 말일을 기준으로 별지 제2호 서식에 의하여 법원행정처장(기획제2심의관)에게 전자문서로 보고하되, 작성기준일로부터 10일 이내에 도착 되도록 하여야 한다. (출처: 소송수행보고예규 행정예규 제915호 2011. 12. 22 개정)

제9장 재판 관련 국가소송

제1절 재판 관련 국가배상청구

사례 1 위법성이 인정되지 않은 사례

재판 관련 국가배상 사건에서는 대부분 앞서 살펴본 위법성 한정론이 전면적으로 적용되므로 구체적인 과실행위 존부에 대하여 적극적으로 다투기보다는 위와 같은 법리를 중심으로 논지를 전개하는 것이 간명하다.
이에 따라 하급심에서 위법성이 인정되지 않은 사례를 살펴보면 다음과 같다.

- 판결문 피고의 주소란에 타인의 주소를 잘못 기재한 사례
  서울중앙지방법원 2008가합47591
- 판결문에 다소간의 오기 및 법령 적용의 잘못이 있었던 사례
  서울중앙지방법원 2008가합51330
- 당사자가 제출한 증인신청서 및 증인신문사항을 분실한 후 뒤늦게 상대방 소송대리인으로부터 복사 받아 날인한 후 기록에 편철한 사례
  서울중앙지방법원 2008나31880
- 법관이 원고에게 소취하를 권유하거나 피고에게 청구를 다투는 취지의 답변서를 제출하도록 유도한 사례
  서울중앙지방법원 2008가합119601
- 변론종결일로부터 3개월 후에 판결을 선고한 사례
  서울중앙지방법원 2008가단359518
- 재판장이 형사고소사건의 수사기록에 대하여 문서송부촉탁 등의 방법으로 증거조사를 하지 아니한 사례
  서울중앙지방법원 2010가합34888

- 당해 사건에 편철되어야 할 확인각서 및 탄원서가 재판부 소속 직원의 과실로 다른 사건의 공판기록에 편철된 사례
  서울북부지방법원 2011가단22235
- 추완항소 사건을 담당한 재판부가 기록이 송부된 후 1년 정도 지난 후에 추완항소사유가 없다고 판단한 사례
  서울중앙지방법원 2009가합116616
- 법관이 판결문을 작성함에 있어서 사실관계의 일부를 누락한 사례
  대구지방법원 2012나16078
- 변론의 녹음재생 신청에 대하여 재판장이 불허 결정을 내리고, 그 결정에 대하여 이유를 고지하지 아니한 것이 위법하지 않다는 사례
  서울중앙지방법원 2005가단186368
- 불이익변경금지의 원칙에 위배하였음을 이유로 상고심에서 파기환송된 사안에서 국가배상책임을 부정한 사례
  서울중앙지방법원 2005나7473
- 임의조정이 성립된 사건에서 조정위원이 잘못된 조정금액을 정하였다는 이유로 국가를 상대로 손해배상을 청구한 사건으로 국가배상책임이 부정된 사례
  춘천지방법원 강릉지원 2007나1132
- 재판의 당사자가 아닌 자의 손해배상청구에 대하여도 법관의 재판작용에 대한 위법여부 판단 법리를 그대로 적용한 사례
  수원지방법원 2007가단81762

법관의 위와 같은 재판사무에는 실체판단뿐만 아니라 송달 등 절차에 관한 사무 역시 포함된다.
- 법원사무관 등의 과실이 전단계에서 개입되어 있다고 하더라도 종국적으로는 그와 독립하여 담당 판사가 송달의 부적법성을 간과하고 만연히 무변론 판결을 선고한 1심 판사의 위법성을 한정한 사례
  서울고등법원 2014나2013288
- 공시송달의 요건을 구비하지 못했음에도 공시송달을 한 사례
  서울북부지방법원 2008가합10260

- 원고가 교도소에 수감되어 있는 것을 잘 알고 있음에도 형사사건의 법관에 대한 기피신청 기각결정문을 공시송달한 사례
  서울중앙지방법원 2012나30327
- 허위로 동명이인의 주소로 소장부본을 송달하게 하여 자백간주로 원고 승소판결을 받은 사안에서, 담당 법관은 직무수행상 준수해야 할 기준을 위반하지 않았고, 법원공무원도 동일인인지, 실재한 사람인지, 주소가 정확한지를 확인할 의무가 없다고 한 사례
  서울중앙지방법원 2004가합30731

다만, 재판작용이라 하더라도 예규 등에 명백히 반하는 경우 손해배상책임 또는 위자료를 인정한 하급심이 있으므로 주의하여야 한다.

- 재판부가 서증을 착오로 폐기한 것은 법관의 직무수행상 기준을 현저하게 위반한 경우에 해당한다는 사례
  대전지방법원 2012나9520

판례는 과거사 사건에 관해서는 위법성 한정론을 적용하지 않는 것으로 보인다. 다만, 최근 1970년대 「국가안전과 공공질서의 수호를 위한 대통령긴급조치」를 적용하여 유죄판결을 선고한 법관의 재판상 직무행위가 공무원의 고의 또는 과실에 의한 불법행위에 해당하지 않는다는 취지의 판결이 선고되었다.
  대법원 2013다217962

1. 인지 관련 청구

가. 기본 구조

(1) 인지과오납금 반환청구

청구취지 : 피고는 원고에게 ○○○,○○○원 및 이에 대한 이 사건 소장
 부본 송달 다음날부터 다 갚는 날까지 연 20%의 비율에 의
 한 돈을 지급하라.
청구원인 : 원고가 인지를 납부한 사실 + 인지 납부 사유가 없는 사실2)
 인지환급청구
청구취지 : 피고는 원고에게 ○○○,○○○원 및 이에 대한 이 사건 소장
 부본 송달 다음날부터 다 갚는 날까지 연 20%의 비율에 의
 한 돈을 지급하라.
청구원인 : 원고가 인지를 납부한 사실 + 민사소송 등 인지법 제14조 제
 1항 각호 소정의 인지환급 사유가 발생한 사실

(2) 법원사무관등의 처분에 대한 이의

청구취지 : 신청인이 ○○○○법원 20○○나○○○○ ○○○○ 사건의 원
 고로서 민사소송 등 인지규칙 제33조 제2항, 제3항에 따라 한
 인지액환급확인신청에 관하여 담당 법원사무관은 확인서를 발
 급하라.
청구원인 : 원고가 인지를 납부한 사실 + 인지 납부 사유가 없는 사실
 또는 민사소송 등 인지법 제14조 제1항 각호 소정의 인지환
 급 사유가 발생한 사실 + 법원사무관에 대하여 민사소송 등
 인지규칙 제32조 제2항 또는 제33조 제2항 소정의 확인서를
 발급해달라고 신청한 사실 + 법원사무관이 이를 거부한 사실

인지환급을 위하여 법원사무관에게 민사소송 등 인지규칙 제33조 제2항에서 정한 환급사유 및 관련 환급금액에 관한 확인서 발급을 신청하였으나, 법원사무관이 이를 거부한 경우 민사소송법 제223조에서 정한 '법원사무관등의 처분에 대한 이의'로 다툴 수 있다.

대법원 2012마249

나. 본안전 항변

법원사무관등의 처분에 대한 이의 또는 법원장의 처분에 대한 취소소송 등을 거치지 않고 직접 법원에 인지환급금 또는 과오납금의 지급을 구하는 경우 이러한 청구가 가능한지 문제될 수 있다. 즉, 인지액 환급 또는 과오납금 반환은 민사소송 등 인지규칙 제32조, 제33조에 규정된 절차 또는 이의제도 등을 통해 충분히 구제받을 수 있음에도 이러한 절차를 거치지 않고 곧바로 인지환급금 청구를 하는 것은 권리보호의 이익이 인정되지 않을 여지가 있는 것이다.

서울중앙지방법원 2014가소16533

다만, 최근 대법원은 인지과오납금 반환청구에 대해 직권으로 소송요건을 검토하지 않고 곧바로 본안판단에 들어가 원고의 청구를 기각하였는바, 일단 소송요건을 갖추었다고 판단한 것으로 볼 여지가 있어 위 판결 선고 후에도 이러한 본안전 항변이 유효할 것인지는 확실치 않다.

대법원 2012다47494

다. 청구원인에 대한 방어방법

(1) 인지 과오납청구의 경우

(가) 과오납금의 의미

당사자의 계산착오 등으로 정당한 인지액을 초과하여 납부한 경우 이를 돌려줄 필요가 있다. 이는 공법상 부당이득반환에 해당하여 인지환급과는 달리 전액을 반환해야 하는 것인데, 실무상 인지액 산정이 어려운 경우 당사자가 일단 보정명령에 따라 인지를 납부한 후 소송을 진행하면서 별도의 과오납금청구의 소를 제기하는 경우가 있다. 이러한 소송에서는 인지의 산정 기준이 주된 쟁점이 되는바, 인지규칙 등에 정하여지지 않은 부분이 다투어질 수 있어 관련 법규의 체계적 해석이 요구된다.

(나) 재심 소송의 경우 인지액 산정 시점

민사소송 등 인지규칙 제7조는 소가는 소를 제기한 때(법률의 규정에 의하여 소의 제기가 의제되는 경우에는 그 소를 제기한 것으로 되는 때)를 기준을 하여 산정한다고 규정하고 있지만, 재심소송의 경우 '소를 제기한 때'가 재심소송을 의미하는 것인지 재심대상소송을 의미하는 것인지 특정되어 있지 않아 문제의 소지가 있다.

재심제도는 우리 법체계상 예외적으로 인정되는 것이라는 점, 재심은 신소의 제기라는 형식을 취하고 있고 재심 전 소송과는 일응 분리되는 것이라는 점 등을 종합하면 통상의 불복방법인 항소 및 상고와 같이 취급할 수 없으므로 재심소송의 소 제기일을 기준으로 하여 소가를 산정하고 이를 근거로 인지액을 산정하여야 할 것이다.

부산지방법원 2010나6489

(다) 부대목적이 되는 경우의 의미

민사소송법 제27조 제2항은 '과실·손해배상·위약금 또는 비용의 청구가 소송의 부대목적이 되는 경우에는 그 값은 소송목적의 값에 넣지 아니한다'고 규정하고 있다. 하지만 민사소송법 제26조, 제27조 제1항에 의하면 하나의 소로 여러 개의 청구를 하는 경우 그 여러 청구의 값을 모두 합하여 소송목적의 값을 정하는 것을 원칙으로 하고 있으므로, 위약금 등을 청구하는 경우라고 하더라도 그 청구가 주된 청구와의 관계에서 소송의 부대목적이 되지 않는 때에는 주된 청구와 합산한 금액을 기준으로 정당한 인지액을 산정하는 것이 문리해석상 타당하다.

'주된 청구'와 '부대청구'의 관계가 성립하는지를 검토하기 위해서는 양 청구의 성격이 유사한지 여부, 원고가 부대청구라는 사실을 인식하고 있었는지 여부, 부대청구의 소가가 주된 청구에 비해 부대의 개념으로 아우르기 어려울 정도로 거액인지 여부, 입법자의 의사 등을 종합하여야 한다.

<mark>서울고등법원 2011나80236</mark>

(2) 인지환급청구의 경우

(가) 인지환급의 요건

인지실무상 환급사유는 제한적 열거규정으로 보고 있다. 즉, 민사소송 등 인지법 제14조 제1항 각호 소정의 ① 소장 등에 대한 각하명령이 확정된 경우, ② 제1심 또는 항소심에서 해당 심급의 변론종결 전에 소·항소·반소·청구변경신청·당사자참가신청 또는 재심의 소가 취하(취하로 간주되는 경우를 포함한다)된 경우, ③ 상고이유서 제출기간이 지나기 전에 상고가 취하된 경우, ④ 제1심 또는 항소심에서 청구의 포기 또는 인낙이 있은 경우에만 한정적으로 인정된다.

(나) '소가 취하된 경우'의 의미

민사소송 등 인지법 제14조 제1항 제2호에서 의미하는 '소가 취하된 경우'는 하나의 소송물 전부를 취하하는 경우만을 의미한다는 것이 판례의 태도이다. 즉, 어느 청구 전부가 취하된 것이 아니라 단순히 하나의 청구 중 일부를 감축한 데 그친 경우는 위에서 규정된 인지액의 환급사유에 해당하지 않는다.

> 대법원 2012마249

이러한 대법원의 판시는 인지환급 제도의 취지를 고려한 것으로 보인다. 2004. 2. 1.부터 시행된 인지환급제도는 법원의 서비스 제공에 상응하는 수수료만을 징수하려는 것을 그 목적으로 하는데, 형식적으로 청구의 감축 등이 있었다 하여 일률적으로 인지를 환급하게 되면 법원 역무 제공 여부와 불일치하는 경우가 발생할 수 있으므로, 각호 사유를 법원이 당사자에게 제공하는 역무의 정도가 당사자의 소송행위로 인해 감축된 것이 그 자체로서 객관적으로 분명한 경우에만 환급 요건이 충족된 것으로 엄격하게 해석하는 것이다.

최근의 하급심 재판례 역시 소제기 및 항소제기 당시 여러 원고들의 채권 전체를 하나의 불가분채권으로 구성하여 청구하였다가, 약 2년 가량 소송이 진행된 후 청구취지를 각 원고별로 가분하여 청구하는 것으로 변경하고 그 다음날 대부분의 원고들이 이를 취하한 사안에서, 위 대법원 판결의 취지에 따라 인지액 환급사유에 해당하는 소취하로 보기 어렵다고 판시하여 유사한 견지에 있음을 확인하였다.

> 서울중앙지방법원 2013가합512181

1개의 소로 여러 개의 청구를 하였다가 그 여러 청구 중 일부를 이루는 청구 전부를 취하한 경우 환급 대상이 됨은 물론이다.

(다) 시효소멸 항변 및 제척기간 주장

과오납금반환의 경우 기간에 관한 특별규정이 없어 국가재정법 제96조 제2항, 제1항에 의해 기산일로부터 5년이 경과하면 시효로 소멸한다.

인지액의 환급 청구는 그 사유가 발생한 날부터 3년 이내에 하여야 한다(민사소송 등 인지법 제14조 제2항).

2. 집행관의 강제집행 과정에서 부당한 강제집행

가. 집행관의 부당한 강제집행으로 고가의 가구 등이 손실 입었다는 주장

집행관의 강제집행 과정에서 부당한 강제집행으로 무권리자가 해당 부동산을 부당하게 점유 봉쇄하게 하였고 위 부동산 지층에 소장된 고가의 가구 및 작품들이 모두 손실되어 손해를 입었다고 주장하는 경우

나. 부동산 인도집행이 파산 면책에 위배되는 집행이라고 주장함

甲은 임차인인데, 집행관이 가집행선고부 판결에 의하여 임차한 부동산에 대하여 부동산 인도 집행을 하자, 자신은 파산절차에서 면책결정을 받아 이미 확정되었으므로, 위 부동산 인도집행이 면책결정에 위반된 위법한 집행이라고 주장하며 손해배상을 청구하는 경우

다. 집행관이 현황조사를 부실하게 하여 보고함으로 손해를 입었다

甲은 부동산강제경매사건에서 소속 집행관이 사실과 다른 내용의 현황조사보고서를 제출함으로써 실제 점유하고 있는 임차인 지위와 권리를 주장하지 못하였고 경매 7일 전 경매참여자의 방문을 받고 알게 되어 민법상의 항변 및 방어 기회를 박탈당하였다고 주장하며 손해배상 청구를 하는 경우

사례 1	법원직원이 집행취소신청 없는데 채권가압류취소 판결 정본 송달했어도 잘못 없어

채권에 대한 가압류취소판결을 받았으나 가압류집행취소신청을 하지 않은 상태에서 법원 직원이 임의로 가압류취소판결정본을 제3채무자에게 송달하는 바람에 채무자가 제3채무자로부터 가압류로 지급이 유보되어 있던 급여 등을 받아간 경우, 가압류취소판결이 항소심에서 뒤집혔더라도 채권자는 법원 직원의 잘못에 대해 국가로부터 배상받을 수 없다는 판결이 나왔다. 서울고법 민사 22부(재판장 김이수 부장판사)는 10월7일 진모(38 · 여 · 미국 거주)씨가 "법원 직원들이 임의로 가압류취소판결정본을 채무자의 회사로 송달함으로써 가압류취소가 상급심에서 뒤집혔음에도 불구하고 1억원을 받을 수 없게 되었다"며 국가를 상대로 낸 1억원의 손해배상 청구소송(2004나1150)에서 원고패소 판결했다. 재판부는 판결문에서 "채권가압류의 경우 집행법원의 사무관이 채권가압류취소통지를 제3채무자에게 송달함으로써 집행취소가 행하여진다"며, "채권가압류이의사건의 수소법원 사무관이 제3채무자에게 판결정본을 송달한 행위가 법령상 의무지워진 행위는 아니어서 불필요한 업무집행이라고는 할 수 있을 지언정 거기에 어떤 법령위반이 있거나, 객관적 정당성을 결여하고 있다고 볼 수 없다"고 밝혔다. 재판부는 또 "제3채무자인 회사가 채권가압류를 취소하는 주문이 기재된 가집행선고부 판결 정본을 송달받음에 의하여 채권가압류집행이 이 가집행선고부판결에 의하여 실효되었다고 믿고 채무자의 청구에 따라 임금 등을 지급한 데 어떠한 과실이 있다고 보기 어려워 이는 채권의 준점유자에 대한 변제로서 유효하다"며, "제3채무자인 회사의 채무자에 대한 변제가 채권의 준점유자에 대한 변제로서 유효한 이상 집행법원을 통하여 제3채무자에게 가압류실효사실을 통지하든 가압류이의사건을 판결한 법원이 직접 판결정본을 송달하는 방법으로 통지하든 최종적인 효력면에서는 차이가 없고 채무자가 채권가압류의 집행해제를 적극 의욕했던 점에 비춰 어느 방법에 의하든 결국 적법하게 유보된 임금 등을 찾아갈 수 있었을 것이므로 원고에게 예상치 못한 손해가 있었다고 보기 어렵다"고 밝혔다. 원고는 1999년 10월께 오빠인 진

모씨에게 나중에 1억원으로 확정된 약정금채권을 주장하며 오빠 진씨의 급여와 퇴직금 총액의 1/2에 해당하는 임금채권에 대해 법원으로부터 채권가압류결정을 받았으나 오빠 진씨가 이의를 제기해 서울중앙지법에서 가압류취소결정이 선고되자 가압류이의사건의 담당재판부 사무관 등이 별도의 가압류집행취소신청이 없었음에도 가압류취소판결정본을 제3채무자인 오빠가 다니는 S회사로 송달, 오빠 진씨는 대리인을 통해 S회사로부터 그동안 유보되어 있던 급여 2345만여원을 지급받은데 이어 2001년 퇴직때까지 임금 등을 지급받았다. 그러나 2001년 7월31쯤 원고가 가압류취소판결에 대한 항소심에서 승소, 대법원에서 확정된 이 판결정본을 근거로 채권가압류 금액중 1억원을 지급할 것을 S회사에게 청구했으나 S회사가 오빠 진씨에게 임금 및 퇴직금을 지급한 것은 채권의 준점유자에 대한 변제로서 유효하다고 주장하며 지급을 거부하고 이어 전개된 같은 재판에서 패소하자 법원공무원의 과실로 본안소송에서 승소하고도 승소금을 받지 못하게 되었다고 주장하며 국가를 상대로 소송을 냈다.

출처 리걸타임즈

■ 편저자 약력
- 수원지방법원 평택지원 집행관
- 수원지방법원 안양지원.안산지원 사법보좌관
- 수원지방법원 회생위원
- 수원지방법원 안산지원 민원실장
- 서울중앙지방법원 민사과 근무
- 서울북부지방법원 민사집행과 근무
- 대법원 총무과 근무
- 수원지방법원 호적비송 근무
- 대구지방법원 포항지원 사법보좌관 근무
- 수원지방법원 안양지원 민사집행과 근무
- 서울중앙지방법원 근무

[주요저서]
- 소의소가산정방법실무
- 민원분쟁 해결사례집
- (새로운) 소가산정 실무 및 사례

집행관 & 국가 상대로한 손해배상 사례

2022年　2月　1日　초판 인쇄
2022年　2月　5日　초판 발행

편　저　안재후
발행처　법률정보센터
등　록　1993.7.26. NO.1-1554
주　소　서울 성북구 아리랑로4가길 14
전　화　(02) 953-2112

ISBN　978-89-6376-488-7

정　가 :　30,000원

* 본서의 무단 복제를 금합니다.